全論点

人口急減と自治体消滅

時事通信社・編

時事通信社

はじめに

「増田リポート」は衝撃だった。元総務相で元岩手県知事でもある増田寛也氏が座長を務める日本創成会議が2014年5月に発表したわが国の総人口の将来推計のことである。目を覚まされたと感じた人は少なくないだろう。このリポートは、若年女性が減る→子どもが生まれない→人口が減る→全国で1700を超える市区町村のうち896自治体が消滅の危機に直面する――と警告した。

日本の総人口は2014年12月1日現在、1億2707万人（総務省統計局）である。2050年には1億人を割り込み、2100年に5000万人を下回るという推計もある（国立社会保障・人口問題研究所）。明治維新以後、人口は急速に増えた。開国に伴う工業化と農業技術向上により養える家族の数が増えたのが大きな理由だ。1868年当時3300万人程度だった日本の人口はその後の100年間で1億人を超えるに至った。人口が増えるのが当たり前だった1970年代前半の第2次ベビーブームの時代、人口問題と言えばそれは人口抑制策のことを意味し、急激な人口増にどう対応するかに政府は智恵を絞っていた。その後一転して少子化の時代に突入する。

一人の女性が生涯に産む子どもの数を示す合計特殊出生率は2013年時点で1・43である。第2次ベビーブームのときに2・00を超えていた出生率はずるずると下がっていき、1989年にはついに1・57となった。江戸時代からの迷信の影響で丙午（ひのえうま）の年は夫婦が子どもを産むのを避ける傾向がある。その丙午の年に当たった66年の出生率は1・58と低かったが、それをさらに下回ったことで政府が少子化対策に本腰を入れる契機となった。

このときの衝撃は「1・57ショック」と呼ばれ、政府が押っ取り刀で策定したのが子育て支援計画「エンゼルプラン」だった。わたしたちが少子化問題に関心を払うようになったのはこの頃からだ。しかし、出生率はその後、2005年に1・26と過去最低を記録しつつも緩やかながら回復傾向を示し、特にここ数年は「団塊ジュニア世代」による駆け込み出産もあって上昇していたことから切迫感が薄れていた。

そうした中、発表されたのが増田リポートだった。

2013年は出生率が前年を0・02ポイント上回る1・43まで改善したものの、生まれた赤ちゃんの数は約103万人と過去最少を記録した。これは1970年代前半の年間200万人超の半数にすぎない。若い女性が大幅に減ったのだから、少しばかり出生率が上向いても子どもの数は増えない。考えてみれば当たり前の話である。

平成の大合併で多くの市町村が姿を消したが、このときは故郷を失ったわけではない。名称こそ変わったが、それぞれの地域で人々の営みは続いている。今度はその地域から人がいなくなり、地域社会そのものが崩壊してしまうかもしれないのだ。

こうした事態の中で本書の刊行は企画された。人口減少によって引き起こされる問題と聞いて真っ先に思い浮かぶのが労働力不足、そして公的年金や医療・介護保険などの社会保障制度を維持していけるのかといったことだが、影響が及ぶ範囲はそれらにとどまらないはずだ。いたずらに大変だとうろたえていても始まらない。そもそも人口減少は本当にまずいことなのか。まずは人口減少問題の本質は何なのか、論点を洗い出す必要があると考えた。

本書の構成は、次の通りである。

第I部で2014年8月に東京・銀座の時事通信ホールで行われた増田氏の講演を収録した。それをいわば基調報告とし、さらに人口減少に直面する各地の実態を時事通信社記者が取材した。

第Ⅱ部では、各分野で活躍する識者の皆さんの見方などを紹介している。出生率を劇的に改善させた海外の事例、移民を受け入れる場合の課題は何か、人口減少はわが国の安全保障にどのような影響を及ぼすのか——。そうしたさまざまな切り口からの考察をお読みいただこうと思う。「何を今さら」「自治体消滅論に疑念がある」といった反応や、人口減少そのものは悪くないといった指摘、東京一極集中是正に対して「集中のメリットを削いではいけない」といった反論も掲載し、いま考え得る論点を網羅した。

第Ⅲ部は「人口急減——克服への提言」として、道府県知事や市町村長らの声をお伝えする。早くから人口減少、とりわけ若者の流出に苦しむ地方自治体がそれぞれのやり方で打開策を模索する姿を紹介した。首長の皆さんに共通するのは、国に対し、政策の選択肢を狭めている各種規制から地方を解き放つこと、そして地方での雇用創出を後押しする政策を求めている点だ。

第Ⅳ部「動き出した自治体——生き残りを目指して」では、地域特性を生かした各地の取り組みを時事通信社記者が取材し紹介している。

第Ⅴ部の座談会には、元鳥取県知事で総務相も務めた慶應大学教授の片山善博氏、日本創成会議委員で経済同友会副代表幹事の橘・フクシマ咲江氏、社会学の立場から少子化問題を研究している中京大学教授の松田茂樹氏にご参加いただき、どうしたら子どもを産み育てやすい社会をつくることができるか、何がそれを阻んでいるのか——そうした視点から忌憚のない意見を交わしていただいた。

人口減少に起因する諸問題はすぐには解決しない。それらへの対応は向こう数十年わが国の重要課題となるにちがいない。われわれは既に人が減るのが当たり前の時代を生きているのだ。そのことを肝に銘じなければならない。念のため申し添えておくと、出生率を上げるため、あまねく女性に結婚し子どもを産むことを強要する風潮をつくってはならない。結婚するかどうか子どもを産むかどうか、すべて個人の自由な意思に委ねられている。これが大原則である。

本書の内容は、行政を含めさまざまな分野で仕事をする人たちが人口減少について考える際、ヒントになるはずである。先々「そういえばあの本に何か書いてあったな」と思い出し、改めてページをめくっていただきたい。本書がそうした「困ったときの止まり木」になれば幸いである。

時事通信社編集委員　小林　伸年

2015年1月

全論点 人口急減と自治体消滅

目次

第Ⅱ部　人口急減社会の論点

39

◆社会と人口

人口減少に脅えるな　ルールは変わった　東京大学名誉教授　神野直彦　40

新しい文明システムへの転換を　上智大学経済学部教授　鬼頭　宏　44

◆人口減と経済・財政

人口減少時代に対応できる経済運営方式　信州大学経済学部教授　真壁昭夫　48

限られた財源　公共サービスのリストラ必至　ルートエフ株式会社代表取締役・元マッキンゼー共同経営者　大庫直樹　52

効率化と住民参加で　財源は確保できる　キヤノングローバル戦略研究所主任研究員・税理士　柏木　恵　56

◆地方と人口減

「自治体消滅論」で気になること　法政大学大学院政策創造研究科教授　小峰隆夫　60

「国土の均衡ある発展」論は日本の衰退招く　アジア成長研究所所長　八田達夫　64

「地元」を創り直す時代がやってきた　島根県中山間地域研究センター研究統括監　藤山　浩　68

支え合いの原点は　農村の暮らしの中に　花巻市コミュニティーアドバイザー・元農林水産省職員　役重眞喜子　72

◆人口減と自治体

人口減少で自治体は「消滅」しない　東京大学名誉教授　大森　彌　76
「地方消滅論」の狙いは小規模自治体つぶし　ジャーナリスト　村田泰夫　80
官民連携による積極投資で地域の魅力高めよ　東洋大学経済学部教授　川崎一泰　84
「創造すべき住民」のターゲットを絞れ　一般財団法人地域開発研究所主任研究員　牧瀬　稔　88
中央集権システム解体で住民自治再生を　NPO法人地方自立政策研究所理事長・元志木市長　穂坂邦夫　92
◆人口減と若者
「若い世代のローカル志向」に支援を　千葉大学法政経学部教授　廣井良典　96
マイルドヤンキーは地方再生の鍵となるか　博報堂ブランドデザイン若者研究所リーダー　原田曜平　100
「無業社会」予防が消滅回避の前哨戦　立命館大学大学院先端総合学術研究科特別招聘准教授　西田亮介　104
団塊ジジイの大きなお世話――恋愛と結婚　評論家　小浜逸郎　108
◆女性・家族・子育て
女性が子どもを産むまでの三つのハードル　少子化ジャーナリスト　白河桃子　112
東京は若い女性が働きやすい都市ではない　労働経済ジャーナリスト　小林美希　116
「家族規範優先型」から「子ども優先型」へ　詩人・社会学者　水無田気流　120
子どもの貧困解決とジェンダー平等が優先課題　立教大学コミュニティ福祉学部教授　湯澤直美　124

学校統廃合は限界　教育の場をどう配置するか　文教大学教育学部教授　葉養正明　128

◆人口減と公共政策

9人制サッカーの戦略　少人数でプレーする　東洋大学経済学部教授　根本祐二　132
困っている人を困っていない人が助ける　一橋大学教授　小塩隆士　136
東京一極集中でなく都市化が進行している　明治大学教授・元東京都副知事　青山　佾　140
空き家急増の背景と解決策　富士通総研経済研究所上席主任研究員　米山秀隆　144

◆人口減と雇用

外国人労働者　生産性の高い人材育成を　京都大学大学院文学研究科特定准教授　安里和晃　148

◆人口減と安全保障

人口減少がもたらす安全保障の危機　キヤノングローバル戦略研究所研究主幹　宮家邦彦　152

◆欧州との比較

欧州の少子化と人口問題への対応　明治大学政経学部客員教授　髙橋重郷　156
フランスをモデルとした政策で人口回復を　ライフネット生命保険代表取締役会長　出口治明　160
家族の制度を柔軟にし育児の社会保障を　静岡大学名誉教授　舩橋惠子　164

第Ⅲ部　人口急減――克服への提言　169

1. “地方創生”の具体論
子どもが多いほど優遇される政策を　北海道知事　高橋はるみ　170
道州制の推進が少子化対策につながる　宮城県知事　村井嘉浩　176
国は本気か　地方の努力だけでは限界　秋田県知事　佐竹敬久　182
地方の特性を生かした取り組みの推進　山形県知事　吉村美栄子　188
人やモノを地方に戻す方法が良策　福井県知事　西川一誠　194
産みたい希望をかなえる　三重県知事　鈴木英敬　200
今までと違う概念、施策で「土台」をつくり直す　京都府知事・全国知事会会長　山田啓二　206
子育て環境の充実でさらに移住者を　鳥取県知事　平井伸治　212
「VS東京」で魅力発信と切磋琢磨を　徳島県知事　飯泉嘉門　218
生まれ育った地域を誇る文化を広げる　前佐賀県知事・衆議院議員　古川　康　224

2. 市町村長に聞く“わがまち”の少子化・人口流出対策
広大な田んぼが女性を魅了　消滅回避へ　秋田県大潟村長　髙橋浩人　230
広域化と電子化で人口減対応の行財政改革を　栃木県大田原市長　津久井富雄　232

「農業政令市」の魅力を若者にアピール　新潟県新潟市長　篠田　昭　234
「人材のダム」で子育て世代が戻れる地域づくり　長野県飯田市長　牧野光朗　236
「年収2500万円の村」はアイデアで勝負　長野県川上村長　藤原忠彦　238
犯罪抑制、教育環境整備で人口回復に取り組む　大阪府大東市長　東坂浩一　240
「外国人3000人構想」で海外から移住促進　岡山県美作市長　萩原誠司　242
公害イメージの払拭が転出抑制に効果　広島県大竹市長　入山欣郎　244
森林資源を活用して町の衰退に歯止めを　高知県大豊町長　岩﨑憲郎　246
企業応援団や男性講座で子育て施策充実　福岡県北九州市長　北橋健治　248
起業支援と「域学連携」で若者を島に呼ぶ　長崎県対馬市長　財部能成　250
地場企業育成と中心商店街の活性化をてこに　熊本県天草市長　中村五木　252
トレーニングファームで農業の新たな担い手育成　大分県国東市長　三河明史　254
ワーキングホリデー制度で知名度アップも狙う　宮崎県西米良村長　黒木定蔵　256

3. 人口急減に対する国の施策

解説◆総務省「連携中枢都市圏構想」
国土交通省「国土のグランドデザイン2050」　258

2.〝わがまち〟の人口減対策 News & Data

本文デザイン・装幀／出口　城

第Ⅰ部

「ふるさと消滅」の衝撃

1. 2040年――「極点社会」が到来する

2. ルポ――自治体に何が起きているか

1 2040年――「極点社会」が到来する

【プロフィール】
1951年生まれ。77年東京大学法学部卒業、同年建設省に入省。千葉県警本部交通部交通指導課長や茨城県企画部鉄道交通課長、建設省建設経済局建設業課紛争調整官などを経て、95年に岩手県知事選挙に出馬し初当選、以来3期12年間務める。2007年8月安倍～福田内閣で民間から総務大臣に起用される。09年から野村総合研究所顧問、東京大学公共政策大学院客員教授。11年から日本創成会議座長。著書に『地域主権の近未来図』(朝日新書)、『「東北」共同体からの再生』(藤原書店)、『地方消滅――東京一極集中が招く人口急減』(中公新書)など。

野村総合研究所顧問
東京大学公共政策大学院客員教授
増田寛也 Hiroya Masuda

人口減少は止められない

「２０４０年に若年女性の減少により全国の８９６市区町村が消滅の危機に直面する」――私が座長を務める日本創成会議の人口減少問題検討分科会で、２０１４年５月にこのような試算結果を発表しました(注)。

前提となるのは、各地域でどのように人口が減っていくのかを市町村ごとに推計したものです。そして今後どのような対策を講じてその事態を避けていくべきかということを提言しました。

最初に申し上げておきたいことは、人口減少は止められないということです。すでに日本全体が人口減少局面に入っており、これからも続いていきます。あり得ませんが、仮にいま直ちに合計特殊出生率が2・07になったとしても、しばらくの間は人口が減っていくため、人口減少自体は避けられません。しかし、あまりにも急激に人口が減り過ぎることだけは避けるべきです。

これにはいろいろ議論があるかもしれません。「人口は減ったほうがいいんだ。日本はあまりにも過密過ぎる」と言う方もいらっしゃいましたが、その水準がどこなのか、その方と議論する時間がありませんでした。人口が減ることは避けられないと思っている私と、人口は減ったほうがいいと言う方と、減るという部分だけは一致していますが、私はこの調子で急激に減っていくと、二つのアンバランスが起きるのではないかと危惧しています。

急減で二つのアンバランスが拡大

一つは、年齢階層を見たときに、日本全体で高齢者の数はすごく増え、若い人たちは減るというアンバランスがさらに拡大していくということ。二つ目は、東京への集中が止まらないどころか加速される中で、ゼロにはならないでしょうが、地方は一挙に人がいなくなり、行政サービスの提供が難しくなることです。このことを「極点社会」と呼んでいますが、日本列島の中で地理的にとてもアンバランスになる。この二つだけはなんとか避けるべきではないでしょうか。

その二つを避ける。言葉を換えるとバランスよく減っていくということが、ベストとは言えないかもしれませんが、ベターシナリオです。ただし、規模の経済という面もあるため、できればあまり減らずに、ある程度のところでとどめたいということです。「現在の政策を何も変えなければこうなる」というのが5月に発表した数値ですから、きちんと順序立てて政策を変えていけば、少なくとも人口「急減」社会だけは避けられるはずです。

今回使った国立社会保障・人口問題研究所の人口推計は、私にはとても気になっていたデータです。基本になっているデータは2010年10月の国勢調査です。国勢調査は5年ごとに出るので、その5年後が2015年にありますが、その後だいたい2年半ぐらい経つと、その国勢調査を使い、年齢別、男女別、市町村ごとに人口推計が出ます。自分の町村の総人口がどれだけ減るのか。中には、ごく一部ですが、増えるところもあります。それから特に20代、30代の女性の人口がどれだけ減るのか、ご覧になった方もいるでしょう。

この人口予測は、予測でありながら非常に正確な推計で

（注）日本創成会議・人口減少問題検討分科会の提言や関係資料は、日本創成会議のホームページ（http://www.policycouncil.jp/）で閲覧・ダウンロードできます。

す。しかし唯一、少しズレがあったのは、東京だけは予測通りには減っていないことです。このデータは東京に厳しいデータで、地方にとってはやや甘くなっていると感じます。それは、東京への一極集中が途中で止まるといった大前提に立っているのですが、そうはなっていません。

私たちの分析では、いまの傾向を見ると、2020年に東京オリンピックがありますし、余計東京に人が集まるという状況が見えてきています。そこだけは少しこの推計を修正し、2014年5月に発表しました。全国を市町村ごとにすべて分析した上で出しています。すると、逆に東京にはやや甘く、地方には少し厳しくなってくるため、地方の減りがより大きくなります。これがいままでの国立社会保障・人口問題研究所の予測と違う、現実の数字です。

道州制、市町村合併は関係ない

人口減少ということでは少子化対策がよく論じられてきましたが、むしろそれよりも東京一極集中の問題についての議論が欠かせません。

私はこの問題の解決を考えるときに、統治機構の議論は直接関係しないという考えです。道州制あるいは市町村合併はあまり関係ありません。産業政策に支障のある部分は大いに変えればいいと思いますが、いずれにせよ統治機構をどう変えようとあまり結果は変わらず、直面することに対しては別の対策を講じなければいけないということです。結局は価値観、人の生き方といいますか、そのぐらいまで考えないといけないのかもしれません。ですから、答えに王道や近道はないでしょう。

多様な生き方の中で、やはり数でみると、いまだに東京に行くことがすごくいいことであり、成功することであり、勝利者であるような意識が、なくなっていないのではないか。すべてを東京に集めるようなことは他の国ではほとんど見られないため、日本独特のことなのですが、それを大前提にし過ぎていないか。このあたりの価値観にまで立ち入らないと本当の議論にならないという気がします。

いずれにしても東京対地方のような議論を日本の中でしていてもあまり意味がありません。東京は東京で成長を遂げる必要があると思いますし、地方は地方の在り方があるので、東京対地方の考えは真の解決策にはならない。また、行政の役割よりも、むしろ働く場、仕事の場をどこにつくっていくかということが大切で、企業の役割のほうがずっと大きいのです。さらに、大学の在り方とか立地場所などにも、どうインセンティブを与えていくかということが大事な問題です。

仕事の場を市町村の中でつくれないのなら、せめて県庁所在地あるいはそれに近いところに設けるという見方に立たないと、東京一極集中はなかなか変えられないのではないでしょうか。

行政関係者や議員の皆さん方にぜひやっていただきたいことがあります。市町村であれば、住民基本台帳で住民票の異動がどうなっているかというデータを持っているはずですから、過去にさかのぼり、年齢別、性別に基づいて分析し、どこから人が来ているのか、どこに毎年出ていっているのかを明らかにすることです。それが分からないと対策の立てようがありません。地域に拠点性があるのか、何歳ごろから出ていくのか。そのあたりをきちんと分析し、対象となる人たちに話を聞き、理由を突き止める必要があります。

繰り返しになりますが、人口減少は避けられないとしても、その先の急減社会だけはなんとか避けたいということ、同時にこれから人が減るのであれば、減ることによって獲得できるよさを最大限に広げていくためにはどうすればいいのかということ、を考えていくことが必要でしょう。

要因は若年女性の減少と若者の東京圏への流出

人口減少の要因は二つに絞られます。20歳から39歳の若年女性の減少と、地方から大都市圏、特に東京圏への若者の流出、言葉を換えれば東京一極集中です。このため、対策は広い意味での少子化対策と同時に、東京一極集中の問題も考えなければいけません。

人口の推移をみると、最近の100年で急に増えたということが分かります（次頁図表1参照）。2008年を頂上にして、現在は少し減り始めているというところです。

図には点線が二つあります。国立社会保障・人口問題研究所の推計の、高位推計（人口があまり減らない推計）と、低位推計です。一番使われるのは実線の中位推計で、われわれもこちらを使っていますが、言いたいことは、高位推計も低位推計もあまり大して変わらない。100年経ったところでは、いまのままの政策を続ければどちらの推計でも間違いなく急激に減るということです。

人口減少社会が来るというときに、よく使われる推計は2040年に1億728万人という数字です。いまから26年間で2000万人強減るわけですから、2040年に近づくと毎年100万人以上どんどん人口が減ってくる。そ

図表1　日本の総人口の推移と推計

○2008年の1億2,808万人をピークに減少に転換。中位推計で2050年に9,708万人となる見通し。

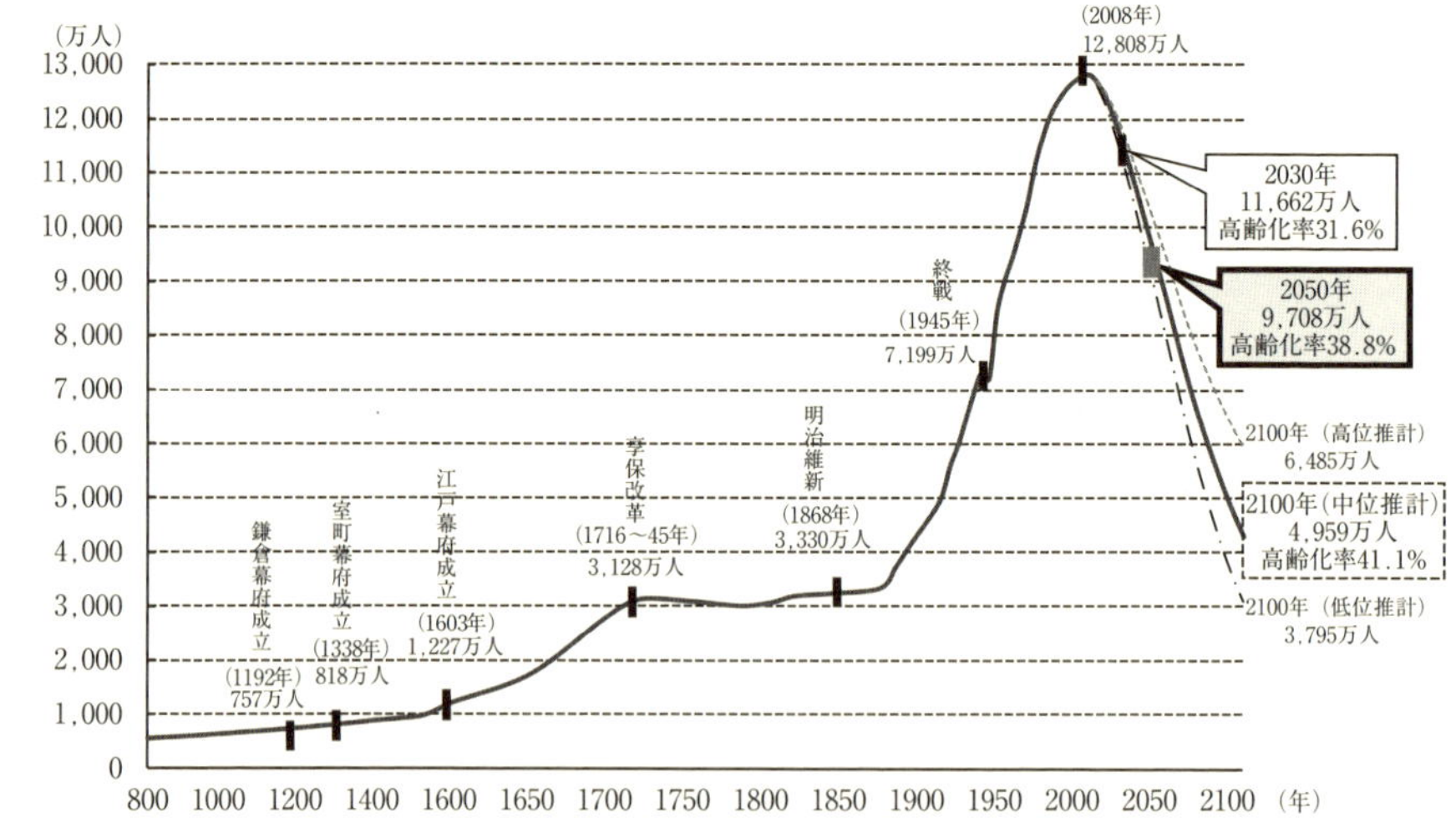

（出典）総務省「国勢調査」、国土庁「日本列島における人口分布の長期時系列分析」、
国立社会保障・人口問題研究所「日本の将来推計人口」

して２０６０年が８６７４万人です。

２０１０年を１００として指数で表すと、２０４０年が84、２０６０年は68となり、この間、高齢者だけはしばらく増えるという傾向になっています。

さらに、高齢者すらすでに減り始めているような、全国の傾向を30～40年先取りしている自治体が44％、７９４市区町村に上っています。一方で、東京圏はしばらくの間、高齢者が逆に爆発的に増えます。

人口減少の第一の要因は20歳～39歳の若年女性人口の減少です。20歳から39歳までとしているのは、基本のデータが年齢階層別で5歳刻みになっていて、この次の階層は44歳までになります。日本の場合では95％が20代、30代の女性から子どもが生まれています。ごく一部は10代、それから高齢医療が発達しているいまは40代後半ぐらいまでは出産可能性がありますが、そこはごくわずかです。ですから、この層（20～39歳）を見れば大体全体の有意の数字が出るということです。

出生率と出生数の推移ですが、真ん中の線が合計特殊出生率です（図表2参照）。ずっと2台をキープしていましたが、60年に1度の「ひのえうま」が１９６６年で、この年だけ1・58に落ちました。その年よりも下がったということで、１９９０年に「1・57ショック」と言われました。

図表2　出生率と出生数の推移

○2013年に出生率が1.43に回復。しかし出生数は約103万人で過去最少。

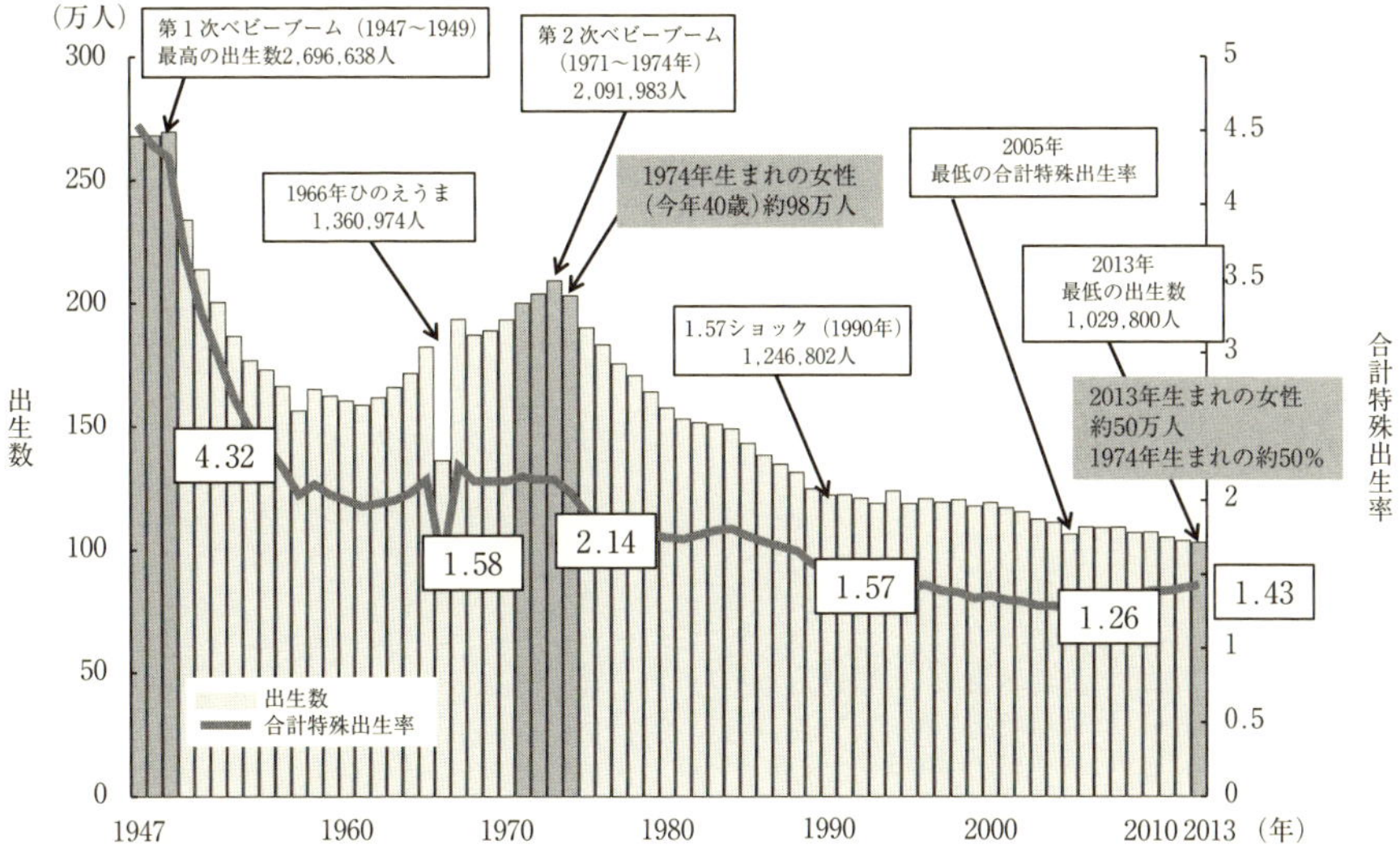

（出典）厚生労働省「人口動態統計」等

しかしながら、その後もずっと下がり続け、２００５年に１・26まで下がりました。少子化担当大臣を新設するなど努力して、２０１３年にやっと１・43まで上がりました。

出生率は上がっているのに、生まれてくる子どもの数が年々減っているのは、母数である母親の人数が年々減っているからです。この程度の出生率の向上では生まれてくる子どもの数は増加しません。このため、出生率だけ追ったのでは、実態がよく見えてこないのです。

生まれる子どもの数そのものを問題にすべきで、２０１３年が１０２万９８００人でした。20年経つと、ちょうどその子たちが成人になります。だいたい半分が女性なので、20年後に成人を迎える女性の数は日本全体で50万人しかいない。そういう国になっているということです。

２０１４年はこの１・43という数字からさらに下がるでしょう。生まれてくる子どもの数も、よくて１００万人、たぶんそれ以下です。出生率は１・３台に下がるのではないかと言われていますので、この問題を解決するのは、いかに大変なことかということが分かります。

待ったなしの少子化対策

出生率を回復する政策が奏功した代表例としてフランス

やスウェーデンがよくあげられます。両国とも同じ傾向で、出生率が1・66、1・5ぐらいまで下がり、いろいろ対策をとりました。ただし、少子化対策をしっかりやっただけではなく、フランスの場合には移民の増加があります。また婚姻制度が日本とずいぶん違い、結婚にあまり意味がないと言ってもいいぐらいに、非嫡出子の権利を守る制度にし、事実婚を一般化して子どもの数を増やしました。そこには大議論があったと思いますが、結局そういう方向に舵を切ったわけです。

日本の場合、とにかく待ったなしで少子化対策を徹底的にやるべきだと思います。

アジアも、一時期、日本よりずいぶん出生率が高かったのですが、最近はタイ以外では日本以上の低出生率でどの国も悩んでいます。文明が進むとどうしても出生率が低くなっていく傾向があります。

日本の場合、全国平均が1・43です。沖縄が1・94で一番高く、次が宮崎の1・72です。九州は全般的に高いのですが、高いといっても、フランスが国家の危機だというラインが1・66ですから、いかに日本は出生率が低いかということです。その中で図抜けて低いのが東京の1・13です。

都道府県別になぜ違いが出ているのかという分析も必要です。考えられるのは、東京の場合には家も狭い。それから保育所の数が少ないという環境もあります。経済的にも生活のコストが高い。働くのには極めて便利な都市ではありますが、特に若い人たちの出産・子育てといったこれから人生をつくり上げていこうという人たちにとっては、長時間労働で通勤にも非常に時間がかかりますから、なかなか結婚に踏み切れないのでしょう。結婚したとしても、子どもを持つことにハードルがあります。1人出産して子育てをすると、2人目になかなか届かない。しかも極めて晩婚・晩産化が進んでいます。さまざまな状況が東京の数字に結果として表れています。

求人倍率に比例して東京に集中

人口移動、社会移動という面で見ると、戦後、高度成長期、バブル期、最近に至るまで、一貫して大都市、特に東京に人が集まっていく傾向がありました。特に若年層が集まっていくという傾向がありました。高度成長期は関西圏、名古屋圏にも人が移っていましたが、1980年代のバブル期以降は、関西圏、名古屋圏はほとんど増えていません。移った人もいると思いますが、玉突きで東京に出ていってしまっているので、結果として東京圏だけ人が増えていくという傾向です。

図表3 東京圏への転入超過数

○東日本大震災後、東京圏の転入超過数は減少したが、昨年は震災前の水準を上回っており、転入は依然として続いている。

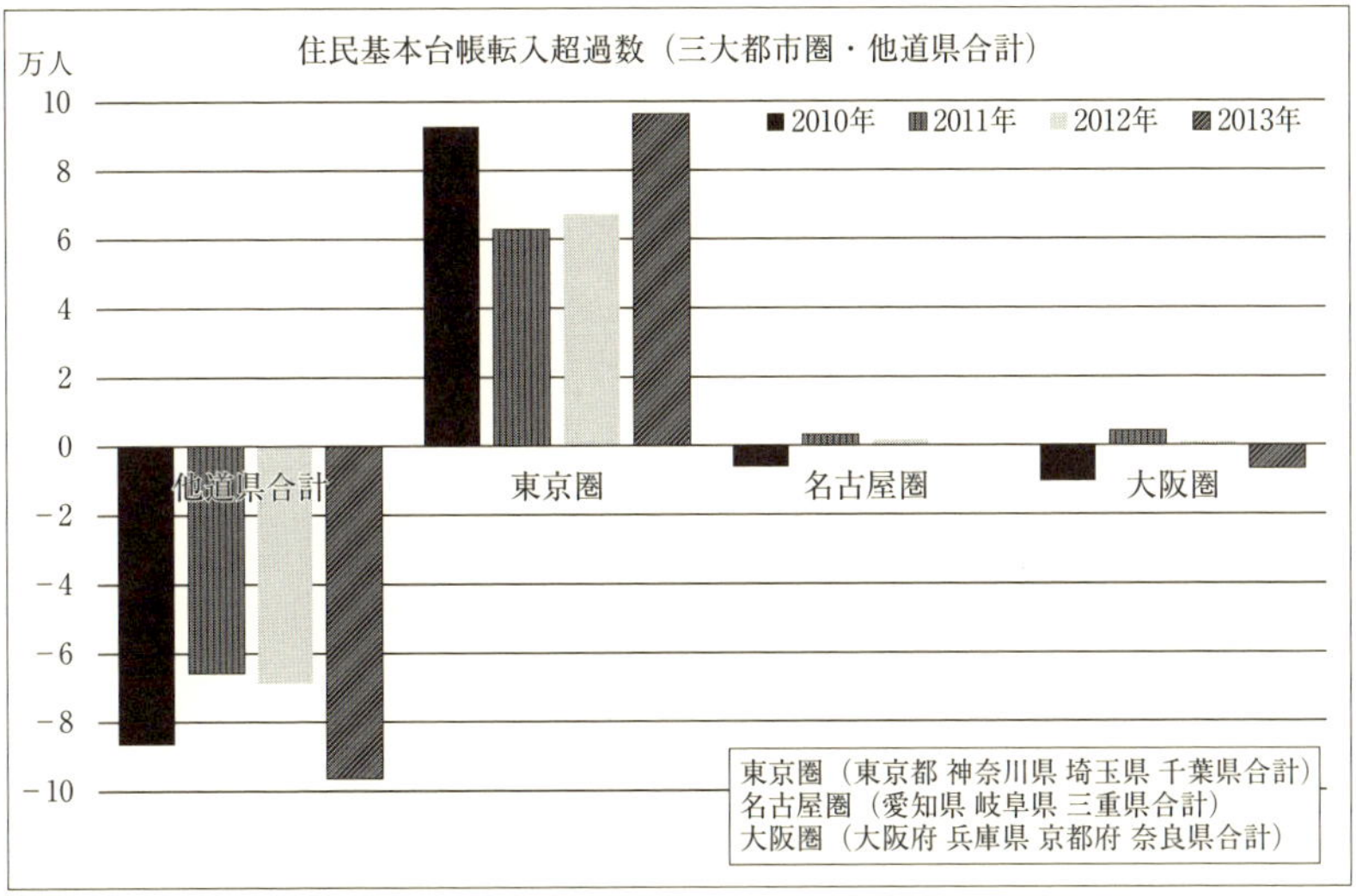

（出典）総務省統計局住民基本台帳人口移動報告（2010年～2013年）

図表3は２０１０年から２０１３年までの数値を具体的に表したものです。東京圏には２０１０年には9万人以上転入超過でしたが、２０１１年の震災の後、それがストップして6万人台になりました。震災の翌年の２０１２年もあまり増えなかったため、傾向が変わったかなと思ったら、２０１３年に元に戻って、むしろ２０１０年よりもより多く東京圏に人が集まっています。

おそらく東京オリンピックの開催決定や、東京は人手不足で時給がどんどん上がっていることなどが要因として考えられます。２０１４年はそれがさらに加速されるような状況です。名古屋圏、大阪圏は２０１１年と２０１２年は少し増えましたが、２０１３年は大阪圏で減っています。

しかも、東京圏に集まる人の年齢層を見ると、２０１３年で一番多いのは20歳～24歳、次いで15歳～19歳、そして25歳から29歳となっており、15歳～30歳未満までがほとんどを占めています。おそらく20歳～24歳は就職が契機になっているでしょうし、15歳～19歳は大学進学だろうと思います。

ここでまた外国を見てみると、企業活動ということで言えば、アメリカの上場企業は、本社がニューヨーク州にあったとしても、全部郊外です。その他シアトル、カリフォルニア、テキサスなど全土に散らばっています。フランスでも大きな企業は、ほとんどパリにはなく地方都市にあります。ツールーズをはじめ、いろいろなところに散らばっています。ですからすべてが東京に集中する日本の現状はもう一度考える必要があります。

いずれにしても東京に人が来ていて、それは何に一番比例しているかというと、有効求人倍率に比例しています。ということは、少なくともいままでは仕事の場を求めて来ていたということです。

「子ども2人以上」をかなえる

以上のことを前提に、「消滅可能性都市」をここでもう一度定義すると、「2010年から将来推計人口が出ている2040年の30年にかけて、20歳～39歳の若年女性人口（子どもを出産するほとんどを占めているこの層の女性）が5割以下に減少する市区町村」です。

30年間にこれだけ減る市町村が人口を維持しようとした場合、合計特殊出生率をいま直ちにほぼ3まで上げないと、人口を維持できません。ヨーロッパの数字などを見ても、2までは可能性があると思いますが、いま直ちに3まで上げるのはさすがに難しい。アフリカなどで出生率が4とか5の国が確かにありますが、成熟国家で3というのは難しいです。そうすると、該当する自治体の人口を維持するというのは難しく、減る一方だということになります。

この層の女性が3割ぐらい減る場合は、出生率を2ぐらいまで上げると人口は横ばいになります。これはできると思います。若い人たちの「出生動向基本調査」を見ると、「予定子ども数2人以上」ですから、その人たちの希望をきちんとかなえれば、可能だろうと思います。したがって、3割ならまだ人口を維持する策を講じられる。

4割はどうなるか、微妙なところです。ここは出生率2・5ぐらいで横ばいですが、2・5というのは結構大変です。ちなみに、全体で出生率2を維持するということは、一般的に言えば、小学校に3人きょうだいがいっぱいいるという状態。これが大体2ぐらいです。若い人の中には、結婚されない方もいらっしゃるし、もちろん子どもができない、あるいは出産したとしても1人という方も当然いるわけですから。私は1951年生まれで3人きょうだいですが、戦後、いまから40～50年前は日本ではそれがごく当たり前でした。そのころの状況が出生率2ということなのです。ですからそこまでは私はできると思っています。しかし、減少率5割の場合は出生率3で横ばいですから、非常に大変だということの根拠になっています。

「消滅可能性」の高低を分けるもの

都道府県ごとに自治体の数のうちどれだけ「消滅可能性都市」があるかという比率を示したのが図表4です。一番比率が高いのが秋田県で96％。秋田県で対象になっていないのは大潟村だけです。ここは人口3200人ぐらいで農業中心、しかも大規模農業をやっています。所得も非常に高く、後継ぎもきちんといます。若い人たちや女性の働く場も、多彩にありますので、ここはむしろ若い女性の数が2040年にかけて15・2％、全国で2番目に増えます。ちなみに一番増えるのが石川県川北町です。

「消滅可能性都市」の市町村の割合が次に高いのが青森県で、ここも90％近くになっています。そこで対象にならないのは三沢市や六ヶ所村です。おそらく米軍基地関係の仕事、あるいは原子力関係の仕事などがあるからでしょう。そこできちんと子育て政策をやれば、仕事があり、なおかつ出産にとって周囲と比べて条件がいいということでしょう。

全国を見て女性の数がむしろ増えるという自治体には、それなりに理由があります。ベッドタウンであったり、企業の城下町であったり、農業地帯でも増える自治体があります。北海道の十勝地方なども、減りこそしますが、周りに比べるとずっと少ない。これも農業の力だと思います。同じ北海道でもニセコなど観光が盛んなところは、外国人観光客が多い地域ですから、通訳やレセプションなどの女性向けの仕事があるのでしょう。

宮崎県は6割ぐらいが「消滅可能性都市」にカウントされています。しかし九州の各県は少し解説が必要です。国立社会保障・人口問題研究所のデータだけで推計すると、実は宮崎県は「消滅可能性都市」が一つもありません。出生率が1・72で、基本的には出生率が非常に高い地域で、女性の数もそれなりにいらっしゃる。ではなぜ宮崎県がわれわれの推計でこのようになってしまうのかというと、ある年齢層まで行くと、みんな県外に出ていくからです。福岡はもちろん、関西や、最近はダイレクトで東京に出ていってしまって、一挙に人口の再生産力を失うからです。九州の「消滅可能性都市」はこのような理由で増加しています。

東京は介護サービス不足、地方は余剰に

一方で東京のことにも触れておきます。

現在、東京都には待機介護老人の数が4万3000人い

図表4　都道府県別・消滅可能性都市の比率

○消滅可能性都市は全国の自治体の49.8%。
○秋田県は大潟村を除いたすべての自治体が「消滅可能性都市」。その後青森県（87.5%）、島根県（84.2%）と続く。もっとも割合が低いのは愛知県（10.1%）。

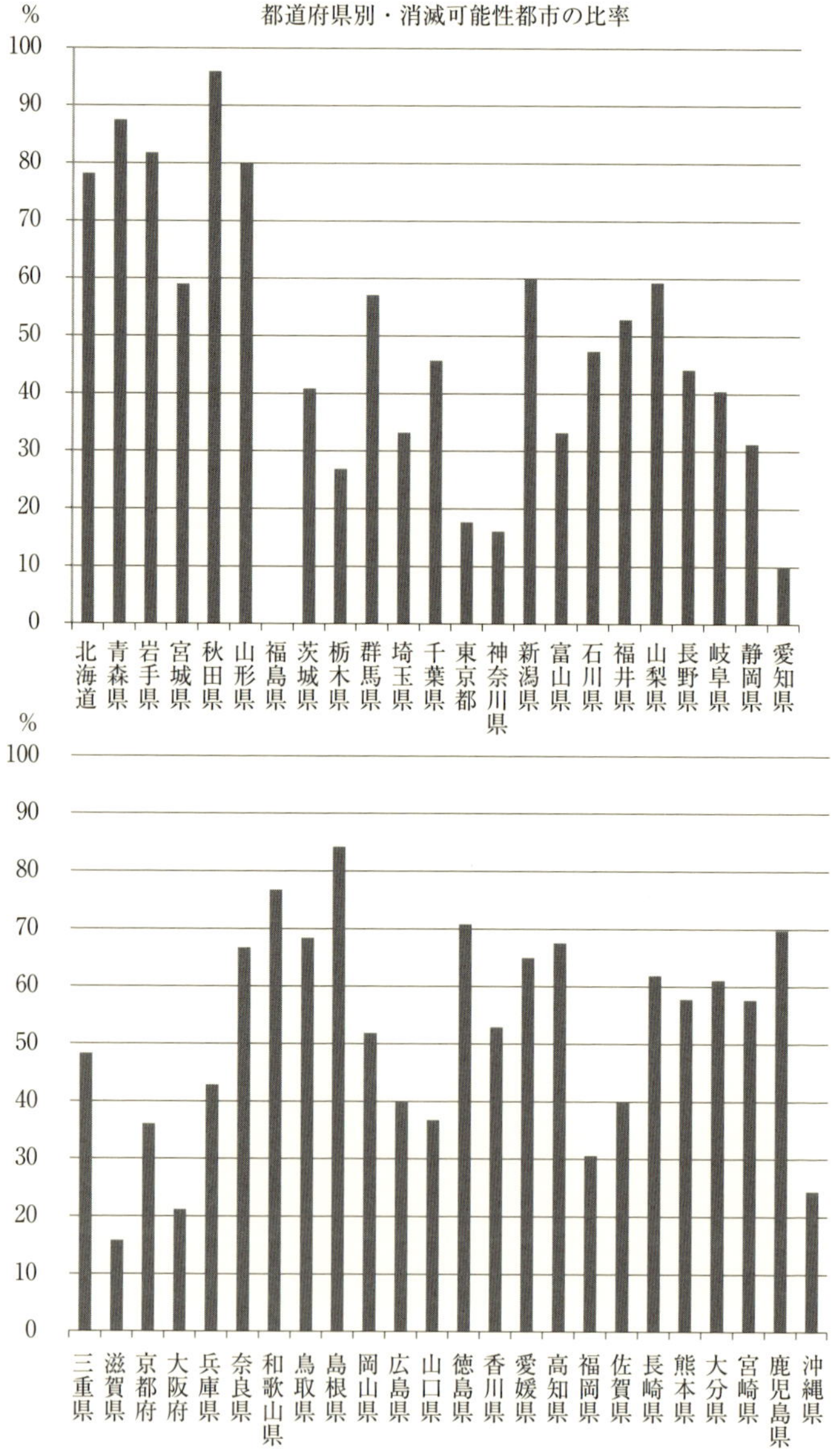

（出典）国立社会保障・人口問題研究所「日本の地域別将来推計人口推計」より作成。
※福島県は調査対象外

らっしゃる。このままではいわゆる２０２５年問題、団塊の世代が後期高齢者になる２０２５年を過ぎて２０３０年ぐらいから、医療や介護を展開することが非常に難しくなるでしょう。

全国から集団就職等で若い人たちが東京に集まり、仕事をしてきたわけですが、その人たちが本当に豊かな老後を過ごせるのでしょうか。東京は世界的な都市として成長を遂げるという役割がたぶん期待されていると思いますが、高齢化対応に追われて、成長に割く余力はこういう状況になったときに出てくるのかどうか、このあたりもよく議論する必要があると思います。すなわち、人口が減る対策としては、経済学上は生産性を上げてそれをカバーするというのが一般的な理論ですが、生産性を東京がずっとこれから上げていけるのかどうか、ここは問われるところだと思います。

東京は今後、医療・介護サービスを維持することが特に厳しい一方で、全国的に見ると、北海道、東北、中国、四国、九州は、高齢者の数が減り、２０４０年には介護サービスにかなり余力が出ます。いまをピークとして、これから高齢者が減っていく分、施設や担い手の余剰が出てくると見込まれます。

この医療・介護の地理的なアンバランスをこのままにしておいていいものか。普通に考えれば、余るような施設などはどんどん閉鎖をしていくということになります。しかし一方で、地域経済を医療や介護が支えているという実情があります。ですから、ただ単に閉鎖すれば地域がさらに疲弊していきます。

人によっては力のあるうちに、東京から出身地に戻って働く場があれば、そこでさらに働き、その後、年を取って豊かな老後が送れるようにという考えの方もいらっしゃると思います。東京の厳しい将来の高齢化の姿が、そういう人たちにきちんと伝わっているのかどうか、一方で地方の将来の姿が正確に伝わっているのかどうかは疑問です。両者の姿をしっかり伝えて、いろいろな考え方に対応できるような国土にしていく必要があるのではないかと思います。

「ブラックホール化」回避への四つの方策

人口急減社会と若い人たちを飲み込んでいくような東京のブラックホール化を回避するために、大きく四つの対応があります。

① 国民の希望がかなった場合の「希望出生率」の実現を基本目標とし、結婚し、子どもを産み育てたい人の希望を阻害する要因を除去する。

② 若者が家庭を持ちやすい環境づくりのため、雇用・収入の安定、子育て支援に取り組む。また、男性の育児参画を促進し、長時間労働を是正する。
③ 必要な費用は、「高齢者世代から次世代への支援」の方針の下、高齢者対策の見直しにより捻出する。
④ 東京一極集中に歯止めをかけるため、地域資源を生かした産業を創出し、生まれ育ったふるさとで家庭を持ち、生涯を過ごせる社会を実現する。

①〜③は、どちらかと言うと広い意味での少子化対策で、④は東京一極集中への対応です。

出生率を国家が振りかざして、それで女性を追い込むようなことは好ましくないし、行政は踏み込めません。しかし基本的には、日本の場合は婚外子が2％で、98％の子どもは結婚した夫婦から生まれているわけですから、当人同士が一番望ましいかたちで出会い、そして結婚して、いい家庭を築くということが大事だと思います。

最近は、結婚を希望しない若者が多いように見えますが、実はアンケートでは89％、9割の方が結婚を希望しています。そして理想の子ども数は2・12人ですから、若い人たちの希望をかなえれば出生率は1・8になります。

沖縄は1・8を超えていますし、ヨーロッパも1・8を超えている国が多いわけですから、十分実現可能だと思います。例えば20代後半の結婚割合は現在40％ですが、それを20％高めて60％にすると、自然と1・8になります。ここまでは必ず実現できるでしょう。

さらに言うと、20代前半の結婚割合は今は8％と少ないのですが、これが25％になれば、出生率は2・1になり、人口置換水準の2・07に届きます。これはなかなか大変です。一般的に世の中ほとんどが3人きょうだいという姿の実現を前提にしているのでハードルは高いですが、若い人たちの「2人以上子どもを持ちたい」という希望があるわけですから、このぐらいまでは実現のために努力すべきです。経済的要因など、実現を阻む社会的阻害要因を全力を挙げて排除していかなければいけません。

それにしても高いハードルですが、もし仮にいまから10年後に1・8、さらにその10年後に2・1になったとすると、2090年の人口は総計で大体9500万人。いまから3300万人は人口が減りますが、そこで人口が安定します。なんとかもちこたえるということです（図表5参照）。

しかし、もちこたえるとしても時間がかかります。2090年までには、かなりの数が少なくなってしまうことはどうしても避けられません。

図表5 超長期の人口・高齢化比率推測

○2025年に出生率1.8、2035年に2.1が実現すれば、人口は1億弱で安定する。高齢化率も27％程度に抑えることができる。

	前提（出生率）	2090年の人口	2010年—2090年	高齢化率
ケースA	2025年1.8	8,101万人（安定しない）	▲4,705万人	31.5％（2095年）
ケースB	2025年1.8→2035年2.1	9,466万人（安定）	▲3,340万人	26.7％（2095年）
ケースC	2025年1.8→2040年2.1	9,371万人（安定）	▲3,435万人	26.7％（2100年）
ケースD	2025年1.8→2050年2.1	9,200万人（安定）	▲3,606万人	26.7％（2105年）
ケースE	2030年1.8→2050年2.1	9,945万人（安定）	▲3,861万人	26.7％（2110年）
中位仮定	1.35	5,720万人（安定しない）	▲7,086万人	41.2％（2100年）

女性の働き方そのものを変える

晩婚・晩産化を避け、結婚時期をもう少し早くする。具体的には20代後半の結婚割合をもう少し高め、現状の40％を60％にする。結婚して出産される方がほとんどですから、早く結婚することにより、早く子どもが生まれることにつながります。現在年間100万人生まれているうち、約3割は35歳以上の母親から生まれています。第1子出産の平均年齢が30・3歳ですので、それだけ遅くなっているということになります。第1子を出産した母親の年齢層を調べてみますと、5人に1人、2割が初めての子どもをもうけたのが35歳以上。ですから、なかなか2人目に届かないということもあります。

この状況を変えていくためには、単に経済的な問題ではなく、働き方の考え方や、働き方そのものを変えないといけません。これからは女性が仕事と出産・子育てを両立できるようにすべき時代です。北欧などでは、働き方の改革をさまざまな経験をした上で積み重ね、両立できるようにしてきたわけです。

一部には、「働く女性ほど、出産・子育てに意識が向かない。それが少子化の原因だ」という声もあります。それは現在の制度を変えないという前提に立った考え方であり、こうした古い考えを切り替え、「仕事を取るか、出産・子育て・家庭を取るか」という選択を迫るのではなく、両立させる世の中にしていくというのがとても大事なことです。そのような仕事の改革、働き方の改革、さらに言うと、男性側の意識もがらっと変えるところまで踏み込まないと、この問題に解決策は出てきません。経済的余裕がないなどの理由はありますが、それにしても4割の女性が、「初産は25歳～30歳未満にすべき」と回答しています。こういう希望にかなうような政策を進めるべきです。

働く場や大学を地方に展開する

東京一極集中の解決策は、基本的には働く場を企業がどのように地方に展開するかに大きくかかわってきます。あえて東京に置かなくてもいい機能は、地方に移せばいいのです。例えばブルドーザーなどの建設機械をつくっている世界的な企業であるコマツは、石川県小松市に東京の本社機能を移してきました。これからは、東京に置かなくていい機能を地方にどんどん移す企業に対して、例えば税制上のインセンティブを与えるといったことが、もっとあってもよいと思います。

主役は企業ですから、企業が地方で働く場を創出しやすいようにしていくべきですが、そのときの地方の考え方は、「コンパクトな拠点」+「ネットワーク」です。これまでは地方から若い人たちがどんどん東京に出ていきましたが、県庁所在地なり身近なところで仕事の場をつくり出すことにも努力してほしいものです。こういった政策をまとめるために、政府の閣議決定で「まち・ひと・しごと創生本部」をつくるということになりました。大いに期待をしたいところです。(注)

企業だけでなく、大学の在り方も大切です。なぜ若い人たちが地方から東京に移ってしまうかというと、先ほど述べましたが、移るのは就職や大学進学の時期ですから、地方大学がもっと特色ある講座を持つなり、大学自身が努力していかないといけません。文部科学省の予算配分の仕方も、いま東大中心に上位5大学に集中させているというような問題もありますが、秋田の国際教養大学や、大分の立命館アジア太平洋大学など、いろいろ特色を出そうと努力されているところもあります。地方大学をどうするかは、

(注)「まち・ひと・しごと創生本部」(本部長：内閣総理大臣)は2014年9月3日に設置された。第1回会合が同年9月12日に開催され、人口減少や、東京一極集中の歯止め、地域課題の解決などからなる基本方針案などが提示された。

図表6　過去の国家戦略・国土開発計画

年	名称	ポイント
1960	所得倍増計画	太平洋ベルト地帯構想
1962	全国総合開発計画 (一全総)	地域間の均衡ある発展 拠点開発方式による工業の分散
1969	新全国総合開発計画 (二全総)	豊かな環境の創造・大規模プロジェクト（新幹線、高速道路、情報通信等）による開発
1972	日本列島改造論	工業再配置と交通・情報通信全国ネットワーク
1977	第三次全国総合開発計画 (三全総)	人間居住の総合的環境の整備 「定住圏構想」
1980	大平政策研究会	田園都市構想
1987	第四次全国総合開発計画 (四全総)	多極分散型国土の構築 交流ネットワーク構想
1998	21世紀の国土のグランドデザイン	多軸型国土構造を目指す長期構想（50年先） 実現の基礎づくり
2005	国土形成計画制定	※国土総合開発法（1950）の改正
2008	国土形成計画	成熟社会にふさわしい国土の質的向上 全国計画と広域地方計画

地元の経済界、金融機関等とも連携して立て直しを考えていく必要があります。

いくつかの視点から、人口減少問題の要因を考え、方向性を探ってきましたが、最後に国土政策の変遷を見ると、１９８７年の第四次全国総合開発計画（四全総）による多極分散型国土形成がうまくいかず、それ以降、きちんとした国土政策が議論されていないことが分かります（図表６参照）。

個々の政策を議論すると同時に、ここで一度大局的な見地から、国土政策を議論し直すということも大事ではないかと思います。

※本稿は２０１４年８月19日に開催された「時事通信プレミアムセミナー」での増田寛也氏の講演をまとめたものです。

青森県青森市

県庁所在地でワースト1 「若年女性半減」予測

日本創成会議の報告で、2040年には20～39歳の若年女性人口が全国の県庁所在市でワースト1位の57・4％減少すると予測された青森市。しかし、鹿内博市長はこの報告について「『頑張れよ』というエールとして受け止めており、悲観していない」と述べ、市が持つさまざまな資源を最大限活用して人口減少対策に積極的に取り組む考えを強調。「さらに細やかな分析、施策を進めなければならない」と決意を新たにしている。

（大水祐介＝青森支局）

■目指すは「持続可能なまち」

青森市は、2014年5月の日本創成会議の報告で、2010年から40年にかけて、20～39歳の若年女性の人口が57・4％減少すると予測された。これは、全国の県庁所在市でワースト1位の数字だ。

市では、以前から人口減少・少子高齢化を市政運営に大きな影響をもたらす社会環境の変化とみなしていたが、同会議の報告を受け、改めて危機感を強くしている。鹿内博市長は「地域や市民、行政の総合力が問われている。わが市には多くの資源があり、それらをどう生かし、伸ばしていくかが重要」と指摘。「子育てや高齢者、若者の雇用への対応をはじめ、教育や文化、スポーツ、福祉、安全安心、公園、緑、治水、防災など、まちの魅力をトータルとして整備し充実させないと、人口減少対策にはならない。働く場所を確保するだけではなく、そうした魅力を高めていくことで若い人の定着につながる」と力説する。

市では新総合計画の基本視点の一番目に「人口減少・少子高齢化時代に適応した持続可能なまち」を掲げている。2013年10月には「人口減少対策の基本的な方向性」を策定。14年度からは新たに「移住・定住応援事業」などの取り組みを先行事例として進めており、東京都出身の塚原志保美さん（25）ら3人に「青森市地域おこし協力隊」を委嘱した。農業資源や水産資源を生かした地域おこし活動が主な任務だ。

さらに、急速な人口減少・少子高齢化の進展などの環境変化に的確に対応するため、2014年8月には「成長戦略本部」を設置。この中に「研究センター」を設けており、

15年9月までに①経済②市民生活③都市基盤――の各分野について分析し、対策を打ち出す方針だ。

若年女性の減少・少子化対策としては、①母子の保健・医療の充実②子どもが健やかに成長・発達できる環境づくりのための子ども・子育て支援③働きながら子育てができる環境づくり――など、女性が安心して産み育てられるよう総合的な取り組みを実施。また、子育て環境を充実させるため、子どもの医療費の自己負担分を助成しているほか、私立幼稚園に通う第3子以降の子どもにかかる保育料の一部を保護者の所得に応じて補助している。

ただ、青森市の合計特殊出生率が近年ほぼ横ばいに推移する中、出産する機会の多い若年女性人口は減少している。20～39歳の女性は、２００５年の国勢調査で３万９２５８人と女性全体の23・7%だったが、10年は３万４５２２人と21・5%。青森県保健統計年報によると、出生数も08年は２２８１人、09年は２１９８人、10年は２１４２人、11年は２２０１人、12年は２０３１人と減少傾向にあり、若年女性人口の減少が出生数の低下をもたらし、少子化の要因となっていると考えられる。

観光りんご園でりんごもぎをした保育所の子どもたちと地域おこし協力隊員（青森市提供）

鹿内市長は「このままでは若い世代が高齢世代を支えきれなくなる。若年女性の減少に伴う将来への不安は大きい。まちや社会を維持していく上で子どもは欠かせない存在で、そのバランスが失われることに懸念がある」と嘆く。

■東京一極集中の是正を

政治・経済・文化などの東京一極集中の問題も大きい。青森市でも若年層の首都圏への流出抑制は重要な課題で、大学などの高等教育機関の設置や雇用確保に向けた一定規模の企業の再配置促進を通じ、若者が地元にとどまることができる環境づくりを進めるなど、地方の機能強化を図るべきだと訴えている。

市では18歳と22歳の市外転出が顕著であることに着目。市内の大学の協力を得て卒業予定者へのアンケート調査を実施し、転出の具体的な要因を調査・分析し、対策を検討することにしている。鹿内市長は「東京一極はいずれ限界がくる」と予測。「国として東京一極を是正するための取り組みをどうするか。地方分権や財源移譲、地方が使い勝手のいい財政制度などにさらに積極的に取り組んでもらいたい」と求めている。

青森市の人口は2000年に31万8732人に達してピークを迎え、その後は減少傾向が続いている。

鹿内博市長

国勢調査によると、同市の2000～05年、05～10年の減少数は東北県庁所在市の中で最も多い。自然動態については、死亡数の増加率が低いものの出生数の減少率が高く、社会動態では、転出者数は平均的だが転入者数の減少率が高い点が特徴的だ。

市では今後、他市より人口減少が進行している要因を成長戦略本部で調査・研究する計画で、市長は「なぜここ数年転出が増え人口減少につながっているのか、『深掘り』の分析が必要だ」と話す。

一方、市の65歳以上の老年人口は、1990年の国勢調査では3万5302人と全体の11・4%だったが、2010年は7万690人と全体の23・6%となり、老年人口・割合とも倍増している。

市では「高齢者福祉・介護保険事業計画」に基づき、高齢者が住み慣れた地域で安心して暮らせるよう認知症施策を推進しているほか、高齢者虐待対策や見守り体制を強化するなどし、高齢者福祉の充実に取り組んでいる。また、平均寿命や健康寿命の延伸などの観点から、2014年に「元気都市あおもり健康づくり推進計画」を策定し、市民主体の健康づくり活動を推進している。

■北海道新幹線開業はチャンス

青森市にはリンゴをはじめ、コメや野菜、カシス、ホタテ、ナマコなど全国的にも優れた農水産物が多い。商工業は、港湾や空港、鉄道などの交通拠点を持つ特徴を背景に、小売業や卸売業、サービス業など第3次産業を中心に発展してきた。今後は雪国ならではの技術などを活用した「青森型産業」の育成に取り組む方針だ。

市長は「青森の立地条件、地理条件を生かした物流に市としても力を入れていきたい」と強調。「若い人たちに働く場所、雇用の機会を確保することが重要だ。働く場所があれば、大都市に行かない人も出てくるはずだ。東京で高等教育を受けたとしても、地元に働く場所があれば帰ってくるのでは」と語る。

さらに「健康産業の振興も図っていきたい。例えば、青森には温泉や森林があるので、県内外の人が医療機関で健康診断を受けるだけでなく、温泉に入ったり、スポーツをして汗を流したりしてもらえば、『健康のまち』ということがアピールできる」と期待する。

２０１６年3月には北海道新幹線が開業する。青森市は北海道函館市、青森県八戸・弘前両市と連携し、同年度に「青函圏博覧会」を計画している。鹿内市長は「青函圏の中心にあるのが青森市で、北海道新幹線開業は一つのチャンス。日本海と太平洋、陸奥湾、あるいは北海道・北東北の中心として観光で役割を果たしていきたい」と強調。また、「青森空港は海外とつながっており、海外から函館空港や仙台空港に到着し、新幹線で青森に入ってくる外国人観光客の誘客にも努めていく」と意気込む。

市長は「新緑の春、紅葉の秋、ねぶた、食、八甲田山、温泉、棟方志功、津軽三味線、雪など、年中活用していける観光資源は両手で余るほどある。市民の力でそれをどう生かすかが重要」と語る。雪についても「マイナスイメージではなく、プラスイメージをもっとアピールしなければならない。八甲田山に雪が降るから、水もリンゴもホタテもナマコもおいしい」と紹介。「冬の八甲田山を訪れる台湾やオーストラリアからのお客さんが増えているが、これは多分、酸《す》ヶ湯《ゆ》温泉が日本一雪が多いということをテレビで『宣伝』してくれたおかげだ。それほど雪が多い地域だが、『われわれは快適で楽しい暮らしをしているので、ぜひおいください』とPRしたい」と訴える。

真の「北のまほろば」に

「教育や福祉が充実し、働く場所があるだけでは駄目。市全体が住みやすく、市民みんなが仲良く、明るく、楽しく、優しいまちでなければならない」――。鹿内市長は「人口減少問題を考える場合、私自身の一番の基本は、子どもも若い人も高齢者も生き生きと安心して暮らせる市であるべきだということだ」と説明。市長就任後、市に「こどもしあわせ課」を創設したり、子どもの権利条例を制定したりしたが、「それは、子どもが幸せということは市民みんなが幸せになれること、子どもの権利を考えるということは市民みんなの権利を尊重し合うこと、との発想からだ」と明かす。

鹿内市長は「いま住んでいる所が『あずましい』（心地よい）地域でないと駄目。司馬遼太郎が言った『北のまほろば』がそうだ。三内丸山は安心できて、豊かで、みんな仲が良かったから１５００年も続いた。青森は三内丸山遺跡の北のまほろばに象徴されるように、いろんな資源がある地域。それを行政、市民がどう生かし、伸ばしていくかが、いま問われている」と話している。

宮城県女川町

震災で多数犠牲　復興が人口流出を食い止めるか

宮城県女川町は、太平洋沿岸に位置する町だ。県内でも有数の水揚げを誇る女川漁港を抱え、東北電力女川原子力発電所の立地自治体でもある。そして、2011年に発生した東日本大震災で大きな被害を受けた町――。現在、町は復興事業の途中にあり、至る所で復旧工事の音が響く。震災前に1万人以上いた人口は、14年11月末で7146人。震災から立ち上がろうとする町は、人口減少にどう対応しようと考えているのか。

（濱中砂穂里＝仙台支社）

中心市街地壊滅からのスタート

2011年3月に発生した東日本大震災による女川町の死者・行方不明者数は827人。全壊家屋は2924棟にも上った。海に近い中心市街地は壊滅。町役場も被災し、現在も仮設庁舎での業務が続く。

女川町は2012年から13年の人口減少率が町村で第1位となったが、その中には犠牲者の人数も含まれている。それでも、町の人口減少は紛れもない事実だ。須田善明町長は、「震災事由もそうでないものも、自然減も社会減もある。それが合わさってどうなるかということは、注視していかないといけない」と冷静に現実を受け止める。福祉分野などの政策にも力は入れるが、「サービス合戦になれば持久戦。サポート体制がいい、水道料金が安いなどとしたところで、だから住むのかといえば、そうとは限らない。それらは住む意思決定を後押しする要素であって、暮らしやすさ、居心地の良さ、楽しさなどに公共施策が付加されて、初めて女川に住もうかとなる」と話す須田町長。住民にとってより良い施策を実施する一方で、JR女川駅前を中心とした「復興まちづくり」事業で住民や観光客らに魅力的な町を目指している。

震災の影響で休止中のJR石巻線浦宿―女川駅間は、2015年3月に運転再開の予定だ。新しい女川駅舎は建築家の坂茂氏が設計。羽ばたく鳥がイメージの屋根を持つ建物になるという。駅舎には震災前に町民の憩いの場だった町営の温泉温浴施設「ゆぽっぽ」も併設される。駅前はバリアフリー設計で、高齢者や障害者にも配慮。駅からプロムナードでつながれた海側にはイベント広場が広がり、震災遺構を眺めることもできる。プロムナード沿道には商店街や地域の交流センターなどを配置し、新たな女川の中心市街地としてにぎわいをつくり出す。

民間の力でにぎわいづくり

　にぎわいづくりの中心を担うのは、震災後の２０１２年に設立された「復幸まちづくり女川合同会社」だ。女川でサービス業や水産加工業に携わる若手らが集まってつくられた同社。町の復興のためには何よりもまず産業が重要だと考え、震災で失った販路の回復・拡大を狙って、町が誇る水産業のブランド化事業などを実施する。さらに、駅前に水産業の体験を行うことのできる観光拠点の整備なども進めている。

　民間会社が町の復興や魅力づくりに大きく関わる。これが女川の特徴だ。須田町長は「役割分担をしながら、公と民が一緒になってやってきた。須田がつくった町なんてつまらない。みんなでつくるから面白いし、愛着と責任感が生まれる」と話す。公営住宅の整備などを公が請け負うかたわら、町の魅力を高めるアイデアなどについては民の力に期待を寄せる。

JR 石巻線全線運転再開が決まり、握手する須田善明町長（右）と JR 東日本の松木茂仙台支社長

　合同会社の阿部喜英代表社員も「まずは仕事をつくること。民間の役割は産業だ。それを活性化する。ただ、町にアシストする形で税金を投入してもらっても、使い方を間違えば一過性で終わってしまう。継続的なものにするためには民間の知恵を活用していかなければ」と話す。

　町の人口減少について、阿部氏は「減っていくことはやむを得ない」と受け止める一方、「町にとっては最後のチャンスをもらったようなもの。今こそ動き出さなければ」と前向きに述べる。震災で全てを失ったが、人口減少は震災前から始まっていた。震災が起きなかったとしても、近い将来1万人を切ると予測されていた。復興後の人口は、３０００世帯６０００人に落ち着くと見ているが、「震災前から抱えていたさまざまな課題を一つずつ解決していくことでまちづくりが進めば、県内の他の自治体に比べて魅力的になれるだろうし、選んでもらえるようになる。今、減少しているのは仕方ないとしても、近い将来に横ばいまで持っていきたい」と語る。

　さらに、若年層の定住化を図るためには「教育面や女性の働きやすい社会についても女川の特徴を出していかないといけない」と言い、公に任せるばかりではなく、民間としてもアイデアや人を出していくつもりだ。

駅前にできる商店街にはにぎわいづくりで期待を寄せるが、「殿様商売をしていては人が来なくなってしまう」とも。町の産業として成り立ち、経済を活性化していくためには、町民や観光客に継続して訪れてもらうことが重要だ。「できるかどうかわからないが、経営指導とかもやらないといけないかな」と笑顔で話す。

2015年3月に石巻線開通と駅周辺のまちびらきがあるが、商店街の開業などは同年秋以降の予定だ。本格的な始動が待たれる。

■復興が遅れれば人口流出に

現在の復興の進み具合などに対しては冷ややかな声もある。町の漁業関係の男性は、住宅の高台移転や産業の復旧の遅れを指摘し、「遅れれば遅れただけ、人口流出につながる」と述べる。女川港の水揚げは9割以上が回復し、県内でもトップクラスだという。「漁業者の人数は減っても、一人ひとりがそれぞれ規模を大きくして頑張っている。人数が減るイコール水揚げが減るではない」と釘を刺す。そして「町の基幹産業は水産業。それなのに水揚げが回復しても加工業者は撤退したままだ。港の加工業団地も復旧途上。それが整備されて、はじめて基幹産業の復旧になる」と工事途中の港を見ながら語る。

働ける職や雇用を生み出す産業がなければ、それらを求めて人は他の土地に出て行ってしまうのが現実だ。

津波の影響で倒れた旧女川交番と、復興工事が進むかつての町中心部

漁業関係の男性はさらに「住む家がなくなり、他の地域の仮設住宅などで暮らすために出て行った人たちも、今は町に戻る理由がなくなっている。女川より、石巻や仙台の方が便利だから」とも話す。高台移転や災害公営住宅の整備も行われているが、「もうすぐ4年たつ。住む家がないことは、生活の基本がないこと。影響は大きい」。

また、この男性は町の交通の利便性の悪さも人口流出の要因の一つだと指摘する。「例えば仙台で仕事をするとしたら、女川からでは始発でも間に合わないことが多い」という。「女川に住所を置いて働くのはよその町。女川をそんなベッドタウンのようにできれば、人口減少に歯止めをかけられる可能性もある」と考える。

2015年3月の女川駅の開業については「利用する人がどれだけいるかは未知数。結局は車社会だ」。女川から石巻へ行くための道路は片側1車線が大半で、渋滞も多いと男性は言う。再び震災などの有事が起きた際にきちんと避難できるかなどにも懸念を示す。

他方、合同会社の阿部氏は「道路はだんだん整備され良くなっている。車を使うことを考えれば仙台も通勤圏だ」と話す。実際、仙台から通っていた合同会社のメンバーもいるという。また、高速道路が通っていないことが逆に、小さな町である女川にとっては「交通が便利になって人口が大都市に吸い寄せられるストロー効果から逃れた」という救いの面もあると語る。

■「セルフガバナンス」を目指して

須田善明町長

女川は良くも悪くも小さな町だ。須田町長は「最終的な政治的リーダシップは町長が負う」としながらも、「住民自治というと言いすぎかもしれないが、住民が町全体のマネジメントを担う形にしていきたい」と語る。目指すのは「本当の意味でのセルフガバナンス」だ。それは小さな町だからこそできること。そのための先導的役割が合同会社だという。

課題は担い手不足だ。「今はまだいい。10年後、20年後ぐらいまではまだ大丈夫だが、その先は一気に減る。進学や就職となれば、近くても仙台、遠くて関東、関西……。出て行くなとは言えない」と須田町長。年間に何十人かが町で生まれても「世代ごとに1桁しか残らないこともあり得る」という。「これが現実。人口をいきなり増やすことはできない」。

このような状況で、いま必要なのは人材を発掘することだと須田町長は話す。「まちづくり、町の運営、町の行く末に関わる人間——。中心となる人やそれを支える人間を育てていくことが最初の課題だ。そのためには小さなことから始めるしかない。町内会でも地区のスポーツ大会でもいい。ただ『住む』だけでなく、女川で『暮らす』『生きる』ことにつながっていく何かを掘り出していかないといけない」と述べる。

町長や合同会社のみならず、批判的な意見を述べる住民も、町を愛するからこそ。女川は現在、復興後の新たな町への道を一歩ずつ進んでいる。

群馬県
南牧村

「若い女性9割減少」消滅可能性が最も高い村

日本創成会議の発表で2040年の若年女性の人口減少率が全国で最も高かった群馬県南牧村。主要産業だったコンニャクイモ栽培の衰退で人口は減少し、2014年10月末現在で、約2200人。高齢化率も58・3%と、全国で最も高い。村は、高齢者入居施設を整備し住民の雇用を確保するとともに、空き家の改修費用を負担することで移住を促進し、住民の若返りを目指す。一方、村の魅力にひかれて移住し、農業や観光に取り組む若者もいる。

(小嶋紀行=前橋支局)

2040年、若年女性は10人に

南牧村《なんもく》は、群馬県南西部に位置し、長野県に接する山あいの村だ。前橋市からは高速を使えば車で1時間強の距離にあり、通勤も可能だ。東京からの場合、車で約2時間、公共交通機関では新幹線と私鉄、バスを乗り継いで約3時間で着く。

日本創成会議の推計で、南牧村は2010年に99人いた若年女性が、40年に10人まで減少するとされ、消滅可能性都市と位置づけられた。長谷川最定《さいじょう》村長(61)は推計について「何も対策を講じない場合の数字にすぎない。人口推移の見通しは村でも把握しており、予想外の結果ではなかった」と冷静に受け止める。

その一方で「消滅可能性都市と表現されると、村民は良いイメージでは受け止めない」と指摘。「こうすれば明るい未来が見えるという方向で対策に取り組みたいが、今回の発表で、どうせ何をやっても駄目だというあきらめが住民に生じると困る」と懸念を示す。

三つの村が合併して南牧村が誕生した1955年の人口は、国勢調査で約1万6000人。2010年の国勢調査での人口は約2400人となり、減少率は77%に上る。背景にあるのは、主要産業だったコンニャクイモ栽培の衰退だ。南牧村は急傾斜地の水はけの良い段々畑が多く、コンニャクイモの栽培に適していたが、品種改良で平地での大量栽培が可能となり、価格競争力を失った。

子どもの将来に不安

主要産業の衰退が進むにつれて「男女とも若者が仕事を

求めて村外に流出してしまった。村に住んでいても収入が少ないので嫁に来る女性もいなくなった」（長谷川村長）。その結果、人口が減り、出生数の減少にもつながった。村には小学校と中学校が3校ずつあったが、現在は小学校、中学校ともに1校に統合され、小中とも1学年当たりの児童生徒数は数人にとどまる。小学校の修学旅行は5年生と6年生の合同で、2年ごとに実施される。

長谷川村長は「若年女性がいないと必ず子どもが少なくなる。子どもの数を増やさないと村が成り立たなくなる」と危機感を示す。既に子育て支援策として、保育園保育料や小中学校給食費の無料化を実施している。

村に住む30代の女性は長野県出身で、村の男性と結婚して子どもが3人いる。夫は近隣の富岡市で働いており、自身も村内でパートをしているという。子どもは村内の保育園や小学校に通う。「子どもの勉強もよく見て

授業を受ける南牧小学校１年生２人

もらえるし、経済的な支援もあるし、ありがたい」と評価しているが、「子どもの同級生が少ないので、子どもがもっと増えたらうれしい」とも話す。

子どもの将来に対しては「中学校の部活で人数が必要な球技ができず、子どもはやりたくても我慢しないといけない。高校生になると学校が遠くなり、通学が不便になる」と指摘。「親が良くても子どもが嫌だと言ったとき、どうすればいいか迷う」と不安ものぞかせる。

4人の子どもを育てる30代の男性は「出身地区の同級生のうち、村に残っているのは自分だけ。同年代の若い人が少ない」と嘆く。村外への転出も一時考えたが、妻が村役場に勤務しているため、村内での居住を選択したという。「女性は相手が村外だと出てしまう。村に住む男性が村外から妻を連れてくることと、子どもを持つ夫婦を村に呼び込むことが大事だ」と強調する。

■雇用創出と移住者支援で若返り目指す

長谷川村長は村の今後について、高齢者が多いことから「人口減少を止めるのは難しい」と予測。しかし「働く場所を生み出すことによって若者を増やし、村の人口の年齢構成を変えることはできる」と、住民の若返りに活路を見いだす考えを示す。

住民の雇用を創出する方法として着目するのが、村内に住む高齢者だ。長谷川村長は「独り暮らしの高齢者が増えているが、日常生活に不安を感じながらも、都会には出たくない高齢者が多い」と指摘。「村内に高齢者入居施設を造れば、若者が働く場も生まれるし、高齢者も安心して生活できる」と効果を挙げる。

長谷川最定村長

高齢者入居施設は2015年度に着手する予定。入居者は20人程度を想定しており、「介護の度合いに応じて多くの人材を雇用し、うまくいけば施設数も増やしていきたい」と期待を寄せる。さらに「雇用も合わせて子育て環境の良さをアピールしたい。村内に住む若者が増えれば、子どもの数も増える可能性がある」と先を見据える。

また、村が雇用創出とともに強化を図るのが、村内への移住促進だ。村内でプロパンガスを販売している石井裕幸さん（41）は、村と連携して2010年に「山村暮らし支援協議会」を設立した。協議会は村内にある空き家の調査を実施し、約360軒の空き家を確認。このうち入居可能な家屋が約100軒あることも判明した。所有者の理解が得られた住宅は村のホームページで公表しており、13年度までに13世帯24人が移住したという。

円滑に移住できるよう、村で一定期間生活できる体験民家も整備した。石井さんは「移住者の中には協議会の活動に参加してくれる人もいる。村民との交流を深める中で地域が活性化してきている」と手応えを感じている。

■移住者が農業やレストラン経営

横浜市出身の五十嵐亮さん（34）が村に移住したのは2013年4月。農薬や化学肥料を使わない自然農法に取り組んでいる。高校を中退した五十嵐さんは、職業を転々とした後、農家に住み込みで働きながら全国を旅して回った。その後、農業に取り組む土地を探していたとき、南牧村の空き家バンクを見て移住を決めたという。

家賃は畑付きで年間3万5000円と破格の安さ。他の民家の場合だと、月額で1万~2万円という。五十嵐さんは「景色が素晴らしいし、横浜から近く、友人にも来てもらいやすい。後継者不足の農業や村の文化・風習を守るため、若い自分が貢献したい」と意気込む。

畑では、葉っぱや木のくず、飼っているヤギのふんを肥料に使って、キュウリやトマト、大根などの野菜を栽培。卵を得るため養鶏にも取り組んでいる。数種類の野菜と卵を詰めたセットを宅配しているほか、横浜市のレストランや南牧村の直売所に野菜を出荷している。

ただ、農業収入だけでは生活できず、現在は村内外でアルバイトをしながら暮らしている。しかし、五十嵐さんは「食や農業に関心を持つ若者も多い。今後、そんな若者が種まきや収穫を体験できる農家民宿をつくり、村の人々と交流できる場にしたい」と前向きだ。「その中でいい人を見つけて結婚し、子どももつくりたい」と笑う。

群馬県太田市出身の小保方努さん（38）も2013年4月に移住。廃校になった中学校の校舎を活用して土日や祝日に「体験型レストラン」を開いている。体験型レストランでは、石窯で焼くピザづくり体験を中心に、川遊びや木工など村の自然を生かしたプログラムを提供している。

小保方さんは大学時代から子どもに自然体験をさせる団体に参加。団体の代表が村の民宿の経営者と知り合いで、民宿近くにある廃校となった中学校を借りることになり、その管理を任されたという。「手つかずの自然が残り、星もたくさん見られるし、都会にはない楽しみがある。村の人も助けてくれるから不便でも住める。不便だから余計なこともせず、お金を使わず生きていける」と村の魅力を語る。

南牧村に移住し自然農法に取り組む五十嵐亮さん

新たにレストランで使う野菜の無農薬栽培も始めた。今は村内の民宿などでアルバイトをしながら生計を立てているが、「リピーターも増え、少しずつだが手応えも感じてきた。早く経営を安定させて、家族のことも考えたい」と将来を展望する。

その一方で「移住者の多くは定年退職者」（長谷川村長）という現実もある。長谷川村長は「定年退職者には蓄えがあるが、若者は手元に資金がない。空き家を改修するには費用がかかるが、若者には改修に充てるお金がない」と、若者が移住しにくい原因を分析。「村が空き家の改修費用を負担し、若者が移住しやすい環境を整えたい」と語る。2015年度は5軒程度で導入する考えだ。

前述の石井さんは商工会で青年部長を務める。日本創成会議の推計に「いい刺激として前向きに捉えたい。仲間には『村の特性を生かして何ができるか考えよう』と訴えている」と強調。「いま生きる大人が頑張らないと、今後子どもたちが苦労する。移住者のアイデアを取り入れ、新たな村の魅力を生み出していきたい」と意欲を示している。

東京都豊島区 若い女性が敬遠 東京23区で唯一消滅可能性が

日本創成会議の報告で、東京23区では唯一、消滅可能性の指摘を受けた豊島区。区内に住む若年女性の減少がその理由だ。大繁華街の池袋を抱える人口過密地域の豊島区だが、保育施設やきれいな公園が少ないなど、子育てがしにくい街でもあるという。区は、①女性が住みやすい街づくり②アニメ・芸術施策の推進③東京と地方の共生――を3本柱に掲げ、生き残りに打って出る。

（中平晶子＝内政部）

池袋はにぎやかだが繁華街でのトラブルも多く、治安の良くない街という印象が定着しており、区人口は減少傾向にあった。しかし、1999年に就任した高野之夫区長は、文化事業に力を入れてイメージアップを図り、区民ぐるみのパトロールなどを行って治安向上にも尽力。そのかいあってか、97年に25万人まで減っていた人口は近年徐々に回復し、2014年には27万人まで増加していた。

それだけに「消滅」の指摘は青天のへきれき。「なぜうちの区が？」「間違いじゃないのか？」と区役所には動揺が走った。高野区長は「調査には直近の人口回復傾向が反映されていないのではないか」と反論している。

区に関わる女性に話を聞いてみると、「通学で池袋を歩くと汚い街だと感じる」（池袋の大学に通う都内在住の学生・22）、「『確かに、消滅するかも』と思った。私もこの区に住みたいとは思えない」（池袋の企業に勤める会社員の高田宜子さん・36）など手厳しい意見が相次いだ。

なかでも、区で生まれ育ったNPO法人メンバーの女性（31）は、「地価が高く、緑も少ないので、家を買うタイミングで同級生はみんな他区へ移った。私も2歳の娘がいるが、保育園に入りづらかったり、（汚くて）遊ばせられない公園もあったりして困っている」と話し、豊島区では子育てがしづらいから女性人口が減るのだと指摘した。

「住みにくい街」解消へ、女性会議を設置

都心で交通の便も良い豊島区は、独り暮らしの時は住みやすくても、結婚、出産、子育てとライフステージが変わるにつれて住みにくい街になってしまう。そこで区は、出産後も区に住み続けてもらうため、区内在住、在勤、在学

の女性ら（一部男性も含む）を集めて街づくりのアイデアを募る「としまＦ１会議」を２０１４年８月に設置した。「Ｆ１」は広告業界の用語で20~34歳の女性を指す言葉だ。

会議では、公募などで集まった32人のメンバーが6チームに分かれ、保育所の機能強化や子どもの居場所づくり、ワークライフバランスなど、テーマを定めて調査に取り組んだ。２０１４年12月には区政改革の具体的なプランを区長にプレゼン。区は提案を15年度予算に反映させる方針だ。

前述の学生や高田さんらもメンバーとなり、子どもの遊び場となる区立公園に着目。区内の公園17カ所を実地調査し、①トイレ（紙は補充されているか、掃除されているか、おむつを替える台はあるか）②遊具（遊びやすいか、安全で壊れていないか）③環境（街灯やごみ箱、喫煙所などはあるか）――といった観点から評価した。

「としまＦ１会議」で話し合う女性たち

このチームは、大きな区立公園を一つ選んで改善策を提示することにした。公園の敷地を、お年寄りや幼い子ども連れ家族が憩えるエリアと、学校帰りの小学生が思い切り遊べるエリアに分け、すみ分けを提案。遊びのエリアでは指導員が付いて子どもに遊び方を教えるプレーパークを実施するほか、トイレの改善、芝生を囲う柵の撤去、ドッグランの設置なども考えた。また、住民を巻き込み公園管理の地域協議会をつくるアイデアも出した。

別のチームは、小学生の放課後の居場所づくりをテーマに、学童保育の時間延長や地域住民参加のイベントなどを検討。これに対し他チームのメンバーからは「私立小に通う子どもとその親は地域から孤立しがち。そういう親子もコミュニティーに入れる工夫がほしい」との注文も出た。

Ｆ１会議ではメンバー同士の交流も活発だ。チーム内で打ち合わせをする時は、お菓子を食べながら和気あいあい。明るく楽しげな雰囲気は「女子会」のようだ。メンバーの一人、豊島区在住で広告会社勤務の木下富美子さん（48）は、「これまでは子どもの学校関係の人としか付き合いがなかった」というが、会議に参加してさまざまな人たちと知り合うことができたと喜ぶ。

区はＦ１会議設置のほか、待機児童解消のため保育施設を半年間で8カ所誘致。２０１７年までに計１０００人の入所枠を確保する方針だ。また、女性が安心して過ごせるよう治安対策にも力を入れる。前述のNPOの女性は、「『消滅するかも』と騒がれて逆に良かった。これまで区は保育園をつぶしたり小中学校を統合したりしていたが、やっと（女性の不満に）気付いてくれた。消滅指定は、区が変わる良い機会だ」と期待を込めて話していた。

■世代を超えて楽しめる「アニメの街」へ

豊島区が力を入れるもう一つの施策は「マンガ・アニメの街づくり」だ。区内には、手塚治虫や石ノ森章太郎などの著名マンガ家たちが青春時代を過ごした「トキワ荘」（1982年に解体）の跡地がある。また、最近では池袋の一角に「アニメイト」などのアニメショップが多く進出。若い女性が集まることから「乙女ロード」と呼ばれている。

区では2014年10月、文化施策を進め世界に向けて情報発信する「豊島区国際アート・カルチャー都市」構想を発表。プロデューサーとして、アニメイトや若者に人気の動画サイト「ニコニコ動画」を運営するニワンゴの役員を起用した。構想では、公園や公道を開放して、コスプレや音楽イベントなど街中でアートを体験できる場を設ける方針だ。ほかに、アニメやネット企業の集積、外国人観光客に対応するため観光スポットの多言語化にも取り組む。

街づくりを担当する区の佐藤和彦企画課長は「乙女ロード」のブームを、「今まで池袋にいなかった世代の女の子が訪れるようになった」と歓迎している。

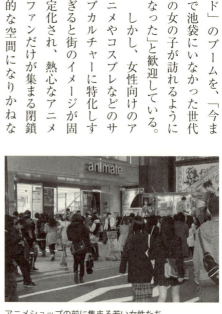

しかし、女性向けのアニメやコスプレなどのサブカルチャーに特化しすぎると街のイメージが固定化され、熱心なアニメファンだけが集まる閉鎖的な空間になりかねない。そのため、区はトキワ荘の跡地を活用したまちおこしなども計画。佐藤課長は「『乙女だけの街』ではなく、アニメというキーワードを使いつつ、さまざまな世代が楽しめるアニメの街にしていきたい」と意気込んでいた。

アニメショップの前に集まる若い女性たち

■地方と連携、交流人口増やせ

消滅可能性都市の多くは地方の小さな自治体に集中している。高野区長は「『東京一極集中』という異常な事態のツケが来ている」とみており、「地方が消滅すれば東京もいずれは消滅する。地方と東京が共存できる未来を考えるべきだ」と指摘。池袋駅を起点とする西武池袋線と東武東上線の沿線にある埼玉県の5市町や、姉妹都市など区と交流のある全国の47市町村と協力して、定住人口を奪い合うのではなく、交流人口を増やす策に力を入れる。

例えば、住民票は西武線の終点がある埼玉県秩父市などに置いて、平日は区内の賃貸物件に住んで働き、週末は同市の自宅に帰るなど、地方と区を行き来する「2地域居住」のライフスタイルを提案。住民税は区に入らないが、高野区長は「地方の活性化が日本全体の活性化につながる。地方に納税してくれれば十分だ」と言い切る。

区はこれまでも姉妹都市などの物産展やアンテナショップを開いて観光情報を発信していたが、既存の方法では若い世代にアピールするのは難しい。そこで区が狙うのは、アニメ企業などとの連携だ。両線の沿線にはアニメの舞台となる土地が多く、訪れるファンが絶えない。区は、これらの自治体や鉄道会社と共同で物産展や巡礼ツアーを組めば、沿線一体のまちおこしができると考えている。

また、空き家状況やIターン就職の情報も併せて提供し、移住や2地域居住への関心を高めるようにする。

高野之夫区長

さらに、東京と地方に共通する課題について、協力して解決法を探る。区が喫緊の課題として挙げるのが空き家対策だ。区内の空き家は住宅全体の13%（２００８年時点）を占めている。区は民間業者や地方の自治体と共に、人気のない中古物件を若者のニーズに合わせて改修する「リノベーション」の研究に着手。壁を抜いて間取りを変えたり、シェアハウスに作り替えたりして、結婚や出産を経ても住み続けやすい住宅、ひとり親世帯同士のシェアなど多用な住み方ができる物件を増やしていくという。

ピンチをチャンスに、区全体で立ち向かう

消滅の指摘から半年が過ぎて、高野区長は、区役所も住民も区の未来を真剣に考えるようになったと手応えを感じている。「消滅は豊島区だけの問題ではなく、日本全体の将来への警鐘。ピンチをチャンスに変え、今後の地域活性化策をリードしていきたい」と意気込みを見せていた。

一方、前述の木下富美子さんは「『子育てしやすい街』や『安全できれいな街』をつくるのは、どの自治体でも必要な最低限の部分」と冷静にみている。区が生き残るためには「そこからさらに一歩進んで『この街に行けば何か楽しいことがある』などのはっきりしたメッセージを打ち出せるような、発信力のある街にしないといけない」として、独自の「豊島区ブランド」を考えるべきだと話していた。

神奈川県横須賀市

市で人口減少日本一　空き家目立つ「軍港のまち」

かつて軍港のまちとして栄えた神奈川県横須賀市がいま、深刻な人口減に直面している。総務省が発表した住民基本台帳に基づく2013年の総人口で、全国の市で最も減少数が多かった（3698人）として、ありがたくない「日本一」の称号を手にしてしまった。米海軍と海上自衛隊の基地を抱え、基地を目当てに多くの観光客が訪れる一方、相次ぐ工場の撤退などが響き人口減にはなかなか歯止めがかからない。再生に向け模索する市の現状を報告する。

（沢田昌樹＝横浜総局）

■不名誉な「日本一」からの挑戦

神奈川県横須賀市の人口は、1992年5月の43万7200人をピークに減少傾向が続いている。2014年10月の推計人口は、ピーク時から3万人少ない40万7200人となった。国立社会保障・人口問題研究所の将来推計によると、2025年には37万3613人、2040年には31万2373人にまで落ち込むと予測されている。

「人口減日本一は大変不名誉な結果。自然減はともかく、（転出超過による）社会減は政策によって改善できるはず。日本一への挑戦ではなく、日本一からの挑戦という意味で、全力で取り組まないといけない」と現在2期目の吉田雄人市長（39）は意気込む。

都心からの所要時間がそう変わらない同県の藤沢市では近年、人口が増加し、2012年4月には横須賀市を抜いて県内4位（横浜市、川崎市、相模原市に次ぐ）に躍り出たことを考えると、あまりに対照的ではある。

藤沢市は、ある出版社が雑誌の創刊にあたって全国の20～40歳代の主婦を対象に日常生活における幸福度に関する調査を行ったところ、「主婦が幸せに暮らせる街ランキング」で、全国の市で1位に選ばれた。「湘南」の持つブランドイメージが寄与したとみられるが、「うらやましいですね」と語る吉田市長の心中は穏やかではないはずだ。

■子どもが主役になれるまち

人口減の直接的な要因としては、関東自動車や日産自動車の工場撤退など、大手製造業の横須賀離れが挙げられる。工場の撤退に伴い、下請けの中小・零細企業も横須賀を去る。その結果、地元の雇用機会はますます減少し、働く場を求めて人口が流出する――。そんな負の連鎖から抜け出すことができない現状がある。

　その一方で、市が行ったアンケート調査からは看過できない現実が浮かび上がった。市外の居住者に横須賀のイメージを尋ねたところ、米軍基地の影響からか「外国人と交流する機会が多い」という回答が多数を占めたのだ。

「横須賀が住むまちとはみなされていないということ。住みたいまちとして選ばれるための都市イメージを確立させる必要がある」

　そう語る吉田市長が「キラーフレーズ」として打ち出したのが、「子どもが主役になれるまち」。人口構成比で20～40歳代の子育て世代が少ないアンバランスな現状を改善すべく、結婚・子育て世代にターゲットを絞った施策を打ち出すことで、定住促進につなげたい考えだ。

　２０１２年には、市と商工会議所などが連携して定住応援サイト「すかりぶ」を立ち上げた。横須賀の「すか」と「Ｌｉｖｅ（住む）」を組み合わせた造語で、会員となった市民に市内の公共施設や協賛店舗での割引などのサービスを行っている。

吉田雄人市長

　２０１４年には、子育て・教育環境を充実させるため、子育てや教育に精通した大学教授ら専門家３人を「こども政策アドバイザー」に任命し、専門的な見地からの助言を仰いでいる。また、小児医療費の助成制度の対象年齢を拡充し、保育料の値下げなども行っている。

■ヨコスカバレー構想

　市は２０１４年から「ヨコスカバレー構想」をスタートさせた。米国のシリコンバレーに倣い、情報通信技術（ＩＣＴ）関連企業を誘致、集積することで地域経済活性化の切り札にしようというプロジェクトだ。

　その核となるのが、光の丘地区にあるＩＣＴ関連の研究開発施設「横須賀リサーチパーク（ＹＲＰ）」。約62ヘクタールの敷地に、国内外の約65の企業や大学が集まる。市では、本社移転に１００万円、家賃３カ月分（上限１５０万円）などの助成を行っている。

　10年間で１００社、１００億円の投資を目標に掲げる吉田市長は、「新たな企業誘致の在り方を模索するという意味でも、すごく挑戦的なことだと考えている。ＩＣＴ企業は東京じゃなくてもやれるんだということを証明したい」とその意義を強調する。

この構想に賛同し、市内進出第1号となったのが、スマートフォン向けのゲームアプリ開発などを行うタイムカプセル（本社岐阜県大垣市）。２０１４年８月、空き家の目立つ市内汐入の谷戸《やと》地区に、築約40年の古民家を改造して事務所を構えた。

谷戸とは、谷がリアス式海岸のように複雑に入り組んだ独特の地形のことで、自動車を横付けできないような階段道路も多く、空き家が目立つ。市では空き家バンクを開設したり補助金を出したりしているが、なかなか効果が現れない。市によると、谷戸は市内に49地区あり、５６２戸が空き家となっている（２０１０年度）。

京浜急行電鉄の汐入駅から曲がりくねった坂道を歩くこと約10分。高台の一角に、目指す事務所はあった。この事務所には、２階で寝泊まりしている常駐１人を含めて３人の従業員が勤めている。

「われわれのような企業は、パソコンさえ使えたら働く場所は選ばない。地元でいつか事業を興してみたかった」

市出身の相澤謙一郎社長（38）はそう語る。また、ＪＲの横須賀駅、京急の横須賀中央駅、汐入駅までいずれも歩いて10分ほどで行けるため、東京都心での会議出席にも不便は感じないという。

何よりの魅力が、家賃の安さ。木造２階建て延べ１１０平方メートルの広さで家賃６万９０００円は破格と言っていい。

「この広さと駅への近さでこの値段。横須賀駅前だったら、ワンルームの値段ですよ。（初期投資の）リスクを最小限にできるし、自然環境も豊かで落ち着く。地方から高付加価値のビジネスを創造することで、地域活性化に少しでも貢献できれば」と同社長は言う。

空き家が目立つ汐入の谷戸地区。自動車が入れない階段道路が多い

ＩＣＴ関連企業の集積と、空き家の解消を目指す市にとっては願ってもない先行事例とも言え、第２、第３の進出企業が現れないかと大きな期待を集めている。

観光資源としての基地

軍港めぐりのクルーズがあると聞き、乗船してみることにした。米海軍横須賀基地に程近い一角に乗船所があり、料金は１４００円、約45分の行程だ。

運営会社によると、クルーズを始めたのは２００８年から。米海軍と自衛隊の艦船を同時に船上から見学できる日本唯一のクルーズというのが売りで、13年には過去最多の

17万人が乗船した。毎年9～11月の観光シーズンには、団体客の予約で半年前から埋まり、満席になってしまうこともあるという。

吉田市長が観光の目玉として力を入れるのが「ドル旅」。以前から米軍基地周辺では米ドルがそのまま使えたことにヒントを得て、賛同する店舗でドルを使えるようにした。海外旅行で使い残した、たんす預金ならぬ「たんすドル」を消費活動に使ってもらおうというプロジェクトで、開催2年目の２０１４年は4月下旬から12月末までと前年より大幅に期間を延長。「ゆくゆくは年間を通じてやりたい」と吉田市長は言う。

市ではまた、米国メリーランド州立大学と提携し、米海軍横須賀基地内にある同大アジア校の英語学習プログラムの受講生として市民の参加を募ることにした。このプログラムは母国語が英語以外の人を対象に英語力を強化する大学入学準備コースで、修了者には同大学の正規コースに進む道が開けている。

人気の軍港めぐりクルーズ。米海軍や自衛隊の艦船を間近に見ることができる

「駅前留学ならぬ基地内留学。横須賀をドルが使え、本場の英語を学べるまちにしたい」と吉田市長は意気込む。重要な観光資源でもある基地をなんとかプラスのイメージに転化させようと、あの手この手の対策を講じている。

地元商店街の嘆き

「観光客もボチボチ来てはいるが、人口がじり貧で商店街の売り上げもどんどん低下している。働く場がないというのが一番のネック」

市内で洋品店を営む横須賀商店街連合会の森下守久副会長(69)はそう嘆く。

吉田市長はヨコスカバレー構想でＩＣＴ企業を中心にした誘致を切り札にしようとしているが、「それでは時間がかかる。商店街としては、一日も早く人口増になるくらいにしないと、子ども(の世代)はやっていけなくなる」と危機感を募らせる。

定住促進のために子どもを主役に据えたりＩＣＴ関係のベンチャー企業の誘致を優先的に進めたりする吉田市長の施策は決して間違ってはいない。だが、人口減を生活の実感として抱き、待ったなしの状況を訴える森下副会長との間には、大きなギャップがあるのも事実だ。

第Ⅱ部

人口急減社会の論点

- ◆社会と人口
- ◆人口減と経済・財政
- ◆地方と人口減
- ◆人口減と自治体
- ◆人口減と若者
- ◆女性・家族・子育て
- ◆人口減と公共政策
- ◆人口減と雇用
- ◆人口減と安全保障
- ◆欧州との比較

人口減少に脅えるな ルールは変わった

東京大学名誉教授
神野直彦
Naohiko Jinno

没個性的存在としての「人口」

「人間はどうして人口になるのか」といえば、それは「人間の社会」が、「人間を目的とする社会」ではなく、「人間を手段とする社会」となるからである。つまり、人間を「労力・兵力」などという手段としてしか認識しなくなると、人間はもっぱら「人口」と観念されてしまう。

「人口（population）」という言葉は、古くから存在する言葉ではない。人間の社会を管理・運営の対象と見ていた重商主義時代に創り出されている。1690年に『政治算術』を著したウィリアム・ペティ（W. Petty）が、社会を数量化することを考え、国家の富と力は国民の数と性格に起因することを証明しようとしていたことは、この人口概念の登場を物語っている。

もっとも、「人口（population）」は「子孫を増やす」あるいは「移住する」という意味で使用されていた。アメリカの独立宣言にある、イギリス国王が「これら諸州への植民（population）を妨げることに努めた」との一節は、これを如実に表現している。

ドイツのエッセン文化研究所のドゥーデン（B. Duden）によると、1889年のオックスフォード英語辞典は、「人口」に新しい学術用語としての意味が加わったことを報告していた。それはマルサス（T.R. Malthus）の「人口は幾何級数的に」「食料は算術級数的に」増加するという意味の「人口」であり、それが日常的に使用されていくことになる。

しかし、「人口」という言葉には、生身の人間との関係が断たれている。「人口」は人間を没個性的存在の集合として取り扱う。しかも重要な点は、人間を没個性的存在として取り扱うことで、人間を管理・運営することが可能な対象としてしまうことである。

人間を「人口」として管理すべきか

太平洋戦争前夜の1941（昭和16）年に、「産めよ殖やせよ国のため」を目指す「人口政策要綱案」が閣議に提出される。この「人口政策要綱案」では「男は廿五女は廿を標準に結婚」することを目標とし、「結婚資金を貸し付け」「五人産めば返済無用」というアメの政策とともに、「卅歳以上独身者と子無し」に独身者税を課税するというムチの政策が盛り込まれていた。独身者税は日の目を見ないものの、当時の代表的財政学者である汐見三郎京都大学教授は、「とに角若い者は良縁があり次第結婚するんですね。変な理想や見栄に捉われると、高い税金を課せられますよ」とコメントしていたのである。

ところが、太平洋戦争が終結すると、その当時の人口が7200万人であったにもかかわらず、日本の人口は過剰だと唱えられる。この狭い日本に過剰な人口が存在するからこそ、日本は貧困なのだと唱えられ、海外への移民、つまり「植民（population）」が推進されていく。それにもかかわらず日本の人口は急速に増加して、1968（昭和43）年には、ついに1億人の大台を突破してしまう。

すると「産児制限」や「避妊」が推奨され、標準家族は子どもが2人と設定される。少子化を推進することで人口増加を抑制し、豊かさを手に入れようとしたのである。

時を同じくして、世界的にも人口爆発を回避するため「産児制限」が取り組まれていく。日本は先進的に「産児制限」に取り組み、しかもそれを平和裏に実現した国として讃美される。つまり、日本は生まれ出ずる子どもはわずかでも、豊かな生をまっとうする少子長寿化社会を実現したことになる。

ところが、一転して「少子長寿化社会」の恐怖が煽られる。少子長寿化社会では経済成長が維持できないどころか、「消滅する市町村」という悲劇が生じると唱えられる。そのため「産めよ殖やせよ国のため」という懐かしき歌声の大合唱となっている。

前述のように、人間を人口と観念し、国家が管理可能な対象として、ある時は増加を、またある時は抑制する人口政策が展開されてきた。それは人間を物化させ、物化した手段としての人間の量的操作である。もちろん、人間は人口として管理可能か、あるいはそうすべきかが、根源的に問われなければならないことは言うまでもない。

工業化の時代の終焉

工業化は人口を爆発させる。工業社会の時代とは、人口爆発の時代である。誰もが目にしている日本の人口の長期的推移を眺めると、明治維新を契機に人口が爆発的に急増していることがわかる。明治維新の1868年に3330万人だった日本の人口は、第2次大戦が終わる1945年には7199万人となり、2006年には1億2774万人へと、工業化とともに爆発的に日本の人口が急増する。しかし、2008年をピークに反転し、日本の人口は急減するという反転現象を起こすと予想されている。

人口の反転現象は日本だけではない。まずロシアで生じ、日本、さらには韓国と続き、ヨーロッパ先進諸国も次々に人口の反転現象を起こすと予想されている。もちろん、こうした反転現象は、工業化の終わりと無関係ではない。

工業化は都市化をともなう。したがって、工業化とともに人口が急増している過程では、都市化が生じ、人口は農村、つまり地方から都市へと激しく流入することになる。明治維新以降、日本が人口を急増させていく過程は、都市化の過程でもあり、地方から都市へ、さらには大都市へと集中していく過程にほかならなかったのである。

しかし、人口の反転現象が生じた後も、都市への人口集中現象が生じるとは限らない。人口の急増が工業化にともなって生じることを考えれば、人口が反転現象を起こすと工業社会以前の人口分布状態に回帰するとも考えられる。実際、ヨーロッパでは近代工業社会以前、つまり近代以前の多心型分布に回帰すると考えられている。

というよりも、ヨーロッパではすでに1973年の石油ショックを契機にして、「逆都市化」現象が生じている。1973年の石油ショックは改めて指摘するまでもなく、自然資源を多消費する工業社会の行き詰まりを象徴している。もちろん、ヨーロッパでは工業化から脱工業化への道が模索されている。工業化は都市化と結び付くけれども、脱工業化は「逆都市化」を生じさせることになる。

ところが、日本では人口が反転現象を起こしても「逆都市化」は生じず、都市化が加速化されると想定されている。そのため、地方の小規模自治体は消滅すると断じられているのだ。それは、日本では依然として工業化を推進しようとしている証左だといってよい。

ノーベル経済学賞に輝いたサロー（Lester C. Thurow）は、『資本主義の未来（The Future of Capitalism）』で日本国民に警告を発している。それを端的に表現すれば、ゲームのルールが変わったことに最後に気がつくのは、前のルールでの勝利者だとまとめることができる。つまり、日本は第2次大戦後の重化学工業化の過程では優等生で、勝利者となったが故に、工業化の時代が既に終わり、ルールが変わったということに、いまだ気がつかないでいると警告されているのである。

もっとも、日本でも「逆都市化」現象は生じ始めている。廣井良典千葉大学教授が指摘するように、リクルート研究所の大学進学者への調査で「地元に残りたい」という回答が、２００９年の39％から２０１３年には49・７％に跳ね上がっている。内閣府の青年に対する永住意識調査でも、将来も今の地域に住んでいたいという回答は、２００７年の調査で43・５％に達し、４年前の調査よりも10％も高まっている。失業率の高さをみても、大阪府は第２位、東京都は第９位で、上位には大都市圏の都道府県が名を連ねる。逆に失業率の最も低いのは、島根県、次いで福井県、富山県と、地方が並んでいる。小田切徳美明治大学教授が提唱する「田園回帰」には、十分な条件が存在しているといってよい。

「予言の自己成就」を

農業社会では、農村に生産機能も生活機能も存在する。都市には周囲の農村が交流する市場が存在することになる。工業社会になると、生産機能が存在する地域が都市となる。つまり、工業都市が出現する。すると、生産機能が生活機能の「磁場」となって、都市に人口が集まってくる。

工業社会の初期には、工業都市は原料立地的に散在する。つまり、港湾などを含め原料入手に都合のよいように工業が立地される。ところが、重化学工業化が進み大企業が形成されると、中枢管理機能と工場機能が分離してくる。そうなると、中枢管理機能が立地する中枢管理都市、つまり大都市が形成される。しかも、重化学工業の耐久消費財を生産する工場機能は、巨大消費市場である中枢管理都市の周辺に立地されるようになり、大都市圏が出現していくことになる。

ところが、脱工業化が進むと、生活機能が生産機能の「磁場」となる。知識産業は、優秀な人間が集まり育つ地域に立地せざるをえないからである。もちろん農業も、工業化ではなく知識集約化が進む。人間が生活したい地域とは、自然環境と人的環境の豊かな地域である。そうした地域に生産機能も集まることにある。

人口減少にいたずらに脅える必要はない。人間が安心して生まれ、育ち、老いていける社会を築けば、自然との環境容量の関係で適切に調整されるはずである。「予言の自己成就」という社会心理学の教えを反芻すべきである。

それは、未来はこうなるという確信が強ければ強いほど、そうなる確率は高まるという教えである。否定的な未来を描けば、そうなる確率は高まるし、肯定的な未来を描けば、そうなる確率が高まることを肝に命ずるべきである。

新しい文明システムへの転換を

上智大学経済学部教授
鬼頭　宏
Hiroshi Kitou

人口減少の時代

2010年以後、日本人口の減少が定着した。国立社会保障・人口問題研究所（以下、社人研）の将来推計（2012年1月推計）によれば、今後、日本人口は減少し続けて、2060年には8674万人、2110年には4286万人と、ピーク時の3分の1まで減るとされている。

人口減少は消費人口と労働人口の減少を意味するから、1人当たり所得が現在と同じ水準で推移するなら、一国の経済規模は人口に比例して縮小する。国家の規模縮小を問わなければ、それで構わないのかもしれない。しかし、現実はもっと厳しい。二つの不均衡が拡大するからである。

第一の不均衡は超高齢化である。出生率が向上すれば、高齢化は緩和されるが、そうならなければ21世紀後半には高齢者割合は40％を超えるとされる。生産年齢人口に対する従属人口の比率は上昇し、いわゆる「人口オーナス」が大きくなる。医療、年金、介護の面で、現役世代への負担は重くなっていく。

第二の不均衡は人口の地域分布である。明治以来、工業化の過程で農村から都市へ労働力が送り出されて、都市人口が急速に増加した。少子化が進んだ現在も、地方圏から人口再生産力の弱い大都市、とくに東京や首都圏への人口移動は続いている。この流れが変わらなければ、無住地域が拡大し、「消滅可能性都市」（日本創成会議）が大量に生じると予測されている。

抑制戦略と適応戦略

現在よりも人口を縮小させながら、静止人口を実現するためには、どのような取り組みが必要だろうか。

第一に取り組むべきは人口減少抑制戦略である。人口減少を小さくするためには、少しでも早く出生率を人口置換水準（2・07）へ回復させる必要がある。社人研推計は、合計特殊出生率が低い水準で推移し続けるとする悲観的な仮定に基づいているが、少子化対策の取り組みが進められた結果、出生率は2006年以降、上昇に転じている。とはいえ、出生率が06年以後のペースで上昇するとしても、人口置換水準に達するまでには40年程度を要する。さらに出生数が増加して総人口の減少が停止するには、それから50年から60年はかかるであろう。

政府の経済財政諮問会議が設置した「選択する未来」委員会は、2030年までに合計特殊出生率を人口置換水準に回復させ、2060年に1億人の人口を維持することを提案した。この場合、人口減少が停止するのは2090年代半ばで、人口は9660万人となる。しかし今後20年足らずで人口置換水準に到達することは可能だろうか。国連の人口予測（2012年）は、日本の出生率は2080年までに2・0、世紀末までに2・04に上昇すると仮定しており、この場合2100年の人口は9133万人になる。

いずれにせよ、出生率の回復が続くという楽観的な予測に立つとしても、人口が増えも減りもしない静止人口に近づくのは、早くても21世紀末期になる。よほど大量の移民受け入れをしない限り、21世紀の日本が人口減少の時代となることは避けることができない。したがって抑制戦略と並行して、人口減少と二つの不均衡に対応した社会づくりを進める必要がある。人口縮減に対する適応戦略である。

明治期以降、もっぱら人口増加に対する対応に追われてきたので、人口減少への対応に戸惑うのは当然である。しかし出生率回復だけでは、時間的にも規模の上でも、対応しきれない。超高齢化と人口縮減を前提にした社会体制づくりを欠かすことができない。「地域創生」を実現しながら、日本全体として人口減少に対する「スマート・シュリンク」の実現が求められている。

人口減少の文明史

人口減少抑制戦略にしても、適応戦略にしても、単に人口縮減に対応すればよいというものではない。人口減少には文明史的な意味があるからである。それは新しい文明システムへの転換という課題である。

世界人口も日本人口も、過去に何度か増加と減少を繰り返してきた。日本の場合、縄文時代前半、弥生～平安時代、室町～江戸前期、そして幕末・維新期から昭和期までが増加期だった。人口増加期は、文明システムの転換期であった。縄文時代の土器や食料採取・加工技術、弥生時代の水稲農耕、近世の市場経済化と土地生産性の高い労働集約的農業、そして明治以降の工業化というように、新しい資源、技術や制度が導入されて社会が大きく変化した。

一方、縄文時代後半、平安・鎌倉時代、江戸時代後半、そして21世紀は人口減退の時代である。人口減退期は文明システムの成熟期である。それまでの人口増加を支えてきた要素が普及しつくして、耕地、草地、森林、水などの環境資源が制約されて開発余地が縮小した。

現代も同様である。日本の合計特殊出生率が人口置換水準を割り込んだのは1974年であり、翌年には2・0を下回った。欧米先進諸国でも、ほぼ同じ時期に少子化が始まる。少子化の原点を振り返ってみれば、産業文明の持続可能性が問題にされるようになった時期でもあった。

1970年代には先進諸国では多産多死から少産少死への人口転換が実現していて、人口増加は緩やかになっていた。しかし発展途上地域の出生率は高く、人口爆発が起きていた。こうした状況を背景に、72年にはミドウズらが『成長の限界』を発表して、豊かな生活を支えるエネルギーなど各種資源は有限であり、いずれは枯渇することを指摘した。同年、ノーベル物理学賞受賞者のデニス・ガボールは『成熟社会――新しい文明の選択』を著して、「人口および物質的消費の成長はあきらめても、生活の質を成長させることはあきらめない世界」の実現を訴えた。73年の石油危機は「成長の限界」の到来を実証するかのように、資源や環境に関する将来不安を実感させた。

国連は1974年8月、ブカレストに各国政府代表を集めて、人口爆発の抑制を目的とした世界人口会議を開催することになっていた。日本では同年4月、人口問題審議会が戦後2回目の人口白書『日本人口の動向』を発表したが、そこには「静止人口をめざして」という副題がつけられていた。日本も人口増加率をゼロとし、増えも減りもしない静止人口を実現すべきことを訴えたのである。7月には、民間団体を糾合した「日本人口会議」が開催されて、「子どもは2人まで」を国民的合意とすべきことを決議した。

当時の予測では、純再生産率1・0（すなわち人口置換水準）よりも4％低くすれば、「昭和85年」（2010年）まで人口は増加するが、それ以後は減少に転じるとしていた。現実はまさに予測通りとなったのである。したがって現在の少子化対策とは、単に出生率の回復を目指すということではなく、40年前に目標とした静止人口を実現するための最終プロセスとして理解すべきなのである。

地域創生と新たな文明

静止人口を実現したときに目指すべき社会とはどのようなものだろうか。それは産業文明の成熟局面にふさわしい社会の構築であるとともに、次世代の文明システムへの転換に結びつくものでなければならない。

過去の人口減退期に何が起きたかを点検することは、これからの日本を考える上で参考になる。人口減退期は単なる停滞の時代ではなかった。豊かな文化的伝統を生むとともに、外部文明との接触を通じ、活発に新しい資源、技術、制度を導入して社会の停滞や崩壊を免れてきたのである。さらに、それが次世代を準備したことも忘れてはならない。

粟や米などの管理・栽培は弥生時代以前に始まった。江戸時代を支えた商品経済の源は、鎌倉時代の定期市と中国や朝鮮から輸入した貨幣にあった。明治期の工業化も、まったく何もない状態から始動したのではない。江戸時代後半の農村を基盤とする非農業発展が、資本形成、技術蓄積、経営能力、有能な労働力などを準備したことが高く評価されている。同じように、21世紀における適応戦略にも、次世代文明システムへの橋渡しとなる役割が求められる。

日本の少子化の背景には、直系家族世帯、いわゆる3世代世帯から核家族世帯へと家族形態が移行したことがある。高齢者単独世帯（独居老人）の増加もその結果である。他方、夫婦だけで子育てをしなければならなくなり、妻への負担が増大した。家の外での労働に加えて、家事、育児の負担が妻に集中するとなれば、結婚や出産を躊躇《ちゅうちょ》する女性も増える。男性の意識変化が求められるが、家族を重視したワーク・ライフ・バランスが実現されなければ、夫婦で子育てをすることは困難である。そのためには企業の変化が求められる。また、行政や地域社会の子育て支援の拡大も必要である。核家族化を前提に、男性、企業、地域、行政が子育て支援に寄与するものに変わる必要がある。

地域再生あるいは地方創生にも、これまでとは違う方法が求められる。働き場所のないことが、地方圏からの人口流出を促していることは明白である。この点でも江戸時代の例は参考になる。江戸時代後半、三大都市と城下町の都市人口は減少したものの、農村人口は増加していた。それを支えたのは地域経済の活性化である。民間の投資や藩専売制によって、藩外に輸出できる特産物の生産が広く試みられた。幕末になると、繊維や醸造などの非農業生産高が、土地生産力の評価高である石高に匹敵するか、それをはるかに超える金額を計上する藩も生まれた。

現代にあっても、再生可能エネルギーの生産を核として、伝統技能や地域資源を活用し、次世代文明を意識した地域産業の創造が求められている。スマートシティー、コンパクトシティーの構想も、地方都市なら進めやすいかもしれない。次世代文明への転換は、地域間競争を通じて行われる、地方創生の成否にかかっている。

人口減少時代に対応できる経済運営方式

信州大学経済学部教授
真壁昭夫
Akio Makabe

わが国の人口は減少している。一般的に、人口を維持するためには、合計特殊出生率（1人の女性が一生の間に産む子どもの数）が2・07以上必要だと考えられている。ところが、1989年にわが国の合計特殊出生率は、当時の過去最低水準を更新する1・57となった。さらに合計特殊出生率は低下を続け、2005年には1・26を記録。その後は若干の回復が見られ、2013年の合計特殊出生率は1・43と推計されている。しかし、それでも人口を維持する水準にはほど遠い。政府の経済財政諮問会議が設置した「『選択する未来』委員会」の資料によると、現状のまま人口が推移すると、2060年の人口は8674万人（現在の約3分の2）まで減少する見込みだ。人口減少は、過疎化という形で日常生活にも影響を与え始めている。

　人口の推移を確認すると、すでにわが国は人口オーナス（onus＝負担、重荷）期に突入している。人口オーナスとは人口の動態が経済の負担になることを指す。これは、人口の増大が経済にメリットをもたらす人口ボーナスと対照的だ。人口ボーナス期では、生産年齢人口（15〜64歳）に対する従属人口（0〜15歳未満、および65歳以上）の割合が低下する。国連の調査によると、わが国の人口ボーナス期は1990年に終えたと見られている。

　人口減少は経済成長率を低下させるだろう。特に消費や労働供給力は影響を受けやすい。わが国の労働コストは相対的に高い。企業は低労働コストや中長期的な消費期待を理由に、海外進出を進めるだろう。これは、国内産業の空洞化懸念を高める。人口減少は税収の減少にもつながる。

　人口の減少に加え、わが国は少子高齢化という問題も抱えている。この二つが併存することで経済へのマイナスは増える。特に、財政面への影響は大きい。2000年ころを境に、歳出に占める社会保障関係費は公共事業関係費を上回り、歳出の大半を占める状況となった。国の借金が国内総生産（ＧＤＰ）の2倍以上に肥大化した状況下、現状の社会保障制度の維持は財政懸念を高めるだろう。

経済成長と財政運営上の問題

人口オーナス期における経済政策の論点は、経済成長を高められるか、財政をどう運営するかの2点である。

経済学の一分野である成長理論では、経済成長は、労働投入量、資本のストック、技術革新（イノベーション）の3要素から構成される。人口減少は潜在成長率を低下させている可能性がある。すでに一部では労働者の不足が発生している。２０１４年7月に日本銀行が公表した地域経済報告（さくらレポート）では、建設業者の人手不足が住宅投資を抑制させていると報告されている。同年10月に日本銀行が発表した短観（全国企業短期経済観測調査）でも、大企業から中小企業に至る幅広い業種で人手不足が広がっている。この状況が続けば、企業活動は制約を受ける。経済成長の下方リスクは高まると言えよう。一方、わが国の労働市場の需要は良好だ。同年8月の有効求人倍率は1・10倍、失業率も3・5％と、労働市場環境は改善してきた。

人手不足という成長のリスクと、労働市場の回復という、一見すると矛盾とも思える動きが併走しているのはなぜか。それは、人口減少を受けて、労働市場の供給能力が低下しているからかもしれない。無論、生産年齢人口のうち労働意思を持たない個人も存在する。だが本質的には、意思の喪失よりも、わが国の労働市場が需要の拡大に追い付けていない可能性の方が、影響は甚大と言えるだろう。

人手不足の問題は、足元の回復が潜在成長率を上回るペースで進行している可能性の裏返しとも解釈できる。所得や消費は低調だ。消費税率引き上げだけでなく、人口減少が所得や消費の不確実性を高めている可能性は否定できない。人口減少は中長期的に国内の貯蓄減少圧力につながるとも言える。そのため、国内の資金に依存して資本ストックを拡充していくことも限界に直面する可能性がある。

財政面では、社会保障の運営方式を見直し、世代間の不公平を是正する必要がある。現状、予算の3分の1は社会保障に充てられている。これを圧縮できれば、国の債務比率を低下させていくこともできる。また、わが国の公的年金は現役世代が拠出した掛け金を運用し、受給者に支給する「賦課方式」で運営されている。これは、人口増加や高度成長を前提としたシステムといえる。高齢者に対する現役世代の人口比率が中長期的に低下していくことを考えると、賦課方式の維持は現役世代の不安心理を高める。人口減少、低中成長を前提に財政を再建することは急務だ。

イノベーションの喚起と財政再建

求められる取り組みは、イノベーションの喚起、財政再建の2点に尽きる。経済成長を考える上では、規制緩和や新しい生活様式、市場の創造といったイノベーションが重要だ。それは、海外からの投資資金を呼び込み、産業基盤を支えていく上でも欠かせない。投資が増加しない場合、雇用環境は悪化するだろう。言うまでもなく、景気低迷のリスクも高まる。

規制緩和に関しては、既得権益の打破や、個人のインセンティブを高める雇用制度改革も重要だ。2014年のノーベル物理学賞は、青色LED開発への功績によりわが国出身の研究者3人が受賞した。これを見ても、わが国の自然科学分野での研究力の高さがわかる。ロボット技術、バイオテクノロジーや省エネ、環境保全など、今後の需要が期待される分野での技術開発と知的財産の保護を進めることは、生産年齢人口が減少する中での成長率の下支えとなるだろう。特に、高等教育の強化は急務である。優秀な人材を育成し、高度な研究開発体制を整備していくことは、各国の企業にとってのわが国の魅力を引き上げる。

人口が減少し、過疎化や都市部への人口集中が進む中、都市の在り方も根本から見直さなければならない。つまり、都市の機能性、効率性を高めることが重要だ。一つのソリューションとして、コンパクトシティー構想がある。これは郊外開発による都市部の拡大ではなく、日常生活に必要なサービスや都市機能を集約しようという考えだ。端的に言えば、公共サービス、病院、商業施設、教育機関などを一拠点に集約して「コンパクトな街づくり」を促進することである。コンパクトシティーの実現は住みやすさを高め、人口の流入期待にもつながる。人口が増えていけば地方財政の負担も軽減され、より持続的な地方経済の運営が可能になるだろう。

人口減少と少子高齢化が進む中、財政改革も急務だ。年金支給年齢の延長や支給額の削減等、痛みを伴う改革は避けられない。重要な点は、世代間の不公平を解消することに尽きる。そのためには、国民負担率を引き上げ、社会保障のレベルに見合った負担を課すことも検討されるべきだろう。医療費についても、自己負担比率の見直しだけでなく、負担の引き上げと同時に、その一部を年金支給に充当し、高齢者世帯の消費心理を刺激する方策も検討されるべきだろう。単に増税するのではなく、既存の財源の分配を変え、どのような心理的な効果を与えうるかという点も検証されるべきである。

年金や医療面の不安を解決するためには、新しい市場の整備も必要だ。代表例がリバースモーゲージ市場の整備だ。リバースモーゲージとは、自宅を担保に金融機関から融資を受け、老後の生活資金を調達する仕組みである。返済は、死後に資産を売却することで実施される。現状、リバースモーゲージ市場は十分に発達していない。主な対象地域が主要都道府県に限られているからだ。普及のためには、公的な補償制度を確立し、金融機関にとってのリスク軽減措置も必要だろう。これは、連帯保証人を必要としないノンリコースローンの普及を支えることにもつながるだろう。コンパクトシティーの普及は、地方都市の機能向上を通して、住みやすさの改善に寄与するだろう。これは、地方における不動産価値を高めることになる。こうした取り組みはリバースモーゲージだけでなく、ヘルスケアリート（高齢者住宅等のヘルスケア関連施設に特化した不動産投資信託）市場の育成を進める上でも不可欠と言えよう。

人口オーナス期の経済運営を見つける

人口減少は経済成長率を低下させる要因だ。外国人労働者の受け入れは、人口を短期間で引き上げるための有効な対策だが、心理的な抵抗を考えると実行は容易ではない。しかし、人口を増加させることが経済の安定と成長には重要だ。そのため、外国人労働者の受け入れが無視できない論点であることに変わりはない。

人口減少は過疎化を進め、経済格差を高める要因とも考えられる。すでに地方と首都圏の経済格差は拡大傾向にある。現状のペースで人口が減少すれば、過疎地域の高齢者人口比率はさらに高まるだろう。こうした状況を食い止めるためにも、改革とイノベーションは不可欠である。

東日本大震災等を契機に、老朽化したインフラの見直しが進められている。これはコンパクトシティー等、高齢化を支える都市機能と共に前進していくべきだ。コンパクトシティー構想の推進は、農業分野の規制緩和にとっても重要だ。わが国は欧米と異なり、農地と住宅地が混在する場合が多い。住宅地と農地の区画がより明確化されれば、ニーズに見合った土地活用を求める議論も活性化する。それは農業の成長期待を引き上げることにもつながるだろう。

わが国は、高度経済成長期に設計された経済運営方式を見直し、人口オーナス期に対応できる経済運営の在り方を見いだすべきときに来ている。アベノミクスは前向きな経済の動きを高めた。これはイノベーションや財政再建を進める環境を提供している。今後は改革を進め、グローバルな競争力の強化、能率的な都市整備を推進していく必要がある。まずは人口減少や少子高齢化がもたらす不安を取り除き、期待を行動に移すことが必要だ。

限られた財源 公共サービスのリストラ必至

ルートエフ株式会社代表取締役
元マッキンゼー共同経営者
大庫直樹
Naoki Ohgo

生産年齢人口から自治体経営を考える

自治体とは何か。明け透けに言ってしまえば、地域住民から税金を集め、それを財源にして地域住民に対して公益にかなうサービスを提供する団体である。

もちろん、歳入には地方交付税も国庫支出金も起債による資金も含まれる。しかし、地方交付税も国庫支出金も国税として国が集めた資金を、地方に再配分するものである。国税の払い手は、基本的には地方税の払い手でもある。また、起債による資金調達も、返済する段になれば、税金によって賄うことになる。

では、税金の主たる払い手は誰か。それは生産年齢人口である。確かに、子どもだってお菓子を買えば消費税を払う。その一部が地方消費税となって自治体の歳入になる。高齢者であっても、リタイア後の楽しみとして旅行に出れば、消費税を生む。また、自動車を運転すれば、揮発油税を払うことになる。ただ、生産年齢人口の消費やクルマの運転頻度・距離に比べて、子どもの消費や、高齢者の消費、クルマの運転はずっと小さいのが、現実である。

結局のところ、自治体は主に生産年齢人口が支払う税金によって運営されているということになる。

事実、都道府県はその税収の大半が、生産年齢人口が直接、間接的に支払うものである。個人住民税、法人2税、地方消費税、自動車税、軽油引取税などである。

また、市町村の場合、生産年齢人口との依存度が高い個人市町村税、法人市町村税が全体の半分近くを占める。残りの多くが固定資産税によるものであるが、地価は住宅を取得したいと思う人口が減れば、あるいはショッピングに出る人口が減れば、連動して下落する傾向がある。誰が住宅を買いたいと思うか、ショッピングに出かけたいと思うか、それも生産年齢人口に相当する人たちが主流である。めぐりめぐって固定資産税も生産年齢人口との関係が深い。固定資産税まで含めれば、税収の8割を超す。

今、自治体の財源を支えている生産年齢人口の減少が始まった。これから10年、20年の間、生産年齢人口は総人口を上回る減少スピードで減少していくことになる。そのため、世間一般で認識されている人口減少問題以上の、負のインパクトを自治体経営に投げかけるものと予想される。

多くの自治体では、国の経済成長のシナリオを前提に税収などを見込み、将来計画を立てている。国の経済成長シナリオは、ＧＤＰがずっとプラスの成長率を続けるとしている。そうであれば、生産年齢人口は、２０２５年には今よりも1割程度減少し、２０４０年には3割近く減少すると見込まれるので、生産年齢人口１人当たりのＧＤＰは、成長分を加えて2割、4割と増大していなければならない。しかし、ここ20年くらい、生産年齢人口１人当たりのＧＤＰは、伸びていない。

現実は、生産年齢人口の減少に合わせて歳入が減少する事態となると見込まれる。自治体は、減少する歳入規模に見合った公益サービスを提供できるように、業務を根本から見直さなければならない。

自治体業務の絞り込みの重要性

では、このまま自然体で自治体からサービスを提供していったらどのようなことが起きるのか。考え方のひとつは、現在のサービスを提供する上で必要となる費用、歳出はどれくらいになるか、試算してみることである。

そのために、自治体が提供しているサービスごとに、受益者を考えてみる。

例えば、教育は基本的には年少人口向けのサービスである。0歳児に教育サービスはないし、16歳の高校生も県立高校で授業を受けていたりするが、大まかに言えば、年少人口相当の受益者がいると考えてもよいかと思う。また、商工労働費によって提供されているサービスの多くは、失業対策などであり、生産年齢人口が受益者になる。高齢者福祉費などは、老年人口が受益者となる。

こうした受益者を特定できるサービスについて必要となる経費は、受益者1人当たりの経費は、今と同じ品質のサービスを提供するなら変わらないとして、将来の経費を大まかに試算することができる。これらは変動費型の事業ということである。

ところが自治体の提供するサービスの中には、受益者が特定できない、あるいは特定しづらいサービスも存在する。

例えば、道路や河川の整備費や環境対策費などである。人口が変動しても、これらが変動するとはあまり思えない。自治体のポリシーや問題の大きさによって決まってしまうものである。これらは、人口問題とは不変の固定費型の事業ということである。

こうして整理をしてみると、将来の自治体経営における問題が明らかになる。歳入は生産年齢人口の減少によって比例的に減少するかもしれないが、歳出には固定費部分があり、それは人口にかかわらず不変である。また、受益者が年少人口、老年人口であれば生産年齢人口に連動する歳入とは、多かれ少なかれズレが生じるということである。

こうした固定費の存在と人口構成のズレが実際にどの程度生まれ、自治体の財政状況がどのようになるか、あらかじめシミュレーションしてみることが極めて重要なこととなる。自治体によっても異なるシミュレーション結果になるはずだが、おそらくは歳入が大幅に減少し、一方で固定費型の事業は続けざるを得ない。そのため、変動費型の事業をどのように見直していくかが重大な論点になるはずである。

先のシミュレーションの前提は、同じ品質のサービスを提供し続けることだった。しかし、財政が逼迫《ひっぱく》すれば、変動費型事業の品質の見直し、つまり品質を下げてサービスを提供するか、同じ品質でサービスを続けるためには、いくつかの事業は思い切って廃止することが必要になるはずである。これまで、自治体は日本という国、自治体のある地域の経済が成長を続けてきたため、事業を絞り込む経験は少ない。しかし、それをしなければいけない状況がすぐ近くまで来ていることを認識しなければいけない。これまで、新たな事業を始めるということが自分の評価につながると信じていた議員や地方公務員が、これからは事業の取捨選択をしていくことが大切となる。

同時に、事業を絞り込むことを通じて、自治体サービスの多様性が広がることが示唆される。自治体と言いながらも、基本的には横並びで同様のサービスを提供していたわけだが、事業の選別を通じて、自治体自体の多様化が進むことになる。自治体自身によるオリジナルの「自治」が目覚めるということである。

バランスシートを生かす経営へ

自治体は地域社会から逃れることはできない。地域内の生産年齢人口が減少していくことで、自治体の前途が多難であることは明白である。ただ、それでも自治体ならではの救いは、民間企業などに比べて良質な財産を持っていることである。

財産の代表格は、金融資産や不動産である。自治体で金融資産が余っているという話は聞かないが、有効活用可能な不動産がまだまだ残っていることが多い。すでに遊休不動産についてはリストアップが済み、処分した、あるいは処分することが決まっているということであっても、まだまだ整理すべきものが隠れている可能性が高い。

例えば、技術革新が進み、かつてと比べれば広大なスペースを必要としなくなった下水道の浄化施設用に準備した用地も、そのひとつではないかと思う。それに人口が減少していくのだから、今は統廃合が終わったと思っている学校は、さらに統廃合していかなければならない。1地区1学校などの基準にこだわっても、自治体にとって歳入が急速に減少すれば、複数の地区で1学校になるはずである。どんどん新たに不要となる不動産が生まれる構造にある。

さらに、自治体の財産の中で極めて魅力的なものは、いくつかの公営企業である。例えば、水道事業であり、大都市においては地下鉄事業である。また場合によっては、公営企業ではないが、ゴミ処理などの事業も料金水準と生産性次第では、財産と呼べる事業に変貌するかもしれない。

もちろんこうした事業をこれまで通り営み、地域住民に公益サービスを提供していくのも、ひとつの選択肢である。だが、一方で、こうした事業を自治体から切り離し、コンセッションや株式会社化・民間資本の導入を通じて、キャッシュに変え、自治体自体のリストラに活かすことも、もうひとつの選択肢であるはずだ。

民間の事業会社も含めた投資家は、生産性向上による改善効果も含めて将来の得べかりしキャッシュを、現時点における価値に換算して、事業のコンセッション権や株式に投資してくるはずである。ひとつの案件で数百億円から場合によっては数千億円を得ることができる可能性もある。

その金額では1年度の歳入に比べれば少ないのかもしれないが、自治体として事業を絞り込むための費用としては十分になる可能性がある。自治体職員を解雇できないのかもしれないが、不要な人員に向けて退職金を上乗せして希望退職を募る早期退職プログラムを実施する原資になるかもしれない。

同時に公営企業などの事業を、自治体で行うものとそうでないものに切り分けることによって、自治体の新しい事業領域が明確になるはずでもある。しかも、個々の自治体で違った事業領域となり、ここでもまた自治体の多様性を生み出すことになる可能性がある。

日本の画一的な地方自治制度を見直す契機を、人口減少社会への進展が実はもたらすことになるかもしれない。自治体が自らをデザインする時代の到来を予感させる。

効率化と住民参加で財源は確保できる

キヤノングローバル戦略研究所
主任研究員・税理士
柏木 恵
Megumi Kashiwagi

人口減少社会において、自治体が生き残るためには、住民サービスを効率的に提供し続ける仕組みと、そのための財源（歳入）を確実に確保し無駄なく使用する仕組みが重要である。

今の日本は、国と地方を合わせた長期債務残高が１０００兆円を超え、待ったなしの状況である。この現状を打破するには、例えば、消費税率を10％といわず、早急に20％、30％と増やしていくか、年金ならば、保険料を大きく引き上げるか給付を大きく引き下げるかなど、サービスに対する応分の負担を負うか、サービスの縮小を行うかしないと財政が厳しいということは、筆者がここで詳しく述べるまでもなく、誰もが気づいていることである。しかし、現実には、国民には日々の生活があり、消費税率を上げるのも、年金給付額を引き下げるのも容易なことではない。

そこで、本稿では、制度のあるべき姿について述べるよりも、このような状況をふまえ、限られた財政と提供体制のなかで、どうしたら自治体が生き残っていけるかを考えてみる。なかでも財源確保を中心に自治体の存続を考えてみたい。その際に、意識すべき観点は、勤労世代が減少するということである。自治体職員数が減少するだけでなく、税金や料金を納付する勤労世代も同じく減少していくので、自治体同士の連携だけでなく、企業や住民も巻き込んだ形で、効率的で簡素な財政にする必要がある。２０００年代前半に、「官民連携」や「パブリック・プライベート・パートナーシップ（Public Private Partnership）」という官民の協働化が脚光を浴びたが、これから先、自治体が人口減少を乗り越えるには、官民の協働化に加え、自治体内、自治体間の一元化・共同化をこれまで以上にあらゆる自治体業務に取り入れることが必要である。カギは、ＩＴを駆使した一元化・共同化・協働化である。人口減少によるマイナス部分をＩＴや仕組みで効率化し、官民問わず、みんなで協力して公共を維持することが重要である。

自治体の高齢化と社会保障負担

日本は、世界に類をみないスピードで高齢化が進んでおり、国立社会保障・人口問題研究所の２０１３年３月の地域別将来推計人口によれば、２０４０年には、すべての都道府県で２０１０年の総人口を下回り、65歳以上人口が３割を超えるという推計が示された。

日本は１９７３年の福祉元年以後、年金や医療などの社会保障が進み、２０００年から介護保険制度も実施されている。２０１４年度のデータをみると、社会保障関係費が国家財政の３割を占め、自治体も12兆円ほど負担している。

図１　自治体の歳入状況（2013年度）

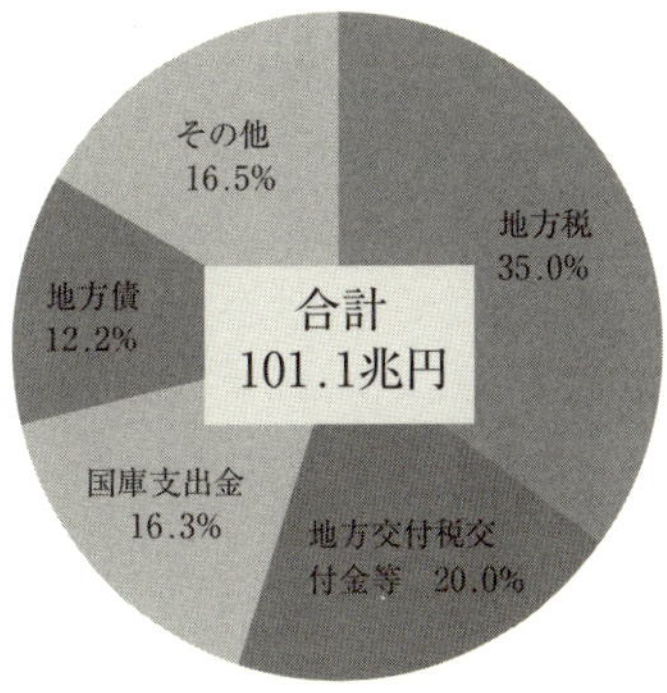

出典：総務省資料

今後も社会保障関係費はさらに増加することが予想されており、自治体の財政負担も重くなるだろう。また、公的な社会保障サービスの主な提供者は自治体である。つまり、自治体の財政と提供体制のどちらの負担もますます増えるだろう。

自治体財政の構造的問題

図１は２０１３年度の自治体の歳入を示している。全体で１０１・１兆円の歳入であったが、その内訳は、地方税が35・０％、地方交付税交付金等が20・０％、国庫支出金が16・３％、地方債が12・２％である。地方税収は毎年30兆円台を推移しており安定していると言われる。しかし、地方税や使用料・手数料などの自主財源のみで運営できている自治体はほとんどなく、大部分の自治体が地方交付税交付金等や国庫支出金などに頼っている。特に小さな自治体では、自主財源は１割程度である。

地方交付税交付金等の変遷をみると、１９８５年度は国の一般会計予算総額53・２兆円のうち９・７兆円（18・２％）であり、２００７年度は予算総額82・９兆円に対して14・９兆円（18％）、２０１２年度は予算総額90・３兆円に対して16・６兆円（18・４％）、２０１４年度は予算総額95・９兆円に対して16・１兆円（16・８％）と、国家財政の規模の大小にかかわらず、16～19％の間を推移している。今後、国家財政規模が縮小されることがあれば、地方交付税交付金等の規模も縮小されるかもしれない。このように自治体財政は国家財政に依存する部分が多いが、そういう財政構造の中でも、地方税や使用料・手数料の収入を増やす努力をし、自主財源の割合を増やしていく必要がある。

自主財源確保のための一元化・共同化・協働化

説明してきたように、自治体の財政には構造的な問題があり、人口が減少し高齢化するなか、自治体は限られた財政と提供体制を有効に活用しなければならない。

地方税の徴収率は98%と高いが、それでも滞納残高は1・8兆円ほどある。滞納の内訳は個人住民税が約9300億円、固定資産税が約5600億円である。個人住民税が滞納されているということは、国民健康保険料や介護保険料、保育費、給食費なども一緒に滞納している可能性がある。これらの滞納にしっかり対応し徴収することで自主財源を増やすことができる。そのためには徴収の一元化・共同化・協働化を進めるとよい。

① 一元化・共同化の動き

自治体には多数の債権があり、複数滞納がある場合、自治体内で滞納者や世帯ごとに滞納データをまとめて対応する方が効率がよい。これを徴収一元化と呼ぶ。最初に行ったのは東京都であり、今では数多くの自治体がその自治体の実情に合わせて行っている。

共同化には、「自治体同士の共同徴収」と「県と市町村の共同徴収」とがある。昭和30年代ごろから、自力で徴収するのが困難な自治体が声を掛け合って一部事務組合を創設し共同徴収を行ってきた。岡山県市町村税整理組合や甲賀広域行政組合がそのはしりであるが、現在ではさまざまな形態が生まれている。例えば、京都地方税機構は京都市を除く25市町村と京都府で創設した広域連合で、共同徴収のほか、法人二税（法人住民税と法人事業税）の課税事務も共同化している。一方、一部事務組合をつくるだけの予算や場所、人材がない熊本県嘉島町のような自治体は、近隣の町と相談し、総務省に提案して、「近隣町相互職員派遣体制」というお金をかけない共同徴収策をつくり出した。

② 協働化の動き

協働化とは、民間企業との協働であり、すでにたくさんの事例が存在する。民間委託はその一例である。例えばコンビニ収納やクレジット収納、インターネット公売、インターネットによる公有財産売却も官民協働である。滞納者に電話で自主納付を呼び掛ける「市税コールセンター」と呼ばれる民間委託も協働化である。市税コールセンター業務は2005年度に大阪府堺市が初めて行ったが、その後、日本全土に広まった。委託規模は1自治体につき、年間3000～5000万円で、今では立派な民間ビジネスになっている。

このように、一元化・共同化は自治体業務の効率化と公共サービスの財源が確保できる。協働化は効率化と財源確保の他に民間ビジネスもつくり出している。人口が減少し、高齢化が進んで労働人口が減少しても協力と工夫で公共サービスを維持していける可能性はある。

まだまだ効率化できる自治体業務

２０００年前後に電子政府・電子自治体と呼ばれるＩＴ化が進んだことにより一元化・共同化・協働化が一層やりやすくなっている。ＩＴは今でも進化している。すでに述べた徴収事例だけでなく、自治体には、一元化・共同化・協働化できる業務がまだまだたくさん存在する。

例えば、自治体の中には、多くの「紙」がある。押印された文書が証拠書類として保管されるからである。しかし昨今はスキャンの精度も上がり、データを保管するデータセンターもたくさんあり、認証などセキュリティーの精度も上がっており、後から文書が必要になったときに、書類保存箱から紙を引っ張り出すよりも、データで検索した方が手間もかからない。対象は各種申告書や各種届出書、給与支払報告書などが挙げられる。

データ化も進めた方がよい。例えば滞納者データベースがあれば、プロファイリングして、滞納者の分析ができる。患者単位の医療や介護のデータベース化が進めば、医療保健や福祉の提供の効率化も望める。

ＩＴ化だけでなく、住民参加も進めるとよい。ある市立病院では、一度は閉鎖になった病院食堂を市民がボランティアで再開したり、別の自治体では、小児科の閉鎖を避けるため、無駄な受診を減らすように住民同士がネットワークをつくったりしたという事例もある。

このように、企業や住民も自治体のサービスに興味を持ち、どのようにしたら効率的で公平なサービスを受けられるかを考え提案し協力するようになれば、財政的にも、サービス提供においても、人口減少にも負けない自治体になるだろう。

最後に、本稿では現状の限られた財政と提供体制のなか、どのように自治体を存続させるかを検討してきたが、根本的に財政難から脱却するには、消費税率の引き上げや、国税および地方税の体系の見直し、年金や医療などの社会保障給付とその負担の見直しなどを引き続き検討し実行することも必要不可欠であるということは忘れてはならない。

「自治体消滅論」で気になること

法政大学大学院
政策創造研究科教授
小峰隆夫
Takao Komine

私は「人口オーナス」という現象がこれからの日本の地域問題の基本だと考えている。

最近話題の「自治体消滅論」も、この人口オーナスの枠組みの中で理解することができる。

「人口オーナス」がもたらすもの

まず、人口オーナスとは何かを説明しておこう。「人口オーナス」は「人口ボーナス」の逆の概念として出てきたものである。少子化が始まってしばらくたつと、高い出生率の時代に生まれた人々が生産年齢人口（15～64歳層）になっていくため、人口の中で働く人が相対的に増える。これが人口ボーナスの局面である。日本の高度成長期は、まさにこの人口ボーナスの時代であった。

しかし、さらに時間が経過すると、出生率が高かった時代に生まれた人々が次々に高齢者になっていくため、今度は高齢者の割合が高まって、働く人の割合が下がってくる。これが人口オーナスであり、日本は1990年ごろからこの段階に入っている。そのオーナスの度合いは、これからさらに強まる見込みだ。

この人口オーナスは、労働力の減少、貯蓄率の低下、社会保障制度の行き詰まりなど、経済社会全体に多くの問題を引き起こすのだが、地域もまた大きな影響を受ける。人口オーナスが進むと、地域の働き手が少なくなるため、地域の活力が衰えることになるからだ。地域別に人口構造を見ると、おおむね発展性の高い都市部で人口オーナスの度合いが低く、発展性が低かった地方部でその度合いが高いことが確かめられる。

こうした発展性の格差は、地方部から都市部への生産年齢人口の移動を引き起こす。すると、地方部の人口オーナスはますます加速してしまう。つまり、人口オーナス度合いの差が発展性の格差を生み出し、その格差が人口移動を引き起こして人口オーナスの地域差をさらに大きくするという悪循環が生じているのである。最近話題の自治体消滅論も、私に言わせれば、この人口オーナスがもたらす悪循環の現れだということになる。

集積のメリットを競え

こうした人口オーナスの悪循環を小さくしていくためには、地域における自律的・安定的な雇用機会を増やし、地域から都市部への生産年齢人口の移動を小さくしていくことが必要だ。これこそが日本の地域にとっての最大の課題である。そのためには、次のような方向での地域づくりのイノベーションが必要だ。

第一は、「誰が担うのか」だ。かつての地域づくりでは、国が地域政策の主役だった。国土づくりについての基本的な方針は国が策定する「全国総合開発計画」によって示され、それに基づいて国の施策が次々に立案されていった。しかし、それによって「金太郎あめのように、どこでも同じような」開発が繰り返されるようになり、地域の個性が失われていった。全国一律の開発は批判を浴び、全国総合開発計画は廃止されてしまった。

結局のところ、地域の再生は、まずは当の地域が積極的に地域資源を生かして活性化を図ることが不可欠だ。そのためには、地方が開発の主役になり、自治体、企業、大学、NPO、市民など多様な主体が地域づくりに参画していく必要がある。

第二は、「どんな方向を目指すのか」だ。かつての地域づくりでは「集中」を抑え「分散」を促進するというコンセプトが維持されてきた。分散を促進するために、工場等制限法、政府関係機関の移転などが試みられたが、大都市圏への集中傾向は止まらなかった。これは後述するように、集中への動きが経済社会の大きな流れに根差しており、集積のメリットが発揮されやすい時代になっていったからである。

今後はむしろ「集中化」を志向し、各地域が集積のメリットを競い合うような方向へと進むことが必要だ。

第三は、どんな手段を使うかだ。かつての地域づくりでは、公共投資の拡大を中心としたハード路線が中心だった。しかし、公共投資による地域振興は、公共事業を行っている間しか効果がなく、公共事業の規模そのものが縮小されてしまうと、たちまち効果はマイナスへと転じてしまうことになる。

今後は、歴史的な伝統や人間同士の信頼関係などの「ソーシャル・キャピタル」をベースとして地域を成長させていくという考え方や、大学、研究拠点、起業環境などの知的資源を組み合わせることによって地域の成長力を高めていくという発想を強める必要がある。

最近、自治体消滅論に対して、地域の再生が叫ばれるようになってきたが、その進む方向はこうした流れに反しない形で行われるべきである。各地域がどうやって地域づくりのイノベーションを進めていくかに、地域の将来が懸かっている。

「自治体消滅論」三つの懸念

人口オーナスという切り口から捉えた地域問題についての私の考えは、以上のようなものである。こうした考えを踏まえて、増田氏を中心とするグループの「自治体消滅論」について、私の考えを述べておこう。

自治体消滅論の影響力は絶大なものがあり、消滅可能性を指摘された自治体では、消滅しないためにはどうしたらよいかの議論が一斉に開始された。政府の選択する未来委員会にも主な結論がほぼそのまま取り上げられ、骨太の方針では人口1億人目標が掲げられるまでになった。安倍晋三首相は地方創生を新たなスローガンに掲げ、今や地域の再生・活性化は政府の政策の大きな柱となりつつある。

日本全体の人口が減る中で、地方が深刻な課題に直面していることは間違いないのだから、今回の自治体消滅論が契機となって危機意識が高まり、地方の再生に強い関心が向けられることは歓迎すべきことである。問題は、この高まった危機感を、政策的に正しく方向付けできるかである。この点で私が気になるのは次の三つである。

第一の懸念は、集中が問題だということを強調しすぎて、集中のメリットを損なうことはないかということだ。自治体消滅論では、地方の人口減少をもたらしている主因は、東京への一極集中だとしている。出生率の低い東京がブラックホールのように人口を吸い寄せるから、地方の人口が減り、日本全体の少子化も進んでしまうという理屈である。

しかし、集中が見られるのは東京だけではない。各ブロックではブロック中心都市（仙台、福岡など）、各道府県では道府県庁所在地に、各都市では中心部へと集中が多層的に生じていると見るべきではないか。これは、集中することの利点がいかに大きいかを示している。

集中の利点が強まっているのは、サービス化の進展、情報通信革命、高齢化の進展といった経済社会の大きな流れが、いずれも集中の利点を大きくする方向に作用しているからであろう。サービス産業には、多くの人がいればいるほど多様なサービス産業が成立するという規模の経済性が作用するし、情報化で形式知の価値が低下すると、フェイス・ツー・フェイスでしか得られない暗黙知の価値が高まる。また、高齢化は移動が容易であるコンパクトな地域構造を求めるはずだ。

こうした流れに反して、政策的に無理に集中を抑制し、分散を図ろうとすると、集中の利点が発揮できなくなり、地域の活力をそぐことになってしまうだろう。

第二の懸念は、地域へのバラマキ政策が行われることにならないかということだ。私はその危険はかなり大きいと思う。これは「一極集中の是正」という目標が、格好の政策要望の種になるからだ。

この懸念は2015年度予算で現実のものとなりつつある。2015年度の概算要求では、地方創生、成長戦略のための特別枠4兆円が設けられたが、これを獲得しようと、国土交通省、総務省、経済産業省などがネットワーク整備、地域間の連携促進、コンパクトシティーなどを掲げて積極的な予算要求を繰り広げている。新幹線の建設など公共事業関係費の要求は16%も増えている。

こうした地域活性化のための予算増額や公共投資の推進は、よほど効果的に進めないと、広く浅くお金を使うだけのバラマキになり、財政赤字や無駄な社会資本という負の遺産を残すだけになってしまう。

第三の懸念は、大都市そのものが持つ問題への認識が薄れてしまうのではないかということだ。

私が特に重視するのが、大都市圏における医療・介護需要の発生だ。私は、日本経済研究センターの松崎いずみ氏と、2040年時点での地域別の要介護者数を推計したことがある。その結果によると、2040年の要介護者は、東京都単独でも71万人、東京、千葉、神奈川、埼玉を合わせると205万人となる。東京都の全国総数に占めるシェアは9%、これに神奈川、埼玉を合わせると27%となる。要介護者の4分の1は、首都圏に集中するということである。医療についても同じようなことになるだろう。現在のシステムのままで、これほど多くの介護・医療需要を処理することはほぼ不可能だろう。

このように、今後の医療・介護需要の現れ方が、都市部と地方部で大きく異なることを考えると、都市部において増加する需要を地方で対応するという、地域間調整の考え方が必要となってくるかもしれない。具体的には、高齢者の地方部への移住を促進したり、地方部の介護施設を都市部の要介護者が利用できるようにするといったことが考えられる。

自治体消滅論の衝撃から生まれた危機感をプラスに変えて、人口オーナス下の地域づくりにふさわしい政策イノベーションが進むことを期待したい。

「国土の均衡ある発展」論は日本の衰退招く

アジア成長研究所所長
八田達夫
Tatsuo Hatta

増田寛也（2014）は、人口流出で全国の市町村の半数が「消滅可能性都市」になると予測し、その対策として中核都市を強化すべきだという重要な提案をした。

ところが、同書は「地方より出生率の低い東京圏に人口が流入していることが、日本全体の出生率を低下させている大きな要因だ。したがって、日本の人口減少を止めるために、東京一極集中に歯止めをかけるべきだ」とも提案している。この方は日本を衰退に導く提案である。

人為的な出生率抑制策を止めるべきだ

まず同書では、日本全体の出生率が低くなることがなぜ日本にとって悪いことなのかを論じていない。吉川（2013）や八田（2014）が論じるように、日本の長期データでも過去40年の経済協力開発機構（OECD）各国のデータでも、経済成長率と人口成長率は基本的に無関係だ。

したがって、出生率に人為的に介入する理由はない。しかし、自然に伸びるはずの人口を人為的に抑えている制度は正すべきだ。子どもを産みたい人が産むことを難しくしている制度的なハードルは、取り除くべきである。

大都会では、保育士や保育業界の既得権を守る目的でできた制度によって、保育士や保育所が極端に不足している（例えば駒崎〈2014〉、中村〈2014〉参照）。これが大都市における出生率の低下の大きな原因になっている。日本の出生率を引き上げる王道は、保育士サービスの供給を利権集団から解放することである。

資源の自由な移動が成長をもたらす

それをせずに、増田氏の提言に従って首都圏への人口流入を人為的に減らすと、日本全体の成長を抑制するという副作用を起こしてしまう。

そもそも、生産性の向上には二つの異なった源泉がある。第一は、技術革新である。これには工業的なものはもちろん、経営上の技術革新もある。

第二は、低生産性部門から高生産性部門への資源の移動である。経済成長すると必ず成長部門（産業や地域）と衰退部門とが生まれる。しかし、衰退部門は往々にして強い政治力を持つため、生産性が高い新競合部門への資源の流入を阻止する制度的障害を設ける。参入規制はその典型だ。これは、部門内では良いことのようにみえるが、国全体としてみれば成長を阻害してしまう。

参入規制のような資源移動の障害を取り除くことが「構造改革」である。構造改革の成功例を二つ挙げよう。

第一は、幕末の開国である。開国直前に日本では綿花を完全に自給自足していた。しかし開国してから10年の間に、日本で消費される綿花はすべて輸入されるようになった。綿花を育てていた農民は失職し、ほかに転作するか都市に出ていくしかなかった。しかし、このような改革を行ったから、明治期の際立った成長が実現したのである。

第二は、戦後における石油の輸入自由化である。１９５0年代に石炭産業は隆盛を極めていたが、50年代末には安い中東の石油を輸入できるようになった。しかし、石油の輸入を自由化すれば石炭産業はつぶれ、大量の失業者が出て地元の町は疲弊する。輸入自由化に対して、激しい反対運動が起きた。それにもかかわらず、当時の通産省は自由化に踏み切った。60年代の高度成長は、石炭産業の犠牲がなければ実現しなかっただろう。斜陽産業をしっかり衰退させるメカニズムがなければ、経済全体は成長しない。

同様のことが地域についても言える。衰退地域から生産性の高い成長地域に資源が自由に移動することによって、国は成長する。「国土は不均衡に発展」するものだ。

事実、60年代には三大都市圏へ大量の人口流入が起き、ピーク時には年間60万人に達した。生産性の高い大都市へのこの人口流入こそが、日本の高度成長をもたらしたのだ。

「国土の均衡ある発展」論が成長を止めた

しかし、１９７0年代からは「国土の均衡ある発展」論に基づく地方へのばらまき政策によって、大都市圏に対する極端な人口抑制政策が行われてきた。年間の三大都市圏への人口流入数は、ピーク時の10分の1まで落ちた。

大都市圏への人口流入抑制策は、①公共投資の地方ばらまき、②農業への保護、③地方交付税による地方への過大な再分配、④工場等制限法、などである。図Aは、公共投資のばらまき政策が東京圏をいかに犠牲にしてきたかを示している。例えば、東京都は国の税収の大部分を上げているのに、立体交差の建設資金が不足しており、新宿駅周辺にすら開かずの踏切が残されている。保育所不足の一因も資金不足だ。

　これらの政策が人工的に、地方の名目所得を高め、生産性の高い大都市圏への人口流入を抑制したために、日本全体の成長率を引き下げた（八田〈1992a・b、2001、2006〉、増田悦佐〈2004〉）。日本の成長を持続させるためには、東京を含む大都市への人口流入を自由にすべきであった。

　「国土の均衡ある発展」論に基づいて大都市への人口流入が抑制されたのは、一票の格差によって地方選出の代議士に与えられた過大な政治力によるものだ。民主主義の根幹である選挙制度に「一票の格差」があることが、日本の成長を止めたのである。一票の格差に守られた地方の既得権勢力は、何度失敗しても懲りずに「国土の均衡ある発展」論を持ち出してきた。増田寛也氏の「一極集中阻止」提案もやはり「国土の均衡発展論」に基づいている。この提案に従って首都圏への人口流入を人為的に減らすことは、消滅しつつある市町村とその役場のしばしの延命には役立つが、「国土の均衡ある衰退」をもたらすことになろう。

図A　東京圏に対するその他の地域の１人当たり行政投資額の比率

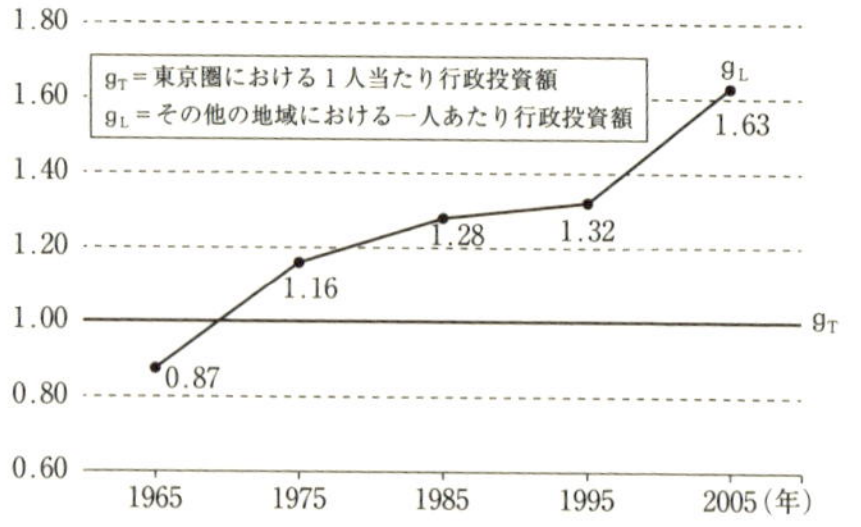

出所：総務省「都道府県別行政投資実績報告書」、国勢調査
*東京圏とは、東京都・神奈川県・千葉県・埼玉県である。
**1965年の沖縄県についての行政投資額データがないため、1965年については、「東京圏以外」の合計額に沖縄県を加えていない。

多極集中で中都市と大都市は共栄してきた

　図Bは、高度経済成長のピークの1965年から2010年までの、100万人超の大都市の人口増加率を示している。人口はほとんどの大都市で伸びた。しかも増加率は、首都圏よりも札幌、仙台、広島、福岡などの支店都市のほうが高かった。さらに、首都圏外

図B　全国主要都市における人口増加率｜1965-2010年

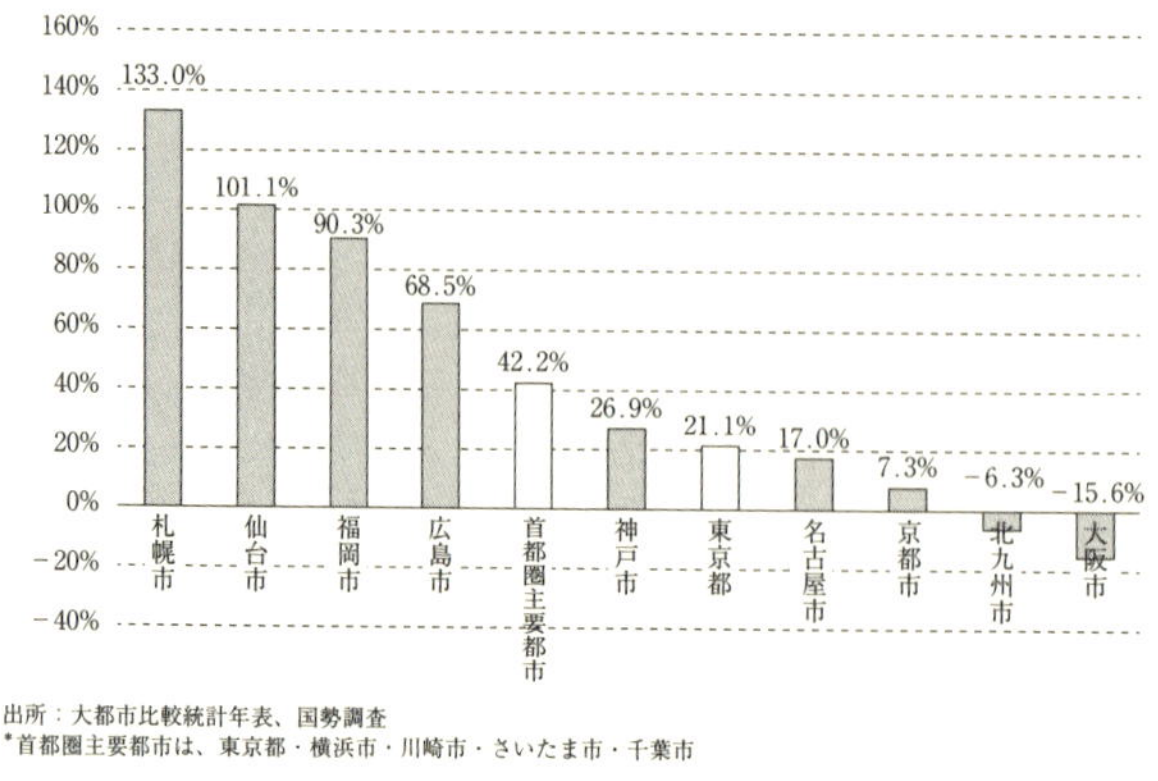

出所：大都市比較統計年表、国勢調査
*首都圏主要都市は、東京都・横浜市・川崎市・さいたま市・千葉市

にある20万人以上１００万人未満の中都市でも、人口はほぼすべての市で伸びた。

小都市の人口減少対策としての中都市強化

一方、人口10万人以下の都市の多くで、１９９５年以降は人口が減少した。自動車の発達で買い物先や職場が近隣の大都市や中都市にシフトし、農林業が縮小したためだ。

つまり人口は、全国の小都市から、東京圏の内外を問わず全国の大中都市へと移動した。東京圏外の大中都市から東京圏の大中都市に移動したわけではない。

小都市の人口減少に対応して、過疎地の自治体の消滅をスムーズに進めるためには、特色ある中都市を全国的に強化することが確かに役立つ。そのためには、中都市のコンパクト化が有効だ。

また、現行の医療・介護システムでは、自治体の高齢者1人当たりの財政負担は大都市より地方の中都市の方が高い。高齢者を中都市に呼び戻すには、この欠陥も早急に改善すべきである。さらに、新企業と若者とを地方へと呼び入れるために、地方での農業・漁業・林業などの規制緩和を行うべきだろう。加えて、地方新企業にマーケットを提供してくれる大都市の成長も役立つ。

しかし、地方の中都市を強化するために、これまで地方に搾り取られてきた東京をさらに犠牲にすべきではない。

中都市に新規参入をもたらし、大都市を業界団体や地方の既得権集団による抑圧から自由にすることによって、日本は成長することができる。これに目をつむり、大都市間の国際競争が熾烈な現在においてすら、東京を犠牲にする「国土の均衡ある発展」を再び目指すことは、日本の成長にとどめを刺す結果をもたらすだろう。

〈参考・引用文献〉

八田達夫（１９９２ａ）「東京一極集中　価格機構による対策」宇沢弘文編『最適都市を考える』東京大学出版会
八田達夫（１９９２ｂ）「一極集中、何がそんなに悪いのか」日本経済新聞社編『異説・日本経済』日本経済新聞社
八田達夫（２００１）『日本の構造改革と東京、大阪の再生』関西経済研究センター
増田悦佐（２００４）『高度経済成長は復活できる』文藝春秋
八田達夫編著（２００６）『都心回帰の経済学――集積の利益の実証分析』シリーズ・現代経済研究、日本経済新聞社
吉川洋（２０１３）『デフレーション』日本経済新聞出版社
増田寛也（２０１４）編著『地方消滅――東京一極集中が招く人口急減』中央公論新社
駒崎弘樹（２０１４）「国家戦略特区ワーキンググループヒアリング（議事要旨）6月2日」官邸ＨＰ〈http://www.kantei.go.jp/jp/singi/tiiki/kokusentoc_wg/hearing_s/h260602gijiyoshi01.pdf〉
八田達夫（２０１４）「斎藤主幹が聞く　暴論？　正論？『人口減少恐るるに足らず』」日本経済研究センター〈http://www.jcer.or.jp/column/s-saito/index641.html〉
中村紀子（２０１４）「保育士不足問題の解決策」経済同友会政策分析センター〈http://www.doyukai.or.jp/bunseki/spotlight/nurture/14023.html〉

「地元」を創り直す時代がやってきた

島根県中山間地域研究センター研究統括監
藤山 浩
Kou Fujiyama

日本創成会議の人口予測が日本中を揺るがしている。このままでは、全国の半数に当たる896市区町村が「消滅」の可能性があるというのだ。このため、同会議の予測は「市区町村消滅論」とも呼ばれている。政府も都道府県も市区町村も、「地方創生」の掛け声の下、一斉に人口減少への対応策を最重要の政策課題として検討し始めている。

しかし、人口が減らなければ、それでよいのだろうか。現在の人口減少は、この半世紀にわたりつくり上げてきた「暮らしのあり方」と「国のかたち」が生み出したもののはずだ。そうした暮らしや国の行く先に長続きするものが感じられないからこそ、私たちの社会は、新たな生命を生み出すことを躊躇《ちゅうちょ》しているのではないのか。

「市町村消滅論」の問題点と限界

日本創成会議の人口予測と政策提言の問題点については、これまでもさまざまなところで述べてきた。

まず、人口予測についてはデータの大まかさや古さ（市町村単位で2010年まで）や05年からの定住実績の低評価、東京一極集中傾向の持続仮定等で、多くの地方市町村にとって今までになく厳しい数字になっている。しかし、市町村は、この数字にパニックになってはいけない。市町村独自でしっかり予測を検証することが急務だ。私が関わった事例でも、注目されている2040年時点の20〜39歳女性人口と現在比について、最新のデータにより素直な予測方式でやり直すと、日本創成会議の予測値（52人、64・5％減）とはまったく異なる145人、0％減というケースもある（島根県海士《あま》町、08〜13年人口データによる予測）。

政策提言について一番気になるところは、「地方元気戦略」の柱として、「若者に魅力のある地域拠点都市」を中核とした「新たな集積構造」をつくり、東京に流出する人口を引きとめようとしている点である。第一に、そうした「大規模・集中化」の手法こそ、この半世紀において過疎と過密をつくり出し、地域の「使い捨て」へと道を開いたものではないのか。第二に、若者は、依然としてひたすら都市を目指しているのであろうか。次に述べるように、島根県では、田園回帰の傾向が出てきているのだ。

「田舎の田舎」で次世代定住増

今、島根には「田舎の田舎」に次世代定住の波が訪れている。県内中山間地域の２１８エリア（公民館区や小学校区等の基礎的な生活圏、平均人口１３７０人）について、２００８年と13年の住民基本台帳による人口データを、私が勤務する島根県中山間地域研究センターで分析してみた。その結果、3分の1を超える73のエリアで、4歳以下の子どもの数が5年前に比べて増えていることが判明した。しかも、子どもが増加したエリアは、山間部や離島といった「田舎の田舎」が大半を占めているのである。

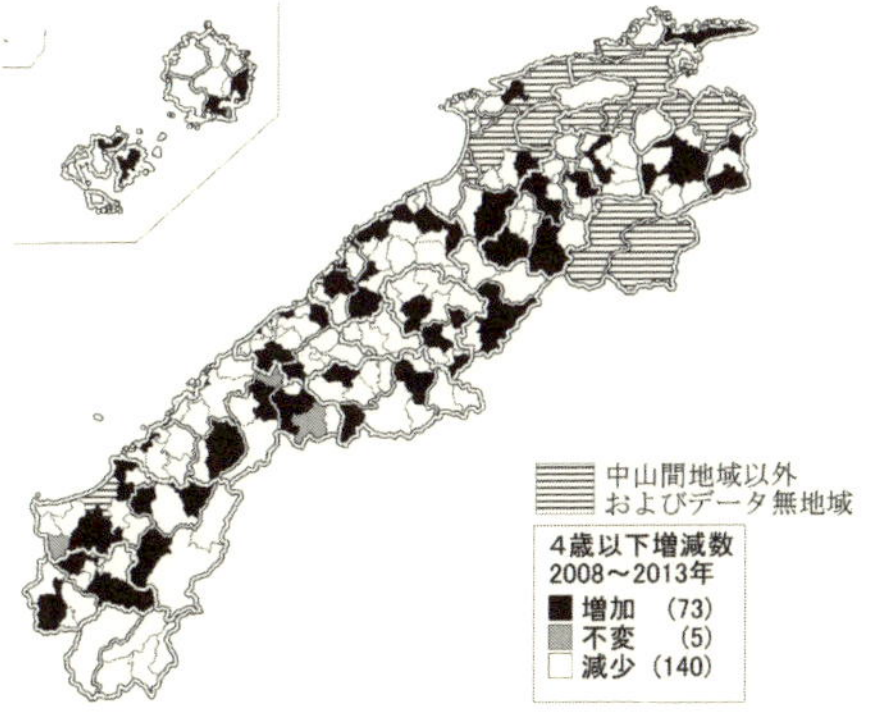

島根県中山間地域における４歳以下の増減数

２０１４年7月に開かれた「始まった田園回帰」シンポジウムで、首都圏から島根県益田市匹見町へのIターン女性が語ったように、新たな次世代定住の波は「中途半端な田舎」ではなく、人・自然・伝統のつながりがまだ息づいている「本格的な田舎」へと向かっているのである。

求められている地元の創り直し

このような「市区町村消滅論」と「田園回帰の始まり」の狭間で問われているのは、これからの持続可能な地域社会の在り方である。

この半世紀で形成された代表的な地域社会は、都市郊外に大規模・集中的に整備された団地であろう。団地の「1周目」は、実に華々しいものであった。大規模に整備された家々や学校が立ち並び、人々を迎えてくれた。しかし、それから一世代がすぎ「2周目」に入ると、あれほど沢山いた子どもたちは一斉にいなくなり、大量整備された住宅やインフラは一斉に老朽化し、親世代は一斉に高齢者となる。例えば、広島市周辺で１９７０年代末から80年代にかけて整備された団地では、中心世代の「団塊世代」が全員高齢者となる２０１５年に、高齢化率が確実に島根県の中山間地域町村を上回る。地域社会の「大量生産」は、地域一斉高齢化という「高いツケ」に直面しているのだ。

元々何もなかったところを造成して人工的にできた地域社会だけに、人や自然とのつながりは乏しく、伝統とのつながりも希薄である。そこでは、誰かが死んだとしても、お互いの生きてきた記憶がつながらない。それでは、あまりにも寂しいではないか。

この半世紀に目指された「大規模・集中」の社会原理の下、私たちは今、中山間地域や都市団地を次々と高齢化させている。しかし、そうした「地域の使い捨て」の先に、持続可能な未来は待っているだろうか。私たちは、そろそろ、人・自然・伝統とのつながりを共有し、お互いの記憶が次世代へも伝わっていく地域社会を取り戻すことを真剣に考えなければならない。地元の創り直しの時代である。

持続可能な地元を創る基本戦略

今後、田園回帰が期待される中山間地域に、持続可能な地元を創り直すため必要な基本戦略は、次の5点である。

① 地元のエリア＝「郷」の設定

まず、人・自然・伝統とのつながりと記憶が共有される地域空間として、地元のエリアを設定する必要がある。小学校区や公民館区のようなまとまりを持ち、一次的な生活圏としての機能を有し、これからの循環型社会の基本単位となるような地域範囲が望まれる。

島根県の中山間地域では、次世代定住を受けとめる土俵として、学校区や公民館区等の一次生活圏を「郷」と名付け、今後の地域づくりの中核単位としている。その平均人口は前述のように１３７０人だが、実際には各地区の特性を受けて２００人程度から３０００人程度と多様である。

② 人口の１％取り戻し戦略

筆者を中心に開発した小地域用の簡便な人口予測プログラムを活用した分析によれば、こうした地元のエリアが地域人口を安定させるために毎年必要な定住増加人数は、島根県中山間地域で集約・平均したところ、地域人口の１％となる。これは、７００人の地域に換算すれば、現在よりも20代前半男女各1人、30代前半の子連れ夫婦（3人家族）、60代前半の定年帰郷夫婦が、現状よりも各1組、計3組7人増えれば、地域人口の現状維持、高齢化率の低下、小・中学生の維持の3条件が実現することを意味している。

実際には、近年の定住実績により、地区ごとに必要な定住増加の割合は大きく異なる。実は、島根県内の小学校区や公民館区など２１８の一次生活圏の中で、21エリアは既にこうした地域人口の定常化ペースを実現している。ほとんどは、山間部・離島といった「田舎の田舎」である。

また、1%ずつ進めることに意味がある。短期間で定住者を増やす戦略は、地域社会への円滑な受け入れを困難にするだけでなく、団地の失敗を繰り返すことになるからだ。

③ 所得の1%取り戻し戦略

地域全体人口の1%の定住増加に必要な経済的基盤は、地域住民全体の所得の1%増加となる。実は、中山間地域の市町村の多くでは、家計と企業と行政を合わせれば、住民所得とほぼ等しい金額を地域外から購入している。つまり、外部依存度が極めて高い。逆に言えば、域外から購入する金額の1%を毎年取り戻すだけで、新規の定住増を支える所得1%増加が見えてくる。特産品づくりや観光開発といった「外貨」獲得策も必要であるが、「穴の開いたバケツ」で水を汲み続けても所得は増えない。足元を見つめ、地域内循環を食料やエネルギー分野から強化すべきだ。

④ 域内循環を高める「小さな拠点」づくり

このような地域内循環を支える拠点として期待したいのが、国土交通省の「国土のグランドデザイン」にも盛り込まれた集落地域における「小さな拠点」整備である。これは「縦割り」で細切れ的に整備・運営されがちな各分野の拠点やネットワークを横断的につなぐ「合わせ技」の社会システムを目指しており、小規模・分散的な中山間地域の多彩なロングテール的資源や居住をしっかりつなぎ直す仕組みとなる。さらに、二次的な広域ネットワークとも連動し、循環型社会の基本インフラになることが期待される。

⑤ 行政に求められる現場チャンネルと「縦割り打破」

このような地域現場の住民を重視した地元の創り直しを行う必要がある時代には、行政にも自己変革が求められる。「平成の大合併」の影響で、縁辺化した地域で行政の関わりが薄くなったところも多い。地域現場にしっかり関わるプロの行政職員づくりが求められる。

地元の創り直しは、分野を横断した総合的な取り組みであり、依然として中央でも地方でも直らない行政の「縦割り」を打破していくことが不可欠となる。しっかり現場に出る職員を増やすためにも、「縦割り」の中で内部消費されているマンパワーを解放することが重要である。

次世代の期待に応える地域社会と国のかたち

人口を単なる数の問題として捉えてはならない。人口の数だけ人生がある。今、私たちの社会に新しい生命を生み出そうとするならば、その子どもたちが生きていく、この先百年近い暮らしの在り方をどうするのかが問われよう。私たちは、そうした次世代の期待に一歩ずつでも応えていく地域社会と国のかたちを示していきたいものだ。覚悟を決めて、じっくり手間暇かけて取り組もうではないか。

支え合いの原点は農村の暮らしの中に

花巻市コミュニティーアドバイザー・元農林水産省職員
役重眞喜子
Makiko Yakushige

見過ごされたミクロな視点

「自治体消滅論」が盛んである。

日本創成会議の報告によれば、私の住む岩手県は消滅可能性のある自治体の比率が81・8%。全国で4番目に高い割合だという。地元ではこの問題を真剣に受け止めつつも、「何を今さら」というため息も聞こえてくる。

地方は今までも必死に過疎と闘ってきた。高齢化率が4割、5割に達する中で、地域を守ろうと住民と行政が知恵を絞り、汗を流し、問題提起もしてきた。しかし十分に顧みられてこなかったのは、都市部から見ればどこか他人事だったからだろう。それが今回「豊島区も消滅の可能性」「東京近郊は今後一気に高齢化が進む」などの話に、すわ他人事じゃなかったと、にわかに慌てだした格好だ。

そもそも「消滅」とは何を指すのだろう？　自治体としての法的実体を失うということであれば、平成の市町村合併はすでに1500あまりの自治体を人為的に消滅させている。ある意味、エリアのとらえ方の問題であり「消滅するかしないか」の議論自体に振り回されることにあまり意味があるとは思えない。人口減少をめぐっては、見過ごされた別の論点があるのではないかと私は思っている。

それは、報告が打ち出している「中核拠点都市への集積構造」という考え方である。これは「地方から大都市への人の流れを変える」、つまりマクロな人口移動対策としては有効であろうが、地域内のミクロな移動を見た時には、過疎地からの人口流出をますます加速させる結果になりはしないだろうか。

例えば岩手県では県都盛岡市が拠点として挙げられているが、盛岡どころか合併後の広大な花巻市の中心部にさえ、周辺部からの通勤・通学は困難を伴う。いかに魅力的な産業や教育が集積しようと、通えないのでは農山村部の過疎化は止まらず、地域格差はますます拡大することになる。

始末の悪いことに、その格差は合併広域化の下では自治体間格差ではなく自治体内格差でしかないため、国としては地域主権の美名のもとに「知らんぷり」を決め込むことができる。非効率な農山村地域を国策として切り捨てる準備が、非常に巧妙に、着々と整いつつあるようにさえ映る。果たしてそれでいいのかを、「1億人死守」論に流される前に、もう一度立ち止まって考えてみたい。

農村を選ぶ若者、地域の疲弊

私が東京の勤めを辞めて岩手県の小さな農村に移り住んだのは、今から23年前のことだ。言葉は分からず、風土・文化もまるで異国のよう。戸惑ったのは周囲も同じで、都会育ちの若い娘が町役場で働きながら牛を飼うという事態に「なぜ?」「どうして?」が殺到し、答えに苦心したことを思い出す。要するに珍しかったのだ。

しかし今や時代は変わり、若い世代のI・Uターンは自然な流れとして定着しつつある。農山村の暮らしを自然体で楽しむ彼らの姿は、肩に力の入った「脱都会派」というより、住まいを探しながらちょいと足を伸ばしてみました、という風情の軽やかさである。

そんな若者を見ていると、日本は豊かになったと思う。世界の大都市東京も良し、大いなる田舎もまた良し。豊かな社会とは多様な選択肢があり、自らそれを選択できる社会なのだということに改めて気づかされる。

一方で、受け入れる側の地域の多様性は、以前より失われつつあるように見えることが寂しい。地方財源の縮小、社会経済の変化など背景は様々だが、決定的だったのは平成の市町村合併である。農業の町も商業の街もベッドタウンも、みな画一にならして一緒の財布でやりましょうというのが合併であり、「わが町は農業でいく」というような〝適地適策〟のまちづくりは難しくなった。施策は金太郎あめのように広く薄く。分権を進めれば自治体内でも地域ごとの特色を生かしたまちづくりができるはずという淡い期待は、「同じ税金を払っているのに」という住民のプレッシャーと民主主義の原理が自治体にとってどれだけ重いものかを知らない、中央の机上論にすぎない。

加えて、行政と連動して合併せざるを得なかったさまざまな地域活動も、組織の肥大化や縦割りの弊害に直面した。「お互いに顔が見えないから何だか参加しにくくなって」「みんなで苦労して意見を出し合ってたころに比べて、何でも中央で整えて指示が下りてくる感じでつまんないね」

暮らしのあちこちで、草の根のコミュニティーを支えていた市井の人々の小さなため息が聞こえる。ささやかなリーダーシップの、ささやかなモチベーション低下。それらが少しずつ降り積もり、やがてもったりとしたあきらめ感のようなものが地域を分厚く覆う。地域の疲弊とは人口減少ではなく、実はこういうことではないのかと胸が痛む。

なぜ農村を守るのか

人口減少が避けられないなら、農村からの撤退は致し方ないという論調も近年聞かれるようになった。お金さえあれば食べ物は海外のどこからでも買える時代、なぜ農村を守るのかという国民的なコンセンサスづくりを怠ってきたことの当然の帰結ではあろうが、危うさを感じる。

日本という国になぜ農村は必要なのか。食糧の安全保障や国土・環境保全の重要性はもちろん、これから子育てにも福祉にもますます求められる社会の〈支え合い〉＝相互扶助という基本ソフトの原点が、農村の暮らしの中にある。そのことに目を向けてほしいと私は考えている。

知り合いのチエ小母は、毎日のように集落の一人暮らしのお年寄りを見に行く。具合が悪そうなら市街に住む娘夫婦に連絡を取り、彼らが来られないときは自分の車で病院へ連れて行く。出された薬を飲みやすく分類してやり、日に三度ちゃんと飲んだか確かめに行くのである。忙しい娘たちはそのことは知らず、毎年盆暮れの挨拶に立ち寄る程度だ。それでも「オラも歳取れば順繰りだから」とチエ小母は笑っている。彼女にはごく当たり前のことらしい。

また私の子どもたちが幼いころのこと。熱を出して保育園に行けない朝、シッターを頼むか病児保育か、出勤間際に慌てて電話帳を繰る私に、姑は泰然と笑って言ったものだ。

「なぁに隣のハナコ婆さまサ、うめぇまんじゅうあっから食《け》ぇサ来《こ》ぉって言えば、来て子守してけるンだ」

このような解決法は、シッターを頼むことに比べまんじゅう一個分のGDPしか生まないので、アベノミクス的にはけしからんということになるのだろう。しかし、ハナコ婆と過ごした時間の温かさを子どもたちはきっと忘れない。大人になってこの地を離れても、将来親になっても、胸に灯った温もりは次の世代に伝えられていくだろう。

私が農村に根を下ろし、子育てをしたいと願ったのは、そんな支え合いが何よりかけがえのない、貴重なものに思えたからである。もとより相互扶助は農村だけのものではないが、厳しい自然と向き合う暮らし、都会に比べお金で賄えるサービスの少なさなど、要するに不便さというリスクが人々のつながりをより濃密なものにしている。農業という、人の思い通りにならない自然の力と折り合っていくという営みの中には、待つこと・我慢すること・助け合うことの普遍の原点があり、チエ小母やハナコ婆の生き方が映る。

『里山資本主義』の藻谷浩介氏は、地域資源を活かした自給的な経済をマネー資本主義のゆがみを補う「サブシステム」として保全すべきだと指摘している。「まんじゅう食ぇサ来」式の自給型相互扶助も、「順繰り」という悠久の時を渡る互恵関係も、マネーを介さずに人と人をつなぐ重要なサブ回路と言えるのではないか。災害や貧困、グローバル化など常に新たなリスクにさらされる現代社会の先端で、リスクヘッジの必要性を敏感に感じ取っているのが若者たちであり、だからこそ農村に回帰する流れが生まれているのだろう。彼らの将来の選択肢のためにこそ、農村と農業はいま失われてはならないのだと思う。

二流の東京より一流の田舎

「50年後に1億人維持」という政府目標に右往左往するこの国の最大の問題は、その1億人でもって「どういう社会をつくりたいのか」という問いがないことである。人口維持が至上命題、所与の前提になってしまっている。ありたい社会の姿を政治が示せないから、「1億」という目に見える分かりやすい数字に皆が飛びついてしまう。〝錦の御旗〟を疑うことは許されないという空気すらどこか漂う。

しかし、いつの時代も大事なことは目に見えないのである。「消滅論」では中核拠点都市を人の流出を食い止める「ダム機能」になぞらえているが、ダムは水源あってのダムであり、水源が枯れれば機能しない。人が人として生きる原点である農山村という水源を涵養し、その保水力を高めることにこそ、もっと関心が向けられなければならない。

あえて言えば、施策の集中より分散、大きな投資より小さな投資。選択肢とサブシステムをこつこつ増やすことである。コンパクトシティーの名の下、帯に短しタスキに長しの公共事業に税を投じて各地に「二流の東京」をつくるより、都市をしっかり支える「一流の田舎」をつくる。とりわけ教育・エネルギー・公共交通などの領域で既得権と既成概念を取り払い、小さく、安く、ローカルな仕組みを住民の工夫でつくっていく。公共交通と言えばバス、ではなく例えば隣の婆ちゃんを乗せて病院に行くことも公共交通の範疇に捉え、支援の仕組みを考える。学校が減るなら地域の大人の力を動員して「人育て」の場を増やす。ハードにお金はかけず、既存の補助物件はすべて用途転換をフリーにして活用する。あらゆる発想の転換が不可欠である。

小さなイノベーションがどんどん芽を出し、多少の不便は補い合って暮らすコミュニティー。その豊かな多様性が若者を惹きつけ、子どもを健やかに育くむ社会への近道を拓く。そんな1億なら、なんと素敵な1億だろう。

人口減少で自治体は「消滅」しない

東京大学名誉教授
大森　彌
Wataru Ohmori

日本の人口は、1900（明治33）年には4385万人であったが、100年後の2000年には1億2693万人まで増加した。2008年には1億2808万人となっている。もしこのペースで人口が増加すれば、2100年には約3億7500万人になる計算だが、それだけの膨大な数の日本人が資源の少ない狭い国土で平和に豊かに暮らすことができるかどうか心配になる。

ところが、2008年をピークに総人口は減少し始めた。国立社会保障・人口問題研究所の2012年1月の推計では、総人口は、2030年（中位推計）に1億1662万人、2050年に9708万人、2060年に8674万人、2100年に4959万人になるという。総人口が明治末期ごろの規模に戻っていく。今度は、急減していくことが危機だと捉えられ、人口減少に歯止めをかける政策が強調されている。

人口急減の問題に対して広く世間の関心を喚起したのは、いわゆる「増田レポート」（日本創成会議・人口減少問題検討分科会「成長を続ける21世紀のために『ストップ少子化・地方元気戦略』2014年5月8日」）であった。大都市への人口移動が収束しない場合、2010年と比べ2040年に若年女性（20～39歳）が50％以上減少する896自治体を「消滅可能性都市」とし、そのうち2040年に人口が1万人を切る自治体523は「消滅可能性が高い」と予測し、名指しの一覧表を示した。「消滅可能性が高い」とは、自治体がどういう状態になることなのか明らかではなく、当然視しているかのようである。

自治体消滅とはどういうことか

夕張市は、北海道の中央部に位置し、かつては石狩炭田の中心都市として栄え、「夕張メロン」の産地として知られている。人口は、1960（昭和35）年に最多の11万6908人（住民基本台帳人口）だったが、その後、減少の一途をたどり、財政再建団体に指定された2007年には1万3045人と約10分の1になっている。2013年には、ついに人口は1万人を切り9968人である。

「増田レポート」では、2010年の人口1万922人は2040年には3104人にまで減じ、その間の若年女性（20～39歳の女性）は653人から100人になる（減少率は84・6％）と推計されている。

これを見ると、夕張市が消滅可能性の高い都市であるといってもうなずけるかもしれない。しかし、夕張市は消滅しない。消滅するのは、周辺自治体との間で編入合併が整い、夕張市が法人であること（自治体の自治）を放棄するときである。そうなれば、夕張という地域は他の自治体の区域の一部になる。

論理的には、ある自治体の人口が限りなくゼロに近づいていけば、自治体は存立しえなくなる。しかし、自治体は法人であるから、自然に消滅することはない。地方自治法は「地方公共団体は、法人とする」と規定し、法人としての自治体の任務の遂行責任を、法人の機関（議事機関である議会と執行機関である首長等）に負わせている。消滅というと自然に無くなるというイメージがなくはないが、ある地方公共団体を法人として消滅させるには人為的な手続きが必要である。

市町村が消滅するとは、関係市町村が自ら法人であることを放棄する場合である。それは、法人としての任務の遂行を首長・議会と住民が断念するときである。

事実、わが国では、明治以来、市町村合併が進められ、おびただしい数の市町村が法人格を失い消滅している。「平成の大合併」では人口1万人未満の町村は1537から465へ激減している。新設合併では、合併しようとする市町村をすべて廃止して、新たに法人としての市町村を設置することになる（新設合併）。合併に関わるすべての市町村は法人格を失うため、法人の機関である首長・議員はすべて失職する。編入合併の場合は、編入される市町村は法人格を失うから、その首長と議員はすべて失職する。合併によって法人格が失われれば、合併前の市町村の名称も消滅する。しかし、合併前の市町村の区域に存した地域と住民は合併後の自治体の区域に編入されて存在し続ける。

「増田レポート」を「自己成就予言」にしないために

「増田レポート」は、市町村合併による自治体消滅には言及していない。急激な人口減少によって市町村の存立基盤が危機に瀕することに警鐘を鳴らしたといえる。

単に未来のことを記述しているように思われる言説（予想・予測）が、現在の人びとの行動に影響を与え、その結果、その言説が現実化してしまうことを、米国の社会学者R・K・マートンは「自己成就予言」と呼んだ。日本のことわざでは「嘘から出たまこと」という。

市町村の最少人口規模が決まっていないにもかかわらず、自治体消滅の可能性が高まるという。しかし、住民人口が減少すればするほど市町村の存在理由は増すから、消滅など起こらない。起こるとすれば、自治体消滅という最悪の事態を想定したがゆえに、人びとの気持ちが萎えてしまい、そのすきに乗じて「撤退」を不可避だと思わせ、人為的に市町村を消滅させようとする動きが出て、当の自治体がそれに挑戦する気概を失ってしまう場合である。

「増田レポート」を機に、自治体の中には素早い対応に乗り出したところもある。人口４万９４７４（２０１４年5月末、住民基本台帳人口）の鳥取県益田市は、子育て世代が住みたくなり、子どもを産み育てたいと思えるまちづくりを進めている。人口減少に歯止めをかけ、人口増加に転ずることが最優先の課題とし、２０２０（平成32）年の人口目標を５万５００人とし、この目標の達成に向け、２０１４年度から２０１６年度までの３年間を計画期間とする「人口拡大計画」を策定した（２０１４年2月）。計画推進の司令塔として、市の政策企画局に「人口拡大課」を新設している。

「増田レポート」により、28万人もの人口を有する東京都豊島区は、23区で唯一「消滅可能性都市」とされた。その最大の要因は「若年女性の転入が大幅に減る」という予測をされたことだったが、区は、この予測は住民基本台帳に基づく最新のデータとまったく違う傾向を示しており、次世代を担う子どもの人口が増え、今回問題にされた若年女性の人口も安定しているので、豊島区が消滅するとは考えられないとしている。区としては「増田レポート」を警鐘と受け止め、総合的な女性施策の展開、空き家の利活用（リノベーション）や地方との共生に取り組むとしている。

ほとんどの町村では、少子高齢化の進展が自治の営みに多くの困難を生み出すことを見抜き、すでにそれぞれの実情に応じ必死に対応に乗り出している。第6次産業の展開、若者の雇用や居住の支援、出身者の帰還、移住希望者の受け入れ、グリーンツーリズムなどの施策の実施である。人口減少に直面している町村自身が自治を放棄する兆候など見られない。

国籍法と人口減少——結婚制度の意義

「増田レポート」に呼応するかのように、政府は、２０

14年6月に閣議決定した「骨太の方針」で、50年後に1億人の人口を安定的に維持することを目標に掲げた。第2次安倍晋三内閣の石破茂地方創生担当大臣の下で、同年11月に「まち・ひと・しごと創生法」も制定された。この法律は、2015年春の統一地方選挙対策を超えた長期的戦略として、人口の減少に歯止めをかけるとともに、東京圏への人口の過度の集中を是正し、それぞれの地域で住みよい環境を確保して、将来にわたって活力ある日本社会を維持していくため、潤いのある豊かな生活を安心して営むことができる地域社会の形成、地域社会を担う個性豊かで多様な人材の確保および地域における魅力ある多様な就業の機会の創出を一体的に推進しようというものである。

未婚率が男女とも上昇傾向にあり、晩婚化の進行も継続し、結婚した夫婦からの出生児数が1990年代以降減少傾向にあることを見れば、相当程度の人口減少は必至である。「増田レポート」では触れられていないが、日本の国籍法の在り方に目を向ける必要がある。日本の国籍法は、出生による国籍の取得に関して、子は「出生の時に父又は母が日本国民であるとき」「出生前に死亡した父が死亡の時に日本国民であつたとき」に「日本国民とする」と規定している。日本国民でない者（外国人）は帰化によって日本国籍を取得することができるが、法務大臣による許可を得なければならない。国籍取得における血統主義を維持している限り、日本社会は、基本的に日本人である両親から生まれた子どもが次世代を成していく社会であるということができる。

しかも、日本では出産は結婚と強く結びついている。婚外で産まれた子どもを社会が育てるという発想は極めて弱い。結婚すれば、平均して子どもを2人は産んでいる。決め手は結婚の成否である。出生による国籍取得に関する「血統主義」を、米国やカナダのように、その領土内で出生した子どもは、その両親が外国人であっても国籍取得を認める「出生地主義」へ変更できるだろうか。それが無理であり、しかも「移民」政策を採用しないならば、人口減少に歯止めをかけるには、若い世代が安心して結婚・妊娠・出産・育児・子育てができるような施策を、国と地方が一丸となって展開する以外にない。

結婚によって、男女は夫婦としての社会的承認を得て、安定した家計・日常生活を維持し、子どもを生み育てることができる。結婚・出産は個人の決定に基づくがゆえにこそ、結婚制度の意義を強調しすぎることはない。

その上で、人材育成を促進し個人の生産性を高め、省力化に役立つ新たな機器の技術開発を図りつつ、人口減少のソフトランディングに希望をつなぐのである。

「地方消滅論」の狙いは小規模自治体つぶし

ジャーナリスト
村田泰夫
Yasuo Murata

日本創成会議の報告書（増田レポート）の「地方消滅」論は罪つくりである。「消滅する市町村」として名指しされた自治体は、おだやかでいられるはずがない。がっくりしている自治体もあると聞く。「人口が減って、自治体の運営が立ち行かなくなる」というのが消滅論の論拠のようだが、小さくても輝いている自治体はいくらでもある。いま求められていることは、「消滅するぞ」と死期を宣告し絶望感を与えることではなく、小さくても独自の地域づくりを支援することである。

悲観論は百害あって一利なし

わが国の人口は、2008年の1億2808万人をピークに減り始めている。2050年には1億人を割り9708万人に、22世紀に入る2100年には5千万人を割り4959万人になる。これは国立社会保障・人口問題研究所の推計である。

現在の人口減少のペースが続くことを前提にトレンド線を引けば、究極的には日本の人口はゼロになる。その日がいつになるか計算すると、約1200年後だそうだ。

増田レポートの「地方消滅」論は、そんな推計を市町村に当てはめたものにすぎない。2010年の国勢調査結果を基に、30年後の人口を推計すると、著しく人口が減る自治体があるという。日本の人口はいずれゼロになるという推計結果に何の意味もないように、自治体人口の推計結果にどんな意味があるのだろうか。「地方消滅」の危機をあおって自治体に絶望感を与える「効果」しかない。

人口減少の大きなトレンドは避けられない事実である。だが、現在のトレンド線を単純に延長しただけの推計結果に落胆し先行きを悲観しても、何も始まらない。根拠薄弱な悲観論は百害あって一利なしである。いつの日か、人口減少のスピードが鈍ったり反転したりする日がやってくる。日本の人口が将来ゼロになることはないし、自治体が消滅することもない。それぞれの自治体の創意工夫と、そこに暮らす住民たちの活動次第では、人口が少なくてもきらりと輝く地域づくりは可能である。

自治体が消滅する危機にある根拠として、増田レポートが挙げたのは、人口の「再生産力」である。子どもを産む可能性の高い「20～39歳の女性人口」の動向に注目した。「若年女性人口が減る限り、人口の再生産力は低下し続け、総人口の減少にも歯止めがかからない」という。

国立社会保障・人口問題研究所の「日本の将来推計人口」（2013年3月推計）を基に日本創成会議が試算すると、2010年から40年までの間に「20～39歳女性人口」が5割以下に減少する自治体の数は、全国1799自治体の49・8%に当たる896に上る。若年女性人口が5割も減る市町村では、いくら出生率を上げたところで人口の減少に歯止めがかからない。増田レポートによれば、全国の自治体の約半数が「消滅の可能性がある」というのである。

消滅可能性のある896自治体のうち、2040年時点で人口が1万人を切る小規模自治体は523（全体の29・1%）に上る。これらの自治体は「より深刻」だという。医療、福祉などの行政サービスの維持が難しくなり、「消滅可能性がさらに高いといわざるを得ない」と言い切る。

危機感を共有し対策を促した点では評価

増田レポートは、国勢調査のデータを基に、人口減少の要因が若年女性人口の減少と、地方から大都市圏（特に東京圏）への若者の流出の2点にあるという現実を見据え、早急に少子化対策と東京一極集中対策に取り組む必要があると提言する。そして、人口減少という危機感を国民が共有し適切な対策を打てば、人口の急減を回避できるという。人口減少のインパクトをきちんと捉えておくべきだというのが増田レポートの趣旨であるならば、その限りにおいて異論はない。人口減少に歯止めをかけ、暮らしやすく働きやすい地域づくりに取り組む自治体がもっと増えてよい。

増田レポートが一つのきっかけとなって、安倍政権は「地方創生」を内政の重要課題として掲げた。2014年度の予算編成に当たっては、地方創生に特別枠を設けている。2015年春の統一地方選を強く意識したのに相違ないが、地域の問題に目を向けるきっかけに増田レポートが役立ったとすれば、悪いことでもない。

平成の大合併の弊害を再びもたらす恐れ

「自治体消滅論」の反響は大きかった。地方議会で人口減少問題が取り上げられ、改めて地域づくりを考え直すきっかけになったことはプラスだ。しかし、消滅すると名指しされた市町村の中には、「いずれ消滅するのなら、何をしてもむだ」という絶望感に近い「あきらめ論」が住民の間に広がるマイナス面を懸念する声がある。

「あきらめ論」の弊害は、計り知れない。もともと地方には、都会と比べて利便性が劣っているとして、みずから「遅れた地域」と認識している住民たちがいる。農林水産業の収益性が低いこともあって、「子どもたちには苦労させたくない」と、東京や大阪などの都会に子どもを送り出したがる親が多い。

農山村からの人口流出は、高度成長期は労働人口を都会に送り出す農山村側の「プッシュ」と、次三男対策として余剰人口を都会が引っ張る「プル」の両面があった。

経済成長とともに、都会と農山村との地域間格差が広がるにつれ、住民の中に農山村に住み続ける意義を見つけられなかったことが、今日の農山村の疲弊の底流にある。そこに「あなた方の市町村はいずれ消滅する」と宣告されると、わずかに残っていた地域への誇りさえ失いかねない。いま求められていることは、地域の人たちを元気づけ、勇気づけ、地域づくりに立ち上がるよう支援することである。

また、中央官庁（霞が関）の中には、増田レポートをきっかけに、小規模自治体をなくす「市町村合併」を再び推進する好機と捉える向きも出てきそうだ。増田レポートで人口1万人以下の自治体を「消滅の可能性がかなり高い」と決めつけていることが、合併推進論者には都合がいい。

2000（平成12）年ごろから「平成の大合併」の旗が振られ、約3200あった市町村は約1700に減った。合併の表向きのねらいは自治体行政の効率化だったが、真のねらいは国から地方自治体に配分する地方交付税を減らす、国家財政の健全化にあった。小さな自治体に地方交付税を手厚く配分していては行政の効率が悪い。大きな自治体にまとめることで効率をよくしようとしたのである。そのため、平成の大合併には「人口1万人以下の自治体をなくす」という隠れた目標があった。

大きな「市」に飲み込まれた、人口1万人以下の旧自治体はどうなったであろうか。現地を訪れてみれば、一目瞭然である。

かつての役場は、新しい市役所の「支所」に格下げされた。そこで働く職員の数は激減され、役場はがらんとしている。合併前は、役場の職員とは顔見知りで、何でも相談できた。いまは以前の他町村から異動してきた者もいて、顔すら知らずあいさつも交わさない。合併で行政サービスは著しく低下し、旧町村の活気はいっそう失われていった。

「合併なんてしなければよかった」。旧町村に住み続けている住民たちの本音である。これが実情ではないか。

自治体消滅論に説得力はない

今回の「地方創生」構想に、自治体の合併論は盛り込まれていない。しかし、「コンパクトシティー」構想や「地方中枢拠点都市」構想には、合併論と共通するねらいが隠されている。

辺境の集落に人が住んでいると、そこに通じる道路を補修しなければならない、水道や電気などのライフラインを維持しなければならない。わずかな住民のために支出する財政負担を減らしたい。そこで、地方の人口20万~30万人規模の中核都市に教育や医療福祉などのインフラを集中的に整備することで、辺境の集落からの移住を促す。中核都市が「人口のダム機能」を果たし、都会への人口流出を防げるというのである。

この「選択と集中」は、辺境の集落の切り捨て論の変形にほかならない。増田レポートによって現実に起きていることは、地方に広がりつつある「あきらめ論」であり、霞が関が好機と捉える「小規模自治体つぶし」である。

増田レポートで最も説得力のない点は、人口1万人以下だとなぜ消滅せざるを得ないのか、分からないことである。

2010年時点で人口が1万人を切る自治体は、全体の25・1%を占める451に上る。これらの自治体が現在、行政サービスが行き届かず、「消滅の危機」に立たされているという事実はない。

財政の都合だけで、小さな自治体をつぶせば、大きなしっぺ返しを受ける。農山村に住み田畑を耕していること自体が、国土を守り、自然生態系を保護し、美しい農村景観を維持し、地域の伝統文化を守る役割を果たしていることに、私たちは気づかなければならない。効率が悪いと思われる辺境の集落といえども、そこに人が住んで農業という営みを続けていること自体に、カネには換算できないかけがえのない価値があるのである。

人口減少社会に突入していることは、だれもが認識している。どの自治体も少子化対策に取り組んでいる。過疎といわれる地方の自治体は、定住人口を増やそうとさまざまな創意工夫をしている。

ところが、増田レポートには注目すべき近年の動きが反映されていない。2010年の国勢調査を基にしているからだが、過疎の市町村に都市部から若者が移住するIターンの動きが反映されていないのだ。

この「田園回帰」の動きを詳細に分析すれば、消滅するといわれる自治体再生のヒントが得られるのではないか。

官民連携による積極投資で地域の魅力高めよ

東洋大学経済学部教授
川崎一泰
Kazuyasu Kawasaki

地域における人口減少

地域経済においては、人口減少社会の影響はもう既に各地で顕在化している。過疎化の進行により地域コミュニティーの維持が困難になる限界集落の発生、中心市街地の空洞化などにより商業集積の荒廃、住宅地にも空き家が目立つようになるなどの現象がそうである。こうした地域は人口減少により、農地、商店街、住宅地にそれぞれ耕作放棄地、空き店舗、空き家が発生し、集積の経済性、規模の経済性が受けられなくなり、ライフラインの維持管理に非効率が生じ、インフラの維持が困難となり、人口流出が加速するという悪循環に陥っている。

人口減少社会、少子高齢化などと大枠での議論がなされるが、どことなく過疎地の問題ととらわれがちである。しかし、日本創成会議が示した「消滅可能性都市」の推計は必ずしも過疎地だけの問題ではなく、大都市圏でも消滅可能性都市が発生することを示し、警鐘を鳴らした点に大きな特徴がある。この部分で衝撃を受けた自治体が少なからず存在する。30数年で消滅の危機に瀕する自治体が半数にのぼるという推計結果は大きなインパクトがあった。

これまでは、日本全体では人口も経済も成長してきたことから、人口が減少していく自治体に対して、公共事業や補助金などを通じた所得再分配を行うことができた。ところが、日本全体で人口が減少し、経済成長も鈍化する中、従来どおりの所得再分配は困難になる。だからといって何もせずに消滅を待てというつもりはない。むしろ、積極的な投資により地域の魅力を高めることこそが消滅を防ぐ方法だと考える。ただし、公共投資の非効率性は数多く指摘され、市場メカニズムを軽視してきたことから、多くが維持困難な状況に陥っている。したがって、投資主体は民間が中心となる官民連携の形が望ましいと筆者は考える。

官民連携を妨げる公共性の壁

こうした官民連携を妨げる要因を考えてみよう。筆者はその要因を「公共性」と営利活動の間の壁にあると考えている。従来、公共施設の占用、使用やそこでの営利活動に関して、規制されてきた。これが官民連携を阻害する要因となることから、ＰＦＩ法や指定管理者制度の導入に伴う地方自治法の改正などを通じて、こうした規制が緩和されてきた。ところが、実際の運用を見てみると、民間といっても株式会社の参入を認めていないケースが散見される。

ＰＦＩ事業においても民間のノウハウを活用するために導入されたが、内閣府「ＰＦＩ事業の実施状況について」(2014・6）に示された、所有形態類型、事業類型のデータを見ると、民間のノウハウを利用するというよりも財政的な事情によるところが大きいのではないかと疑ってしまう内容となっている。

まず、所有形態では、「ＢＴＯ型」と呼ばれる、事業者が施設の設計・建設を行い、施設完成後に所有権を公共部門に移転した上で、公共部門の所有となった施設の維持管理及び運営を行う仕組みが全体の72％を占める状況である。「ＢＯＴ型」と呼ばれる、事業者が施設の設計・建設を行い、施設を所有したまま施設の維持管理及び運営を行い、事業期間終了後に施設の所有権を公共部門に移転するという仕組みは全体の13％にとどまっている。

また、ＰＦＩの事業類型は、「サービス購入型」「混合型」「独立採算型」の三つに分類される。まず、サービス購入型とは、事業者が対象施設の設計、建設、維持管理、運営を行い、公共部門は事業者が提供した公共サービスに応じた対価を支払う仕組みである。この仕組みは事業者のコストが公共部門から支払われる対価によって全額回収可能になっている。これに対して「独立採算型」は事業者が自ら調達した資金によって、施設の設計、建設、維持管理、運営を行い、そのコストの回収は利用者からの支払いにのみ依存する形をとる仕組みである。この場合、公共部門からのサービス購入料の支払いは生じない。この意味で民間部門は利用者に評価されるようなサービスを行うインセンティブがあり、民間のノウハウが最も活かされそうな仕組みである。「混合型」はサービス購入型と独立採算型の中間的な位置づけとなり、公共部門からのサービス購入料と利用者からの支払いの双方から収入を得て、事業者の費用を回収する仕組みである。実際のＰＦＩ事業では、サービス購入型が73％、混合型が22％、独立採算型が５％といった状況であり、ほとんどがサービス購入型となっている。

サービス購入型は民間部門のリスクがほとんどなく、民間の信用力により資金調達をさせ、サービス提供期間に費用を回収できるようなサービス購入を続ける仕組みであり、財政難の自治体が事業者との間で間接的なローン契約を行っているような形になっている。これとＢＴＯ方式と組み合わせれば、従来の公共施設に指定管理者を入れただけになってしまう。もちろん設計・建設の段階で民間のノウハウが導入される可能性はあるが、それによって自身の利益とは直接結びつかないので、効率化のインセンティブはほとんどない。こうした契約となる背景には、公共施設での営利事業に対するアレルギーがあるものと考えられる。

このように民間のノウハウを活用するために導入されたさまざまな制度も、公共性の名の下で、その効果を発揮しにくい仕組みになってしまい、本来の目的を薄めてしまっている現状の課題を指摘しておきたい。

民間資金での再開発地域へのインフラ投資

人口減少社会における半数の自治体が消滅する可能性が指摘された。残念ながら、このすべての自治体が維持できるような仕組みはないといっても過言ではない。ただ、東京一極集中、あるいは、大都市集中を回避するには、いくつかの地方都市の再生が不可欠である。そこで、ここではアメリカ地方政府で運用されているTax Incremental Financing（以下、ＴＩＦという）の導入により、投資の「選択と集中」を図る方法を提案する。

ＴＩＦは特定地域の再開発プロジェクトの事業費の一部を、その地域内で再開発に伴う資産価値の増加分から生じる財産税収で賄おうとするものである。これは再開発事業資金の多くを財産税増収分を担保とした債券発行で調達し、実際の財産税増収分で償還する仕組みである。このＴＩＦの運営主体は州政府等の公共部門からの債務保証がない独立した組織である。ＴＩＦは、こうして調達した資金を財源として、インフラ整備を中心に行い、これをテコに民間投資を誘発する「米国版官民連携型再開発」手法である。

ＴＩＦの一般的な流れは、左上図のようになる。ＴＩＦ運営主体は市、学校区などと協議の上、再開発事業を実施する地区の税収の配分について取り決めを行い、ＴＩＦ事業がスタートする年を基準年とする。この時点までは、市は当該地区の課税ベースのすべてを税収とするが、ＴＩＦ実施後は、基準年の評価額（Base Assessed Value）で凍結される。市や学校区にとっては、財源が失われ、大きな痛手となるが、ＴＩＦを利用し地域再生を図ろうとする地区の多くが、荒廃地区で財産価値が低下している地域で、税

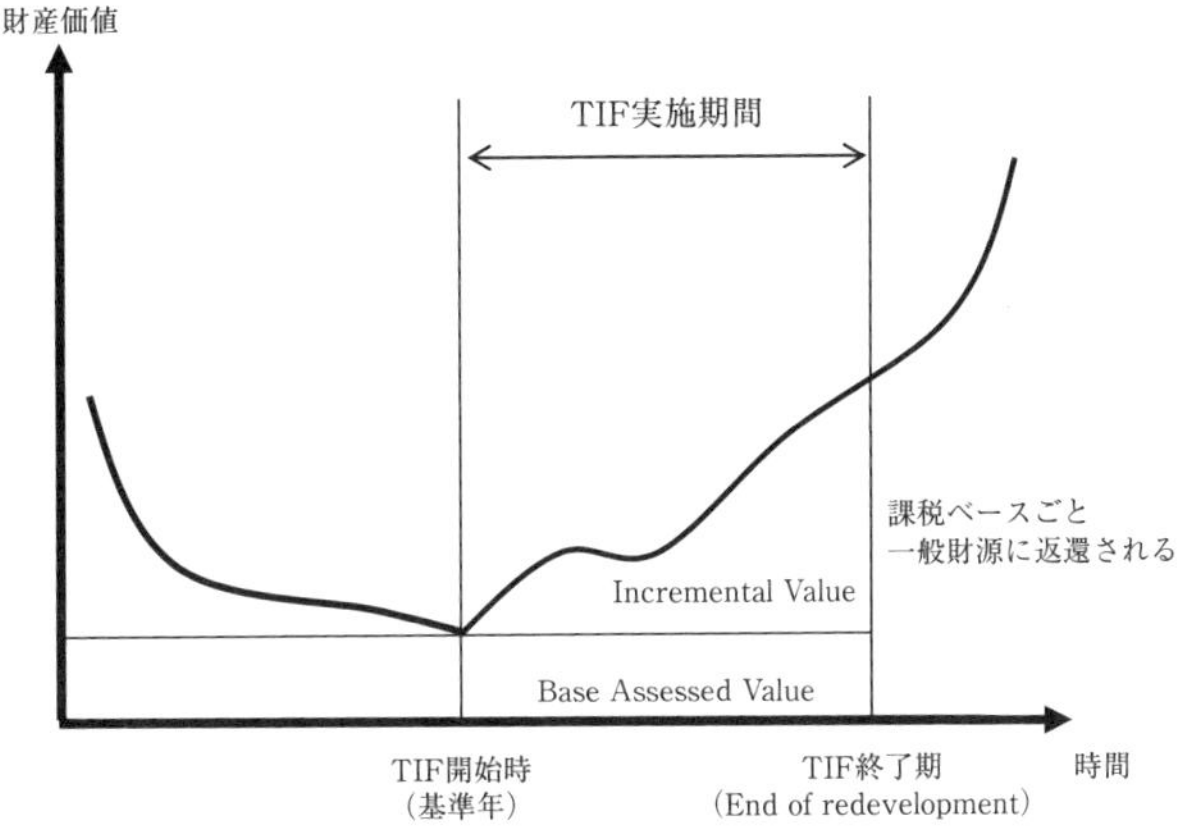

資料）各種資料より筆者作成

率を一定とするならば、税収も低下していく地域である。一定の税収が確保できるＴＩＦは市や学校区にとっても魅力的でもある。一方、ＴＩＦ運営主体は再開発に伴う財産価値の増加分、すなわち、右図の価値の増加分（Incremental Value）を活用し、資金調達から事業展開までの運営を行うこととなる。つまり、運営費等もすべて起債により調達すると仮定すると、価値の増加分の現在価値が理論上の起債可能額となるのである。もちろん、債券の購入者にはこの価値の増加分が起債可能額を下回るリスクが存在し、プロジェクトによっては資金調達ができないことによる計画の見直しを迫られるケースも起こる。このＴＩＦ実施期間が終了したら、課税ベースは市や学校区に戻り、ＴＩＦによる再開発がなかったら得られなかった課税ベースも獲得できるという仕組みである。

この仕組みは政治的力学によりゆがめられ、採算を度外視して行われてきた公共投資の失敗を投資家のチェックにより選択させるものである。投資家はリスクのすべてを背負うことになるので、事業の採算性を重視することになる。こうして再生の見込めるところが選別され、資金が投下されるのである。この仕組みは税と同時に徴収することから、徴収漏れのリスクが低く、事業収益が民間のものになることから積極的にノウハウを提供するインセンティブが確保されており、大きな効果が期待できる。

〈参考文献〉

川崎一泰（２０１３）『官民連携の地域再生』勁草書房
川崎一泰（２０１４）「民間が投資しやすい環境を――ローカルアベノミクスを考える」『改革者』政策研究フォーラム、２０１４年９月号

「創造すべき住民」のターゲットを絞れ

一般財団法人地域開発研究所
主任研究員
牧瀬　稔
Minoru Makise

本稿は拡大都市を前提として、人口減少を回避するための視点を紹介する。読者の中には極論と感じる場合もあるだろう。しかし実際に起きている事例である。本稿は、自治体が人口減少時代を生き抜くためのヒントの提供である。

拡大都市か縮小都市か

本稿の前提は拡大都市である。いきなり読者に「拡大都市」という4文字を提起されても、何を言っているか理解できないかもしれない。その意味を簡単に言及する。

自治体が、未来の政策展開を考えるときに「拡大都市」と「縮小都市」がある。拡大都市とは、「人口減少時代においても、積極的によい行政サービスを提供することで、今までどおりに人口の拡大を目指す」ことである。あるいは「周りが人口を減少させる中で、人口の維持を達成しようとする自治体」も拡大都市と捉えることができる。国は２０５０年に1億５４５万人を目標人口と掲げている。この数字は今から17％減の数字である。２０６０年の時点で人口を17％減以内で留めようとする自治体も、拡大都市として捉えることができるかもしれない。

一方で縮小都市は、「人口減少の事実を受け入れ、人口が減少しても元気な自治体をつくっていく取り組み」である。２０６０年の時点で人口減が17％以上を是認する場合は縮小都市かもしれない。一般的に人口が減少すれば税収も低下する可能性がある。その結果として行政サービスの縮小や職員数の減少等も余儀なくされるかもしれない。そのような理由から、現時点において明確に「縮小都市を採用している」と公式に説明している自治体は（あまり）聞かない（筆者だけが知らないのかもしれない）。

シティプロモーションという取り組み

拡大都市を目指す一手段として、シティプロモーションが注目を集めている。その意味を端的に言うと、「都市や地域の売り込み」になる。具体的な取り組みは、まずは①認知度を高めることから始まることが多い。そして②情報交流人口[1]、③定住人口、④交流人口の増加を目指し、さらに⑤現在生活している住民が愛着心を持ちことも重要である（シビックプライド[2]）。その結果、さまざまな住民から「選ばれる自治体」に変貌する能動的な活動である。

住民は自然人だけではない。法人も対象である。そこで⑥企業誘致も対象となる。もちろん、ここで記した取り組み以外もシティプロモーションの活動に該当する場合もある。

特に重要な視点は「売り込み」である。すなわち「何を」「誰に」売り込むのかを明確にしなくてはいけない。しかし、この「何を」と「誰に」ということが不明瞭なシティプロモーションが多い。その結果、明確な成果を上げられずにいる。この「何を」「誰に」という考えは、まさしく民間企業の経営活動であり、より具体的に言えば「営業」そのものである。その意味で、シティプロモーションは、自治体における経営活動であり、営業と換言してもよいだろう。

自治体経営の意味は何か

今日、自治体が「経営」という2文字を使用する事例が多くなっている。読者は経営の意味を言えるだろうか。

ピーター・ドラッカー（Peter Ferdinand Drucker）は、企業経営の目的は、まずは「企業活動の持続性を担保すること」と残している。次に企業活動の持続性を達成していくためには「The purpose of the business is to create customers」と明快に回答している[3]。この意味は「事業の目的とは顧客の創造である」となる。この「顧客の創造」は有名な言葉であるため、耳にした読者もいるだろう。ドラッカーは企業経営の目的は「顧客の創造」と述べている。

企業経営の目的である「顧客の創造」を自治体経営にあてはめると何になるだろうか。筆者は「住民の創造」と捉えている。自治体は住民を創造していかなくては、自治体の持続性がなくなってしまう。昨今話題になっている「消滅自治体」の意味を筆者なりに解釈すると、まずは自治体から住民が少なくなり存続が危うくなる。次に、その結果自治体は合併の道を歩むことになるだろう。最終的に合併することにより自治体は法人の資格がなくなる。この合併の瞬間（法人格がなくなる瞬間）が、「自治体が消滅する」ということを意味している。

人口をセグメント化してみると

「住民の創造」と言っても多様である。先進的な自治体はセグメント化（市場〔対象〕の細分化）して、特定の住民を絞り込んでいる。簡単に住民をセグメント化してみる。

住民は大きく分けて「定住人口」と「交流人口」に分けられる（**図1**）。定住人口とは、その自治体に住んでいる人であり、居住している住民である。交流人口とは、その自治体に訪れる（交流する）人を意味する。どちらの住民の創造を目指すかにより、自治体が打ち出す政策の方向性も大きく異なる。

本稿では定住人口に限定して議論を進めていく。定住人口は**図2**のように分類される。まず「持ち家」と「借家」に分かれる。そして「持ち家」は、「独身者」と「既婚者」に類型できる。さらに「独身者」は「男性」と「女性」に分類できる。また「既婚者」は、四つに分けることができる。第一に「DINKs」である。これは「Double Income No Kids」の略であり、「夫婦共働きで子どもがいない世帯」を意味する。第二に「DEWKs」であり、「Double Employed With Kids」の略となる。つまり「夫婦共働きで子どもがいる世帯」である。第三に「SINKs」という概念も存在するだろう。これは「Single Income No Kids」の略であり、「夫婦のどちらか一人だけ働いていて子どもがいない世帯」である。そして第四に「SEWKs」がある。これは「Single Employed With Kids」となり、「夫婦のどちらか一人だけ働いていて子どもがいる世帯」に分けられる。図2には記していないが、さらに細分化できる。男性や女性、DINKsやDEWKsなどの右は、それぞれ10歳代や20歳代など「年代ごと」にも分けて捉える。さらには年代ごとの右には、年収を４００万円や５００万円と「年収別」

図1　住民の概念

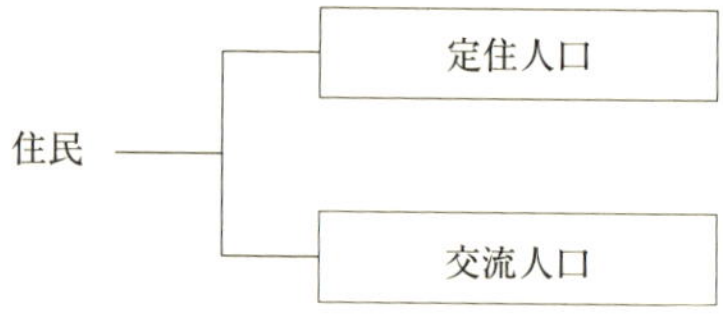

図2　定住人口のセグメント化

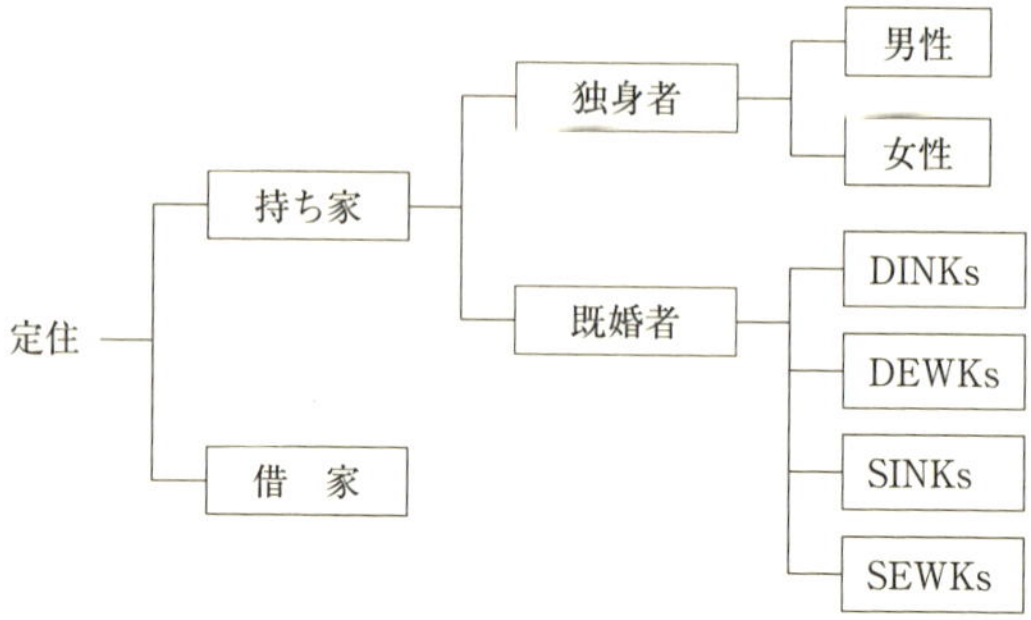

注）上記は一例である。なお、下段の「借家」も、持ち家と同じ構造になる。また、「男性」「女性」や「DINKs」等の右には、年代別や年収別がくる。

に考えていく。

自治体経営の目的の一つに「住民の創造」をおくのならば、すべての住民を重要なターゲットとするのではなく、創造すべき住民を明確にする必要がある。なお、注意すべきことは、特定の住民以外を無視するわけではない。自治体は営利を追求する企業経営をしているわけではないため「すべての住民を対象とすることが大前提」である。

自治体は幅広くすべての住民を対象とするものの、その中でも特にある一定の住民層（メイン・ターゲット）に焦点を合わせて政策展開していく思考が求められる。自治体経営において必要な考えは、メイン・ターゲットを設定した政策づくり（地域づくり）を実施していくことである。この取り組みが人口減少時代においても、人口の流入を促進し拡大都市を実現していく一つの方向性である。

自治体間競争の幕開け

多くの自治体が拡大都市を採用することは、結果として自治体間競争を招くことになる。自治体間競争は「地方自治体がそれぞれの地域性や空間的特徴などの個性（特色）を生かすことで、創意工夫を凝らした政策を開発し、他地域から住民等を獲得すること」と定義できる。この定義はやや言い過ぎた感があるものの、既にこうした取り組みは少しずつ起きつつある。自治体間競争がいいか悪いかは読者の価値判断だ。しかし実際に起こりつつある事実である。

最後に「対策」と「政策」の違いを記しておきたい。人口減少の中で、人口を維持し増加させるためには、「対策」ではなく「政策」という発想が重要である。対策は「現実対応」になる。それは「いま目の前にある問題を何とかしたい」という一心で取り組むことを意味する。どうしても狭視野的な見地からの行動になってしまう。一方で政策は未来志向である。未来志向には希望が湧いてくる。さまざまな観点から可能性を探ることになる。その結果、心にも余裕が生まれ、大局的な観点であるがために成功の軌道に乗りやすくなる。

読者の自治体は対策だろうか、政策だろうか。人口減少を回避するために必要な思考は、当たり前だが政策である。これからの時代は政策で勝負する時代でもある。

注

（1）国土交通省の定義によれば、情報交流人口とは「自地域外（自市町村外）に居住する人に対して、何らかの情報提供サービスを行う等、情報交流を行っている登録者人口」と定義している。

（2）シビックプライドは、しばしば「都市に対する誇りや愛着」という意味で使用される。

（3）ピーター・ドラッカー（1977）『現代の経営』ダイヤモンド社（現代経営研究会訳）

中央集権システム解体で住民自治再生を

NPO法人地方自立政策研究所理事長・元志木市長
穂坂邦夫
Kunio Hosaka

人口減少社会に危機感を持たない国と地方

地方の自治体にとって人口減少は「まち」の存立にかかわるのだが、当事者である住民はもとより多くの首長・議員は無関心である。人口の減少はすべて、国の責任だと考えているし、国と地方の行政システムは何ら変わらないばかりか、現在は小泉内閣と比較して、国から地方に多くの財源が流れ込んでいるからである。

国家も対策を急ごうとしない。出生率の低下とともに地方から大都市へ18年間も人口が流入しているのにもかかわらず放置している。スローガンは打ち出すものの一度として抜本的な対策を立てたことはない。

さらに人口減少社会の加速に加え国家財政の悪化も見逃すことのできない大問題である。高齢者の増大は医療や介護に莫大な財源を要するからである。しかし、国と地方はこの問題に対しても目を背け続けている。国の仕送りを受ける地方はひたすら高度成長期の無原則で高い行政サービスを今も取り続けている。国はこの状況に対しても何ら手を打とうとはせず、黙認をしているだけだ。私たちの調査では地方事業の70％は選択的事業に使われ、地方自身の福祉的事業はわずか30％にすぎない。

国家財政が破綻の危機にありながら、現在の地方自治体は黒字基調にある。交付税の高どまりと地方への国庫補助金が急増しているからである。人口減少が予想される自治体が国の認可を受け相次いで新庁舎の建設を行っているが、どの新庁舎も現面積を下回ることはない。国も地方も危機感を持つことのできない原因はどこにあるのだろうか。

人口減少社会に対する無関心の原因と結果

最大の原因は現行における中央集権システムと言える。

日本式中央集権システムとは、遠い指揮官による地方の支配構造である。現在の95％以上の地方自治体は自分たちで徴収する地方税をはるかに超える国の地方交付税交付金や補助金によって運営されている。この財源は法人税や所得税などの国の基幹5税によるもので、地方の主権者である住民は無関心にならざるを得ない。無関心な住民に選ばれる首長や議員は、国への依存体質に陥り、その動向に常に敏感であることが要求される。いわば地域の将来よりも国の動向が重要になる。さらに、国からの贈り物である収入は歯止めの利かない無原則な市民サービスに変わる。このため、地方の行政経費は国の2倍にもかかわらず、常に財源の不足を国に訴え続けると共に基本的な課題になればなるほど国への依存体質に陥り、自己責任は希薄になる。人口が減少しても自己責任を問われることはなく、地方にとって極めて心地よい現行システムだが、副作用がある。必要な自立心や自主性、自律性を失うことになる。

国の支配によるこのシステムは地方に対して一律的行政運営を求めざるを得ない。個性を失った地方が次々に誕生する。私も首長の経験者の一人だが国の一律的な地方づくりに対して独自のまちづくりをすることは「謀反」を続けているに等しく、多大な労力を使わざるを得なかった。地方から人口減少社会を考えるなど越権であり、ひたすら国からの指示待ち姿勢を貫くことになる。

このシステムの欠陥は同時に膨大なムダ使いにもつながる。その額、なんと年間30兆円を超えているのだ（自立研調査）。

これまで地方自治体の自由な発想を促進するさまざまな施策がとられてきたが、いずれも成果を上げることが出来なかった。その原因は「集権システムの大木の幹は何ひとつ手をつけず、小枝だけをその都度切り取ってきた」からである。国は根幹である権限や財源を地方へ移譲することを嫌い、その都度、枝葉末節の政策を取ることで身をかわしてきた。

息子や娘の所在地から遠い保護者が財源と権限をしっかりと握り、アメとムチによって地方を再生し、人口減少社会に立ち向かうことなどできるはずがない。

国の施策の柱である地方の活性化と再生を目指す地方創生事業も従来の繰り返しと言わざるを得ない。

地方自治体がまず危機意識を

地方の再生は人口の減少に歯止めをかけ一極集中を是正する。その一方、人口が過度に集中する東京をはじめ、大阪や福岡などの大都市も深刻な事態が待ち受けている。特に首都東京は現在でも特老への待機老人は4万3000人と言われているが高齢社会のピークは2025年で、まだ入口にすぎない。莫大な高齢者の介護費用はもとより、施設の整備やマンパワーなどの確保からも、さらなる経費が追い打ちをかける。現在でも国庫支出金は東京都がトップで大阪、神奈川と続く。自立度が高いと言われる大都市に巨額の国費投入が行われているが今後さらに膨大な財政支援が必要となる。しかし、一方の国家財政はパンク寸前である。

地方を再生する第一点は、地方自治体自身の「危機意識」の醸成が不可欠である。火災の現場である地方自治体が何の危機感も無く傍観していたのでは、すべてが焼け野原になる。自治体自身が危機感を持ち、自己責任を大原則として、ありったけの知恵と工夫を発揮しなくてはならない。

第二は、地方における雇用機会の拡大である。雇用の機会を拡大すれば人口の流出を防ぐだけでなく、都市からのUターン組も期待できる。国の保護行政は農業や林業をことごとく潰した。一定の保護政策は理解できるが、さまざまな規制や補助金づけで維持できるものではない。これからは発想を変え規制を撤廃し、自治体はもとより新たな農業や林業の再生にも取り組むことが求められる。

地方への企業誘致にしても、全国一律に行うのではなく、地方の実態に応じて税制の工夫や情報システムの整備を自由に行うことができれば、もっと拡大する。アメリカは大企業が各地に分散している。自由な財源があれば特産物もインターネットを活用した地方の知恵により大都市圏と直結できる。移住政策も現場からの発想によってもっと成果を上げることができる。

観光事業も極めて重要である。今は高齢者に支えられた消費力に頼っているが、いずれその資金も枯渇するだろう。生産年齢人口が特に減少する地方にとって雇用の場を拡大する観光事業は極めて有望な分野と言える。現在の1000万人程度の観光客を10倍の1億人・20兆円（20万円／人）を目指す。財源が移譲されると地方は独自の情報インフラ整備を図ることができる。日本の道路は完璧に整理され、カーナビさえあればどこにでも行ける。コンビニは全国に配置され、トイレもあり休憩所にもなる。治安は世界の中でトップクラスである。1000億円もあればさまざまな受け入れのサービスが整う。地方は地方の特色を存分に打ち出す。

今のような「個性なき一律的街づくり」ではない。各地域にさまざまな文化が根付いている日本を世界の「ラストリゾート」と位置づけることだ。地方における超大型事業として期待できる。

約100兆円を費消する地方白治体も開放する。役所の民営化である。特に市町村の業務の75%は民間人で業務を行うことができる。どの地方にとっても役所は地域最大の消費型大企業である。十万人のまちをたった八人の公務員で運営している事例（米国）がある。

雇用さえあれば人は誰しも生まれ育った所で生活したい。地方の大学よりも大都市に学生が集まるのは就職のことを考えるからで、働く場さえあれば地元を離れることはない。国と地方が発想を共に転換し、真剣にその気になりさえすれば地方は再生し、大都市一極集中は是正される。

さらに国と地方の役割分担が確立され分権が進むと地方の自己責任が明確になる。中央集権システムによって失われた地方の自律心が回復し、30兆円のムダも削減される。消費税の12%である。この財源は赤字財政からの脱却はもとより、政策転換に必要な大胆な施策を生むことに活用できる。

中央集権脱却は難しくない

人口減少社会を乗り越える唯一の方策は本質に切り込んだ中央集権システムの解体である。中央集権を残したままでは地方を再生し、大都市一極集中を是正することは不可能である。特に少子高齢社会に加え、最悪の財政赤字を是正するためには、限られた財源をムダなく有効に使うことが不可欠である。分権を進めたアメリカやドイツは、危機にあっても強い回復力を持っている。日本もそろそろ真剣に国の形を考えなければならない。

中央集権からの脱却は決して難しいことではない。国と地方の役割分担を明確にするとともに、それぞれの行政経費に応じた財源の分配を行う。これからの国は交付金や補助金で地方を縛り付けるのではなく、地方自身に自己責任と危機感を持たせなければならない。それが地方の自立と住民自治の実証につながり、再生の道を拓くことになる。これからの国家は外交、防衛、通貨、金融などに特化し、全力で取り組むことだ。

地方自治体も大きく変わらなければならない。今までのように自己責任を持たず、国からの仕送りに頼り、護送船団方式による横並び行政に甘んじてはいけない。温かいお風呂の湯もやがて冷え切ってくる。

地方行政に無関心だった住民も自分たちが解決しなければならない責任や収入の透明性などが確保されると強い関心に変わる。住民自治の実証である。

この方策は発想の転換を国と地方に求めるだけで、住民の痛みは皆無であり、やる気だけで実現する。私たちに残された時間は少ない。

「若い世代のローカル志向」に支援を

千葉大学法政経学部教授
廣井良典
Yoshinori Hiroi

若い世代のローカル志向

ここ数年、ゼミの学生など若い世代を見ていて、「地域再生」や「ローカル」なものへの関心が確実に強まっているのを感じてきた。

例えば、静岡県出身のある学生は「自分の生まれ育った街を世界一住みやすい街にすること」をゼミの志望理由での研究テーマにしていたし、新潟県出身の別の学生は「新潟の農業をもっと活性化させること」を最大の関心事にしていた。

最近の印象的な例では、もともとグローバルな問題に関心があり、1年間の予定でスウェーデンに留学していた女子の学生が、やはり自分は地元の活性化に関わっていきたいという理由で、留学期間を半年に短縮して帰国したということがあった。彼女の出身地は茨城県の石岡というところで、関東三大祭の一つとも言われる「石岡の祭り」が盛んな場所であり、この伝統行事の存在こそがその学生の地元に対する愛着の大きな部分を占めていたという。

これらはほんの例示に過ぎず、似たような話は枚挙に暇がない。深い問題意識をもっていたり、あるいはもともとは海外やグローバルな話題に関心をもっていたりした若者の相当部分が、地域再生やローカルなコミュニティに関することに大きな関心を向けるようになっている。

こうした若い世代の「ローカル志向」は、必ずしも私自身のまわりの限られた現象にはとどまらないようだ。例えば、リクルート進学総研の調査では、今春大学に進学した者のうち49％が、大学進学にあたり「地元に残りたい」と考えて志望校を選んでおり、この数字は4年前に比べて10ポイントも増えている。また、文部科学省の２０１２年度調査では、高校生の県外就職率は18・6％で、２００９年から3・3ポイント下落している。さらに、内閣府が2007年に18～24歳の若者を対象に行った調査では、いま住む地域に永住したいと答えた人は43・5%と、1998年の調査から10ポイント近く増えたという。

こうした若い世代の志向について、最近の若者は「内向き」になったとか、「外」に出ていく覇気がないといった批判がなされることがよくあるが、これほど的外れな意見はないと私は思っている。「貿易立国」の名のもと、「アメリカ―日本―アジア」「中央―地方」といった序列や枠組みの中でのみ物事を考えてきた結果が、現在の地域の疲弊や空洞化、あるいはコミュニティーの崩壊ではなかったか。以上のような若者の志向は、むしろ「日本を救っていく」新たな動きと見るべきであり、それに対する政策的な支援こそが求められている。

ちなみに、実は日本の貿易依存率（国内総生産〈GDP〉に占める輸出入の割合）は10%強で、多くの国が3～4割である中では、むしろ「低い」部類に入る。つまり日本は内需によって支えられている傾向の強い国なのであり、高度成長期を通じて「輸出立国神話」がつくられたと言っても過言ではない。

では、そもそもなぜ以上のような若い世代の「ローカル志向」が高まっているのだろうか。

グローバル化の先のローカル化

若い世代の「ローカル志向」にはいくつかの理由があるが、もっとも根本的な背景は次の点にあると考えている。

すなわち、高度成長期を中心とした「拡大・成長」の時代においては、工業化というベクトルを中心に世の中が一つの方向に向かって進み、その結果、各地域は「進んでいる―遅れている」という単線的な時間軸に沿って位置づけられることになる（例えば、東京は進んでいる、地方は遅れている等々）。

ところが現在のように、一定の物質的な豊かさが達成された「ポスト成長」の時代においては、そもそもそうした時間軸が背景に退き、逆に各地域のもつ固有の価値や風土的・文化的多様性に人々の関心が向かうようになる。単純化して言えば、時間軸よりも「空間軸」が前面に出るようになっていくのであり、それは「地域への着陸」の時代とも呼べるだろう。

加えて、従来の工業化時代においては、鉄道の敷設にしても道路建設や工場配置にしても、一つの地域だけでは決められず、ナショナル、つまり国レベルのプランニングが重要になるため、おのずと中央集権的になりやすい。しかしながら、現在はポスト工業化の時代であり、人々の関心は福祉や環境、コミュニティー、まちづくり、農業等といった領域に向かっている。思えば、これらはいずれも「ローカル」な性格のものであり、いわば「問題解決の空間的ユニット」がローカルなレベルに移っているのが現在という時代なのだ。

深い問題意識をもった若い世代のローカル志向はこうした構造変化を背景とするものであり、言い換えれば、これからの時代は「グローバル化の先のローカル化」が進んでいく時代と言えるのである。

「歩くスピードを少し緩める」発想転換を

以上、若い世代のローカル志向とその背景について述べたが、しかしこうした新たな傾向は、直ちに人口減少問題の解決に直結するものではない。つまり実際には、あいかわらず出生率は低いレベルで推移しており、また地方都市や農村部では若者の流出が続いている。

では、人口減少問題との関連で、私たちにはどのような発想と政策が求められているのだろうか。特に2点を指摘したい。

その第一は、明治以降、百数十年にわたって続き、とりわけ戦後の高度成長期に顕著となった、人口や経済の「拡大・成長」という方向や価値観の「延長線上」で物事を考えるべきではないということだ。

例えば、基本的な事実として、日本の中で出生率がもっとも低いのは東京都で、逆にもっとも高いのは沖縄県という点がある。もし単純に「経済が成長すれば出生率も上がる」のであれば、本来こうしたことにはならないはずであろう。

つまり逆説的にも、日本社会にいま求められているのは、経済や社会のあり方を「より大きく、より速く」という方向でのみ考える価値観や思考様式ではなく、むしろ「歩くスピードを少し緩める」ような方向への発想の転換ではないか。出生率の回復は、いわばその自然な結果として生じるものと思える。

実際、大学での社会保障論の講義で少子化と人口減少に関するレポートを学生に書いてもらう機会が先日あったが、「労働時間が長すぎ、子どもを生み育てる余裕がない」という点を挙げて論じる学生が予想外に多かったのである。

加えてこの場合、例えば20代・30代の男性の年収が300万円以上か未満かで結婚率に大きな違いがあるといった事実に示されるように、現在の若い世代の多くが雇用や社会保障の面で大きな不利益を被り、それが晩婚化や未婚化につながっているのは確かである。筆者が「人生前半の社会保障」と呼んできた政策の大胆な強化が求められている

〈拙著『持続可能な福祉社会』〈ちくま新書〉、『人口減少社会という希望』〈朝日新聞出版〉を参照〉。

人口減少への対応として重要な第二の視点は、先ほど述べた「若い世代のローカル志向」の支援という点だ。ローカル志向や地元志向という傾向やニーズは確かにあるものの、実際には農村や小規模の市町村で生活を営むにはさまざまなハードルや課題があり、若者の減少が進んでいる地域が多いのが現状である。

ポイントとなるのは、やはりそうした地域での生活保障〈住宅など〉と雇用である。

この場合、雇用については「地方や田舎には雇用がないから都会に出ていく」というのは必ずしも真理ではなく、むしろ「人が出ていく結果として、その地域に雇用がなくなる」という逆の側面が同時に存在することにも注意が必要だ。実際、失業率を都道府県別にみると、大都市圏のほうがむしろ失業率のワースト10に多く名を連ねており、かつてのような「都会に行けば仕事がある」という状況は幻想になりつつある。

したがって、かつての高度成長期のような「工業化というベクトルを前提とした、農村から都市への労働力誘導政策」ではなく、今後はむしろポスト工業化を踏まえた、いわば「逆・労働力誘導政策」が課題となるだろう。

思えば、かつての高度成長期には、大都市圏郊外で大量の公的団地が整備され、国を挙げて若い世代への移住支援がなされたのであり、これからの人口減少時代には、時代の変化に応じた新たな支援策が重要となる。

具体的には、①住宅などでの公的な支援策はやはり柱の一つになり、②総務省の地域おこし協力隊や農水省の〈新〉田舎で働き隊に類する生活支援の仕組みを大幅に拡充することが求められる。さらに、③再生可能エネルギー固定買い取り制度やさまざまな農業支援など、都市と農村の間の「持続可能な相互依存」を実現できるための再分配政策が重要であり、また、④「祭りが盛んな地域では若者の定着やUターンが多い」という指摘もあるなど、地域の伝統文化の再評価という視点も大きなポイントだ。

最後に私が強調したい点がある。現在の日本では、年金給付、つまり高齢者への生活支援は年間54・0兆円という巨大な規模に及んでおり〈2012年度〉、なお急速に増加を続けている。これに対して、若者への支援策は数百億円程度にすぎず、あまりにもバランスを失していると思われる。

年金給付のうち、せめて高所得者向けの報酬比例部分の一部〈例えば1、2兆円〉を、若者支援に再配分することを今こそ議論していくべきではないだろうか。

マイルドヤンキーは地方再生の鍵となるか

博報堂ブランドデザイン
若者研究所リーダー
原田曜平
Yohei Harada

マイルドヤンキーとは？

私は、若者の消費行動やライフスタイルの研究と、若者向けマーケティングを約15年してきました。その活動を通して最近注目してしているのが「マイルドヤンキー」と名付けた若者たちです。

「ヤンキー」といえば、不良や暴走族の若者を思い浮かべる方も多いでしょう。ただ、こうしたかつての不良系ヤンキーは全国的に少なくなっています。代わって増えているのが、やさしくマイルドになったヤンキーです。不良っぽい格好ではなく、ごく普通の若者ファッションの者もいて、一見しただけでは「ヤンキー」と呼ぶのをためらうような若者も多くいます。しかし、彼らには共通の大きな特徴があります。それは「地元が大好き」ということです。

マイルドヤンキーを簡単に説明すると、「上京志向がなく、地元で強固な人間関係と生活基盤を構築し、地元から出たがらない若者たち」ということになります。

彼らは地元企業に勤め、週末は幼なじみの仲間とドライブをしたり地元のショッピングモールに出かけたりして、まったり過ごすのを好みます。彼らの行動エリアは非常に狭く、半径5キロメートル以内で完結するほどです。

私は、彼らマイルドヤンキーが「これからの日本で消費の主役となる新保守層」と見ています。

マイルドヤンキーが増えてきた理由

かつてのヤンキーにも「地元が好き」という者はいました。しかし、彼らのほとんどは結果的に地元に残ることになっただけにすぎません。心のどこかに自分も都会に出たかったという気持ちがあり、自己肯定のために「地元が好き」とアピールしていたのです。マイルドヤンキーはそこが決定的に違います。マイルドヤンキーには都会に対する憧れがありません。地元で暮らすのが快適であり、幼なじみの友人とまったり過ごすことに満足しているのです。

こうしたマイルドヤンキーは、ここ20年くらいで徐々に増えてきました。なぜ、増えたのでしょうか。

大きな理由として挙げられるのは、携帯電話やソーシャルネットワークサービス（ＳＮＳ）の普及です。かつては進学や就職などで地元の友人と離れると、そのままつながりが切れてしまうのが当たり前でした。距離はもちろん、生活時間の違いなどでつながりを保てなくなるからです。しかし、携帯やＳＮＳは距離や時間を簡単に縮めてくれます。「つながりやすさ」が、つながりを強くしたのです。また、郊外型の大規模ショッピングセンターの出現もあります。そこに行けば都会と同じ商品が手に入り、ある程度の満足が得られる。欲望のガス抜きができるのです。

もう一つ大きなキーワードが「社会の成熟化」です。社会の成熟期に若者がマイルドヤンキー化するのは、世界中どこでも同じです。１９８０年代後半のアメリカでも同じことが指摘されていました。アジアでも、経済発展の著しい北京や上海、台北、ソウルなどでマイルドヤンキーが増えているのです。

経済成長は都会から始まります。発展を続ける都会に憧れ、ギラギラした欲望を満たすため、若者たちは都会に流入するのです。しかし、経済成長がある程度の段階になると社会は成熟化します。都会でしか満たされなかった欲望がどこでも手に入るものになると、欲望自体が平準化され、小さく薄いものに変わるのです。

経済成長期が「人を出し抜いても成功したい」という男性型だとすれば、社会の成熟期は「周囲と同調しつつ穏やかに過ごす」女性型と言えるかもしれません。

今の若者には、もう男性型の欲望はないのです。

若者が地元に残れる政策を

日本創成会議の報告では、自治体消滅の危機をもたらす人口減少の要因として、若年女性の東京への流出を挙げています。私がこれまで述べてきたマイルドヤンキーの行動とは違うじゃないかと思われる方もいると思います。

しかし、若者たちは東京に出たくて地元から離れているのではありません。移動したくないのにせざるを得ない状況があるのです。それは、地元に雇用がないことです。

若年女性、特に高学歴の女性が地元に残りにくい状況は昔から変わっていません。優良な企業といえば、銀行や地元マスコミなどに限られ、採用数は限られています。

若者が職業を選ぼうとするとき、地元に選択肢がない。

雇用面があまりにも乏しいことが、東京一極集中を生んでいるのです。一昔前なら、地元の工場という選択肢もありました。しかし、企業がコスト重視で生産拠点をアジアに移転させたことにより、その選択肢もなくなりました。

若者の地元志向が強まっているのに、受け入れる政策がない。国も自治体もこの点にしっかり取り組んでほしいと思います。地元に雇用さえつくれば、大多数の若者は地元から出て行きません。東京一極集中は社会の多様性を失わせます。先進国として恥ずかしい状況ではないでしょうか。「地方創生」というなら、国や自治体が働きかけて地方に若者が働ける場所をつくること。この一点に尽きます。

国や自治体には、しっかりマーケティング調査をして若者の本音をつかんでほしいと思います。若者の東京への流出も、単にその状況だけしか見ていない。若者の「本当は地元に残りたい」という心まではつかんでいないのです。若者の志向をきちんと把握することができれば、おのずとやることは見えてくるはずです。

例えば自治体なら、若い職員の感性を大切にしてほしい。県庁などの自治体で施策の立案に当たるのは40代、50代の職員だと思いますが、残念ながらそうした人は「結果的に地元に残ることになった人」で、どこかに東京へのコンプレックスを抱えている場合が多いのです。しかし、若い職員の中には、地元にポジティブな考え方を持ち、地元が大好きだという人が確実に出てきています。そうした若い職員を生かしてほしいですね。

社会の成熟と経済成長は二項対立か?

日本が今後も経済成長を続けていくのは難しいのではないか。経済成長より社会の成熟化を求めていくべきだ、という意見を言う人もいます。しかし、私は経済成長の余地はまだある、社会の成熟と経済成長は両立できると考えています。経済成長を考えたら、アジアという大きなマーケットがあり、そのマーケットは拡大を続けているのです。

ただ、海外市場をターゲットとして成長を続けるには、これまでの経済成長モデルとは異なった方法が必要になると思います。これまでは、コスト重視で生産拠点を海外に移すことばかり考えられてきました。しかし、高付加価値のものこそ日本で生産すべきだと思います。

日本のものづくりには伝統と技術があり、質の高さは世界で定評があります。アジアの人たちもそれをよく知っていて、ものづくりはやはり日本だと「メード・イン・ジャパン」を求めているのです。同じメーカーの同じブランドの紙おむつでも、現地で生産されたものを買うのではなく、日本国内でつくられたものを求めて来日し、買いだめをする人がいる。化粧品や粉ミルクなども同じです。

アジアの国々が経済的に成長して豊かになれば、その国の消費者も目が肥えてくる。日本でつくった質の高いもの、高付加価値のものを求めるようになるのです。

そうしたアジアの消費者をターゲットにした工場を日本国内につくる。それによって地方に雇用を生み出した企業は、そのエリアでブランドイメージが高まります。

日本を精神的に豊かにするという視点を、企業も持つべきだと思います。マイルドヤンキーは日本社会の成熟化を体現した最先端の人間であるわけですから、その志向をつかんでおくのは企業にとっても重要になります。

マイルドヤンキーは、不安定な社会の中で少しでも幸せになれる方法を探した結果なのです。現状を受け入れ、現状の中で最適化しようとしている彼らを理解すべきです。高度成長期の感覚で彼らを判断すべきではありません。

若者は未来の予想図

若者研究をしていて感じるのは、若者の姿は未来の予想図だということです。若者はアンテナが敏感で、時代の変化をスポンジのように吸収します。若者に新しい価値観が生まれると、数年後には社会全体がそうなっているのです。

例えば、バブル期は若者が真っ先に消費に走りました。「失われた20年」では、若者の消費離れ、車離れが起き、それが中高年へと移っていきました。

日本人の志向は今後、必ずマイルドヤンキー的になるでしょう。政策もマーケティングもそれに合わせていくべきです。しかし、いま目指されている方向は逆向きのような気がします。戦後の経済成長モデルのままというのは、ちょっと違うのではないでしょうか。

戦後の日本人は、経済的な豊かさを絶対視し、地元や地縁を捨ててきました。それに対し、地元や地縁を拾い直しているマイルドヤンキーは「本来の日本人の生活」を取り戻した生き方だと言えます。成熟社会に生まれたマイルドヤンキーの価値観は、今後の日本社会を考える上で多くの示唆を含んだものだと言えるでしょう。

ただ、若者全体がマイルドヤンキー化しつつあることが少し気になります。日本という国が生き残るためには、意識を高く持ち、海外と向き合って経済戦略で勝負したり、イノベーションを起こしたりできる若者も必要です。ところが最近は、優秀な資質を持った若者もマイルドヤンキー的になっているところがあるので心配しています。ほんの一握りであっても、最先端を走る優秀な人材がいなくてはなりません。そうした若者がいないと、マイルドヤンキーも安心してまったりできませんから。

「無業社会」予防が消滅回避の前哨戦

立命館大学大学院先端総合学術研究科特別招聘准教授
西田亮介
Ryosuke Nishida

『地方消滅』（中央公論新社）が描き出した、日本の将来像はあまりに衝撃的であった。むろん、人口減少と少子高齢化は、古くは高度経済成長の時期から指摘されていた主題ではあるものの、改めて、社会、経済的動向を総合的に、そして新書という多くの人が手に取りやすい媒体で提示したことの意味は大きい。実際、社会的にも、そして政治的にも、瞬く間に、センセーショナルに受け止められた。そして、何より「地方消滅」というショッキングな題目が人々の耳目を惹きつけずにはいられなかった。

雇用と就労は地方衰退の結節点

本書は、『地方消滅』に続き、多様な論点を掘り下げるべく編纂されている。本稿では、若者の問題、とくに就労に関する問題を取り上げてみたい。雇用と就労は、地域において、定住と流出、地域経済、人口の増減など地方の衰退に関する複数の問題の結節点になっている。

安定した労働環境は、資本主義社会において、安定した生活基盤構築に不可欠な要素である。ところが、日本では、そもそも雇用や働き方の多様性に関する寛容度が低いことが指摘されている。さらにいえば、働いていない状態、すなわち無業に対して、根強い抵抗感と偏見がある。

これは言い換えれば、無業になると、強烈な偏見と社会的排除にさらされることを意味している。このようなスティグマ性が、雇用と就労に関して、その問題の重要性にもかかわらず、社会全体で対策を講じる機会を阻害してきた。無業の当事者でさえ、社会に訴えるのではなく、自らの努力の欠落を恥じ、一層自らを追い込んでしまいがちである。

バブル経済の崩壊と「失われた20年」を経て、従来からの失業に加えて、この無業の問題に関心が向けられるようになってきた。失業と無業は、似て異なる概念である。前者は求職活動を行っている者――日本において、より具体的にいえば、「ハローワーク」で求人登録を行った者――のみを母数としている。それに対して、無業は、何らかの事情で働けていない者も含めている。

近年、その若年世代の無業者（若年無業者）への関心が集まっている。調査の定義によって、「若年」の幅の取り方が異なってくるが、内閣府の『平成26年版子ども・子育て白書』は、15歳〜34歳の若年無業者数を約60万人、人口に占める割合を2・2％と試算している。ただしここで取り上げる数字は、失業者は含まないものである。そこで失業についても、併せて概観してみることにしよう。

失業者について、総務省の『労働力調査（基本集計）平成26年（2014年）9月分（速報）』は、2014年9月の完全失業者のうち、15歳〜34歳に該当する者の数を約83万人と見積もっている。そこで両者を足し合わせると、143万人という数字を概算することができる。

この数は、定義の曖昧さも影響し、どの程度実態を反映しているかという点に議論の余地も残されているが、おおむねの日本における若年無業者の規模を把握することはできる。そして、特筆すべきは、若年無業者数は、景気変動や人口動態の変容（少子化に伴う若年世代の人口減少）にかかわらず、1995年から微増傾向にあることである。

こうした数字を見ると、特に年長世代ほど、「最近の若い者は働く気もないのか」などと眉をひそめ、彼ら自身の責任を問いたくなるのではないか。いや、有業の若年世代でさえ、「自分は頑張っているのに、批判の目にさらされるのはこうした無業者の存在のせいだ」と思ってしまうのではないか。インターネットやソーシャルメディアには、こうした誤った認識に基づく、自己責任論が満ち満ちている。

筆者らは、若年無業者の実態を把握するべく、就労支援NPOを訪れた若者約2000人の実態調査を行った（西田亮介・工藤啓・NPO法人育て上げネット、2013、『若年無業者白書その実態と社会経済構造分析』バリューブックス）。そこで明らかになった無業になる主たる原因は、「病気や怪我」であった。先の内閣府の調査でも同様の見解が提示されている。加えて、無業者が過去に一度も働いたことがないかのような印象に対して、過去に就労経験を持つ者が多かった。折悪しく、就労環境の劣悪な「ブラック企業」などとの巡り合わせによって、挫折を経験した者もいた。こうした事実はあまり知られていないのではないか。

2000年代以後の、非正規職の増加も無関係ではないだろう。現在では、全労働者の約4割が非正規雇用で雇われるまでになっている。大卒者でさえ、非正規職に就くということが、特別な状況ではなくなりつつある。

若年世代では、その割合が2000年当時と比較しても倍近くにまで増加している。つまり、日本社会では、世代によって、就労を取り巻く現状も、就労観も異なったものになろうとしている。他方で、政策決定は、主に年長者によって行われるから、こうした若年世代の現状は適切に支援施策に反映できているとはいえない。そもそも第2次世界大戦後日本の社会保障システムは、若年世代が弱者になることを想定せずに発展し、そしてすでに少子高齢化によって、新しい領域の開拓に及び腰になっている。

この問題を考える上で、手掛かりとなってくるのが「無業社会」という概念である。筆者らは、「誰もが無業になる可能性を持ち、いったん無業になると抜け出しにくい社会」を「無業社会」と呼び、世代によって就労観が異なり、また誤った認識としての「自己責任」論の拡大によって分断されつつある日本社会に警鐘を鳴らしてきた（工藤啓・西田亮介、2014、『無業社会――働くことができない若者たちの未来』朝日新聞出版）。

さて、それでは、このような日本の無業社会は、地方の問題と、どのように関係しているのだろうか。

すでに『地方消滅』においても論じられているとおり、人口減少の一つの要因として、地域に若年世代にとって魅力的な雇用環境が乏しいことが指摘されている。そのような環境の中で、希望しながらも、労働力として稼働しない若年世代が存在するということは、当事者にとっても、地域社会全体にとっても、望ましい状態とは言えまい。極端な言い方をすれば、「無業社会」の予防は、「地方消滅」を回避するための前哨戦なのである。

就労と雇用対策の最前線は地域社会に移行

もう一つ、政策的な観点では、すでに就労と雇用対策の最前線は、地域社会に移行しているという事情もある。

日本で、若年世代の支援が本格的に始まったのは、第1次安倍内閣においてであったといってもよい。2003年に内閣府、文科省、厚労省、経産省の関連4省庁による「若者自立・挑戦戦略会議」が開催され、2004年に経産省が「ジョブカフェ」を、2006年に厚労省が「地域若者サポートステーション」を設置した。しかし、2007年に、都道府県がジョブカフェ事業を引き継いでいる。相談、就職のコーディネート、プログラムの開発が、省庁、地方自治体、NPOなどの協働のなかで模索されているが、その現場は国政から地域に移行している。

こうした支援の開始から10年が経過して、一部の自治体には先駆的な成功モデルも登場しているものの、全体的には施策の手詰まり感も見えている。特に地域の実情に即したアプローチを実現できているケースは多くはない。

それでは地方消滅と、その前段階でもある「無業社会」を回避するために、どのようなアプローチがありうるのだろうか。（若年）無業の問題解決の鍵として、各地方社会において、「包摂」「連続」「再挑戦」を支援する「寛容な社会モデル」の独自施策の構築を提案したい。

ここでいう包摂とは、困窮者を制度の谷間に落とさないという意味である。本稿冒頭に記したように、無業がスティグマ性を持つ日本社会において、無業者をはじめ困窮状態の人は「発見」が最も難しいとされている。支援機関に自ら、あるいは親族等関係者が訪ねてくるケースは、氷山の一角というのが関係者の間では常識とされている。支援機関自ら、積極的で、効果的なアウトリーチと発見に乗り出すべきだろう。制度の谷間に落ちた困窮者は、より劣悪な雇用環境や、裏社会に吸収される事例も指摘されている。「包摂」の機能不全は看過できない。

次に「連続」とは、年齢など外形的特徴で支援を切断しないという意味と、支援を多様化すべきという二つの意味を重ねている。現在、若年世代の定義自体が年齢で区切られているので、状態が改善していなくても、当該年齢を超えると支援を受けられなくなるという問題がある。これはまったくもってナンセンスというほかない。後者の意味では、現在の就労支援は、非熟練労働の就職を促すものが中心になっている。

だが、非熟練労働の多くは非正規雇用で賄われている。非熟練労働への就職が目的化してしまうと、問題の根本を放置してしまう可能性がある。付加価値の高い労働に必要なスキルや、職場への定着支援なども鑑みられるべきだ。

「再挑戦」とは、抽象的だが、（地域）社会全体が、若者が多様な働き方や就労、場合によっては、企業等も含めて活躍できるような環境を用意するという意味である。現在、働けていない若者たちも、自ら再び踏み出せるようになるなら、それに越したことはない。気の長い、そしてさまざまなステークホルダーを巻き込んだアプローチが必要だろう。

日本社会において、若者はすでに稀少財であり、否が応でも、社会の持続可能性も彼らに依存することになる。

そして地域社会は、いち早くこの問題と向き合い始めている。おそらく単一の具体的なアプローチが約１７００の基礎自治体すべてにおいて、同じように功を奏するとは思えない。各地で、それぞれのニーズに基づいた独自の実践を展開し、その効果と要因を検証しながら共有し、次の実践に活かすことで、「無業社会」、そして「地方消滅」の回避を模索すべきだ。

団塊ジジイの大きなお世話
——恋愛と結婚

評論家
小浜逸郎
Itsuo Kohama

若者の〝恋愛離れ〟は本当か？

最近、大学の同僚で、進路指導が上手なことで人気の高いある教員から、「いまの学生は、男も女も異性にもてたいという気持ちがないんですよ」という話を聞きました。これはあくまでも個人の立場からの観察と印象について語ったものですから、本当にそうかどうか確定はできません。でも長年、若者の心理に現場で接している人の弁ですから、かなり信用がおけます。話半分としても、そういう傾向がある程度みられることは事実なのでしょう。

半世紀以上前、女にもてたくてもてたくて頭をいっぱいにしていたわが薄汚れた青春時代を思い返すと、まさに隔世の感があります。たしかに街に出てみると、中学生から大学生まで、男女混合集団が互いにまったく壁を取り払った友達同士のような接し方、会話のやりとりをしているのによく出くわします。外から見た限りでは、彼らはあまり相手を異性として意識していないようです。かつてのような、汗臭い男文化、ムンムンとした女文化の並立は崩壊してしまったのでしょうか。

でも男女混合集団の場合は適応系の子たちがつくっているので、その裏には膨大な不適応系の「孤独」が渦巻いているとも考えられます。しかしその孤独にしても、異性にもてたくて悶々《もんもん》としているというのとはちょっと違うような気がします。孤独にまったく自足しているとは言いませんが、オタク的な趣味に没頭していたり、自分のコミュニケーション不全をそんなに問題視せずに受け入れてしまっていたり、恋愛につきものの葛藤の面倒くささを回避していたり、軽いメンタル系だという位置づけに自分を同一化させて安心していたりするのでしょう。ですから適応系も不適応系も、異性への性愛的な関心を低下させているという意味では同じなのかもしれません。

性欲の処理の問題はどうしても残るのではないかと考えられますが、それは2次元がかなり解決させてくれるようですし、また実際に性関係を結ぶのに女の子があまり抵抗を示さず、簡単に「デキ」、簡単に「サヨナラ」するということを繰り返しているのではないでしょうか。ちなみに強姦検挙人員の年次推移を見ますと、人口10万人当たり常に8人を超えていたリンピック前後は人口10万人当たり常に8人を超えていましたが、その後激減し最近数年間では1人以下です（注1　http://f.hatena.ne.jp/NORMAN/20090527170039）。

こうして、いまの若者男と若者女の間には「深くて暗い河」はもはや流れていず、浅くて明るい河しかありません。ひょっとしてすでに干潟かも。女の子の男言葉、文化祭でのリーダーシップ、男の子いじめなどは当たり前となりました。また男の子の化粧、すね毛やわき毛剃り、気弱で優しい性格、目立ちたがらない傾向なども顕著です。

このことは同時に異性間の恋愛が成り立ちにくくなったことも意味しています。なぜなら恋心は、単に自然本能によって発生・持続するものではなく、乗り越えがたい壁があるほど盛り上がるものだからです。相手がウンと言ってくれない恋、親の許さぬ恋、身分の異なる恋、不倫の恋、遠距離恋愛などみなそうですね。抵抗を打ち破ろうとする意志と成就へ向かっての自己演出とが恋心を支えます。

こう考えてくると、現代の若者にとって、恋心をかき立てるに足る条件がきわめて乏しくなっていることに気づくと思います。異性に情熱を傾けることは、他のさまざまな面白いアイテムの狭間で、かなり優先順位が低くなっているのではないでしょうか。彼らには、そこに予想される厄介さへの警戒感も考慮されているのでしょうね。少子化問題、起きてきて当然かもしれません。

“恋愛離れ”の原因を探る

少子化問題といえば、いま日本では労働政策のアングルからたいへん重要視されており、政府も長い間かなりの予算をつぎ込んで解決に躍起となっています。ここには同時に高齢化も伴っていますから、たしかに何とかしなければという気持ちは分かります。しかし政府のとっている少子化政策は、果たして的を射たものでしょうか。

この問題を考える前に、ここ90年間の未婚率の推移、および未婚者の間での異性の交際相手のいない割合についての調査結果を見ておきましょう。まず未婚率（注2　http://www2.ttcn.ne.jp/honkawa/1540.html）。

これを見ると、高度成長が完成した1975年以降の上昇カーブがすごく、現在では30～34歳の男性の半分近く、女性でも3割半が未婚であることが分かります。

次に異性の交際相手のいない割合（注3　http://www.ipss.go.jp/ps-doukou/j/doukou14_s/chapter2.html）。この調査では男性の6割、女性の5割が異性の交際相手がいないと答えています。何ともため息の出るようなデータですね。

ところで、最近の未婚率の高さや異性の交際相手がいない人の割合の高さには、これまで述べてきた男文化・女文化の規範の崩壊や個人化傾向の進展のほかに、不況という経済的な要因が大きく絡んでいると私は思います。

例えば、男性正規社員と非正規社員とでは、明らかに後者のほうが未婚率が高く、所得階層別でも、低所得者ほど未婚率が高くなっています。また2008年のリーマンショックをはさんで、2006年から2010年にかけて、交際相手がいない男女が急増しています（注2参照）。やっぱりお金がないともてないだろうし、恋人を探す時間や余裕もできませんよね。

さてそこで政府の少子化対策ですが、これを見ると、まったく見当外れであるばかりか、なかには、少子化問題の解決にとって邪魔にしかならないものも含まれています。

政府の少子化対策のどこがちぐはぐなのか

たとえば2013年6月に決定された「少子化危機突破のための緊急対策（案）」というのがあります（注4　http://www8.cao.go.jp/shoushi/shoushika/meeting/measures/shidai13/pdf/s1.pdf）。

これによりますと、緊急対策の柱を「子育て支援」「働き方改革」「結婚・妊娠・出産支援」の「3本の矢」で推進するとあり（どこかで聞いたようなセリフですね）、そのより詳しい内容を見ると、「待機児童解消加速プラン」とか「多子世帯への支援」とか「企業による『女性登用』の促進」とか「企業における女性のキャリア形成のためのロールモデルの普及」などとなっています。

これは何ら、先に述べたような、若者の結婚難解消を目指したものではなく、一つは、すでに子どものいる家庭へ向けての支援対策であり、もう一つは、既婚女性の労働力をいかに確保するかという労働対策です。

前者は、経済的理由で結婚できない人に比べれば比較的金銭的な余裕のある人への優遇策です。ことに現在、多子世帯（3人以上）というのは、かなり裕福な家庭に限られます。また後者は、女性の社会進出やキャリアウーマンの増加を無条件でよいことと考えるフェミニズム思想と、安い賃金で労働力需要を満たそうとする経営者スピリットとが結託したところに生まれた発想です。これはゆとりと愛情を持って静かな家庭環境のなかで子どもを産み育てたいと願う女性の希望を少しも満たすものではありません。要するに、こんな対策案では、未婚者の結婚へのインセンティブがかき立てられるはずがないのです。

政府の少子化対策についてあと一言。この対策にかかわる２０１４年度の概算要求を見ますと、その実態がいかに真の少子化解決とかけ離れたものであるかが歴然とします（注５　http://www8.cao.go.jp/shoushi/budget/pdf/budget/26point.pdf）。これによりますと、少子化対策に充てられるとする費用は総額約３兆円ですが、その内訳はといえば、児童手当１・４兆円、特別支援教育就学奨励費０・９兆円、待機児童解消等に０・５兆円と、これだけで２・８兆円に達します。これらが少子化の解消に少しも貢献しないことは、理屈の上からも、これまでの経験からも明らかです。すでに育っている子どもを対象にお金をばらまいても、保育所の数や設備を充実させても、結婚していない人が結婚しようなどと決意するわけがありません。政府はこうした巨額のお金を少子化解消のためと称して毎年費やしてきたのですが、論より証拠、少子化にはいっこうに歯止めがかかっていません。

ではどうすればよいのか、政府にできることは何かという話になるのですが、先に述べたように、少子化の原因は、思い切って単純化すれば次の２点にまとめられます。

①　大人になれば誰でも結婚するものという「結婚規範」が解体して個人化が進み、若い男女のミスマッチが多くなった。

②　結婚したくても、経済的に苦しくてできない。

第一の原因は、先進国ではかなり普遍的で、豊かな文明社会の宿命のようなものです。ですからこれを克服することはかなり難しい。国や地方自治体は、せめて民間の結婚相談所などのノウハウを真剣に学び、男女の楽しい出会いの機会を率先してつくり出すような試みに税金を使うべきです（お役所風のダサいイベントなどはダメ）。結婚したいと思っている若者は現在でも９割を超えているのです。

第二の原因に対する対策は明瞭です。日本経済を一刻も早くデフレ不況から脱却させ、雇用の安定と所得の増大を図り、格差を縮小して分厚い中間層を再形成させるのです。安倍政権はそのことにエネルギーを集中させるべきで、その方法も明らかなのに、それに逆行するさらなる消費増税などに踏み込もうとしています。これでは、当分、少子化は解消の糸口さえ見つかりますまい。

団塊ジジイが息子や娘世代の将来を心配して、「大きなお世話」を記してみました。

《初出》ポータルサイトＡＳＲＥＡＤ、２０１４年10月６日　http://asread.info/archives/1140　を一部改編の上掲載。

女性が子どもを産むまでの三つのハードル

少子化ジャーナリスト
白河桃子
Touko Shirakawa

「少子化で人口減少社会なのに、女性活躍を推進していいのか？　女性は家にいて子育てをしてもらうほうがいいのではないか？」――。

少子化問題と女性活躍、政府が進めるのは矛盾する政策なのではないかと多くの方が疑問に思っているだろう。政策を推進している政府の側にも、この論点に対する明確な答えはないのかもしれない。現に、この二つは別々の場で議論され、別々の省庁が統括している。

しかし長年女性たちのライフスタイルを取材し、現在女子大等で多くの若い女性に関わっている私からははっきりと言える。「女性活躍推進と少子化対策は両輪である」と。

それは、女性たちが「今、産みたい」と思ったときに、日本社会にはどんなハードルがあるかと、ミクロな視点から考えてみると明らかになる。

「選択する未来」委員会が「2050年に人口1億人」という目標を掲げた。経済、社会保障などマクロな視点からは当然の結論だと思うが、産むのは女性である。出産適齢期にある年下の友人や教え子たちが「子どもを産みたい」「産もう」という気になるにはどうしたらいいのか？　また、望んでも実現までにはどんなハードルがあるのか？　そう考えると1億人は気の遠くなる数字だ。まずは一つ一つのハードルから考えてみよう。女性個人の立場から。

第一のハードル――妊娠の知識がない

第一のハードルは日本人の「妊孕性《にんよう》」に対する知識の低さである。諸外国に比べ「妊娠の正しい知識」を持つ日本人が少ないという調査結果がある。妊娠の適齢期とはいつ頃なのか、避妊は知っていても妊娠するためにはどうすればいいのか、男性にも不妊がある――。そのような知識が非常に「お粗末」なのだ。これは性教育をおざなりにしてきた教育の敗北だとも言える。大学生に対して「産むと働くの授業」（国立成育医療研究センターの齊藤英和先生とのボランティア出張講座）をやるようになってから驚くような事実にぶつかる。「卵子は毎月一個ずつできる」と信じている女子大生。また女子大生だけでなく、社会人女性も知識のなさは同じだ。「年齢が上がると単に出産が大変になるだけだと思っていた。妊娠しにくくなるとは思わなかった」。私の講演を聞いたことをきっかけに、その翌年妊娠した30代の女性がこう言っていた。一流大学を出て、一流企業に総合職として勤める女性である。

女性ですらこうなのだから、男性はもっと知識がないのが当たり前である。ある団体が「不妊」の講座を夫婦向けに開いているが、「女性の妊娠適齢期」を知り、「自分は彼女の一番貴重な時期を無駄にさせてしまった」という事実に驚き、深い慚愧《ざんき》の念にかられる夫も少なくないという。

学校教育の段階からの専門家による「情報提供」が必要なのは言うまでもない。「少子化大綱の見直しに関わる調査」の有識者委員になったことがあるが、「いくつまでに子どもが欲しい」という明確な意志のある人はちゃんと結婚をしていた。「いい人がいたら」とか「年齢にこだわらない」という程度では、いまどきの結婚は難しいのだとよく分かる。知識を持つことが「意志」を持つ前提となる。

第二のハードル——結婚

第二のハードルは結婚だが、「結婚」がハードルになっているのは先進諸国では日本ぐらいだ。すでに北欧、フランスなどは5割以上が同棲のカップルから産まれている子どもだ。日本の婚外子はわずか2％。日本人女性にとって子どもを持つためには「結婚」というハードルが高い。

日本人がなかなか結婚しない理由は二つ。①恋愛低体温問題②経済的な問題——である。

①は日本の独身者の恋愛状況を見れば明らかだ。女性に拒否権がなかった見合い結婚の時代とは違い、今やほとんどが恋愛結婚である。しかし、日本の独身者は恋愛すらしていない。恋人がいる独身女性は4割、男性は3割である。30歳を過ぎて一度も異性との交際経験がない人が5人に1人以上いる。結婚の入り口である「交際」に至らない男女が多いということだ。これに関して効果的な政策を打つのは非常に難しい。②の経済的な問題は「婚活の限界」を示唆している。要は「養ってほしいと希望する女性の数に対して、養える、または養う気のある男性の数が足りない」という単純な構図である。日本の女性たちは男性に比べると収入が少なく、非正規で働く人が約6割と多い。「出産したら働けないかもしれない。その時期に養ってくれる男

性がいい」と思ってしまう。しかし、1997年からの「男性不況」、男女ともに「雇用の不安定な若年層の急増」により「一家を養える男性」は激減している。

女性たちの「理想の結婚相手の年収」は「600万円から「500万円前後」「安定していれば400万円でも……」と低くはなっているが、現実の方が追いつかない。400万円以上の独身男性も4人に1人しかおらず、600万円以上となれば100人に5人しかいない。

これに関する解決策は既にある。欧米でも同じ現象「中流男性の没落」が起きたが、同時に「女性の社会進出」が進み「共働きで協力して子育て」をしていくのが当たり前となって出生率も回復した。日本は女性の社会進出が遅れ、男性の没落の速度に間に合わなかったのだ。「女性の社会進出」を加速させ、子育て世代の共働き夫婦が働きやすく、家事・育児で協力しやすい体制をつくっていくしかない。

これは女性の「仕事をしたいか、したくないか」という希望とは関係ない。今の「女性活躍推進」は「働きたい女性」が働けることに注力しているようだが、そろそろ「働きたくない女性」にも「男性に養ってもらうのは難しいが、自分が働き続ければ収入を確保できる」ことを確信してもらわないと、結婚できるカップルは減るばかりである。

少なくとも「マタハラ」を厳しく取り締まり、非正規女性にも育休や産休をとって継続就業が可能になる道を開くなど、「出産したら年収が減る」ことを心配する必要がないようにするべきだ。そうすれば「彼氏より年収が高い」と悩んでいる4人に1人の女性たち（雑誌『日経ウーマン』のアンケート）も安心して結婚に至ることができる。

結婚のハードルを越えるには「女性が働き続けることを決意する」こと、または「男性の収入だけに頼ることはできない」という、ある種のあきらめを持つことが重要だ。

第三のハードル――仕事と子育ての両立

第三のハードルは「仕事と子育ての両立」にある。これは女性だけの問題ではなく、環境の問題も大きい。

両立を阻む要因は主に三つ。①父親の家事・子育てへの非協力②長時間労働の働き方③子育ては誰にも迷惑をかけず一人で頑張るもの、という母親の意識――である。

まず、①と②から見ていこう。子育て期の父親は会社にとらわれ、家庭での役割を担えない。女性だけでなく、20代30代の子育て期の男性を含む日本人全体の働き方の見直しが急務だ。また「夫には期待しない」「夫には育休をとってほしくない。出世に響いたら困る」という女性もいる。「子育ては母親中心」という考え方も根強く、男性の1日の家事・育児時間1時間7分は世界最低水準である。

すでに夫一人が一家の大黒柱ではなく、二本柱が不可欠な時代にあっても、意識は「昭和結婚」の時代と変わりがない。そうなると、仕事と育児、家事を抱えた妻はスーパーウーマンにならざるを得ず、そんな姿を見て次世代の女性たちが「私には無理」と思ってしまうという悪循環。

「長時間労働が前提の職場の在り方」は男性のみならず、女性にとっても「就業継続」の足かせとなる。多くの企業が「時短」をとるワーキングマザーの増加に耐えきれず「ワーキングマザーはお荷物」と悲鳴を上げている。しかし、ワーキングマザーとて「仕事が定時で終わる」か「夫が確実に早く家に帰ってくれる」なら時短をやめたいところだ。だが、長時間労働が前提の職場では「時短をやめる＝残業」となる。子どもが保育園で待っているから誰かが迎えに行かなければならない。「9時から5時」で回る職場が増えることは、女性活躍と少子化解消につながる。

③の母親の意識は、見えない足かせとなって女性を結婚や子育てから遠ざけている。出生率と正の相関を見せるのは「女性の活躍」と「男性の家事・育児への参加時間」だが、さらにおもしろいデータがある。「良妻賢母が好きでない国の方が出生率が高い」というものだ（ニッセイ基礎研究所「天野馨南子研究員の眼」2014年11月4日）。

30代のワーキングマザーたちがよく口にするのは「仕事も子育てもちゃんと」という言葉だ。つまり「子育てする母」としても「良き会社員」としても批判されたくないのだ。この思想はワーキングマザーの葛藤と直結している。良妻賢母だけでなく、日本には「勤勉さは美徳」「仕事は喜び」という仕事至上主義の傾向もある。

良き仕事人であり良き母であることに疲弊する上の世代を見て、家庭を選びたい女性は増えるが、彼女たちが「良妻賢母」になるためには「一家を養うのに十分な収入があり、尽くし甲斐があり、『誰が養っていると思っているんだ！』などという暴言を吐かず、常に妻をリスペクトし、絶対に失業せず、サイボーグのように壊れずに働き続ける夫」を手に入れなければいけない。かくも良妻賢母のハードルは高く、ごく一部の幸運な女性しかその座を手に入れることはできない。そして、一人で一家を支えるサイボーグ男性も、不安定な時代では非常につらい立場となる。

高度成長期の家庭モデルは、流動化の激しい時代ではもう機能しない。まずは、仕事をしたくない女性もしたい女性も、子育てしながら収入を得る確信が得られること。次に、共に働き共に子育てを担ってくれる男性の存在。この両方を可能にする働き方の改革が必要だ。「稼げる女性が増えれば子どもも増える」というのが、女性活躍推進と少子化対策が両輪であるべき理由なのである。

東京は若い女性が働きやすい都市ではない

労働経済ジャーナリスト
小林美希
Miki Kobayashi

地元にいても、未来がない

北関東地方の量販店で働く川野洋子さん（仮名、28歳）は、地元を離れ東京に職を求めようかと悩んでいる。

就職活動では苦戦したが、量販店に就職が決まった。月給は手取り14万円。実家から通勤できるから暮らしていけるが、貯金もままならない。ボーナスは夏と冬に月給1カ月分ずつ支給されるが、それも微減傾向だ。店舗は早番、遅番などのシフトがあるが、正社員はシフトに関係なく深夜までサービス残業。同僚は次々と辞めていく。

洋子さんも転職を考えたが、地元では同じような業種や職種しか求人がない。当然、賃金水準はさほど変わらない。正社員は店長を含め3人。10歳上の先輩社員は、役職がついていても洋子さんと2万円しか月給が違わず、パートやアルバイトのシフトを作ったり発注を行ったりと責任は重い。

一方ニュースでは、安倍晋三政権の「女性が活躍する社会」が注目を浴びている。2014年8月の有効求人倍率は東京都の1・62に対して、埼玉県は0・74、栃木県は0・97、茨城県は1・08などと低い。「東京に出るなら今しかないのではないか」。洋子さんは腹をくくった——。

マタハラが横行する職場

だが、洋子さんが出ようとする東京も「出産適齢期」の女性の雇用情勢は依然として厳しいままだ。労働者派遣法の改正で規制が緩和された2000年以降、派遣労働は急拡大。派遣労働者を含む25～34歳の女性の非正規社員比率は、この10年で10ポイント増の4割を占めるまでになった。

約10年前、妊娠した派遣社員が聞いたという言葉が忘れられない。派遣先の上司に妊娠を告げると、その上司は派遣会社の担当者に「不良品はとっとと返却する」と言ったそうだ。彼女は「明日から来なくていい」と言われたが、それでは生活が成り立たないと交渉を重ね、やっとの思いで派遣契約期間の残り2カ月間の出社を認められた。しかし、仕事を続ける前提として妊娠中も月100時間の残業を強いられる。同時期に他の派遣社員の女性も「妊娠解雇」に遭い、交渉して契約打ち切りを免れたが、育児休業復帰後に「最短で切れ」と、1回限りの契約更新でクビを切られた。こうした状況がこの10年変わっていない。

このような「マタニティーハラスメント（マタハラ）」が、ようやく注目され始めた。マタハラとは「働く女性が妊娠、出産を理由に解雇、雇い止めをされることや、職場で受ける精神的、肉体的なハラスメント」と定義されている。セクハラやパワハラと並んで、働く女性を悩ませる三大ハラスメントの一つだ。連合が2013年5月に発表した調査では、自分自身がマタハラの被害を受けた女性は26％もおり、前年、同じ連合が調べたセクハラ被害者の17％を上回った。さらに「周囲でマタハラに遭った人がいた」との回答も23％に及んだ。

「寿退社」は「妊娠解雇」へ

働く女性の6～7割が、第1子の出産を機に無職となっている。この中には「妊娠解雇」などのマタハラが原因の離職も少なくないだろう。妊娠中だからこそ、無事な出産を願い、トラブルやストレスを避けようと泣き寝入りしがちだ。そうしたマタハラ被害者が歴史的にいかに多く埋もれてきたかが、この問題の注目度からうかがえる。

正社員でもマタハラに遭うことは決して少なくない。残業ができて当たり前、過重労働を強いられる、または逆に左遷されるなど、労働基準法や男女雇用機会均等法が定める母性保護規定は守られていないのが現状だ。マタハラが起こる職場では妊婦に理解がないのだから、当然、子育て中の社員にもハラスメントが起こりやすい。正社員でも「両立は無理だろう」とやむなく職場を去る女性が多い。これが非正規社員ともなれば、契約満了ということで〝合法的〟に事実上の解雇をされやすくなる。つわりなどで勤務時間や業務内容に配慮の必要な妊婦であれば、それを疎まれ、あっさりと契約が打ち切られるのだ。

マタハラは、古くて新しい問題だ。雇均法が施行された1980年代とは違い、女性が働きながら妊娠・出産・子育てをすることは決して異例なことではなくなってきた。しかし、かつての「寿退社」が「妊娠解雇」「育児休業切り」などへ形を変えたにすぎない現状がある。

都内の商社で働く派遣社員は、妊娠すると契約が打ち切られる「妊娠解雇」に遭った。女性は「つわりで遅刻や早退が続き、夜遅くまで残業ができなくなったことが解雇の理由ではないか」と感じている。表向きの理由は「スキル不足」と「業務の縮小」だったが、2年以上も同じ派遣先で働いた実績があり、他の派遣社員は契約が更新されたことを見ると、妊娠による解雇だったことは明白だ。

大手金融機関で働く正社員の女性は、人員に余裕がないことを理由に妊娠中も月80～100時間の残業を強いられ、流産しかかった。法で認められているはずの夜間の残業免除や業務負担の軽減などを求めたが、上司は「一人前に仕事ができないなら辞めてくれ」と一蹴。無事な出産のためにストレスを抱えたくないと考えた女性は、やむなく職場を去った。またIT企業の正社員の女性は、妊娠中に「中途半端な状態では大事なプロジェクトを任せられない」と、本人の意に反して降格させられ、賃金もダウンした。

このように、大手企業でさえまるで「無法地帯」という状況では、中小零細企業はなおさら深刻になる。東京都労働局「中小企業の賃金・退職金事情」（2012年版）によれば、賃金表のある企業は52・9％で、賃金表のない企業は45・9％。だが労働組合がある場合は、賃金表のある企業が71％と、労働組合がない企業の50・4％を大きく上回っている。また、定期昇給を実施した企業は53・8％だが、労働組合がある企業とない企業では、実施率がそれぞれ69・5％、51・7％と、18ポイント近い差が出ている。

中小企業と新卒学生をマッチング

一見、都市部には職があるように思えるが、そこで働く女性は妊娠・出産・育児で労働市場から退場させられているのが実情だ。一方で、地方のほうが出産した女性の就業継続率は高い傾向にあり、隠れた優良企業も少なくない。そこにうまくマッチングできれば、若年女性も地方で長く働き続けることができるのではないだろうか。

例えば富山県は、若者（15～34歳）の正社員率が72・9％（全国平均は64・7％）と全国1位を誇っている（総務省「就業構造基本調査」2012年）。大学生の新卒就職率も09年度で94・7％と、リーマン・ショックの時ですら影響知らずという勢いだった。

若者の就職では、大手志向から起こるミスマッチの問題があり、人材を欲する中小企業と出会う機会がないことがネックとなっている。そこで富山県は、若者と中小企業を結ぶ機会をつくろうと、2005年度から大学生を対象にしたUターンセミナー「元気とやま！　就職セミナー」を始めた。毎年、秋には東京や名古屋、大阪などでセミナーを開催し、地元の優良中小企業を紹介している。

こうした取り組みの背景には、県外への人材流出を問題視したことがある。Uターンセミナーの本格実施を前に、富山県はある試算をした。県内の高校生は大学進学などで毎年5000人程度県外に出て行き、3000人は戻って来ない。これを出生から高校卒業までの県の投資に換算すると、1学年当たり約400億円が流出したことになる。

県の将来を考えれば、優良企業とのマッチングやUターンは必至となる。セミナーでは、雇用環境の良さはもちろん、物価や住宅の指標（地価や家賃）、可処分所得の高さ、女性の就業率の高さ、保育環境などの優位さが示される。富山県は、持ち家比率や可処分所得が全国1位、女性の勤続年数が全国3位など、安定した仕事と生活を送ることができる場所だ。筆者は毎年のようにセミナーを取材し学生に話を聞くが、特に女子学生は「一生働き続けたいから富山に帰る」と口をそろえる。男子学生も「将来、結婚したら家族を大事にしたい」とUターンを決める傾向が強い。

「元気とやま！　就職セミナー」の参加人数は年々増加している。2005年度、東京や大阪などで行われた全3回のセミナーに参加した学生は110人に過ぎなかったが、10年度には全8回、740人に増えた。富山県内で行われるセミナーの参加人数は、05年度の396人から09年度は1800人と4倍以上になった。これらの取り組みが奏功し、大卒Uターン就職率は06年3月卒の51・3％から、10年3月卒は55・7％へと上昇。大学卒業時における県外流出数も、06年3月卒の3423人から、10年3月卒は2790人に減っており、就職氷河期のさなかでも効果が大きかった。直近の有効求人倍率を見ても、富山、石川、福井の北陸3県は1・3～1・4倍台と高い（14年8月）。

Uターン就職先の中小企業にも、ワーク・ライフ・バランスが図れるよう、社会保険労務士を派遣して就業規則の作成からアドバイスするなどの行政支援を行う自治体もある。

シングルマザーへの行政の支援

女性の就業継続の問題では、110万人を超えるシングルマザーの存在も忘れてはならない。最近、シングルマザーを対象とした「寡婦（夫）控除」のみなし適用が注目されている。寡婦（夫）控除とは、20歳未満の子がいる一人親家庭に対する支援制度で、死別や離婚の場合には税制上の優遇措置が受けられる。保育料や市営住宅の賃料、福祉関係の制度利用でも一定の控除が受けられるのだが、未婚者の場合は適用の対象にならなかった。しかし、千葉市、川崎市などが未婚者にも「みなし適用」を実施するようになり、シングルマザーが住む場所を選ぶ際の一つの指標になりつつある。シングルマザーが地域で働き住み続けるために、こうした自治体がさらに増えることを願いたい。

「家族規範優先型」から「子ども優先型」へ

詩人・社会学者
水無田気流
Kiriu Minashita

根強い日本の家族規範

戦後日本の流行語は、変化する女性像を映し出してきた。1950年代の「戦後、強くなったのは女と靴下」、70年代の「飛んでる女」、80年代後半バブル期の「タカビー女」など、メディアをにぎわせた言葉は数多い。

言葉だけ見れば、女性はどんどん自由かつ強靭《きょうじん》になっているようだが、一方で旧来の「標準世帯（両親と未婚子から成る家族世帯類型）」に基づく「家族規範」は、女性の生き方を制約し続けてきた。

先進諸国の戦後における家族の「三大変化」は、「晩婚化・非婚化」「離婚率の上昇」「婚外子出生率の上昇」といわれている。だが現在の日本では、前二者は顕著な傾向を見せるが、後者の婚外子出生率は上昇していない。

日本の婚外子出生率は先進国では極めて低水準で、いわゆる「未婚の母」から生まれてくる子ども（婚外子または非嫡出子）の割合は、2%台前半にとどまっている[1]。

スウェーデンのサムボ（同棲、事実婚）法やフランスのPACS（連帯市民協約）のように、婚姻制度ではないがそれに準ずる権利が保障されている国では、「婚外子」といっても両親が生活を共にしている割合が高い。これらの国々の基本理念は、「子ども優先型」という点に集約できる。法律婚カップルの子どももそれ以外もすべて平等に扱うべしとの考えから、法律婚によらないカップルの持続的関係を保障する意図で制度設計がなされているのだ。

一方、法律婚の家族規範が強い日本の「婚外子」は、ほとんど「未婚の母」の子を意味する。

日本の婚外子研究に先鞭《せんべん》をつけた善積京子は、婚外子出生が極度に少ない理由として、次の二つを指摘している。

第一に、「非婚で子どもを産むことは不道徳である」とみなす強固な嫡出制の社会規範のため。第二に、女性が一人で子どもを育てる社会福祉資源が不足しているため[2]。

善積のこの指摘から20年を経て、今なお日本で「超」低水準で推移している婚外子出生率は、「自由」を喧伝《けんでん》されながら実は根強く残る家族規範の表れといえよう。それは、両親そろった法律婚夫婦からしか子どもは産まれてくるべきではないという、強固な文化規範の反映である。

そして、あえていえば、日本の家族政策は、家族の理想像が先立つ「家族規範優先型」社会を前提としてつくられてきた。この規範には、男性の稼ぎ手と専業主婦の女性による性別分業が内包される。「配偶者控除」など、妻に対する優遇策は、その典型例である。

家族関連政策の矛盾

現実の生活の様態に鑑みれば、同じ「被雇用者の妻」でも、育児や介護などケアワークの負担が重い者もいれば、子どもが手を離れ悠々自適の主婦もいるだろう。

さらに、同じ「主婦」でも、夫の収入が多く配偶者控除の範囲で十分生活ができる層と、夫と両輪の家計責任を担うだけ働かねばならない層とでは差が大きい。後者のほうがより家計貢献のため多くの時間を割いているのに、前者の方が優遇されるとあっては、不公平感もあおられよう。

これらの矛盾を解決すべく、D・セインズベリーは、社会福祉制度における従来の「男性稼ぎ手モデル」から「個人モデル」を区別することを主張した。そして、そこからさらに、資格付与の在り方など「ニーズによって」、扶養家族など「妻として」、さらにケアする「母として」等の区別を行った。既婚女性に妻・母の役割がすべて自動的に付加されるとみなす従来の家族規範前提の在り方から、シングルマザーなど、ケア役割があっても扶養されてはいない女性の在り方を包摂する社会福祉制度への道を開き、福祉制度の個人化を提唱したのである[3]。

家族社会学者の落合恵美子は、セインズベリーの理論を分析し、次のように論じた。1970年代から2000年代までにヨーロッパを中心になされた制度改革は「『妻として』の派生的受給権から、就労やケア（育児・介護）という広義の経済活動による社会への貢献や普遍的市民権に基づいた直接的個人的受給権へという、大きな流れの中にある」。制度改革の眼目は、「①育児・介護期間の評価、②非正規雇用者の包摂と低い年金額の是正、③離婚時などの年金分割、④事実婚など多様な家族形態への対応、⑤基礎年金などの普遍的最低保障、⑥性中立的な制度設計、⑦女性の就労率を高める労働政策」の7点である、と[4]。

いずれも個人を社会に包摂する上で必要な論点だが、なぜ日本ではこのような改革が導入されてこなかったのか。

「女性のライフスタイル多様化」の中身

翻って、日本では「家族の個人化」が指摘されて久しい。未婚率の上昇や単身世帯増加は、その端的な例である。

家族の個人化現象は、女性のライフスタイルにどのように影響してきただろうか。よく言われるものに「女性のライフスタイルの多様化」があるが、その中身は2点に集約される。「未婚率の上昇」と「非正規雇用の増加」である。

話題になることの多い「女性の社会進出」は、実質的に中高年既婚女性の非正規雇用者の増加によって押し上げられている。全女性被雇用者に占める非正規雇用割合は6割で、年齢階層は40代半ばをすぎると7割となる。国税庁の「民間給与実態調査」を参照すると、年間を通じて給与所得がある者でも、7割が年収300万円以下の階層となる。

これらは果たして、女性自身が望んだライフスタイルであろうか。現在でも若年未婚女性の9割は結婚を望んでいるが、現実との間には明らかな齟齬《そご》がある。さらに「超」少子化が進む日本では、女性が就労と育児を両立できるよう支援すべしとの掛け声は大きい。だが、第1子出産後の妻の就業状態は、1980年代後半から昨今まで2割強とそれほど変化がない。要するに、日本の家族関連政策は、女性の出産前後の就業継続については、ほぼ無策のまま30年経過してしまったことになる。

日本の女性は経済的・時間的に貧困

日本の家族規範の強固さは、①既婚女性の家事時間の長さ、②育児世代の女性の低収入、③シングルマザーの貧困率の3点にも表れている。これらは、日本の女性たちの経済的・時間的余裕のなさに直結している。

まず、①既婚女性の家事時間の長さについて見てみたい。2011年「社会生活基本調査」（総務省）によると、生活時間は、性別や既婚・未婚の別でまったく異なっている。有業者の「家事」に費やす時間は、週全体で1日当たり平均男性42分、女性3時間35分で、女性は男性の5倍の時間を家事に費やしている。また、女性は既婚か未婚かで家事時間に4時間もの開きがあり、いかに既婚女性が「家庭を守る」ことに時間を費やしているかがよく分かる。

次いで、②育児世代の女性の低収入を見ていく。経済協力開発機構（OECD）報告の「子どもの有無による男女賃金格差」の統計によると、日本は子どものいる男性労働者と同女性労働者の間に61％の開きがある。[5] OECD諸国中で最大の男女格差である。

③シングルマザーの貧困問題も深刻である。日本のシン

グルマザーは8割以上が就労しているが、収入は乏しい。2013年「国民生活基礎調査」（厚生労働省）によれば、「（18歳未満の）子どものいる一般世帯」の平均年収は、総所得が673万円、稼得所得は603万円だが、母子世帯は総所得が243万円、稼得所得は179万円しかない。

子どもの貧困問題に詳しい阿部彩は、厚生労働省報道資料を用いて、ひとり親世帯の貧困率の国際比較を示している(6)。これによると、何と日本の現役世代のひとり親世帯の貧困率は30カ国中最下位の58・7%。相対的貧困率でみれば、日本より深刻なはずのアメリカよりも10%以上も高い。ひとり親世帯の圧倒的多数が母子世帯であることを考えると、この問題は家族規範を外れた女性の受ける有形無形の生きづらさを反映していると言える。

未来のために制度改革を

日本社会の家族規範は根強く、女性の自由は乏しい。最大の乏しさは、「女性の子どもを産む自由」の乏しさではないか。「超」少子化は、その端的な結果である。

現在の日本は、一見あらゆる面で自由競争が標榜《ひょうぼう》され、個人の自由が優先されているかのごとく喧伝されている。だが、こと家族規範に関しては性別分業を前提とした標準世帯が前提され、その中に収まることが困難な者は、子どもが産みづらく、育てづらい。そして、女性の出産・育児と就労との両立は30年ほど改善されていない。それゆえ女性たちは、安定した職に就く男性としか結婚できないと考え、若年男性の未婚率急上昇につながっていく。これでは、男性女性を問わず、幸福な社会状況とは呼べない。

少子化対策は、今なお家族規範優先型の前提に立っている。だが、もはやそれではこの「超」少子化の進行と社会の硬直化、制度疲労の問題は解消することができない。

筆者は「子ども優先型」への制度改革を訴えたい。それは、両親の婚姻関係や所得などにより、子どもたちが被るさまざまな不平等を是正し、どのような環境にあっても幸福な大人へと成長する権利を保障するものであるべきだ。

そして、既存の規範を超えた諸制度の改革を求めたい。何よりも、将来世代の平等と、未来のために。

注

（1）国立社会保障・人口問題研究所「人口統計2014」より「嫡出でない子の出生数および割合　1920～2012」
（2）善積京子（1993）『婚外子の社会学』世界思想社
（3）Diane Sainsbury 2003, "Gender, Equality and Welfare States", Cambridge University Press
（4）落合恵美子（2011）「特集　高齢女性の所得保障　趣旨」『海外社会保障研究』国立社会保障・人口問題研究所、218頁
（5）OECD, 2002 "Closing the Gender Gap: Act Now"
（6）阿部彩（2014）『子どもの貧困Ⅱ――解決策を考える』岩波新書、18頁

子どもの貧困解決とジェンダー平等が優先課題

立教大学
コミュニティ福祉学部教授
湯澤直美
Naomi Yuzawa

少子化のなかで増え続ける貧困層の子ども

少子化が進行し子ども数が減少し続ける日本において、増加している数値がある。

２００９年統計で約３２８万人――。これは、貧困線に満たない暮らしを余儀なくされる子どもの人数だ。政府が相対的貧困率[1]を公表するようになったのは２００９年。その後、過去にさかのぼり公表された数値をみると、１９８５年の子どもの貧困率は10・9％であり、この当時ですでに約9人に1人の子どもが貧困線未満の暮らしだったことが判明した。２００３年13・7％、06年14・2％、09年15・7％と子どもの貧困率は悪化傾向をたどる。12年には16・3％となり、全体の相対的貧困率16・1％より高い数値を記録した（厚生労働省「国民生活基礎調査」）。

今や、約6人に1人の子どもが貧困線未満の暮らしをしていることになる。経済協力開発機構（ＯＥＣＤ）加盟の34カ国データ（２０１０年）から子どもの貧困率をみると、日本は高いほうから9番目に位置し、国際比較からも憂慮すべき現状にあることが分かる。

さらに深刻なのは、日本のひとり親世帯の貧困率がＯＥＣＤ34カ国のうち最も高いという現実である。その内実をみると、「非就労のひとり親世帯」の貧困率は50・4％、「就労するひとり親世帯」では50・9％に上り、日本では就労していても5割を超える高さである。ＯＥＣＤ平均値では、「非就労のひとり親世帯」の貧困率は58・0％とやはり高いが、「就労するひとり親世帯」では平均20・9％となり、37・1ポイントも低減しているのである[2]。

ひとり親の大半を占めるシングルマザーの就労率は、日本では戦後一貫して8割を超えており、先進諸国中で高位に位置する。高就労率で高貧困率という日本の特異なシングルマザーの現実には、女性ワーキングプアの厳しい社会的位置が映し出されている。

生まれてくる子どもの側に立った議論を

子どもの貧困率の悪化は、少子化対策が優先課題として重視される一方で、貧困問題の解決が置き去りにされてきた政策展開の帰結であるといっても過言ではない。

セーフティーネットである日本の生活保護制度は捕捉率の低さが指摘され、政府の試算によっても、最低生活費未満の世帯に対する被保護世帯数の割合は32・1％にとどまっている。子どものいる現役世帯でみると19・2％とさらに低く、8割強の低所得有子世帯が最低生活費未満でありながら生活保護制度につながっていないことになる(3)。

生活保護世帯の子どもの高校就学は教育保障の位置づけというよりは、就労に向けた扶助の一種である生業扶助により対応されている。ましてや大学進学の道は閉ざされたままである。

「子どもをいかに増やすか」という政策論議には、「生まれてくるあらゆる子どもの幸福をいかに増やすか」という視点は欠落してきた。2014年5月に出された日本創成会議・人口減少問題検討分科会による報告書「ストップ少子化・地方元気戦略」においても、希望出生率の実現が提唱され、「20歳代～30歳代前半に結婚・出産・子育てしやすい環境づくり」がうたわれている。

しかし、生まれてくる子どもの側に立ったとき、家族の経済資源にかかわらず、子ども・若者期のウエルビーイング（身体的、精神的、社会的に良好な状態）がいかに保障されるのか、家族状況が子どもの将来にわたるライフチャンスの制約につながらないよう、包括的に政策を議論する必要がある。ましてや、子ども期の貧困状況が教育格差・雇用格差となって若者期の貧困状況を生み出している現代において、20歳代～30歳代前半層には就労以前の生活困難を抱えている人々が存在することを忘れてはならない。

先進諸国における子どもの貧困問題は、政策の最優先課題であると指摘されているなか、日本はいかに政策のかじ取りをするのかが問われている。

結婚制度に内在するジェンダーバイアス

「ストップ少子化戦略」では、希望出生率の実現に向けて「若者・結婚子育て年収500万円モデル（仮称）」の検討が提起されている。「『若年世代』が自らの希望に沿って結婚し、子どもを産み、育てる上で、それを支えるだけの経済的基盤を有していることが必要」として、「非正規雇用など結婚する上で厳しい環境にある若年世代の雇用生活の安定化を中心とした施策を推進する」という。

では、どのようなモデルが想定されているのか。報告書では、非正規雇用の若者が結婚して30歳代後半で年収500万円を安定的に確保する典型的ケースとして、以下の2例を挙げている。

〈ケース1〉主たる家計維持者が、正社員で年収400万円以上。配偶者が必要に応じパート等で年収100万程度。

〈ケース2〉夫婦ともに「多様な正社員」で合計年収が500万円以上。

ケース1は、まさに男性を主たる稼ぎ手として女性を被扶養の位置にとどめる「男性稼ぎ主モデル」を前提とした典型例である。1980年代半ば以降、専業主婦を税制や年金制度で優遇するとして、国民年金の第3号被保険者制度や配偶者特別控除などが創設されたが、これらは女性の就労調整を促すことによって女性個人の経済的自立を阻害する機能となってきた。

ケース2は、夫婦で共働きしているものの、正社員よりも低い待遇のまま不利益が持続する層を多く生み出すことが危惧される。いずれにしても、男女のカップル関係を基礎にして家計を成り立たせるという世帯単位モデルであり、女性の経済的劣位／従属的地位を解消する方向性は皆無である。

そもそも、少子化の解消を目指すのならば、女性の経済的自立の促進こそが前提とされるべきであろう。だが「あなたは結婚相手を決めるとき、次の項目についてどの程度重視しますか」という設問に対し、「収入などの経済力」を「重視する」女性は42・0％であるのに対し、男性はわずか4・0％にすぎない。[4]「考慮する」を合わせると女性は9割を超えるのに対し、男性は38・7％と4割にも至らない。このように、未婚化・晩婚化が進む日本では、結婚制度そのものがジェンダー化している。

女性にとって結婚が生活保障機能であるという現実は、「扶養する者—される者」という関係性のなかで、「支配とコントロール」のなかに置かれるリスクと隣り合わせである。「誰のおかげで食べられていると思っているんだ！」というセリフは、暴力をふるう夫の言動として日本各地で聞かれ、経済的な非対等性が「支配—被支配」の関係に転化する現実をあらわにしている。

さらに、「ストップ少子化戦略」の子育て支援の項目では、「ひとり親家庭への支援」として、「再び結婚し子どもを持つことにチャレンジできるように支援を強化する必要がある」とも明記されている。しかしながら、本来、再婚するかどうかは、個人の選択やライフスタイルの領域に属するものである。ひとり親への支援を強化するならば、結婚チャレンジ支援をうたう前に、児童扶養手当の第2子以降の加算額（5000円）を第1子の支給額と同額にするなど、所得保障機能こそ再考すべきだろう。

生き延びるための戦略

雇用の非正規化、社会保障の抑制、保育・教育等にかかる私費負担の増大など、貧困・低所得層の暮らしが追い込まれていくなか、当事者は「生き延びるための戦略」を模索するしかない状況に追い込まれる。「出稼ぎ」という方法を余儀なくされるシングルマザーも出現している。

ある新聞では、20歳で離婚した女性が、23歳からひと月の半分は地方の風俗店に出稼ぎに出て、午後3時から午前3時まで働く現実が報道されている。24時間保育所に子どもを託しつつ、出稼ぎ中も子どもが気が気でなく、貯金ができたら30歳までに辞めたいという(5)。ネット上でも、離婚後に実家に戻ったものの仕事がないという投稿が散見され、なかには「出稼ぎで5年目になります。実家の親に子どもを預けて水商売をしながら仕送りをしていました」という投稿もみられる。一方、「母子家庭の出稼ぎでアルバイトするなら高収入な副業を選びましょう！　ボタン操作ができれば、それだけで普段以上の収入が稼げるようになります」「シングルマザーのキャスト様ファイト！　24時間年中無休で対応いたしております」など、女性の貧困化の露呈という時代の変化を先読みし、困窮する女性たちを吸引する媒体もネット上にはあふれている。社会のセーフティーネットのほころびを埋める性風俗産業という広大な網も、人口移動を前提に根を張っているのである。

格差・貧困の拡大は、経済の低迷だけが要因とはいえない。雇用政策の影響に加え、所得の再分配機能の逆進性や脆弱《ぜいじゃく》性も指摘されている。男性稼ぎ主モデルから脱却し、女性の経済的劣位／従属をいかに解消できるか。ジェンダー平等の達成と子どもの権利保障を車の両輪として政策を編み直すことは、人口減少社会の優先課題である。

注

（1）相対的貧困率は、世帯全員の等価世帯所得（税金や社会保険料を差し引き、手当等の所得保障を加えた所得を、世帯人数で調整したもの）が、貧困線未満である世帯に属する人の割合を示したもの。国民生活基礎調査では、等価世帯所得（個人単位）の50％ラインを貧困線として設定している。

（2）「OECD Family Database」（OECD 2014）を参照。

（3）「生活保護基準未満の低所得世帯数の推計について」（厚生労働省、2010年）を参照。

（4）「出生動向基本調査――結婚と出産に関する全国調査」（2010年）の独身者調査（国立社会保障・人口問題研究所）を参照。

（5）『朝日新聞』2014年7月25日「夜に働く　24時間託児所編（上）一人で育てる、私が稼ぐ」を参照。

学校統廃合は限界 教育の場をどう配置するか

文教大学教育学部教授
葉養正明
Masaaki Hayo

まちから子どもが消える

合計特殊出生率の低下が長期的に続き、総人口の減少も始まった。「人口減少社会」「縮小社会」などの言葉がちまたにあふれ始めている。

ひと昔前までは、「人口減」といえば片田舎の話、と思われてきた。しかし、大都市でさえ近くの学校の統廃合問題が話題になることが珍しくもなくなって、「人口減」というのは、どうも「対岸の火事」ではないらしい、と誰もがうすうす感じ始めている。

にもかかわらず、東京の繁華街には人があふれ、東京近郊を歩くと、保育所も幼稚園も小中学校も、喜々とした子どもであふれている。そこに住む人々には、少子化、人口減というのは、過疎地や離島、郡部の話で、例外的な話だと思われたとしても、無理からぬところがある。

確かに、過疎地や離島などの含まれる郡部は、今でもすでに状況は深刻である。では、都市部については、40～50年後も心配することはない、ということか。そこで、まず、国立社会保障・人口問題研究所の人口推計を基礎に、２０３０年、２０５０年の小中学校の児童・生徒数の推移を計算してみた。

左ページの図１・２は、その計算を基にした児童生徒数の年次推移の予測である。グラフは、1校当たりの児童生徒数の規模がどう推移するかを示している。なお、２０３０年、２０５０年の市区町村別平均学校規模を算出する際の学校数は、２０１１年の学校数を用い、学校規模は児童生徒数でレベル分けしている。

その結果、分かるのは、全国の大半の市区町村で児童生徒数が激減するという事実である。推移は、小中学校数を２０１１年の数に固定した場合の、1校当たりの平均児童生徒数のレベルであるが、総児童生徒数の減少が各市区町村を直撃する恐れがあることを明瞭に示している。

半面、東京圏や大阪圏、名古屋圏は、2050年でも児童数レベルが比較的高い水準で維持される。では、やはり人口減少問題は、東京や大阪、名古屋では「対岸の火事」なのか、とも思われる。

実は、東京や大阪、名古屋でも決して楽観視できないのだが、それは後に触れるとして、次にはまず、これまでの多くの自治体の戦略であった学校統廃合の限界、それに立ち向かうための代替案について考えることにしよう。

適正規模と通学距離・時間の衝突

ここ数十年、わが国の市区町村では、小規模校の増加を学校統廃合戦略で乗り切ってきた。その際の懸案は、学校の適正規模と通学距離・時間の限度との衝突をどう解消するかに置かれてきた。

義務教育段階を取り上げてみると、学校規模の標準（学校教育法施行規則第41条による12～18学級の規定）が定められる一方で、通学距離の上限についての規定（義務教育諸学校等の施設費の国庫負担等に関する法律施行令第4条により「小学校にあってはおおむね4キロメートル以内、中学校にあってはおおむね6キロメートル以内」）も設けられているからである。しかし、地域によってはすでに適正規模と通学距離・

図1　小学校の市区町村別児童数レベルの年次推移の予測

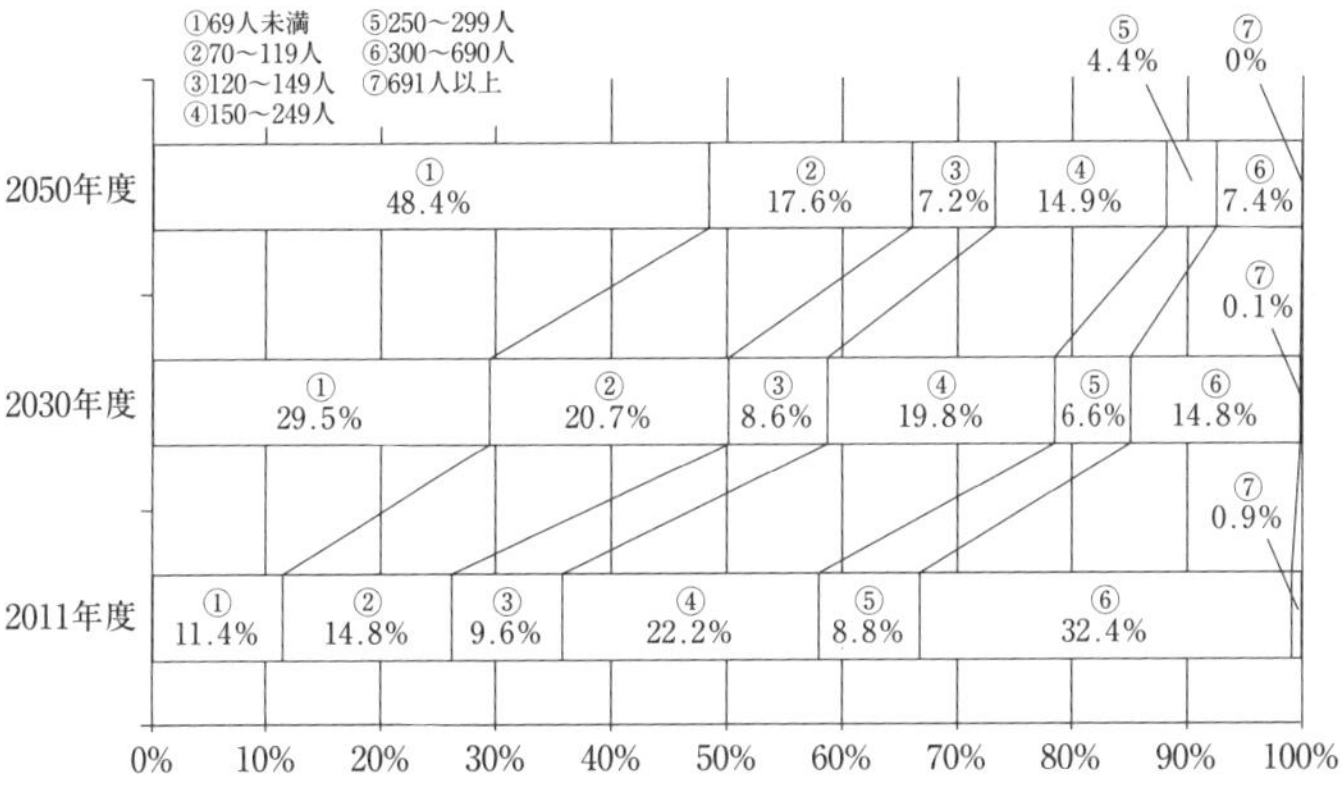

図2　中学校の市区町村別生徒数レベルの年次推移の予測

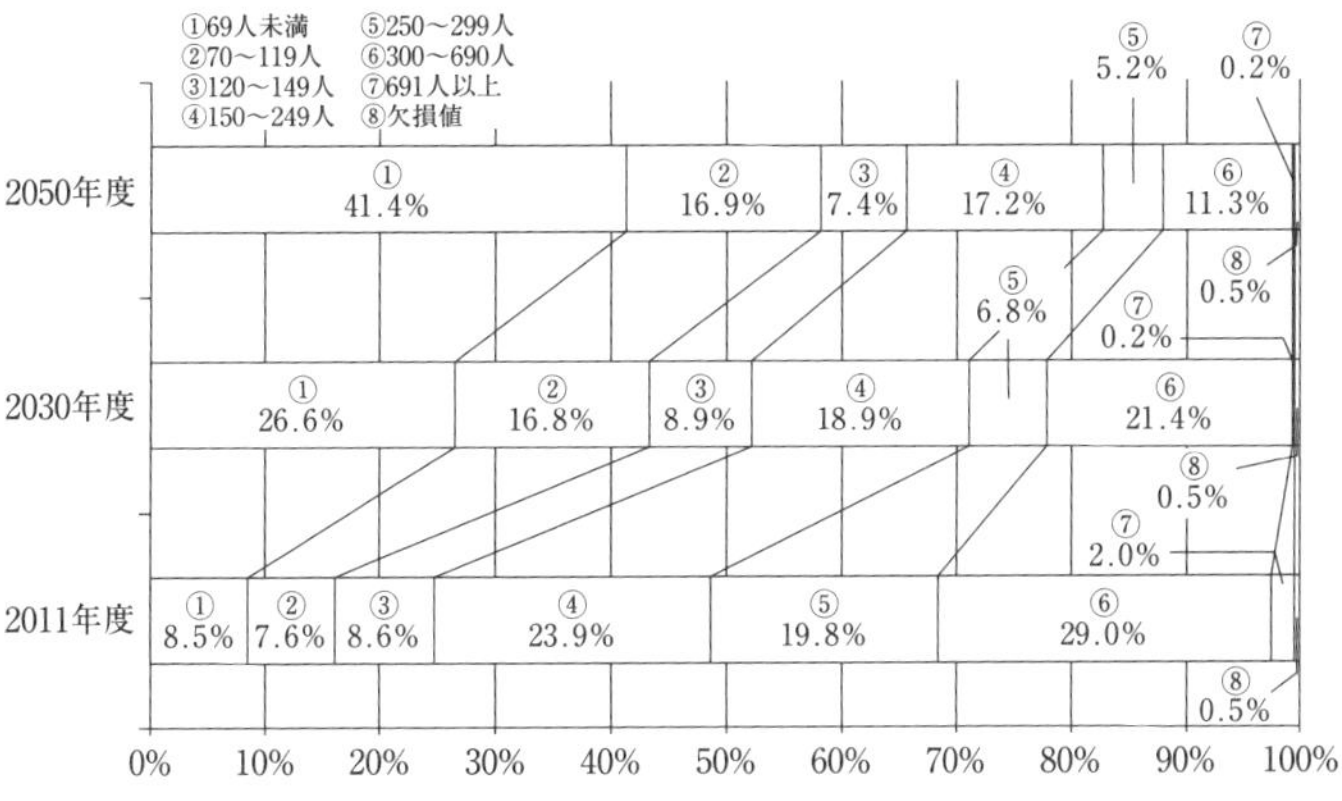

時間との衝突解消が困難な場合が出現していることは、学校規模と通学距離との散布図（図３）を作成するとよく理解できる。

散布図は、２００９年のデータを基礎にしているが、２０３０年、２０５０年には状況はさらに悪化することが予測される。では、人口の急減がまもなく訪れるなかで、学校規模の果てしない縮小をどのような方策で乗り切ったらよいのだろうか。

まず、筆者が考えている課題を提示することにしよう。

① 圏域的計画論に依拠した学校配置計画の見直し

圏域的計画論というのは、ペリーの「近隣住区論」のように、住民の生活圏域を比較的に狭域的にとらえ、その中心部に小学校を配置しようとするが、住民人口の激減、子ども数の厳しい落ち込みの中で代替案が必要になっている。住民の生活圏域をくくろうとしても、人口が広域に点在する状況が発生しているからである。

圏域的計画論維持の発想では、ネットワーク型学校システム構築を模索するのは、代替案の一つになる。例えば、図４のようなイメージで考える方式である。

なお、フルスペック・スクール（拠点校）については、12～18学級程度の小中学校を想定し、通常の学校が整備するあらゆる機能を擁する学校をイメージしている。そのつくり方については、小中一貫校や児童福祉、社会福祉との複合やコミュニティー施設、社会教育・体育施設等との複合施設化等、さまざまに考えることができる。

また、パーシャル・スクール（集落対応型小規模学習拠点）についても、季節分校方式で一定の時期にはパーシャル・スクールに通うことを想定する場合、１年中分校として機能する場合、１週間のある曜日等をパーシャル・スクールで過ごす場合等、さまざまに考えられる。施設の設置の仕方も、公民館等への複合施設化も考えられる。

ネットワークの形成は、スクールバス、スクールタクシー、スクールボート、路線バス、自転車利用等のほか、ＩＣＴ活用も重要な手立てであろう。

② 情報ネット

図３　小学校密度と規模の度数分布表

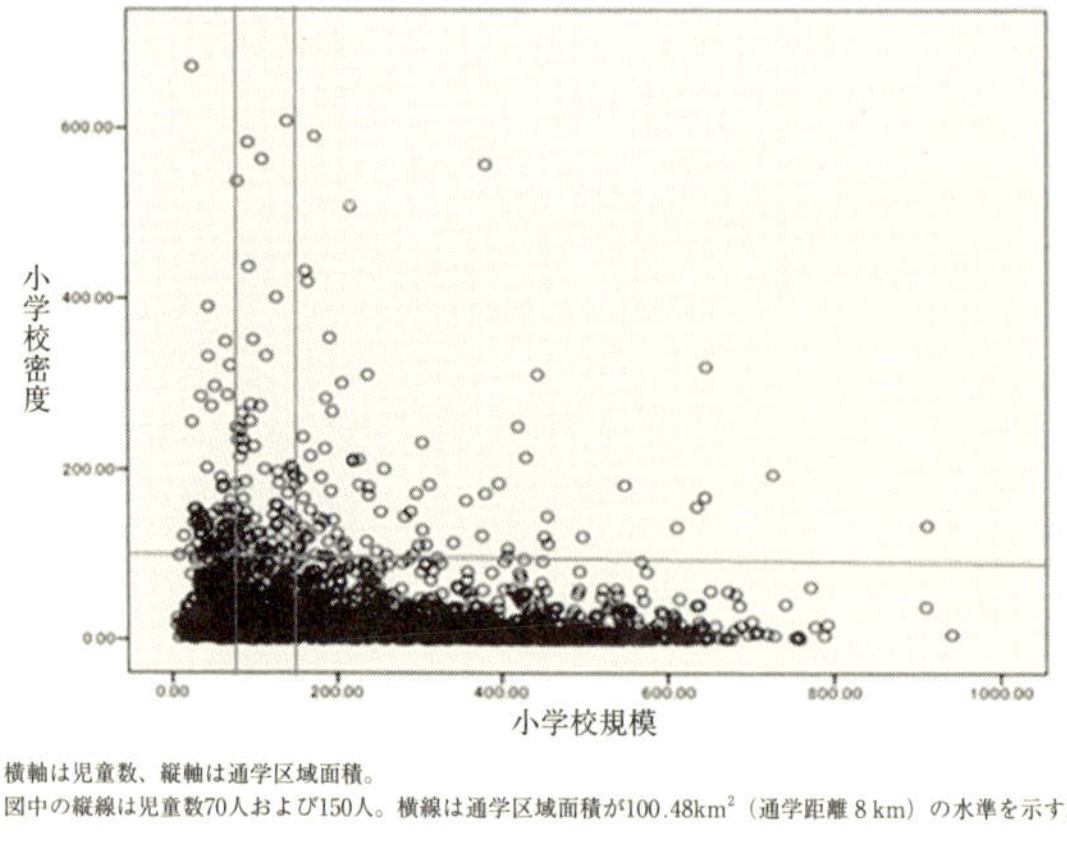

横軸は児童数、縦軸は通学区域面積。
図中の縦線は児童数70人および150人。横線は通学区域面積が100.48km²（通学距離８km）の水準を示す。

ワーク活用とバーチャル・スクールの創造

③　村落計画や都市計画等とリンクした教育システムの構築

産業基盤の構築や住環境の整備の仕方と絡ませた子育て・教育システムの構築策であり、もっとも本格的なビジョンづくりということになる。

図４　フルスペック・スクールとパーシャル・スクールによる学びネットワーク

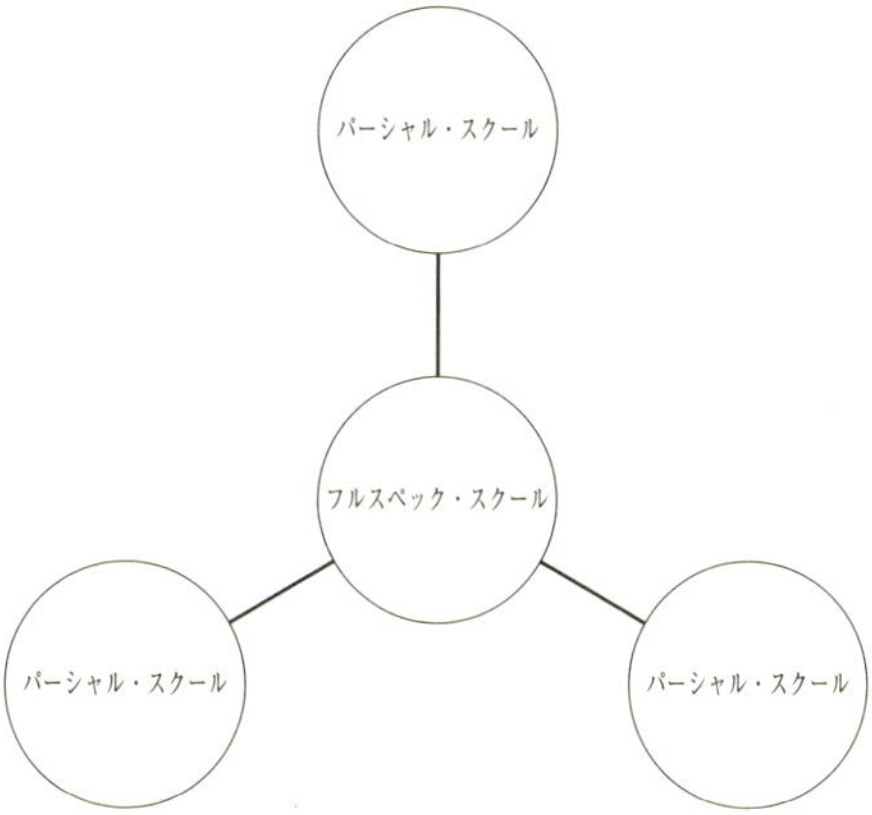

④　分散型国土像を描き、それを実質化するための産業拠点の形成や地域開発の促進

ガバナンスと教育内容の基準の在り方

これまでの考察は、人口減少社会での学校の持続、置き場所に力点を置いてきた。以上の考察を具体化に向けるには、さらに、いくつかの課題解決が必要となる。端的に表現すれば、「教育」の形態の手直しを「学習」の形態の手直しへとどう転換するか、という課題である。

紙幅がつきたので、以下には課題列挙にとどめる。

①　学校設置区域の見直し（市町村が小中学校を設置する、という規定の見直しも含む）

②　学校管理運営の広域化（都道府県の教育事務所の機能を活用する体制整備も考えられる）

以上のガバナンス問題に加え、教育内容の国家基準性の緩和（地域裁量の拡大）などもありうるが、人口減少社会は、生産年齢人口の激減の社会でもあり、日本人の学力保証には細心の注意が必要になる。もっとも、学力像の転換も重要問題であり、経済協力開発機構（ＯＥＣＤ）のキーコンピテンシーなど国際学力像の取り込み、道州制の今後の審議動向なども絡め、教育内容の基準の在り方も検討課題の一つとなる。

最後に付言したいのは、人口急減社会は東京圏や大阪圏、名古屋圏と地方との対抗関係を惹起するということである。教育事業は国家予算の配分問題を含んでいる。補助金や地方交付税制度など、大都市と地方の税配分などを含め、地方の疲弊、立て直し、再生問題は大都市の学校再編、学校統廃合問題と密接不離の関係にある。

大都市と地方とは一蓮托生である。

9 人制サッカーの戦略 少人数でプレーする

東洋大学経済学部教授
根本祐二
Yuji Nemoto

地方の自由と責任

地方創生を機に「地方」に再び光が当てられようとしている。筆者は前職（日本政策投資銀行）以来、何度か、地方・地域という名を冠した大きな政策転換を経験した。

バブル全盛期の１９８８、89年には、ふるさと創生事業として全国の自治体にそれぞれ1億円が交付された。資金の使途は自由とされ、公共施設建設、イベント開催など多様に用いられた。ばらまき批判も多いが、成功、失敗の責任を自治体自身が負うとした発想は斬新であった。

バブル経済崩壊後、１９９０年代中〜後半の景気対策は地方圏の雇用を支えることが目的であり、何に使うかは自治体が自由に選択できた。この時期には、既に、道路、橋、学校、公営住宅などの整備はほぼ完了していたため、新たに文化施設や多目的ホールの建設を進めた自治体は少なくなかった。実需の裏付けのないまま、景気対策の名のもとに整備された施設は低稼働となり、維持管理すら不十分のまま次第に老朽化している。

２００3年の地域再生法は、小泉純一郎首相の構造改革路線に沿ったものだった。公共事業依存から規制緩和やソフト助成に軸足が移り、自治体がその中から自由に選べるようにした。都市再生、中心市街地活性化、特区などの政策もこの時期に開始された。現在、評価の高い多くの事例は、これらの政策に位置付けられたものである。

以上の政策は、「地域の実情に合わせる」「自由」をキーワードに展開され、その要素を次第に強めてきたと言ってよいだろう。

こうした文脈から見ると、今回の地方創生はさらに自由度を高める方向になろう。もちろん、自分たちの地域を自由にデザインした上で、必要なメニューを選べるようにすることには異論はない。しかし、地方の自由を前提にした上でも、国として行うべきこと、行ってはならないことも存在している。本稿は、地方創生における国の役割を論じたものである。

人口減少期の戦略

国として行うべきことは、人口減少期の戦略を明確に打ち出すことである。

わが国は、すでに人口減少時代に入っている。このまま政策的な努力をしなければ、2060年時点で1億人を大きく割り込み8000万人台に突入するというのが従前の予測であった。これに対して、政府は、現在1・4を割り込んでいる合計特殊出生率を2・07に回復させることなどを通じて、2060年時点でも1億545万人を維持するとともに、2110年代でも9661万人の人口を維持するとの目標を打ち出している。かなり高いハードルであるとの指摘もあるが、女性が子どもを産み育てやすい環境の整備だけでなく、移民の導入も含めて国民的合意を取るべく努力することが悪かろうはずはない。

しかし、1億人の将来予測が抱えている問題は、実現可能性ではなく、たとえそれが実現したとしても、現在の人口（2013年1億2730万人）から2割近く減少することである。

「2割の人口減少」とは尋常ではない。たとえば、11人で行うサッカーで2人の退場者を出して9人で行うのと同じことである。もともと、日本は人口集中地区に67％の人口が集中している。人口集中地区の人口密度を今後も維持するなら、人口集中地区以外の人口は現在の46％に低下する。地方というサッカーチームは5人でプレーしなくてはならなくなる。少ない人数でいかにゲームプランを練るかは、監督である国の仕事である。

こういう状況で、「すべての地区に人を住まわせ、それを支えるためのインフラを整備せよ」というのは、「コートいっぱい走り回れ」と叫ぶだけの無責任なファンと同じである。

まずは、国の戦略が示されるべきである。

それは、コンパクトシティーしかないだろう。

コンパクトシティーとは、すでに集積のある地区を拠点として選び、そこに集中投資するとともに、住民は拠点地区に移住してもらう方法だ。農林水産業の維持およびそれを通じた国土保全、環境保全は、拠点地区からの通勤によって賄うことになる。

すでに、総務省の「地方中枢拠点都市」構想、国土交通省の「国土のグランドデザイン2050」、改正都市再生特別措置法の「多極ネットワーク型コンパクトシティ」では、「コンパクト化」の方向性と政策が打ち出されている。今後は、これらの政策を着実に具体化していけばよい。

新規投資は支援しない

一方、国として行うべきでないこととは、新規の公共投資を支援することだ。

公共サービスを公共投資で提供する従来型の方法では、人口が減少すると維持管理費、修繕費、更新費などの固定費の1人当たり負担は逆に大きくなる。現在の技術で整備した公共施設や土木インフラは標準的に80年は使用できる。一方、前述の政策的な努力がない場合の80年後の人口は現在の半分になる。将来市場が半減する予測のもとで、現時点の市場規模に合わせた投資を行う民間企業はない。

日本の公共投資は1970年前後の高度成長期に集中して行われた（第1のピラミッド）。これらの公共施設やインフラが今後一斉に老朽化して更新する必要が生じる（第2のピラミッド）。第2のピラミッドを作りたくても、予算は近年大幅に削減されてきたため余裕がない。筆者の試算では、現在ある公共施設やインフラを現在の規模のまま単純に作り替えようとすると年間8・1兆円の予算が必要となる。これは名目GDPの公的資本形成の4割に相当する巨大な金額である。

こうした予算不足が見込まれている状態では、まず、積極的な統廃合や複合化、既存インフラの維持補修などにしっかりと予算を振り向ける方針を国が明示するべきだろう。近年、各省の予算では従来軽視されてきた維持補修にも十分に使えるようになり、統廃合もタブー視されなくなっている。しかし一方では、新規の投資にも使えるようになっている。新規投資にも予算がつくなら、新規投資をしたくなる政治家は多い。今あるもの（かつ、今後もしっかりと維持するもの）を優先させ、新規は後回しにする。言い換えれば、新規投資をしたければ同等以上の節約や財源確保が必要という明確なメッセージが必要だ。

総合管理計画が絶好の機会

前述の見通しを立てる上では、2014年度よりすべての自治体に策定が求められることになった公共施設等総合管理計画（総合管理計画）が絶好の機会となる。この計画は、2013年11月に政府として策定したインフラ長寿命化基本計画の地方版の行動計画に位置付けられる。①10年以上の長期計画とすること②公共施設だけでなく土木インフラもすべて含むこと③更新、統廃合、長寿命化を含む基本的な方針を定めること——が要件となっている。

標準モデルの要約

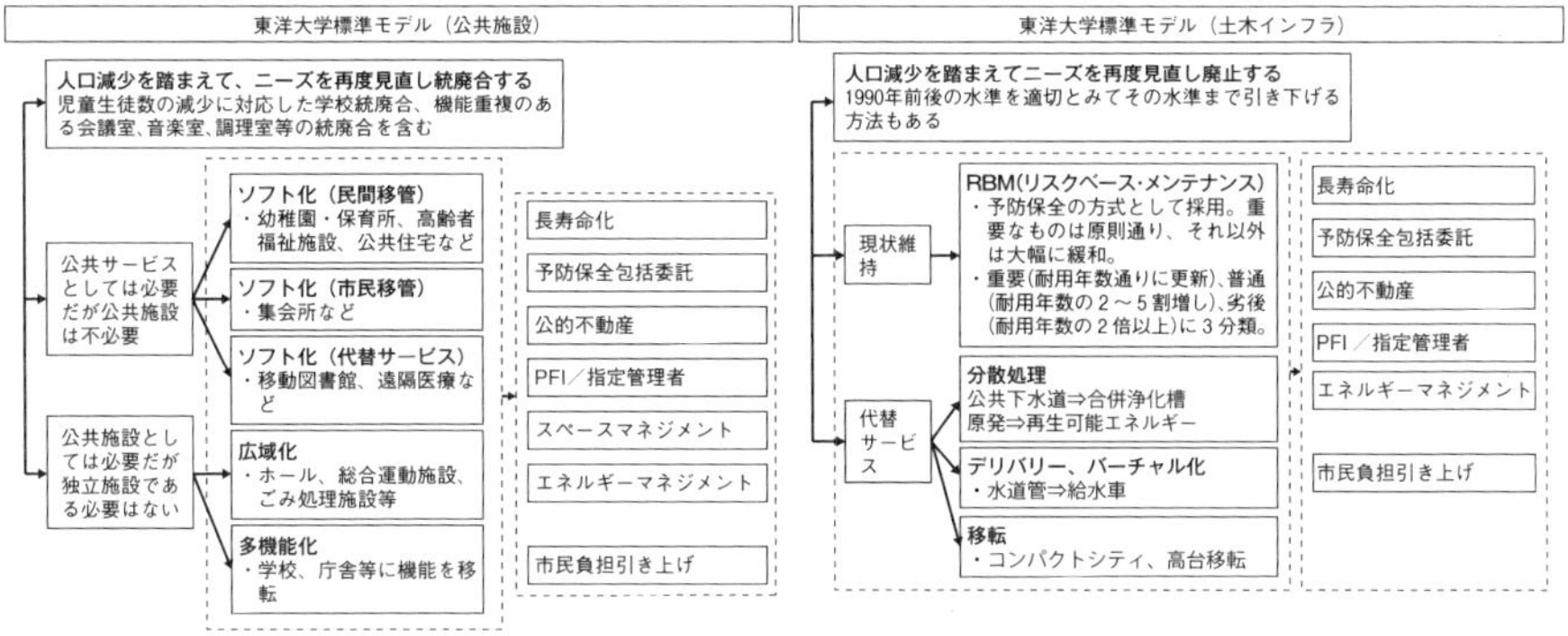

詳細は、http://www.pppschool.jp 参照。

維持したい公共施設やインフラを単純に並べるだけでは予算不足が生じる。予算不足を解消できる方法の組み合わせを考えることが前述の見通しを立てることになる。今までも老朽化の指摘はされていたが、火中の栗を拾いたくないという意識が問題の解決を阻んできた。今回、総合管理計画という国の大きな方針転換のおかげで、先送りは許されなくなった。仮に、総合管理計画を着実に実行せずに老朽化した公共施設やインフラが崩壊して事故が起きた場合、未然に防げる事故を防げなかった罪は厳しく問われるだろう。総合管理計画は、見て見ぬふりをしない、させないという国の強い意志を表している。

東洋大学では２０１３年度に開設したシティマネジメントコース（大学院）の教員・院生を中心にして、総合管理計画を策定する際の参考として標準モデルを公開した。あくまでも総合管理計画に対する処方箋集であるが、われわれ市民は公共サービスをどのように確保すべきか、という大きなテーマに関するモデルになっていると考えている。

こうしたモデルを参考にして、各自治体が人口減少時代の新しいモデルを構築していくことを心から期待したい。

困っている人を困っていない人が助ける

一橋大学教授
小塩隆士
Takashi Oshio

限られた選択肢

社会保障は、老後になって十分に働けなくなるリスク、病気になったり、要介護状態になったりするリスクに、社会全体で備える仕組みである。しかし、そうしたリスクは高齢になってから集中的に現実のものとなるから、社会保障は若年層が高齢層を扶養するという構造を持つことになる。このような、いわば世代間扶養の仕組みとしての社会保障は、人口が順調に増加し、人口の年齢構成が安定したピラミッド型になっていればとてもうまく機能し、私たちの幸せに資することができる。

ところが、人口が減少に転じると、社会保障を維持することが難しくなる。人口規模が全体として縮小するだけならともかく、若年層と高齢層のバランスが崩れると、社会保障の財政基盤が根底から揺らいでしまうからである。扶養される層が増え、扶養する層が減るのだから、今までの制度でよいはずがないことは直感的にも理解できる。

それでは、どうすればよいか。社会保障の専門家や経済学者からは、さまざまな改革案が示されているが、実は、選択肢はそれほど多くない。制度を持続可能にするためには、四つの政策、すなわち、①高齢層向けの給付を減らす②若年層の負担を引き上げる③社会保障給付の受給者を減らす④経済全体の生産性を高める――しかない。

このように説明すると、読者は、少子化対策も重要ではないかと思うかもしれない。子どもの数が順調に増加していけば、社会保障が抱える問題はほとんど解決できるからである。筆者も、この考え方にまったく同意する。しかし、社会保障改革の一環として少子化対策を位置づけることにはあまり賛成しない。政策効果がきわめて不透明であるほか、効果が発揮されるのがかなり先になるからである。

少子化対策が奏功しても、「団塊の世代」などがすでに仲間入りしている高齢層の社会保障給付の財源確保にはあまり貢献しない。さらに、少子化対策の効果に過度に期待すると、現行制度の見直しにブレーキが掛かるという危険性もある。

したがって、右に掲げた四つの対応策が社会保障改革の中心にならざるを得ない。そのうち、④「経済全体の生産性を高める」政策は、社会保障改革そのものではないが、現役の若年層が減少する分だけ社会の生産性が高まれば、それだけ社会保障を維持しやすい。

実際、ＯＥＣＤ（経済開発協力機構）に加盟する先進国の中でも、日本は公教育にかけるお金が最も少ない。経済全体の生産性を高めるためには、教育を通じて人的資本の蓄積を加速させる必要があるだろう。しかし、社会保障の持続可能性を高めるためには、経済の生産性向上だけでは不十分であり、社会保障そのものの見直しが不可欠である。しかし、そのために必要な①～③の改革は円滑に進むのだろうか。

「シルバー民主主義」の問題点

まず、①「高齢層向けの給付を減らす」政策について考えると、年金、医療、介護などの給付削減を喜んで受け入れる高齢者はまずいないだろう。いくら制度を持続可能にするためだという説明を聞いても、当てにしていた給付を削られるのは政府の約束違反だと思えてくる。実際、公的年金については、若い人の体力に合わせて給付を自動的に調整していく「マクロ経済スライド」という仕組みが２００４年に導入されたところである。ところが、この仕組みはこれまで一度も発動されず、現役層の賃金に対する年金額の比率は、政府の想定を大幅に上回るまでに至っている。

政治的にも、高齢層に給付の削減や負担の増加を求める政策は、高齢層の反発を恐れてなかなか表に出てこない。人口減少は高齢層の政治的なパワーを強め、社会保障改革にブレーキを掛ける効果すら持っているのである。これがいわゆる「シルバー民主主義」である。民主主義は、人口減少を想定していない意思決定の仕組みとさえ言える。

次に、③「社会保障給付の受給者を減らす」政策はどうか。この代表的な例が、公的年金の支給開始年齢の引き上げである。現行制度では、厚生年金の支給開始年齢は徐々に引き上げられ、２０２５年には65歳になる（女性は5年遅れ）。それと連動して、定年延長や高齢者の雇用継続が進められている。

ところが、支給開始年齢を65歳より後にずらすという対応は先送りされている。日本より高齢化のペースが遅く、平均寿命も短いほかの先進国では、支給開始年齢を65歳以上に伸ばしているところが少なくない。それを考えると、日本の対応は遅すぎる。

実は、日本でも民主党政権時代に政府が支給開始年齢の引き上げ案を国民に提示したことがある。しかし、国民の反発が強く、現在でも政府自らが封印している状態になっている。また、いわゆる「団塊の世代」が年金を受給し始めており、支給開始年齢を引き上げても効果は限定的だという指摘もある。支給開始年齢の引き上げという形で社会保障給付の受給者を減らすためには、政府は時機を逸してしまったと言うしかない。

将来に残す富に手をつける

それでは、残された②「若年層の負担を引き上げる」はどうであろうか。社会保険料はこれまで徐々に引き上げられ、消費税率も5％から10％に引き上げられていく。しかし、社会保険料や税を合わせた国民負担のGDP（国内総生産）や国民所得に対する比率は、この20年間ほどにおいてほとんど上昇していない。その一方で、高齢層向けの社会保障給付は拡大を続けているわけだから、どうしても帳尻が合わなくなる。

その帳尻合わせを、私たちは赤字国債の発行という形で行ってきた。民間と政府の貯蓄を合わせたものを国民貯蓄という。このうち、政府の貯蓄とは、税や社会保険料などの歳出から、社会保障など経常的な歳出を差し引いたものである。この政府貯蓄は通常赤字であり、それを穴埋めするために赤字国債が発行される。国民貯蓄は、民間貯蓄からこの赤字国債を差し引いたものである。

したがって、この国民貯蓄は、その年において私たちが次の世代にどれだけの富を残したかを示している。日本では、民間貯蓄はまだ高いが、赤字国債が拡大し、政府貯蓄の赤字幅が大幅に増加している。そのため、この国民貯蓄は1990年ごろから減少を始め、現在ではほぼゼロになっている。

富を生産する若年層が減少し、彼らが働いて得た富を消費する高齢層が増加するわけだから、国民貯蓄が減少するのは当然のことである。これは、経済学というより生物学の話である。そして、このままの状態が続くと、生産と消費のバランスがさらに崩れ、国民貯蓄はマイナスになる。つまり、私たちは、次の世代に残す富に手を付け始めようとしているのである。

将来世代を損なう現行社会保障制度

社会保障という制度は、私たちの生活の安定に大きく寄与するので、できるだけ持続させていく必要がある。しかし、若年層が高齢層を扶養するという構造をとるので、人口減少社会では維持が難しい。にもかかわらず、年金・介護・医療といった給付を維持し、税や社会保険料という形の負担を引き上げないとすれば、次の世代に残す富に手を付けざるを得なくなる。

読者は、社会保障に関する世代間格差の議論を耳にしたことがあるだろう。その典型的な例が、年金の損得勘定論である。高齢者は支払った保険料以上に年金を受け取っているのに、若者はその逆で、年金制度に加入するとむしろ不利になる、という話である。この年金の損得勘定は数字としてまったく正しい。しかし、現在の高齢層は日本の経済発展に貢献し、若年層はその恩恵を受けているという反論にも一理ある。

筆者は、現時点に生存している高齢層と若年層の間の世代間格差は、それほど重要ではないと考えている。現在の高齢層と若年層を合わせた現在世代と、将来世代との間の利害対立のほうがはるかに重要である。そして、前述の国民貯蓄の動向からも示唆されるように、現在の社会保障制度は、将来世代の利益を損なうことを前提として成立している。

もちろん、「将来世代に迷惑をかけても構わない。自分たちの幸せこそが優先される」と思うのであれば、社会保障改革を進める必要ははじめからない。しかし、そう思わないのであれば、改革は直ちに進める必要がある。

筆者は、後者のスタンスをとる。そして、そのスタンスに立った場合、「困ってない人が困っている人を助ける」という単純素朴な方針で、改革に臨む必要があると考える。国民貯蓄の状況から判断する限り、「困っていない人」を助ける余裕は現行制度にはすでになくなっていると考えてよいからである。

その一方で、「困っている人」は本当に困っている。こうした状況は、現行制度が65歳や75歳といった年齢を基準にして出来上がっているためである。そのため、年間１００兆円を超える社会保障給付が行われているにもかかわらず、日本の貧困率は先進国の中で最上位クラスになっている。制度の中に、非効率で不公平な部分があることは明らかである。

社会保障改革を年齢や世代という軸だけで進めようとすると、シルバー民主主義の厚い壁にぶち当たり、改革は一歩も前に進まない。将来世代に余計な負担を掛けないためにも、「困っていない人が困っている人を助ける」という、単純素朴な方針で現行制度を見直していく必要がある。

東京一極集中でなく都市化が進行している

明治大学教授・元東京都副知事
青山 佾
Yasushi Aoyama

日本創成会議が若年女性の自治体別の人口動向に着眼したのはいいが、その一つの指標をもって「自治体消滅」と表現するのはセンセーショナルに過ぎて違和感がある。

人々の生活は、一つの自治体の中で完結していない。他の地域に働きに、あるいは学んだり買い物をしたりするために毎日、往来しているのが普通である。一生、同じところに住む人もいれば、いくつかの自治体をライフサイクルに応じて住み替えていく人もいる。このような実態を無視して全国一律に自治体別の一つの指標をもって消滅とすることには無理がある。

同会議は東京一極集中を問題にしているが、これにも事実誤認がある。２０１０年10月の国勢調査による人口と２０１３年10月の人口推計（総務省）を全国20の政令指定都市についてみると、福岡、札幌、川崎、仙台など13の都市でこの3年間に人口が増加している。全国43の中核市では、川越、船橋、豊中、那覇、大津、大分、西宮をはじめ19の都市で人口が増加している。近年、日本全体の人口が減少しているなかで、多くの都市で人口が増加しているのである。日本で進んでいるのは東京一極集中ではなく「一層の都市化」である。産業構造が工業からサービス業や情報産業にシフトしていく過程で成熟した国において一般に見られる現象である。

『国連世界都市化予測』報告（２００５年版）によれば、２００５年には世界人口の半分近く、32億人が都市に住み、国連人間居住計画（２００６年年次報告）によれば、２０５０年までに人類の約3分の2にあたる60億人以上が都市あるいは町に住むと予測されている。日本に限らず世界で都市化が進行していて、この傾向は今後も続くと予測されている。

都市化の進行という問題を東京一極集中と歪曲すると政

策を誤ることになる。都市化の進行はさまざまな問題を惹起する。これに対する政策を間違えないように実施しないと国を誤ることになる。事態を直視せずに東京一極集中論を感情的に叫んでいるだけでは、過度の都市化の防止や弊害の解消に役立たない。

東京の人は地方に旅行すると、県庁や市役所、図書館や市民ホールが立派で、駅前広場も整備されていて、地方は豊かだなと思う。東京一極集中論というと、貧困の一極集中を指しているのかと思うほどである。地方には、貨幣経済では測れない豊かさがある。その豊かさを忘れないほうがいい。例えば生活保護率（2011年度）で比較すると、東京都区部2・28％（2012年度は2・37％）と、例えば新潟市1・33％、静岡市1・10％、浜松市0・92％などとなっていて、こちらのほうが東京人の実感を表現している。都市の貧困は現代でも大きな課題として存在しているのである。

都市の貧困問題はほかにもある。東京の都心はそれなりの幅員で道路が整備され、耐震強化された不燃建築が多いが、その周囲には広大な住宅密集地があり、消防自動車が入れないような路地も多い。関東大震災の復興計画では幹線道路だけでなく住宅密集地の道路も原則として幅6メートルに整備することが計画されたが、復興予算が10分の1に削減され、実現しなかった。これらの地域に道路を通さなさいと既に地方都市では常識となっている無電柱化も東京では実現しない。東京ではこれが最大の課題といっても過言ではない。

東京とは東京都でなく関東平野のこと

東京は、経済、生活、文化、さまざまな面において、東京都という行政区域だけで成り立っていない。地球儀あるいは世界地図で日本列島を見ると、日本は無数の島々から成り立っていると同時に、山地が大部分を占めていることが分かる。そのなかで一つだけ、関東平野が突出して大きな平野となっている。東京と一口で言うが、東京とは、経済、生活、文化の面では、関東平野のことである。

東京都が作成した『東京都都市白書２０１３』は、東京・千葉・埼玉・神奈川の1都3県が、より広い面積をもつニューヨーク都市圏、ロンドン都市圏より多額のＧＲＰ（域内総生産）を稼ぎだしていることを示している。これは、関東の都市が圏域内各都市の連携に力を注ぎ、圏域全体で国際競争力を維持発展させてきたからこそである。放射方向の道路に加え、先頃7割が完成した圏央道や鉄道において武蔵野線という環状鉄道が機能しているなど圏域内の人や物の移動が円滑に行われているからである。

図　世界３大都市圏比較

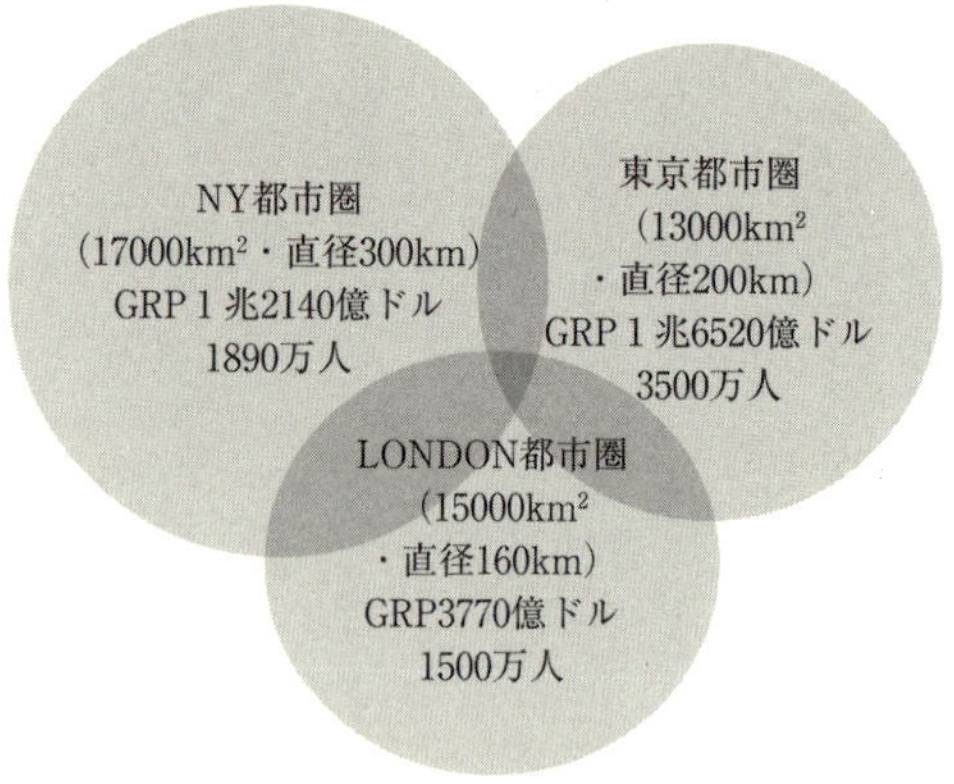

圏央道は直径約１００キロメートルで、この沿道には、横浜、厚木、八王子、川越、つくば、成田、木更津など関東の主要都市がある。東京の都市としての特徴は、これらの都市が有機的に連携して経済活動を行っていることである。

日本の都市政策は、この圏央道を軸とした関東平野が現在持っている世界の大都市に対する優位性をいかに活用していくかという観点を抜きにしては語れない。

理論的には、工業化時代の都市では都心と郊外の移動が多い。都心の本社は主として大量の事務処理・伝票処理をする場となっていた。しかし情報化時代には、それらの事務処理・伝票処理は機械が行い、都心の本社は、異業種・異分野の人のフェイス・ツウ・フェイスの情報交換の場となり交流機能が重視される。

従って都心に新しく建設されるオフィスビルでは事務処理スペースより会議、打ち合せ、レセプション、展示などの機能が重視される。人々は、事務処理のためではなく交流のために移動するから、都心と郊外の間だけでなく都市と都市の間の複雑な移動が増加していく。情報化時代には人も物も多様な移動が増加していく。このような時代には、東京圏のような環状の、しかも首都高速道路に代表される連続立体交差型の都市構造が優位性を持つ。

それぞれに特色を持った都市群による、圏央道を軸とした広域的な自治体連携は、日本の、いや、世界の都市政策のモデルともいうべきものである。日本創成会議の論は、自治体という人為的な区域で経済や生活をはかろうとする点においてかなりの無理がある。

人口減少時代に合わせた都市政策と自治体政策を

人口減少に対して単に産めよ増やせよと叫ぶ論調も好ましくない。現在の日本の人口は1億２０００万人を超えているが、昭和元（１９２６）年の日本の人口は６０００万人余と現在の半分以下だった。だから人口が少なすぎるということにはならず、逆に当時の日本は海外に移民を進めていた。人口減少、少子高齢化の進行に対しては、これに対応して社会の在り方をどう変えていくかについて客観的な議論をして冷静に対応することが望まれる。

都市化の進行は、都市における貧困の問題を顕在化させるだけでなく山林や山里を荒れさせ、島しょ地域に住む人を減少させ、国土の荒廃をもたらす。生態系にも悪影響を与える。

1968（昭和43）年にできた都市計画法は市街化区域内の農地について、「おおむね十年以内に優先的かつ計画的に市街化を図るべき区域」としている。一方79年にできた生産緑地法は「市街化区域だが、営農を継続したい」という農家の希望に応え、一定の条件を満たす生産緑地については、固定資産税や相続税が減免され、営農を継続できるようになった。

結果として、農林水産省の「都市農業に関する実態調査結果」（2011年）によると、生産緑地に指定された農地は全国で1・4万ヘクタールにすぎないが、それでも市街化区域内にこれも含めて8・8万ヘクタールの農地が残っている。

さらに同調査によって、市街化区域とその周辺の農業（同調査による狭義の都市農業）の農地面積は19・8万ヘクタールで全国の農地面積の4％となるが、その4％の農地で4676億円すなわち全国の農業販売金額の8％を占めている。都市農業は今日、わが国の農業の中で農業販売金額においても確固たる地位を占めているのである。それは、都市農業が、生産者と消費者の距離が近く、都市住民が安心して新鮮な農産物を購入することができる、農産物の移動距離が短く流通コストが低い、農地が防災や緑地として都市に対する有益な機能を果たす、など大きな意義を有するからである。

すなわち都市農業は、単に「緑地」ではなく、それを含めて「農地」としての意義を持っている。この際、都市の側すなわち都市計画法の側からも都市農地を正面から認めてきちんと位置付けるべきではないか。

50年近く前の都市計画法は、農地をつぶして宅地を増やそうとした。しかし人口減少時代の今、逆の発想も必要ではないか。市街化区域内の農地を宅地化する法律は改めたほうがいい。近年、勤労者が農業に新規参入する例も増えている。農業者の側もこれを積極的に受け入れる傾向にある。定年後に農業を始める人もいる。高齢者の活用はこの面でもありうると思う。都市政策も、自治体政策も、従来の発想を逆転させて人口減少時代にベクトルを合わせたほうがいいと思う。

空き家急増の背景と解決策

富士通総研経済研究所
上席主任研究員
米山秀隆
Hidetaka Yoneyama

２０１３年の日本の空き家数は８２０万戸、空き家率は13・5%と過去最高を記録した（総務省「住宅・土地統計調査＝速報」）。空き家には、「売却用」「賃貸用」「二次的住宅（別荘等）」、「その他」の四つの類型がある。

このうち特に問題となるのは、空き家になったにもかかわらず、買い手や借り手を募集しているわけではなく、そのまま置かれている状態の「その他」の空き家である。例えば、親の死亡後、そのままにしておくケースがこれに当たる。住まなくても維持管理を行っていれば問題はないが、放置期間が長引くと倒壊したり、不審者侵入や放火、不法投棄の危険性が増すなど周囲に悪影響を及ぼす問題空き家となる。空き家全体に占めるその他の空き家の割合は、08年の35%から13年には39%にまで高まった。

住宅の使い捨てをもたらした戦後の住宅政策

多くの国では空き家率は経済状態によって上下に変動するが、日本の場合、戦後一貫して上昇し続けてきた。この背景には、住宅建設を促進してきた戦後の住宅政策がある。戦後の住宅不足、その後の高度成長期の人口増加に対応するため、日本では持ち家取得が奨励された。

住宅金融公庫（現・住宅金融支援機構）が低利融資を行い、住宅ローン減税の仕組みも設けられた。大量に新築住宅が供給される中、住宅の質の確保は不十分となっていった。それでも高度成長期には地価は右肩上がりの上昇を続け、建物の価値はなくても土地の価値は十分残るため、人々にとって早期に住宅を取得することが有利であった。１９９０年代以降は、住宅建設が景気対策の色彩を強め、住宅ローン減税は大幅に拡充されていった。

こうして戦後は質の高くない住宅が供給され、それを使い捨てていくこと（25～30年程度の短期間で建て替え）が一般的となったが、これは住宅建設の需要が途切れないという点で、供給業者にとっても都合が良かった。こうした過程で、日本でも戦前にはあった、良い住宅を造って手入れを行いながら長く使っていくという考え方が失われていった。

この結果として、欧米では新築と中古を合わせた全住宅取引のうち、中古の割合が70～90％程度を占めるのに対し、日本ではその比率は10％台半ばという極めて低い状態となった。新築比率が高い要因としては、しばしば日本人の新築志向が指摘されるが、こうした志向は、戦後の住宅政策の中から生まれてきたと考えるのが妥当である。

人口減少で裏目に出た住宅取得促進策

こうして次々と新築住宅が供給されたが、現在の日本は人口減少局面に入っており、地方や都市部でも特に条件の悪い地域ほど、空き家が目立つようになってきた。家族形態の変化も空き家増加に拍車をかけた。戦後は核家族化が進展し、親の死亡や高齢者向け施設への転居などで空き家になっても、子どもはそれを引き継がなくなった。

親の家を引き継がないのであれば、買い手や借り手を探すべきであるが、戦後の住宅は建築された時点の質が高くなかった上、その後の手入れも十分行われてきたわけではないため、中古住宅として価値を持たない住宅が大半である。

売却や賃貸化が難しい空き家ならば、取り壊すべきである。しかし、土地に対する固定資産税は、住宅が建っていた方が更地の場合の6分の1で済む。しかも、税の軽減措置は老朽化して危険な状態になった住宅でも適用されるため、税負担増を避けるためには、どんなに古い住宅でも残しておいた方が有利である。住宅を建てた場合に税を軽減する仕組みは、住宅が足りない時代には住宅取得を促進する効果を持ったが、住宅が余っている現在では、危険な状態の住宅でも撤去せず残しておく効果を生んでいる。

このように日本では、住宅取得を促す仕組みが人口減少局面に入って裏目に出ている。空き家が増加する現在でも、年間80万戸ほどの住宅が新築されており、13年度は消費税率引き上げ前の駆け込み需要で、99万戸もの住宅が新築された。日本の住宅市場は、空き家が増加する一方、新築住宅が造られ続けるという特異な状況に陥っている。

空き家の撤去、利活用の促進策

空き家対策としては、倒壊寸前になるなど危険なものについては速やかに撤去していくこと、また、まだ使えるものについては利活用を促していくことが必要になる。

空き家撤去については、空き家管理条例の制定が進み、2014年4月1日時点で355の自治体が施行済みである（国土交通省調べ）。問題空き家に対し、指導、勧告、命令、行政代執行を行うもので、自主撤去を促す効果も生んでいる。条例が多数制定されたことを受け、2014年の秋の臨時国会では、空き家対策特措法が成立した。

撤去費用を補助する自治体は増えており、355自治体のうち96自治体に達する（毎日新聞社調べ）。補助実績が最も多い自治体は広島県呉市で262件だった。呉市は斜面が多く、空き家が撤去されにくいため、広く補助を行うことで撤去を促している。一方、長崎市では、土地建物を市に寄付し、跡地を地域で管理していくことを前提に、問題空き家を公費撤去する取り組みを進めている（13年度までに41棟撤去）。長崎市の場合も斜面が多いが、跡地の公的利用は居住環境改善という意義を持つ。

固定資産税については、危険な状態になった住宅では税軽減を止める自治体が出てきた（新潟県見附市、富山県立山町、福岡県豊前市など）。ただし、危険な状態になった場合、すぐに税額を更地並みに引き上げるのではなく、一定期間猶予する仕組みで、その間に撤去することが期待されている。これは形を変えた撤去費補助といえる。

行政代執行は、豪雪による倒壊の危険に直面するなど事態が切迫しているケースで積極的に行っている例があり、秋田県大仙市では13年度までに13棟の代執行に踏み切った。ただし、620万円の撤去費用が回収できていない。このほか大仙市では、撤去補助金としても1400万円以上支出しており、財政負担が重荷になっている。

すべての危険な空き家を公費撤去することは不可能であるため、この問題は最終的には、人口減少下で今後も居住地として存続させるエリアについて、居住環境を維持するため、自主撤去が期待できない問題空き家について、どれだけ費用を投入して撤去していくかという問題に発展していく可能性が高い。国の財政支援の必要性も増していくと考えられる。

空き家バンク

利活用の促進については、地方の自治体を中心に「空き家バンク」を設ける例が増えている。ウェブサイトに情報を掲載して需給マッチングを行うとともに、改修費補助などを実施している。開店休業状態のものも多いが、多くの成約実績が出るものも現れている（長野県佐久市の約290件が最多）。田舎暮らしを志向する層、手に職を持っていて仕事場を探している層、農業を始めたいという層などがバンクを利用するケースが増えている。空き家を活用して伝統工芸などの分野などで起業する場合に手厚く支援を行い、地域活性化につなげている大分県竹田市のような事例もある。竹田市では、バンクへの登録を増やすため、空き家所有者へのインセンティブ（成約時に10万円）も講じている。

中古住宅取得が有利な仕組みに

こうした取り組みと併せて、今後より一層重要になってくると考えられるのは、中古住宅の質を高めることと、新築よりも中古を取得した方が有利になる仕組みに変えることである。これまで日本の住宅は、いずれ売却することを念頭にきちんと手入れしてこなかったため、中古住宅購入者の不安が大きかった。また、住宅所有者にとっては、たとえ手入れをしても中古市場で評価されるわけではなく、手入れを行うインセンティブがなかった。

近年では、日本でもようやく住宅のメンテナンス記録を残し（住宅履歴情報）、それを中古市場で評価する動きが出ており、国もこうした仕組みを広げようとしている。建築時点での住宅の質を高める仕組みは、2000年代以降徐々に整えられており（住宅性能表示制度、長期優良住宅制度）、それに対応した住宅も増えている。

中古住宅を取得する場合の金銭的インセンティブとしては、住宅ローン減税を新築よりも中古の方が手厚い仕組みに変えること、一部の自治体が実施している改修費補助の仕組みを、国レベルでも導入することなどが考えられる。

公営住宅として活用も

このほか、空き家を公営住宅として活用することも考えられる。日本の住宅弱者支援は、自治体が公営住宅を建てて供給する方式で行われてきた。公営住宅は高度成長期に建てられたものが多く老朽化が進んでいるが、財政難で建て替えが難しくなっている。今後は、住宅弱者が空き家に住む場合、家賃を補助する仕組みに変えていくことが選択肢としてありうる（茨城県ひたちなか市で一部実施）。

ただ、空き家の利活用を進めていったとしても、今後、日本の人口が大きく減少していく中では、空き家増加に歯止めをかけることは難しい。日本では現在、高度成長期に無秩序に拡大した市街地を縮小しコンパクト化することが大きな課題になっている。空き家利活用も、そうしたエリアで重点的に取り組むなどまちづくりと連動させていく必要がある。

外国人労働者
生産性の高い人材育成を

京都大学大学院文学研究科
特定准教授
安里和晃
Wakou Asato

外国人は日本人の雇用を奪うのか

人口減少社会における移民や外国人労働者の受け入れの在り方について、日本はＯＥＣＤ諸国のなかでも閉鎖的だと言われている。とはいえ専門的・技術的人材、いわゆる「高度人材」の受け入れは実はそれほど難しくはなく、問題は、日本が選択してもらえる国であるかどうかという点である。

先行研究においても、高度人材の受け入れについては肯定的意見が多い。経済的波及効果が高く、犯罪や福祉依存などの社会的コストが低いというのが理由であろう。ところが、労働需要があるにもかかわらず、いわゆる単純労働者の受け入れに対しては慎重な意見が根強い。このため、日本では単純労働者の受け入れ方法が日系人、留学生、結婚移民、技能実習制度などにすり替えられ、言うなれば「サイドドア」からの受け入れが実質化している。

単純労働者の受け入れに慎重な理由はいくつかある。第一は、外国人労働者の受け入れを通して労働供給量が増えれば、自国民の賃金低下をまねき、ついには日本人の雇用を奪いかねないからである。第二に、外国人労働者が福祉の受け手になってしまい、社会コストを発生させるからである。第三は、移民や外国人労働者が治安悪化の原因となるからである。

雇用のミスマッチ解消に外国人導入――韓国・台湾など

しかし、こうした前提は人口減少時代にはなじまない。人手不足は、機械化など生産性の向上をもって解消されることが望ましいが、実際には企業の海外移転や廃業等の対応がされている。現に、製造業はこの15年で300万人も就業者を減少させている。大企業には十分な体力とノウハウがあり、合理的な海外移転や積極的な多国籍展開が可能だが、中小企業はそうはいかない。空洞化や廃業によって、雇用の喪失や失業という形で、自国の労働者の雇用を剥奪しているのである。実際に、内国人の雇用維持・創出、若年層の人口減少・高学歴化に伴う雇用のミスマッチ解消のために、韓国や台湾、シンガポールなどのアジア諸国は外国人労働者を導入している。外国人が雇用機会を喪失させているという理由は、こうした状況には当てはまらないのである。

介護労働の担い手に

介護の場合は、製造業とは異なり海外移転もできず、機械化が困難な労働集約産業のため、人の確保がより重要となる。現在は人材不足を労働条件の過酷化で支えている側面が否めないが、結果として介護労働市場では離職が増え、人材の流動性が高くなった。離職率が30%以上の施設と、10%未満の施設がそれぞれ増大しており、二極化が進行している。

人の流動性の高い施設には、人が定着しない原因が存在し、質の高い介護を確保することは困難である。また被雇用者の社会保険加入も不連続となり、将来の福祉依存をつくり出す懸念もある。担い手の確保は、介護の質の確保の必要条件であり、担い手不足が深刻化すると、空きベッドはあっても利用者を受け入れることができないという状態に陥る。安定した労働市場の形成は、未来の社会コストを抑えるのである。

また、介護は地域に根差しており、地域労働市場を形成している。従って、マクロの指標だけで労働需給が判断しにくく、ミスマッチが生じやすいので、担い手解消にあたっては、海外人材の雇用を含む多様な選択があったほうがよい。

社会的コストは増えるのか

外国人を導入すると社会的コストが増大する、という理由についてはどうであろうか。ここでは、経済連携協定（ＥＰＡ）を機に導入された外国人介護福祉士候補者について取り上げたい。

このプログラムは２００８年にスタートし、すでに１５００名が入国している。日本語教育や介護福祉士の国家試験対策費用はすべて日本側が支払い、１人当たり２５０万円を支援している。当初は国家試験合格率が低迷していたが、政府主導による支援の充実により、２０１４年のインドネシア人の初受験者に限って言えば、合格率は57%に達した。支援の充実が合格率アップにつながることが立証された形だ。厚生労働省の調査によると、施設経営者や同僚、利用者、利用者の家族は、外国人介護福祉士候補者によって介護の質が向上したと答えており、質が下がっているとの回答はわずか数パーセントにすぎない。だが、支援の額が大きいため、財務省は慎重な姿勢のままだという。

ただ、介護福祉士候補者も年間50万円程度の直接税や社会保険料を納めていて、彼らが5年も就労すれば初期投資の教育コストは回収できる。それ以上に、住民としての経済効果や、高齢者にケアを提供するという社会への寄与も勘案されなくてはいけない。合格率を上げることも大事だが、いかに日本に定着して貢献してもらえるかを考えることも大切だ。

人材育成費用が節約できる

現在は、国家試験の合格者の3割が帰国している。帰国の理由としては、「子育ては本国で」といった個人の事情や、里帰りのための有給休暇の取得困難など、家族統合や労働条件に根差しているものが多い。

そもそも外国人労働者の導入の理由は、人材育成コストを節約するためと考えるのが海外では一般的だ。つまり初等教育から来日するまでの教育費用は、ほとんどが送り出し国側の負担である。

EPAの場合、日本政府が支払うのは、日本語教育と国家試験対策費用といった、人材育成費用の一部にすぎない。にもかかわらず、日本人であればコストとは見なされず、外国人だとコストとして計上される。また、外国人の受け入れに際しては福祉の受給者となることが前提となった議論が多いが、日本人であっても条件は同じである。かつて日本的雇用が女性を排除したように、現在は外国人が制度枠組みの外に置かれている。

日本社会への統合政策が不可欠

治安の悪化という指摘についても、そもそも社会統合の視点が欠如していることが原因の一つとして挙げられる。外国人人口で増加しているのは、結婚移民や日系人を含む長期滞在者であり、外国人労働者のような短期滞在者ではない。こうした人々は生活の本拠地を日本に置いているが、彼らに社会で活躍してもらうためにも、日本語を学び手に職をつけられるような統合政策を実施していかなければ、当然ながら社会から阻害された人々の犯罪は増えるであろう。

ドイツの移民担当官の話では、移民受け入れ先進国であるドイツから学ぶべきは、社会コストを最小限に抑えるための統合政策を早くから実施すべきことであって、移民を入れないことそのものではないという。

問題多い技能実習制度

人口減少社会では、少ない人口で社会を支えなければならないことから、より多くの人々が協力する社会でなければならない。日本の成長を支えてきた従来の男性中心の社会から、多様な人々が参加しやすいワーク・ライフ・バランスを備えた社会へと転換せざるを得ないのである。なおかつ、生産性の高い働き方が求められる。

したがって、出産・育児を通じた就業の継続を阻害する長期間労働などの労働条件では女性の社会参画が見込めず、包摂的とはいえない。また、外国人の雇用の際には、せめて一年に一度は親子の再会が果たせるような有給休暇の整備や、日本的なサービス残業の廃止も求められる。安い賃金で技術革新のない生産性の低い雇用も、時代錯誤である。つまり人口減少社会における海外人材の導入においては、「安かろう悪かろう」ではなく、生産性の高い人材を育成する必要がある。

安倍政権になって、技能実習制度の拡大が図られている。この技能実習制度は、これまで総務省や厚生労働省、与野党、さらにはアメリカ国務省からも批判が寄せられてきた。安い賃金で過酷な労働に従事させるといった理解が広がっており、人口減少社会における労働の在り方には反していると言えよう。現にアメリカ国務省の『人身売買報告書』では、複数回にわたって技能実習制度が批判されている。時代に沿うものとなるよう、さらなる検討が必要である。

少子高齢化はアジア共通の課題

少子高齢化は、アジアの共通の課題である。繰り返すが、少数で社会を支えることが求められており、多様な人々が参加して活躍できる社会でなければならない。そこでは、労働を分かち合い、また家事・育児・介護を分かち合うことがおのずと条件となってくる。

したがって、ワーク・ライフ・バランスの実質化は必須である。出身地やジェンダー、年齢、障がいの有無によって社会参画の在り方、つまり機会の平等が保障されないようでは、人口減少社会に対応した社会制度を再構築したとは言えないのである。日本は先んじて経済成長を遂げ成熟した社会となった。しかし人口構成が変化するなかで、新たな社会システムの構築が急務である。経済成長の成功体験は経済成長時代の社会システムを温存するが、これが成熟社会のシステム再構築の障害となっていることを再認識しなければならない。

人口減少がもたらす安全保障の危機

キヤノングローバル戦略研究所研究主幹
宮家邦彦
Kunihiko Miyake

本稿では「人口」と「安保」の関係について概観する。まずは両者の政治・経済・軍事面の重層的相関関係を分析し、その上で今後の日本外交・安保政策とその国際的影響力を予測する。その際の議論の流れは次の通りだ。

一般に、一国の人口減少は少子・高齢化によりもたらされる。言うまでもなく、その最大の原因は出生率の低下だろう。人口減少と政治・経済との関係については既に多くの優れた先行研究があり、ここでは詳細に立ち入らない。

他方、人口と安保に関する総合的な先行研究はあまり多くない。人口と経済との相関関係であれば数量化された予測モデル作成も可能だろうが、安全保障分野ではそのような数量化・計量化が難しいからだろう。

軍事・安全保障政策の核心は、彼我の能力差にある。そこで本稿では、ある国の人口減少がその（同盟国を含む）能力・意図、潜在的脅威の能力・意図、ならびに両者のバランス・相関関係に与える影響について解明を試みる。

人口と安保の相関関係を正確に理解することは容易ではない。軍事力の強弱だけでなく、人口減少との関連で、当該国の総合力、すなわち政治力、経済力、軍事力などさまざまな要素を複合的､重層的に分析する必要があるからだ。

経済力への悪影響

まずは、経済力から始めよう。人口減少の経済に対する悪影響として考えうる要素は幾つかある。例えば、国内マーケットの縮小、労働力の減少、貯蓄率低下とそれに伴う資本の減少、技術開発能力の低下などだ。

これらはいずれも一国の経済力を全体として弱めるが、経済的に対応策がないわけではない。例えば、移民受け入れの拡大だ。実際に第2次大戦後、多くの欧州諸国では少子高齢化への対策として大量の移民を受け入れてきた。

ただし、移民には経済的影響以上に政治的・社会的副作用が伴う。例えば、英仏の場合、北アフリカや中東・インド亜大陸の旧植民地から大量の移民を受け入れたが、彼らの多くはイスラム教徒だったからだ。

キリスト教旧宗主国におけるムスリム移民の差別は想像に難くない。彼らの一部は「テロリスト」となり、内外で破壊活動を重ねた。英仏政府は移民の受け入れに精力を注いだが、結果は若い移民層を疎外するだけに終わっている。

国内社会への悪影響

続いて、国内社会への影響について考えてみよう。一般に少子・高齢化は税収を減少させ、社会保障費を増大させる。国家予算に占める社会保障費が増大すれば、社会保障の水準低下と軍事費・政府開発援助（ＯＤＡ）予算の減少は不可避だろう。軍事費が減少すれば、軍事力の低下は一層進む。ＯＤＡ予算が縮小すれば、一国の非軍事面での国際的発言力も低下するだろう。当然ながら、当該国の対外発言力・軍事的抵抗力が低下することが考えられる。

社会的悪影響も否定できない。中央集権的国家で少子高齢化が進めば、地方の過疎化と都市部のスラム化が進行する。そこに外国人移民問題が絡めば国内治安維持コストはさらに高まり、広義の安全保障上の問題を惹起するだろう。

軍事・治安力への悪影響

しかし、安全保障問題の核心はあくまで外交・軍事面だ。ここからは、冒頭述べた通り、ある国の人口減少が同国およびその同盟国を含む能力・意図にいかなる影響を与えるかについて、可能な限り詳しく検証していこう。

人口減少が当該国に与える悪影響は、同国にとって潜在的脅威となりうる国家の能力・意図、さらには彼我の外交・軍事的バランスにも影響を与えるだろう。本稿ではこうした側面についても併せて解明を試みたい。

なお、本稿では当該国軍隊・治安部隊が自国民のみからなり、「傭兵部隊」は存在しないことを想定している。その上で、一国の若年人口が減少する場合、軍隊・治安組織にいかなる悪影響が及ぶのかについて考えよう。

第一の悪影響は、実働部隊の組織規模が縮小することだ。具体的には、前線・現場で実際に働き戦う下士官クラスの人員が減少するので、全体の戦闘能力が低下する。仮に今後戦争の無人化が進んだとしても、この傾向は続くだろう。

兵力が減少すれば、当然、部隊の能力だけでなく、武装レベルも低下する。実際に、少子化が進む欧州諸国の一部では、既に現行の徴兵制だけでは必要な戦闘能力を維持することができなくなっているようだ。

その典型例が徴兵制の形骸化が進むロシアだ。ロシア政府は最近の急激な少子化により兵員確保が難しい状況に陥っており、今後は兵役期間延長や徴兵枠拡大などで軍の規模を維持することが検討されているという。

人口減少の第二の悪影響は、兵士一人の「生命の価値」が必要以上に高まることだ。一家族当たりの子ども数が減少するため、社会全体として許容できる戦闘犠牲者数が減少する可能性がある、ということである。

多数の戦死者を許容できない社会・国家では、必要以上に反戦・厭戦ムードが高まる可能性がある。そうなれば当該国家が潜在的脅威となりうる国に対し、より多くの譲歩を伴う「宥和政策」を志向する可能性も高まるだろう。

さらに、万一有事となった場合、潜在的脅威国にとっては長期戦の方が有利となるため、衝突・紛争の早期解決の可能性が低下する。このことも当該国の安全保障上の不確実性を拡大するだろう。

人口減少の第三の悪影響は、潜在的脅威国との衝突の可能性そのものが高まることだ。ある国の軍事力が減少するということは、その軍事力が潜在的脅威国に対し持ちうる抑止力を低下させることをも意味するからだ。

実際に衝突が起こるか否かは状況によって異なるが、抑止力が低下すれば、潜在的脅威国の冒険の可能性は高まる。他方、仮に抑止力が低下しなくても、現場での誤解ないし誤算に基づく衝突発生の可能性は常に考える必要がある。

要するに、ある国の人口が減少し、その軍事力の維持が難しくなった場合、当該国の安全保障政策には深刻な問題が生じうるということだ。同様のことは軍事力だけでなく、国内治安維持能力についても言えるだろう。

総合的国力は人口総数と結束力の乗数

以上の通り、「人口」と「安保」の相関関係を分析すれば、人口減少が一国の軍事的能力に悪影響を及ぼす可能性は高い。だが、真の問題は人口減少が日本の外交・安保政策とその国際的影響力にいかなる影響を与えるかである。

第一に理解すべきは、人口は国家のパワーの一側面でしかないということだ。確かに国民は国家の主要構成要素である。しかし、国家のパワーは人口の多寡だけで決まるものではない。人口減少により日本の安全保障政策の弱体化と総合的国力の低下は不可避なのかと問われれば、決してそうは思わない。なぜならば、一国の総合的国力は「人口総数」とその「結束力」の乗数に比例するからである。

その典型例がスイスだろう。スイス国軍の最高指揮官は大統領だが、実質的権限は首相にある。常備軍を構成する職業軍人は4000人程度しかいないが、スイスには徴兵制度により21万人の予備役が存在する。

これらの予備役兵士は、平時でも諜報活動から武器メンテナンスまで、スイス防衛の全ての軍事活動に従事している。このような国家に攻め入るためには相当の覚悟が必要だろう。これこそがスイスの真の国力なのだ。

潜在的脅威国を十分抑止する軍事的「能力」がなくとも、自国防衛の強烈な「意志」がある限り、その国は安泰である。これとは逆に、「能力」はあっても「意志」がなければ国家のパワーが機能しないことも厳粛なる事実だ。

典型例が第2期オバマ政権の中東政策である。２０１３年のシリア軍化学兵器使用の際、武力行使を宣言しながら結局は攻撃せず、翌年には米国人人質処刑後、及び腰ながら空爆に踏み切った。これでは誰も米国など信用しない。

人口減少時代の安全保障政策

以上の通り、「人口減少」の安全保障政策に及ぼす悪影響は無視できない。同時に、「人口減少」だけが安全保障政策を弱める要因でないことも事実である。そうであれば、今後の日本の外交・安全保障政策はどうあるべきなのか。

ポイントは四点ある。第一は、経済的要因により増額が難しくなる防衛予算を維持し、日本の防衛力の弱体化を回避することだ。社会保障費の増大は不可避だろうが、それをもって防衛費削減の理由とすることは誤りである。

第二は、量的に増強の難しい自衛隊の防衛力を質的に向上させることだ。その中には陸海空統合作戦能力のさらなる向上だけでなく、無人機、無人兵器の開発を含む技術革新なども必要となるだろう。

第三は、日本の防衛力の不足する部分を外交力で補完することだ。その中には、通常の外交活動のさらなる活発化だけでなく、既存の日米同盟関係に加えた新たな同盟・準同盟関係を模索する努力が求められるだろう。

最後は、国民の防衛意識の強靭化である。日本は四方を海に囲まれた海洋島嶼国家であり、四方を潜在的脅威に囲まれてきた大陸山岳国家スイスとは国防意識が異なるのもある程度は致し方なかろう。

しかし、これまで日本を守ってきた海洋が脅威にさらされている以上、日本は海洋の現状維持勢力として、同じく既存海洋秩序の激変を望まない国々との連携を深めるべきだ。これは人口減少に関係なく実行可能な政策である。

将来の日本外交の影響力、日本の発言力を高めていく上でも、日米を超えた同盟関係の多国間化は重要だろう。人口減少によって財政的手当に限界がある今こそ、豪州、フィリピン、インド、韓国などとの同盟・準同盟関係の構築を真剣に検討すべきである。

欧州の少子化と人口問題への対応

明治大学政経学部客員教授
高橋重郷
Shigesato Takahashi

欧州の出生率は反転上昇

少子高齢化は、欧州諸国でも社会的な課題として長らく認識されてきた。合計特殊出生率（以下出生率）でみて、およそ2・1（現在の日本では2・07）を人口置換水準の出生率と呼ぶが、出生率がこの水準を30年程度下回れば人口は徐々に減少し、高齢化率の上昇をもたらすことになる。

欧州諸国は1970年前後から出生率の低下が始まり、南欧諸国やドイツ語圏の国々では1・30以下の超低出生率にまで低下していた。しかし、2000年前後からその低下に歯止めがかかり、多くの国々で出生率の反転上昇傾向がみられるようになってきた。

出生率の反転は、北欧やドイツ語圏を除く西欧諸国で特に顕著にみられている。フランスの場合、出生率は1990年代の半ばに1・7以下まで低下していたが、2007年以降は2・0の水準にまで回復し、その水準が現在も維持されている。

欧州委員会統計局（ユーロスタット）の将来人口推計によれば、この出生率回復は、フランスの2013年の総人口6600万人を、2060年には7600万人に増加させる。一方、2012年現在で1・38の出生率水準にあるドイツの人口は、2013年の8200万人が、2060年には7100万人に減少するものと推計されている（European Commission 2014）。このように、出生率の回復反転は将来の人口の動向に大きく影響する。

こうした近年の出生率の反転上昇傾向はフランスに限らず、回復の程度に違いがあるものの、欧州諸国に広くみられるようになってきている。

例えば、低出生率の代表的な国として挙げられてきたイタリアやスペインなどの南欧の国々は、1990年代半ばに、合計出生率でみて1・2を下回る超低出生率の水準にあったが、２０１２年にはイタリアが1・44、スペインが1・32の水準にある。

欧州諸国にみられる、超低出生率と呼ばれた1・30を下回る低出生率水準からの反転上昇には、出産タイミングの遅れによる人口学的な要因や、第二の人口転換にかかわる結婚の変化や女性の社会進出などの諸要因の変化、あるいは多くの国々で積極的に取り組まれてきた家族支援政策の導入とその政策の拡大推進があることなどが指摘されている（Thévenon 2008）。

ＥＵの政策

人口減少を生み出す出生率水準は、各国の社会経済にとって三つの問題を内在化させる。

第一に、いずれもたらされる総人口の減少によって高齢化率を想定以上に高め、社会全体にとって社会保障の負担を相対的に高めてしまう可能性がある。

第二に、労働市場に及ぼす影響で、人口減少は若年人口の規模を縮小させ、働き手人口の供給を縮小させる。

さらに第三の問題として、労働供給力の減少は労働者の賃金コストの上昇を招き、経済の競争力を低下させる可能性がある。

こうした問題意識は、欧州連合（ＥＵ）の政策執行機関である欧州委員会の「人口変化へ立ち向かう――世代間の新たな連帯」と題する白書に示されている（European Commission 2005）。

同白書では、出生率が1・5を下回るＥＵ加盟国の現状と、それがもたらす人口減少の危機感を示し、欧州の国々で出生率が希望する子ども数を下回っている現状を捉え、家族をサポートする政策の必要性を示した。

また、潜在的な人口減少によって生じる人口高齢化は将来の経済成長率を低下させる。そのため、世代間の連帯にとって重要な家族という存在を認識し、男女の仕事と家庭生活の調和を促す公共政策の必要性が合意された。

ＥＵの多くの国は、このような人口状況の中で、女性の労働市場への参加に配慮した、子どもを産みやすく育てやすい社会環境を整えるための家族政策や労働政策、例えば育児休暇制度、児童手当制度、公的保育施設やその利用制度拡充などに取り組んできた。

次の世代の人口が再生産される仕組みを「人口再生産様式」と呼ぶとすれば、欧州諸国のそれぞれの政策に特色や違いはあるものの、「出産・子育て」という、かつては個人や家族領域に委ねられていた人口再生産様式に、政府が積極的に介入するようになってきた。

家族政策の拡大と出生率回復

欧州諸国では、保育施設や保育サービス、子ども数に応じた子ども手当や児童手当などの現金給付、子育て世帯の税控除などの政府の公的社会支出の増大によって、従来は私的に家族によって担われてきた出産・子育てという再生産行動を、社会全体で支える仕組みに変わってきた。こうした政府による家族関係の支出と出生率の関係を比較してみることにしよう。

経済協力開発機構（ＯＥＣＤ）諸国の家族関係の支出の平均をみると、１９８０年には対国内総生産（ＧＤＰ）比１・６％だったのが、２００９年には２・６％へと拡大してきている（OECD 2014）。

比較可能な２００９年のデータでみると、出生率が１・８以上の国のうち、ＧＤＰ比で家族関係の支出が多いのは、アイルランド４・２％、英国４・２％、フランス４・０％、アイスランド４・０％などである。それに続くデンマーク、スウェーデン、ベルギーの支出水準も、ＧＤＰ比で３％を超える。

一方、出生率が低いドイツやオーストリアなどのドイツ語圏の国では、家族関係の支出はＧＤＰ比３％前後あるが、出生率は１・４未満である。

ＯＥＣＤ諸国の家族関係支出の平均であるＧＤＰ比２・６％を下回る国々の出生率は、日本を含めておしなべて低い状況にある。日本は２０１２年度でＧＤＰ比１・３％の家族関係支出にすぎず、出生率１・８以上の国に比較すると、家族向けの公的社会給付水準も低い。

内閣府の「選択する未来」委員会の資料によれば、フランスやスウェーデンと比較すると、日本は保育関係サービス等の現物給付が55％前後と高いが、家族関係給付は34・8％と低い水準になっている。内閣府の試算では、それらのサービス給付率をフランスやスウェーデン並みに引き上げることによって、出生率上昇の好循環を生み出す可能性があることを示唆している（内閣府２０１４）。

北欧諸国やフランスなど出生率が反転上昇している欧米の国々の家族政策は、幼児のいる家族への強力な支援に特徴付けられる。公的な保育の割合も高く、３歳未満の子どもの約半数は公的保育を受けている。

出産・育児期には、父親・母親がともに利用できる育児休業制度が存在しており、雇用を維持したままの形であるため、所得が保障される。また職場復帰後は、公的保育がサポートする仕組みが出来上がっているのである（Luci and Thévenon, 2013）。

３歳未満児の保育施設への入所割合は、ＯＥＣＤによれば、デンマークが65・7%と最も高く、次いでオランダの55・9%、アイスランドの55・0%、ノルウェーの51・7%と続き、フランスは48・4%を示している。OECD諸国の平均が30・0であることと比較すると、日本の保育施設への入所割合は25・9%と、その水準は明らかに低い。

少子高齢化と人口減少対策への示唆

現代日本は、働き手の人口が急減する人口・経済環境にあり、そのもとで女性の就業促進が強く求められ、さらに、かつての男性片稼ぎ型家族から男女が共に働く家族へと大きく変化する社会である。そのような社会構造の変化の中で、結婚から出産・子育て期の家族形成期の世代をいかに制度的に支える仕組みを構築できるかということが、現在の日本社会の課題である。

かつて欧州社会においては「子どもを産み育てる」という家族の再生産行動は、家族の私的領域の行為として強く認識されていた。しかし、先進諸国では１９７０年前後から出生率の低下が始まり、80年代の低出生率社会を経験した後、90年代半ばからは出生率水準が反転上昇してきた。その間に行われたのが、男女の多様なパートナーシップ関係を含む家族の再生産過程を、公共政策を通じて社会全体で支える福祉国家的な家族・労動政策の拡充である。

こうした、欧州社会が少子化と将来の人口危機や超高齢化を克服しつつある歴史的経験から、日本社会がとるべき公共政策の必要性を学ぶことができる。

人口の再生産を家族に委ねる家族主義的な再生産様式に不介入とする伝統的社会より、人々の再生産様式に政府が積極的に介入することによって、はるかに人口安定的な社会の再生に有利であることは明らかである。

ただし、政策介入は、個人やカップルが結婚や出産の時期、子どもの数を自由に決定できる基本的な権利を有していることを前提として行われるべきである。

〈参考・引用文献〉

内閣府２０１４「家族関係支出の拡充の考え方」（２０１４年10月28日、第12回「選択する未来」委員会、参考資料２）
European Commission（2005）"Confronting demographic change: a new solidarity between the generations", *Green Paper* http://ec.europa.eu/green-papers/#2005（２０１３年11月30日確認済み）
European Commission（2014）"Eurostat" http://epp.eurostat.ec.europa.eu/portal/page/portal/population/data/main_tables
L.Luci, Angela and Olivier Thévenon（2013）"The impact of family policy packages on fertility trends in developed countries, "European Journal of Population, 29（4）, pp 387-416.
OECD（2014） http://www.oecd.org/social/soc/oecdfamilydatabase.htm（２０１４年11月12日確認済み）
Olivier Thévenon（2008）"Family policies in developed countries: contrasting models", Population and Societies, INED, France, No. 448.

フランスをモデルとした政策で人口回復を

ライフネット生命保険
代表取締役会長
出口治明
Haruaki Deguchi

少子高齢化を論じる前提として、まず、わが国の将来人口推計（国立社会保障・人口問題研究所、2012年1月公表）を確認しておこう。以下では、出生中位・死亡中位のケースを基準とした。

生産年齢人口が半減する社会は持続可能か？

わが国の将来の総人口は、2048年に1億人を割り込み、50年後の2060年には8674万人になる。これは2010年に比べると32％の減少となる。

次に、経済に最も大きな影響を与える生産年齢人口（15～64歳）の推移を見ると、第2次世界大戦後、一貫して増加を続けてきたわが国の生産年齢人口は、1995年にピークをつけ（8726万人）、その後緩やかに低下を続けてきたが（2010年で8173万人と、この15年間で6％減少）、2027年には7000万人、2051年には5000万人を割り込み、2060年には4418万人（対2010年比46％減少）となる。要するに、わが国の生産年齢人口は、この50年でほぼ半減してしまうのだ。

このような社会が果たしてサステイナブル（持続可能）だろうか。大いに疑問なしとしない。働く人が半分になるということは、画期的な生産性の上昇がなければ、国内総生産（GDP）が半分になるということだ。それでこの国がもっと考える方がむしろおかしいのではないか。「人間の歴史を通して、人口は繁栄、安定、安全と同義だった」（マッシモ・リヴィ－バッチ『人口の世界史』）のだから。

従属人口指数を見ると、問題点はさらにクリアになる。老年従属人口指数（生産年齢人口100に対する老年人口の比）を見ると、2010年の36・1（働き手2・8人で高齢者1人を扶養。いわゆる騎馬戦型）が、2022年には50・2（同2人で1人を扶養）まで上昇し、2060年には78・4（同

1・3人で1人を扶養。いわゆる肩車型）に達すると見込まれる。人類の五千年にわたる歴史の中で、1人が1人を支える社会が長期安定的に存立し得た事例は、寡聞にして知らない。

将来人口推計については、楽観的すぎる、あるいは悲観的すぎるなどの意見が交錯しているが、大切なことは推計の精度を議論することではあるまい。将来人口推計はわが国の政策立案の土台となるべきものである。これをベースとして、これからのわが国にとって、どういう政策が必要かを真剣に議論することこそが肝要である。これまでは、どちらかと言えば、少子高齢化の傾向は大きくは変わらないとして、肩車型の社会を前提とした社会の構築を急ぐべきだとする意見が多数を占めていたように見受けられる。もちろん、最悪のケースを想定して臨むのは、重要なことには違いない。しかし、この推計を虚心坦懐に眺めれば、普通の人は、人口を増やす政策を総動員して対処しなければ、わが国は大変なことになると思うのではないか。それが正常な反応だと思われる。

政府もようやく重い腰を上げ、2014年6月に閣議決定した「経済財政運営と改革の基本方針（骨太の方針）」の中に「50年後の人口1億人を維持する」という人口目標を初めて盛り込んだ。また、日本経済研究センターは、出生率の回復には、年8兆円の育児給付が最も効果があるという提言をまとめている。

産みたいときに産めるフランスの政策

わが国は、明治維新や戦後の復興を見れば明らかなように、キャッチアップ型の国家運営に秀でた国である。そして先進国の中には、フランスのように政策を総動員して、人口を増加させる基盤となる出生率を上昇させた国が幾つもあるのである。例えば、フランスや連合王国、スウェーデンなどでは、この10年間で明らかに出生率が上向いており、フランスではボトムの1・66％（1994年）から、わずか10〜15年で2％前後にまで出生率が上昇した。これらの国では、おおむね対GDP比3％程度の少子化対策予算を計上しており、わが国の約3倍の水準となっている。だとすれば、アメリカを範として経済復興を果たしたように、人口の回復もフランスに範をとればいいではないか。まず政府は、少子化対策予算を無条件にGDP比3％まで引き上げるべきである。それが、人口の回復に懸けるわが国政府の意気込みを内外に示すことになる。財源は、男女両性が等しく働く社会を展望して、例えば配偶者控除を廃止するなどすればいいのではないか。

フランスの友人に聞いた話では、出生率の回復は、予算措置だけではなく、意識改革が伴っていたから成功したという。フランスの文化を守りたい、そのためにはフランス語を母語とする人口の増加が必要だ。子どもはフランス社会の未来であって社会の宝だ。だからこそ生まれた子どもは、両親がそろっているかどうかなどにかかわらず、すべて平等に扱うという大原則が社会で共有された。そして、その上でシラク3原則と呼ばれる基本政策が実行された。①子どもを産む、産まないは女性固有の権利。しかし、子どもを産みたいときとそのときの経済状態が一致するとは限らないので、その乖離は国家ができるだけ埋めるようにする（子どもをたくさんもうけても新たな経済的負担が生じないようにする）、②原則無料の保育支援、③（育児休暇から）職場復帰するときは、育児休暇の期間中も勤務していたものとみなして、職場は受け入れなくてはいけない。

要するに、出産・子育てと就労に関して幅広い選択肢が選べるような環境整備、すなわち「両立支援」を強める方向で一貫した政策が進められたことが大きい。もちろん、婚外子を差別しないＰＡＣＳ（民事連帯契約）もこの政策パッケージの中に含まれる。極論すれば、この政策パッケージをそのまま輸入してもいいのではないか。

わが国では、少子化の原因を晩婚化とする意見が根強いが、それには婚姻と出産を一体的に結びつける風土が大きく影響していると考える。先進国で女性の初産年齢と婚姻年齢を比較すると、わが国だけが婚姻年齢より初産年齢が高い。つまり、他の先進国では必ずしも結婚を前提としないで出産が行われているのである。例えば、２００８年のフランスの婚外子の割合は52・6％、アメリカは40・6％だが、わが国は2・1％である。それはなぜか。生まれた子どもが一切差別されないのであれば、女性は産みたいときに子どもを産むだろう。その後、必要となったときに結婚という制度を利用すればいいと割り切っているのではないだろうか。このように考えると、子どもは社会の宝であり、どのような状況で生まれても一切の差別なく祝福を受けられる社会をつくっていかなければならないと考える。

また、育児や家事、介護を男女両性が等しく分担し、それを社会全体でサポートする国の出生率が高いことも、十二分に実証されている。そのためには「時間より成果」という考え方に立脚して、わが国独特の長時間労働の悪弊を無くしていかなければならない。働き方を根底から変えなければ出生率の向上は望めない、ぐらいの気概を持って意識改革に努めなければ、人口1億人は画餅に帰すだろう。

若い世代の所得を増やす工夫を

人口を増やす政策は、フランスの例にも見られるように、最低でも10〜15年の息の長い取り組みを必要とする。そして、もう一つ忘れてはならない政策は、若い世代の所得をかさ上げすることの重要性である。

非正規雇用などの影響もあって、わが国では20代などの若い世代の所得水準が低い。フローの所得は、景気が本格的に回復してＧＤＰが増加しない限り、かさ上げすることはなかなか難しいが、ストックについてはこの限りではない。わが国の個人金融資産は２０１４年６月末で１６４５兆円あるが（日本銀行、資金循環統計）、その６割以上は60歳を過ぎた高齢世代が保有していると言われている。

金融広報中央委員会が２０１３年に行った調査（２人以上世帯調査）によると、世帯主の年齢別の金融試算保有額（金融資産を保有していない世帯を含む）は、

20歳代　２１９万円（３６６万円）
30歳代　３７９万円（５５８万円）
40歳代　７００万円（１０７７万円）
50歳代　１０６７万円（１６４４万円）
60歳代　１５３５万円（２２６３万円）
70歳代以上　１５８１万円（２２５８万円）

となっている。なお、（　）内は金融資産を保有している世帯平均である。このような現状と、人生で一番お金がかかるのは子育て期間中であることを考え併せると、子育てをほぼ終えたと考えられる60歳以上の世代が、これから子育てを行う若い世代へ資金援助を行うのが最も自然であり、かつ好ましい政策でもあると考えられる。

しかし、現実には年間１１０万円を超えると贈与税が課せられる。また、平均寿命が80歳超という現状では相続者も50〜60歳代となり、若い世代への所得移転はなかなか進まないということになる。そうであれば、一つの極論ではあるが、相続税率を１００％として、若い世代（例えば20代・30代）に対する贈与税率を０％にすれば、高齢者から子や孫の世代へ所得移転がスムーズに進むのではないか。

以上、述べてきたように、わが国はおよそ考えられるすべてのアイデアを総動員して人口を増やす政策を実行しなければならない。蛇足ではあるが、筆者は決して「産めよ殖やせよ」を奨励しているわけではない。フランスがそうであるように、子どもを産む産まないは、１００％女性が決めればいいことであり、百歩譲ってもカップルが決めるべきことであると考えている。国が介入すべき事柄ではまったくない。そうした前提の上に立って、産みたいときにいつでも子どもが産める社会が理想だと考え、国の政策はそういった環境を全力でつくり上げることに注がれるべきだと主張したいのである。女性が子どもを産みたいと自然に思える社会こそが、人間の理想郷ではないだろうか。

家族の制度を柔軟にし育児の社会保障を

静岡大学名誉教授
船橋恵子
Keiko Funabashi

制度を変革し続けたフランスとスウェーデン

海外の先進事例を知ることは、日本の改革に新しい視点をもたらしてくれる。簡単には真似ができないとしても、別な角度から検討していくヒントが与えられる。

フランスとスウェーデンは、女性の職業活動促進、ワーク・ライフ・バランス、出生率回復、子どもの貧困防止に成功している国として知られている。

両国では、女性が出産後も働き続けられることで家計に余裕が生まれ、望む数の子どもを産み育てることができる。また、女性が働きやすい職場環境を創出しなければならないことから、男女ともにバランスの取れた効率的な働き方を制度化していき、保育や教育分野への社会的投資により子どもの生育環境が改善され、全体として活力のある社会を実現する構造ができてきた。

しかし両国とも、1960年代には日本と同様に、稼ぎ手の夫と家事・育児に専念する妻との組み合わせによる性別分業システムが支配的であった。そこから出発して、半世紀の間に家族と労働、社会保障、ジェンダーなどの制度を変革し続け、今日の新しい社会制度へと構造転換してきたのである。

本稿では、フランスやスウェーデンの制度から日本が学べることは何か、述べてみたい。

子ども本位のユニバーサルな給付

フランスでもスウェーデンでも、子どもの養育費を社会的に再分配する児童手当（家族手当）制度が確立している。スウェーデンでは、基本的に第1子から1人月額1万500円程度の児童手当が16歳まで支給され、多子加算や学生補助金もある。

フランスでは、歴史的経緯からいまだに第2子からではあるが、同様の子どもへの手当が1人月額1万８０００円程度20歳まで支給され、やはり多子加算や学生補助金も存在する。

これは資産調査なしの普遍主義的給付であり、両国とも高所得階層の家庭に対してまで同じ児童・家族給付を行うことに対する批判的意見はあるものの、子どものいる家庭に対する水平的再分配の制度として、普遍主義を貫いてきた。低所得階層の家庭に対しては、さらに受給に所得制限のある多種多様な手当が上乗せされている。その上でさらに、ひとり親家庭への支援、障碍児の支援など、さまざまな支援制度が張り巡らされている。

これらの仕組みは、子育てにかかる費用を社会全体で負担していくべきであるという社会的合意に基づいている。

ひるがえって日本では、子育ての費用は各家庭の責任とされ、低所得層に対してのみ児童手当が支給されてきた。１９７１年の児童手当発足以来、見直しや改善が何度も行われたが、一貫した論理に基づく議論はなされず、常に財政的制約のもとで総額が抑制され、折衷的な制度にとどまっている。

２００９年に、はじめて普遍主義的な児童手当としての「子ども手当」構想をマニフェストに掲げる民主党が政権を取ったが、財源問題、震災復興問題、現金給付への反発などにより、手当は減額され、所得制限が復活し、12年に事実上の廃止に至った。

普遍主義的児童手当は、貧困世帯に対する垂直的再分配とは異なる、子育て世帯に対する水平的再分配の仕組みである。そして、結果として子どもの貧困防止に効果があり、不正受給摘発などの選別コストもかからず、受給者へのスティグマも生じない優れた政策の一つである。しかし、日本ではこの仕組みが欠如しているために、少なからぬ世帯で経済的な理由により望む数の子どもを産むことができず、少子化が進行している。

幼児期の上質な保育と教育の制度

近年の乳幼児発達研究（例えば、アメリカ国立小児保健・人間発達研究所の体系的追跡調査など）により、母親による育児のみが子どもの発達に良い影響を与えるわけではなく、専門家による質の高い保育が適切に与えられることが重要であると指摘されるようになった。

スウェーデンでも、保育所に通う子どもの社会性の発達が良いことから、保育の普遍的必要性が認識されるようになった。１９８０年代に保育を福祉から教育へと移管し、今日では親の育休明けからすべての子どもに保育・教育を保障する仕組みをつくっている。

フランスでは、歴史的に就学前教育システムの広範な展開があり、3歳からは国家が保障する無償の幼児学校（エコール・マテルネル）にすべての子どもが入ることができ、3歳未満では保育所や託児所、家庭的保育者などの多様な保育制度を整えている。

また両国とも、学校には学童保育が併設されている。このような公的な教育・保育保障のもとに、育児の社会化は当然のこととされており、母子関係に封じ込められない、ひらかれた育児環境がある。

日本でも、保育の拡充を求める声は次第に高まり、現在、幼稚園と保育所の統合を目指した「総合こども園」の提案や、地域の実情に即した新しい地域子育てシステムの計画が進んでいる。しかし、スウェーデンやフランスと比較すると、未来社会を担う子どもの保育や教育に対する社会的投資は、まだ低いと言わざるを得ない。

スウェーデンでは税金を使った国からの財政支援が確立しているし、フランスでは総企業の財政支出が大きな比率を占める家族手当金庫が主な保育拡充資金を提供している。幼児学校の人件費は国が持っているのであり、決して自治体任せにしているのではない。

子ども期への社会的投資を増加させるには、社会的コンセンサスが必要であり、日本社会にまだ根強い「子育ては母親の役割」「育児期の女性は職業より育児を優先して当たり前」「育児は家族の責任」という考え方から一歩踏み出して、「子育ては両親と社会で分かちあうもの」「育児期の女性も職業と育児を両立できる環境を」という意識の醸成が求められる。

私は両国で家族インタビューを行ってきたが、育児の社会化が進んだスウェーデンやフランスの家庭では、家庭の意味が失われるどころか、家庭を大切にし、子育てを日本より楽しめているように感じられた。

家族の多様性への対応

スウェーデンもフランスも、家族の多様化が進んでいる。法律婚に代えて事実婚が多数になり、事実婚を保護する法律ができている。破綻主義の離婚も少なくない。同性婚も合法化されている。

性愛と親子関係で成り立っている近代家族は、純粋な性愛を求めるにつれて、流動化し多様化する。子連れ再婚による再構成家族（ステップファミリー）が増加するにつれて、いかなる家庭環境にあっても守らねばならない子どもの権利が主題化される。

両国においては、両親は、離別後も2人で子どもの養育に責任を持たねばならない。やはり子どもを引き取るのは母親の方が多数であるが、別居している親は、子どもの養育費を払わなければならないし、子どもの親として定期的に子に面会し、ケア責任の一端を果たすよう促される。

子どもに対する親の責任は、日本より丁寧に規定されているのである。

日本では、一度結婚したら離婚せず、性別分業で協力する夫婦を暗黙の前提として社会保障制度が組み立てられている。したがって、ひとり親に対する支援は両国と比べて乏しく、離別した親の養育責任もあいまいである。また日本のステップファミリーでは、継親は継子に対して実の親のように振る舞わねばならないというプレッシャーのもとに置かれてしまい、苦しむケースが多い。

スウェーデンやフランスでは、離婚した親の再婚相手は、子どもから見て親戚の叔父・叔母のようなもので、元の親子関係に揺るぎがない。

じつは徐々に日本でも家族の多様化は生じているのだが、家族の制度と意識が古いままで、新しい現実に即して変えられていないのである。日本の家族法の変化の少なさは、世界的に見て特殊なのではないだろうか。

もちろん、離婚することが素晴らしいわけではなく、当事者にも子どもにも苦労の多いことであるが、避けられない現実があるとすれば、その現実を生きやすくする法律改正を行い、さまざまな家族リスクに対応可能な社会保障制度を構築していくべきであろう。

根本的な問題点は国レベルで改革すべき

以上のように、スウェーデンやフランスの家族と育児支援制度を研究してきた視点から日本の問題を見ていくと、自治体による工夫以前に、まず国レベルで改革すべき根本的な問題点が見えてくる。

両国において制度変革は総合的になされており、育児に関する社会保障だけが変革されたのではない。労働のあり方とジェンダー問題の解決が同時に追求され、さらに家族の制度を柔軟化することが不可欠であった。

日本では、ようやく子ども手当や保育・教育システム、そして働き方の変革が語られるようになってきたが、家族制度については手つかずである。保育システムを地域の多様な実情に合わせてデザインしていくことは必要であるが、国レベルでの基本的・総合的制度設計が、まず求められるべきであろう。

より現場に近いところで施策を講じている自治体から、国に対して変革を迫るということも必要になってくるのではないだろうか。

第Ⅲ部

人口急減
――克服への提言

1. 知事に聞く“地方創生”の具体論

2. 市町村長に聞く“わがまち”の少子化・人口流出対策

3. 人口急減に対する国の施策

解説◆総務省　「連携中枢都市圏構想」

国土交通省　「国土のグランドデザイン2050」

子どもが多いほど優遇される政策を

北海道知事 高橋はるみ
Harumi Takahashi

全国平均を上回る速度で人口減少が進む北海道。道は2015年3月に具体的な対策の方向をまとめた「人口減少問題に対する取組指針」を策定する予定で、庁内に人口減少問題対策室を設置するなど取り組みを加速している。高橋はるみ知事は「指針で方向性を出せば、あとはアクションあるのみだ」と対応を急ぐ姿勢を示した。

──日本創成会議の人口減少に関する報告をどのように捉えているのでしょう。

高橋　若年女性人口が急速に減少すると、出生率が上昇しても出生数自体は減少し続けるといった新たな視点からの分析であり、地域が直面する人口減少問題に対し、地方自治体などが正面から向き合うきっかけをつくったものと認識しています。

一定の前提での推計ですが、道内は広大な中で人口減少のスピードが全国以上です。特に、出産適齢期とも言われている20代、30代の女性の減少が一定以上だとまち自体が消滅してしまうという、創成会議が提言したシナリオに合致する市町村が結構あることも、大きなインパクトを与えたものと思います。

市町村からヒント洗い出し

──人口減少問題に対し、道としてどのように対応していく考えですか。

高橋　将来消滅する可能性のある市区町村の発表については、地方に対する警鐘として受け止める一方、過度に悲観せず、冷静に捉え、実効性のある対策を考えていきたいと思っています。

道ではすでに、人口減少問題に関する庁内横断的な検討を進めていますが、その中で、創成会議の推計を参考としながら、人口減少率が比較的小さいとされている市町村や出生率の高い市町村の分析を行い、今後の対策のヒントの洗い出しなどを行っています。創成会議の提言にかかわらず、中長期の北海道の明日を考えた場合には、何としても対処しなければならない問題だという強い意識を持っています。

道は2004年に「子どもの未来づくりのための少子化対策推進条例」を制定しました。やや出生率は高まってきていますが、その出生率も全国的に見て低い状況にあります。

今後、国の動向も踏まえながら、有識者や市町村、経済・産業団体などからもご意見を伺い、14年度中に道として、人口減少問題に対する「取組指針」を策定する予定です。しっかりした方向性を出して、あとはアクションあるのみです。

一極集中是正に国は決意を

――政府は「まち・ひと・しごと創生本部」を設置し、50年度に人口1億人を維持する目標を掲げました。国にはどのような対応を求めていくのでしょう。

高橋　地方に競わせてアイデアを出させて、なけなしの財政支出を伴わせて、国から交付金を出すみたいな話よりも、私どもとしてはやはり、国が全国一律の政策として、まず第一に東京一極集中是正を抜本的に進めるという強い決意と、その具体的な政策メニューを用意してほしいと思います。

東京から地方に出てくる人の受け皿として、例えばそれが青森県なのか北海道旭川市なのかという意味での競争は分かりますが、根っこの部分が何も動かないで、現に進んでいる東京への一極集中を放置して地方の知恵比べだと言われても、日本全体は変わりません。

まして、日本で一番出生率の低い東京にどんどん人が入って、人口1億人を維持するというのは絶対に無理です。東京一極集中是正を、国が大胆な税制、大胆な誘導策を持ってまずは進めてもらうということです。

――具体的な税制や制度改正で、国に要望することはありますか。

高橋　東京には大手企業、あるいはものづくりの現場もあります。そういう所にあるものを地方に誘導する税制なり補助制度をつくることは意味があります。

14年10月27日に開催した北海道東北地方知事会議では、「東京から追い出したら、企業が地方に来る前に海外に行ってしまう」と懸念する意見が出ました。それでは困りますので、東京から地方に行くことが当該企業にとってメリットになるような税制や誘導措置が取られれば、あとはどこに誘致するかはわれわれの競争、知恵の出し所だと思います。

出生率向上に向けて全国一律の制度を

――出生率の向上策について、提言は。

高橋　北海道、東北は人口の自然減、社会減のどちらにも苦しんでいるわけですが、例えば道内で見ますと、えりも町は水産業が盛んで、実は北海道の中では1・90と最も出生率が高いんです。えりも町はそれを実現するために本当に厳しい財政の中でいろんなことをやっておられますが、その人たちが結局社会減という形で、札幌市なり東京なりに行ってしまっています。

社会増減の部分については、地域の魅力づくりの知恵の出し合いで競う部分は重要ですが、出生率向上についてはには全国一律で国がやるべきです。子どもを産みたくなるようにするためには、例えば出産経費の支援、子どもの医療費助成、教育費といったものを一律に国が用意する必要があるでしょう。これは道なり市町村なり、財政の厳しい中でちょっとずつ工夫して競争しろというのはあんまりだと思います。

1次産業、観光で雇用の場を

――具体的に北海道として検討している人口増加策はありますか。

高橋　私自身も、大学を出てからずっと40年くらいフルタイムで働き、結婚して子どもを2人育てました。自分自身が仕事と家庭の両立で苦労した経験を持っている立場でもあります。

道庁の中にも働く女性はいっぱいいて、子育てで苦労している職員、出産しようと思ってもなかなかできないという職員、その中には幹部候補の職員もいます。ですから、まずわれわれ道庁自身が、男女合わせて1万人以上の職員がいる組織ですので、女性職員の意見も聞き取りをして、私自身も意見を出して、まずわれわれからモデル的に何かやろうよということを、声掛けをしています。

重要なのは雇用の場だと思いますが、北海道は基幹産業が農業、水産業、林業といった1次産業です。それから観光業もあります。そういったところがさらにそれぞれの地域の特性を出して、魅力的な雇用の場となるようにわれわれも市町村と連携してしっかり対応していきます。

ただ、そういう話をしますと、現場からは「いろいろや

って も人が集まらない」「人手不足」という話も出てきます。都会の若者がなぜ来ないのか。雇用の場がないんだと。雇用の場をつくって人を求めようとしても、そこに人が来ないというミスマッチが出てきていますので、これは国任せにするつもりはありません。

われわれ自身も適切な情報を全国に対して、あるいは都会の人たちに対して発信していかなければならないし、ミスマッチがあるとすればそこをどうマッチングするのか。それは現場に対する研修も必要でしょうし、個別具体的な要望を仕事を求めている都会の人たちに聞いて、それだったらここ、というきめ細やかなマッチング、仲介も必要でしょう。

いずれにせよ、北海道らしい1次産業と観光を中心とした形で魅力的な雇用の場を展開していくことが、何より重要かなと思っています。

さらには、北海道は医療が大変です。道内でも、医療環境が安心だから定年退職したら札幌に移ろうという方が結構います。広大な北海道で医療の安全・安心を地域にも享受していただくためには、もちろん医者の人数を増やすことは重要ですが、救急医療のため、14年度中にドクターヘリを4機体制にします。全国でも例はありません。

加えて、メディカルウイングと呼ばれるドクタージェットは、まだ全国どこにも導入されていませんが、広大な北海道なるがゆえに検討し、国に助成なども求めていかなければならないかなと考えています。ヘリコプターは飛べる条件がかなり制約されますが、その代わりどこにでも降りられるメリットがあります。

一方でドクタージェットの場合には滑走路が要りますが、その代わり天候にはあまり左右されないという利点もあります。

機能分散は政府の決断次第

──1990年代には首都機能移転の議論がありました。政府機能分散について、是非をお聞かせください。

高橋　やるべきだと思います。情報が集中している所にそれぞれが集まって立地していた方が、ちょっと歩いて隣の省庁に行って連絡を取り合うとか、便利は便利かと思います。ただ、今はテレワークで離れた所でも仕事をやろうということが現実に動いている時代ですので、やると決めたらできます。

私が中央省庁（経済産業省）にいた経験で言えば、関東圏をエリアとする省庁の地方支分部局のヘッドクオータの機能を、東京の大手町、霞が関かいわいから例えば埼玉県に移すとかいうことは少しずつやっていました。要は（政府の）決断次第だと思います。

リニア中央新幹線ができるのであれば、東京と山梨県、名古屋市との距離も全然違ってくるでしょう。できない理由は１００も２００も挙げることは可能ですので、それを「できない」ではなくて「できる」にしていく。それがまさに政治的な決断ではないかと思います。

コンパクトシティーが最善でない地域も

――人口減少に備えたまちづくりとして、コンパクトシティー化を進めようという動きも出ています。

高橋　日本創成会議からは、若者に魅力のある地域拠点都市を中核とした「新たな集積構造」の構築を目指して、投資と施策を集中することが重要であるといった戦略が示されています。

国土交通省の「国土のグランドデザイン２０５０」においても、コンパクトとネットワーク化がキーワードとなっており、高次地方都市連合などの構築が基本戦略の一つとなっています。

道内においても、夕張市や沼田町などでコンパクトシティーの取り組みや検討が進められており、都市機能の集約化は選択肢の一つと考えています。

ただし、農山漁村が多く、広域分散型の北海道においては、コンパクトシティーが必ずしも最善策とはならない地域もありますので、それぞれの地域の特性を踏まえ、地域の実情に応じた多様なまちづくりの方向性を検討することが重要と考えています。

市町村と魅力発信

――北海道が各振興局で開催した14年度の地域づくり連携会議では、出席した自治体首長から市町村が実施する子育て施策、定住・移住促進策について「限られたパイの奪い合いになる」といった懸念の声が上がりました。こうした意見に対し、道としてどのような対応ができるのでしょう。

高橋　ご指摘のように、地域づくり連携会議では市町村長から、「自治体での子育て支援策などは同じパイの中で子育て世代の奪い合いをしているものであり、全体として見ると人を増やす政策につながっていない」などの意見がありました。

地域に若者や子育て世代を呼び込むために各市町村が取り組んでいる施策の中で、先ほども触れましたが、例えば子どもの医療費などについては、本来、地域によって格差があるべきではなく、国全体で子育て負担を減らし、出生率を高めるという取り組みを期待します。

一方、移住・定住政策などについては市町村がそれぞれの個性を生かし、知恵を絞って魅力あるまちづくりを進め、受け入れ体制の充実に力を注いでいただくことも大切です。

道としても、市町村とともに北海道の魅力を発信しながら、道外の方々を北海道へ呼び寄せる取り組みを進めていきたいと考えています。

人口減少は最重要課題

――北海道、あるいは地方全体の視点から、人口減少や自治体消滅に関する意見、提言はありますか。

高橋　道では人口減少問題を道政の最重要課題として位置付けており、その対応は、少子化対策をはじめ経済、暮らし、教育など全ての分野に関わることから、あらゆる施策を総動員する必要があると考えています。

このため、道庁のみならず、道民の皆様と課題認識を共有し、市町村などと連携しながら、子どもを産み育てやすい環境づくりや、それぞれの強みを生かした地域づくりなどを進め、オール北海道で人口減少に立ち向かっていかなければならないと考えます。

人口減少問題は地方のみならず日本全体の問題ですので、国にもしっかりと役割を果たしていただき、国と地方自治体とが一丸となって取り組んでいかなければならないと考えています。

3人目、4人目に優遇策を

――最後に、女性の視点で人口減少問題に対するご意見はありますか。

高橋　人口1億人を維持するために、出生率を2・07にするというのはすごく大変なことです。それを実現するには、子どもが2人では駄目なわけです。

分かりやすく言うと、子どもが3人、4人という家庭が周りにいっぱいいるという世の中にしていかないといけないと思います。

2人目、3人目、4人目と、子どもが多いほど優遇されるような政策が、女性の立場からすると強く望まれます。

（**大町直永**＝札幌支社）

道州制の推進が少子化対策につながる

宮城県知事 村井嘉浩
Yoshihiro Murai

宮城県の村井嘉浩知事は地方が人口減少・少子化対策に取り組むには、地域特性を生かした施策の展開や街づくりが重要と指摘する。そのためにも、国から地方への大幅な権限移譲が必要で、東京一極集中を改善し、東北全体で人を呼び込むには道州制の推進が重要と説く。また、交流人口を増やすため、放射光施設の誘致や空港民営化に取り組む方針だ。

人口減少、県としても「大きな問題」

――若年女性が半分以下に減ることで、2040年までに全国896自治体が消滅する可能性があるとした日本創成会議の報告、いわゆる「増田リポート」をどう捉えていますか。

村井 国立社会保障・人口問題研究所の推計があり、合計特殊出生率が2・07くらいなければ人口が減るというのは分かっていることです。

ただ、今回の日本創成会議の報告では具体的な自治体を挙げて消滅する可能性があると示したことで、問題がより身近になった気がします。これでかなり大きな社会的インパクトを与えましたし、そこに住んでいる人も自分の街がなくなってしまうかもしれないと実感を持って捉えたので、意義は大きかったと思います。

宮城県の場合、20歳から39歳の若年女性人口が2040年には2010年の約6割になります。宮城全体としてもきわめて大きな問題ととらえています。

――人口の減り方は県内でも市町村別、地域間で差がありますが。

村井 東京一極集中と言われますが、宮城も仙台一極集中です。仙台一極集中というのは、仙台都市圏（仙台市だけでなく名取市や富谷町など仙台周辺の自治体も含めた圏域）は力があるということで、仙台から離れれば離れるほど問題が深刻になっています。

これはまさに日本の縮図です。東京と東京近郊は少子化が進んでいても人口はそれほど減りません。われわれの場合は仙台を中心に同じことが言えると思います。そういう意味で宮城の課題を解決することはいわば、日本の課題解決にもつながるのではと思っています。先進モデルになる可能性があります。

地方が自ら対策を考えられるように

——政府の「まち・ひと・しごと創生本部」は50年後も人口1億人維持を掲げています。そのためには合計特殊出生率を2・00程度（現在は1・43）まで引き上げなければなりません。県としての取り組みは。

村井　具体的に進めているのは保育所の整備と保育士の人材確保です。これは非常に重要と思っています。今年度から保育士と保育士を募集している保育所のマッチングを図る「人材バンク」もスタートしました。保育士と募集している保育所の橋渡し役をしっかり果たしていきたいと思っています。こういうこともやりつつ、新しいいろいろな対策を考えていく必要があります。

一例を挙げると、まだアイデアベースで施策として実現するかどうか分かりませんが、残業時間を減らして休日を増やす、あるいは、家庭にいながら仕事ができるテレワークを促進するなど、企業がそういった取り組みができるような誘導策のようなものを考えていかなければならないと思っています。誘導策としては何らかのインセンティブをつくることが必要と考えていて、子育て支援に熱心な企業に対する表彰制度や入札時の優遇制度などを念頭に入れています。

——合計特殊出生率の向上に向け、国に求めることは何ですか。

村井　休日を週2日から3日にして時間的余裕を生むなど思い切った制度改正が求められると思います。

また人口減少・少子化対策という意味では、外国人の受け入れをもっと柔軟にすべきだと思います。移民とまではいかなくても、外国人の受け入れに関してもう少し柔軟に考えるべきです。

日本は外国人労働について、単純労働は認めずあくまで研修・スキルアップのために貢献するという名目にしていますが、シンガポールなどは「単純労働者も受け入れる」

と国がはっきりとメッセージを打ち出し、労働力が足りないところに外国人労働者を充当できるようにしています。

われわれも東日本大震災の影響で沿岸部の漁業・水産加工業が完全に人手不足の状況です。来日したいという外国人もいますが、制度面でのハードルが高く、そうしたものを規制緩和するため、岩手県と連携して特区申請しようかという話もしています。

政府がこうした問題を受け止め、しっかりとした意思表示をすることから始めるべきではないかと思います。

――東日本大震災はどのように人口に影響を与えましたか。

村井　被災地からは当然人が流出しています。社会減の影響は甚大です。また、流出しているのは若者なので、生まれる子どもの数も減ります。自然減という意味でも震災の影響は大きかったと思います。

――東京一極集中是正のために、国にどのような施策を期待しているのでしょう。

村井　知事会などは会社が集積しづらい地域の法人税率を低くして、企業を地方へと誘導した方がいいのではと主張しています。たしかに一つの考え方と思います。しかし東京や愛知など大都市圏は猛反対するでしょう。そんなに問題は簡単ではないのではないかと思っています。

企業はもっと有利な法人税率の地域が世界中にいくらでもあります。そうした中で本社機能が東京にあるのは、東京に魅力があるからです。それを無理に剥がそうとしてもなかなか簡単に剥がれないのではないかと思います。

それよりも地方が自ら力を付けていくことがもっと重要と思います。人口だけ見ても、宮城県だけだと約230万人しかいませんが、東北6県だと1000万人規模になります。東北が一つになるくらいの大同団結ができれば、東京に勝てるような地域づくりをすることは十分可能です。

――村井知事はかねてから道州制の推進を提唱していますが。

村井　そうです。それくらいしないと東京一極集中というのは、税率をいじったくらいではなくならないと思います。地方の努力で、東京に伍して戦えるという地域をつくる、自助努力によって戦える力を付けるというような思い切った対策をした方がいいのではないでしょうか。

――地方自治体でできることがあるとすれば何でしょうか。

村井　道州制の推進です。例えば東北6県全体で空港が九つもある。各県に水産業研究所や林業研究所といった研究施設や公立大などが山のようにあります。そこに6人も知事がいるわけですから、協議して各施設を廃止、集約するというようなことは簡単にはできません。東北を一つにまとめれば、例えば空港機能はA空港とB空港に集約して他の空港をなくす、また、港もいずれかを選択的に大きくする、大学も集約することでレベルの高い大学をつくることなどができます。そうすれば若い人がこぞって田舎に集まってくるでしょう。国が一律に「こうすればうまくいく」と示すのではなく、地方が自分の頭で考えられるように権限を委譲する、地方公共団体のスケールを大きくするということが、長い目で見れば少子化対策につながると思います。

地方自治体が道州くらいの規模になれば、州知事が海外からの人の受け入れ方法などを考えるのは可能になると思います。県単位でやろうとすると、国が決めたこと以外何もできません。権限と財源がないからです。今の仕組みの中で人口減少・少子化対策を考えるとなると、国が決めたルール通りにやっていかなければなりません。抜本的な解決はなかなかできないと思います。そこが一番大きな問題点です。

「宮城らしさ」大事にまちづくり

──少子化対策により人口の急減を抑えつつ、同時に人口減少に備えたまちづくりについても検討する必要があります。「コンパクトシティー」の考え方についてどう思いますか。

村井　大賛成です。人が少なくなり、高齢化が進んでいるわけなので、人が点在するよりもできるだけ集約化するのは重要です。

東日本大震災の発生により、沿岸部は新たな街づくりに取り組まねばならなくなりました。当然、この機会に将来の日本のモデルとなるコンパクトシティーをつくるべきだと考え、私は復興構想会議でそれを提言しました。

県内の被災した市や町では、コンパクトな街をつくり、交通機能なども集約化して理想とする街づくりを進めています。私は、非常に評価しています。

──住み慣れた場所から移転したくないという住民もいます。住民の思いとまちづくりとのバランスはどうとるべきでしょう。

村井　難しい問題です。しかし人口減少が進む今、街がおのずとコンパクトにならざるを得ないのではないでしょうか。住民を粘り強く説得していく政治の力というのが非常に重要になります。今回の成功事例である津波被災自治体は、首長らが相当粘り強く住民を説得しました。

――人口減少対策に取り組む際、気をつけなければならないことは何でしょう。

村井　国が準備した人口減少・少子化対策のメニューをその通りやっていくというのでは、私はうまくいかないと思います。地方がそれぞれ危機感を持ち、政策を実行できるような形にしないと解決できないのではと考えています。地域特性もあるでしょう。少子化対策の中でも、例えば富山県の3世代、4世代が同居していて祖父母が孫の世話に協力するといった事例がよく取り上げられます。そういうのも一つのモデルと思います。そうしたことを東京でやろうとしてもなかなか取り入れるのは難しいでしょう。地域ごとの特性があるので、国が「こうすればうまくいく」というメニューをつくり、地方全体が歩調を合わせてやっていくのではうまくいかないと思います。

――宮城県の場合、特に気をつけなければいけないことは何でしょうか。

村井　宮城には宮城の特性があるので、「宮城らしさ」というのを念頭に街づくりなどを行う必要があると思います。

一例を挙げると、宮城県は東北大など教育機関があることから、若者が集まりやすいという特性があります。学生や研究者が集まるような都市をつくり、新たな産業創出を目指せればと考えています。

県では現在、強力な光を使い、原子レベルでの物質構造などが見える巨大な顕微鏡である「東北放射光」の誘致を図っていますが、それだけを持ってくればすむのではなく、放射光施設を核とした研究都市のようなものをつくれればと検討しております。フランスにグルノーブルという同様に放射光施設を中心にした研究都市があります。100へクタールほどの小さな街に放射光の設備があり、常にいろいろな研究者や企業が訪れています。そうした施設を誘致することで、宮城らしい地域づくりを進めていけるのではないかと思います。学生や企業が集まると、定住人口がある程度減っても、交流人口によって活力を失わない地域にしていくことが可能です。地方創生の目玉として手を挙げてもおもしろいかと思っています。

復興加速、人も呼び込む

――人を引きつける産業とはどのようなものが考えられるでしょう。宮城県は水産業などが盛んなイメージがありま

すが。

村井　水産業については震災後、石巻市桃浦で水産業復興特区を創設し、漁業権を民間に解放しました。民間資本が入り、工場を建設し加工にも乗り出したようです。自ら販路開拓などにも取り組み、若者も社員として入ることで地域に活力が出てきました。

観光も非常に力を入れています。観光面では仙台空港の民営化に取り組んでいます。現在の空港利用者数は300万人ほどですが、これは人口が宮城の半分くらいの宮崎空港と同様の利用者数です。仙台空港には羽田便がなく、東京への利用者を差し引くため同規模になります。しかし東北地方で唯一3000メートルの滑走路があり、ポテンシャルは高いのです。今後利用者数を増やし、600万人を目指します。

海外からの訪日客は現在約1000万人なのに、宮城県にお越しになる外国人観光客はそのうち1%未満です。少ないということは、伸びしろがあるということです。LCCといった航空機の発着便を増やすことで、実現を目指していきます。

われわれが補助金を出して定期便を誘致するというのではなく、民間の経営努力で発着便を増やそうと思い切って民営化を図ることとしました。宮城県が国内で最初に民営化に踏み切ります。成功事例としたいです。併せて東北6県で連携し、観光客が広域で周遊する仕掛けづくりも進めていきます。

——人を呼び込むまちづくりをする中、地域格差を生まないよう、どう配慮しますか。

村井　一定の人口が維持できたとしてもやはり地域格差は出てくると思います。格差を小さくするのは非常に難しい問題ですが、政策誘導することによって、ある程度是正することは可能だと考えています。例えば、東北地方への医学部新設の件では、医師不足が深刻な県北部の栗原市にキャンパスを誘致しようと努力しました。結果的には、県の構想は不採択になりましたが、仮に医学部が県北の過疎地にできていれば若者が増え、街に活力が生まれたはずです。

——震災復興と人口減少対策、両立は可能ですか。

村井　二つは相反するものではなく、リンクするものと思っています。復興に取り組みながら人口が増えるような施策を同時並行で進めていくつもりです。

（**山田惠資**＝仙台支社長、**森裕紀子**＝仙台支社）

国は本気か地方の努力だけでは限界

秋田県知事 佐竹敬久
Norihisa Satake

高齢化率、人口減少率ともに全都道府県で最も高い秋田県。人口は103万人余りだが、2040年までに70万人に減少すると予測され、県内25市町村のうち大潟村を除く24市町村に消滅の可能性があるとされた。県は若手・中堅職員が人口減少対策に取り組む「人口問題対策プロジェクトチーム」を発足。人口減少対策を最重要課題と位置づける。

人口問題対策プロジェクトチームを発足

――日本創成会議の人口推計で、若年女性人口の減少率が5割以下となる自治体の比率が、秋田県は全国で1位となっています。これをどう受け止めていらっしゃいますか。

佐竹　これは、これまでの歴史や経済などすべてが絡み合った経緯の中で起きた現象だと思います。いろいろなものが重なり合って、その中でたまたま秋田がこうなったということだと思っています。だからといって黙っていればいいというものではありませんが。

――秋田県では今年に入って、全庁横断的なプロジェクトチームをつくり、職員に人口減少の背景を分析させていますね。

佐竹　地方自治体は、数十年前から人口減少対策という名前を使うかどうかは別にして、そういうものに取り組んできました。人口減少の背景にどういうものがあったかを分析するためというよりは、その実施状況を重ね合わせ、これから政策をつくる際の参考にするために、このプロジェクトを行っています。

私が県庁に入ったとき（1972年）にはもう、地域雇用の確保ということで企業誘致がありました。これはまさに人口減少対策です。ずっとやってきたけれども、それがあまり功を奏していない。
人口減少の自然現象の面を、われわれはどうすることもできません。しかし、政策的にいくらか補完ができることは確かですから、そこをなんとかしようということです。ここ数十年、いろいろな政策をやってきたのが人口減少にどう関係しているかということで、いまプロジェクトチームで検証を行っています。

日本創成会議の推計で、国がやっと問題意識

――将来的には、結果を政策に反映させることになるわけですね。

佐竹　社会現象を行政が直せるところはほとんどない。しかし、ほんのわずかでもプラスになるものはやるべきです。いままでの政策を検証して、どういう相関関係があるか分かれば、そこから政策のヒントが出てきます。
約50年前から始まっている企業誘致は、まさに人口減少対策です。オーソドックスな職場の確保というのが、まず出てきたんですね。それから、子育て対策が始まった。政策と人口減少がどういう相関関係にあるかは非常に複雑な分析をしなければ分からないということで、今やっています。
日本創成会議の人口推計では消滅可能性が高い都市があるといっていますが、これに驚く必要はありません。マイナストレンドを取ればゼロに限りなく近づくというのは、数学的には当たり前です。ただ、この人口推計で国が問題意識を持ったのが非常に大事ですね。
地方はもう何十年も前から人口減少対策をやっているけれども、国は特に問題意識を持ちませんでした。経済構造が変わり、ものづくり経済から、ソフト経済、金融経済になってきて、やはり首都圏への集中の論理が働きました。これがずっと進み、今日に至ります。このままでは大変なことになるということで、国も「まち・ひと・しごと創生本部」を作って、やっています。

――日本創成会議の人口推計は、国に本気で取り組ませる契機をつくったと。

佐竹　増田寛也さんのアクションというのは、われわれは歓迎しています。増田さんがこういう情報発信をし、国がようやく関心を持ったということで、地方からは感謝すべきだと思っています。

創意工夫だけでは解決しない

――まち・ひと・しごと創生本部は50年後に人口1億人維

持を掲げています。そのためには、まず目指すべき水準として合計特殊出生率を1・8程度まで引き上げる必要がありますが。

佐竹　具体的な案が全く出ていません。国がどの程度本気で考えているのか、疑問です。「まち・ひと・しごと創生本部」という名前自体がこの問題を矮小化してしまっていると、そう捉えています。もっと国家の仕組みに関わる大きい話です。東京一極集中がありますし。

少子化対策には二つあって、一つは子育て関連のいわゆる少子化対策と、もう一つは経済政策ですね。経済政策の部分が何も出てこない。どこまで本気なのか、まだ政策が出ていませんから分かりません。

予算の配分とか交付金の配分とか、そういう問題ではないんです。予算の問題とすり替えられると、これは非常に矮小化されると思います。さまざまな地方の規制改革が絡むし、国の統治のあり方、経済の仕組みが全部絡む。それを抜きにしては、出生率の引き上げにはつながりません。

小さな町の一例、一つの企業の一例を捉えて、部分を捉えて全体に当てはめ、そうすると問題が解決するというような、政府にはそういう言い方が多い。われわれ地方の努力、創意工夫は必要だけれども、それだけでは解決しないんですよね。ですから、これからどういう政策が出てくるか、興味深く見ています。

産業構造の変化を捉えた地方の産業活性化を

われわれがやれることは、なかなか少ない。どんなに子育て政策を充実させても、若い人の職場がなければ、定住の増加はあり得ません。日本はかつてものづくりがどんどん広がって、労働力を求めて地方に工場が進出したけれども、ある時に国際競争の中で工場が海外に出ていきました。それに代わるものが、金融経済化、ソフト経済化でした。

産業構造の変化を捉えた地方の産業の活性化——国もわれわれ地方自治体も、なかなかそのための解決策を見いだせないでいます。企業誘致活動はしても、企業はなかなか来ない。内発的な産業をどう興すか、あるいは今ある県内の産業基盤をどう生かすかが県に求められています。

当然、企業誘致もありますが、ある程度、地域の中のいろいろな基盤や可能性を産業化するというのが、大きな流れです。農業にしろ、観光にしろ、今ある有形無形の資源をどう舞台に上げるか、それが今、地方がやっていることです。

それから、できるだけ地方の文化を見直してもらって、少しくらい首都圏より給料が少なくても、暮らしやすいとかそういうところに価値を見いだしてもらうか、あるいは子どもを育てやすい環境をつくるとか、それしかありません。
　産業は創意工夫で成り立つものではありません。政府が地方に創意工夫だ、アイデア競争だと、そう言うのはおかしいと思うのです。今の産業形態であっても、地方への産業の再配置をする。思い切って企業や大学の地方への再配置までしないと、なかなか地域活性化は難しいのではないでしょうか。

産業政策なしでの人口の地方分散はあり得ない

――県としては経済対策に力を入れていくと。

佐竹　経済対策というのは、誘致もやっているけれども、それだけに頼らない。成熟社会になると、今までのように単に目に見えるものだけではなく、いろいろなものにお金を払うという、そういう豊かさが出てきます。そこには可能性があって、今までお金にならなかったものが、お金になったりします。そこはわれわれが、頑張らないといけないと思っています。
　子育て政策はお金がかかるので、地方だけでは無理なんです。秋田県では2012年8月から県が提唱して多くの市町村とともに小学校卒業まで児童の医療費を軽減する制度があります。小学生の医療費の3割の自己負担額の半分を県と市町村が助成し、1カ月に1医療機関当たり自己負担が千円を超える分は、全額を助成します。子どもを産み育てることについて、国の政策は手厚くない。ほとんど県や市町村がやらなければなりません。出生率の低い東京都の子育て政策は、すごい。でも、地方はお金がないから、やれない。大変な矛盾があるのです。

働く場所がなければどうしようもない

――秋田県の子育て関連の対策は充実しています。

佐竹　充実しているけれども、あまり人口は増えません。仕事の面が影響している。われわれは、財政的に無理をしてでもやっているけれども、いくら子育て対策が良くても、働く場所がなければどうしようもありません。産業政策なしでの人口の地方分散はあり得ません。人口減少は、憲法改正くらい大きな問題なんですよ。そういう捉え方でやらないと、出生率を2にとか言っても、全く夢物語だと思います。

――まずは国で産業政策を考える必要がある。

佐竹　そこが何も出てこないんですね。日本の場合、産業の分散と人口分散を相当意識的にやらないと、黙っていたら東京に行ってしまいます。東京に行かないような政策をつくらなければならないのです。

コンパクトシティー化や機能合体を進める

――人口の急激な減少にストップをかけつつ、町の機能を保てるよう、コンパクトシティーの構想が秋田市を含めてあります。この構想をどのようにお考えですか。

佐竹　私はコンパクトシティーの論者で、秋田市長になったときからは、外周部の開発は全て認めないという方向にしました。今、コンパクトシティーや役所の機能合体などで、良いところがどんどん出てきています。

本質的なところで県と市町村の違いがあっても、似通った作業があります。横手市では市役所と県の地域振興局が一緒に仕事をしています。そうすると非常に効率が良くなります。市町村と県の下水道を一緒にする取り組みも進んでいて、秋田県はこれで全国トップクラスを走っています。下水道は一緒に作ると。下水道は管理するのが市町村だろうが県だろうが、使う方は関係ないでしょう。

コンパクトシティーも、都市が外周部に広がっていくと、ものすごい行政コストがかかりますから効率化を進めるのに役立ちます。

人口の一極集中は、権力が一極集中だから

――人口減少対策には、市町村がそれぞれ取り組んでいます。県としてはどのような立ち位置で取り組んでいますか。

佐竹　市町村は結局何をするにしても、いろいろな規制があるし、権限がないものだから、金目のものに走る、財政出動でやろうとします。そうなると、秋田の市町村は財政力が弱いため、金目とは別の視点で何かやれば、どうしても制度上の規制にぶつかります。だから、県に頼りがちですね。

子育て政策では、頑張っている市町村があります。しかし、経済政策になると県でもなかなか難しい。県に頼らざるを得ない市町村が多いですね。

――知事としては、市町村のやる気を引き出しつつ支援していくということになるのでしょうか。

佐竹　市町村も難しい。結局、何をやっても勤めるところがありませんから。競争の時代には、必ず人口の一極集中になります。それを少し緩和するためのコントロールが全くされなかったために、今の状態になっています。国はコントロールできるのがどこなのか考えなければならないし、自治体も、国の中でわれわれができるのは何なのか、議論する必要があります。今の政府のように前提条件なしに、地方にただ考えろ、考えろと言ったって無理ですよ。市町村も戸惑うと思います。交付金を与えても、出来の悪

い政策をやって終わるでしょう。
例えば、地方六団体で農地転用許可権限を国から市町村に移譲してほしいと言っていますが、国は岩盤規制の緩和は頑として認めません。
これでは市町村の特性を生かせません。全国一律の規制ですから。思い切って、相当のところまで市町村に権限を任せると、市町村の責任でやらざるを得なくなります。権限があると、やる気も出てきます。今、権限はほとんどなく、この範囲でやりなさいとなっているから、やることの精度が低いんです。
自治が本当に自由にできるようになるくらいまでやれば、自分の町をこれからどう維持するかを真剣に考えます。今だと、どこも全く同じでしょう。市町村の権限はないようなものです。
人口が東京一極集中になっているのは、権力の一極集中になっているから、そうなるのです。人口は権力のあるところに集まります。権力を分散すれば、人口も分散しますよ。それをやらないで、東京に権力を集中しておいて、人口分散と言ったってできません。

人口減少は権力の集中が回り回って来ているもの

――人口減少対策に取り組む上で、気をつけていることはありますか。

佐竹　強制的に人口減少対策を押しつけても、反感を買うだけです。少しでもプラスになることをしようと思ってもらう、そこなんですよね。かくあらねばならない、住民はこうすべきだと言っても、今の世の中、意味はない。
結局、分権が必要なんです。自分たちの町だから、自分たちで何とかしなければならないと、権力が自分たちの近くにあればそういう発想が出てきます。上から目線であゝしろ、こうしろと言ったって、全然効きませんよ。権力の集中の影響が回り回って人口減少となっているんですよ。

――ひとまず、子どもを産み育てたくなる環境を作らないといけないということでしょうか。

上から目線で、県民は早く結婚しましょう、子どもを産みましょうと言っても、誰もついてきません。斡旋などはいいと思います。県と市町村、民間団体が設立したあきた結婚支援センターでは、2011年4月にマッチングを開始して以来、3年7カ月程でセンターが関わった約500人の方が成婚しています。地味だけれども、一つの成果ですね。自然な形でバックアップすれば、人はついてくるんですね。

（**山口亮子**＝秋田支局）

地方の特性を生かした取り組みの推進

山形県知事 吉村美栄子
Mieko Yoshimura

２００９年の就任以来、人口減少問題を最重要課題と位置付け、総合的な少子化対策を推進してきた山形県の吉村美栄子知事。２期目を迎えた吉村知事に、山形県としてのこれまでの取り組みや成果、政府に対する要望など、女性の視点や自身の子育ての経験を踏まえて話を聞いた。

――「増田ショック」をどう受け止めますか。

吉村　本県35市町村の8割に当たる28市町村が消滅する可能性があるとする推計結果は県内はもとより、わが国の未来に対する警鐘を鳴らしたものと受け止めています。ショッキングだった一方で、インパクトがあり、危機感を持って、日本全体で人口減少対策に取り組む必要性を示してくれたという点で、大変ありがたいと思っています。

と言いますのは、人口減少問題は一つの県の取り組みだけで解決することは難しいからです。本県は２０１４年６月、人口減少の進行と将来見通しを改めて危機感を持って捉え、効果的な施策を推進するため、部局横断的なプロジェクトチーム（ＰＴ）を設置しました。ＰＴはまず課題を整理し、これまでの施策の評価や検証を行う一方、市町村や都道府県、海外の成功事例を参考に、新たな施策展開の方向性を探ります。検討結果は、政府の「まち・ひと・しごと創生本部」の動向を踏まえ、２０１５年度予算に反映します。

待機児童ゼロ達成、3世代住宅新築に支援検討

――これまでの取り組みと成果、方向性を教えて下さい。

吉村　少子化の背景は未婚・晩婚化の進展や子育てへの不安・負担感の増大、女性の就労継続の難しさといった複合的な問題があります。本県の合計特殊出生率は13年は1・

47でした。当面は1・70を目標とし、結婚・家庭観の醸成や結婚支援の充実、子育て支援の強化、女性の活躍促進などを同時並行で推進してきました。子育て支援関係では、14年4月1日現在で待機児童ゼロを達成しました。これは、県と市町村が一体となって取り組んだ成果です。

人口減少の歯止めには、地方の特性を生かした取り組みの推進が重要だと思っています。山形は3世代同居率が最も高い県です。家族を中心に、子育てや介護など福祉的な機能を内包しています。家族や地域が支え合う本県の文化や特性を生かした子育て支援をさらに推進していきます。

具体的には、妊娠中の相談や産前産後の心身のケア、育児中の相談など、ワンストップで切れ目のない継続的な支援体制を作ることが挙げられます。核家族も増えており、中高年層の力を生かした、いわゆる「疑似3世代同居」により、地域やコミュニティーで子育てを支援する仕組みづくりを考えています。現在、3世代同居に向けた住宅新築に、県として何かしらの支援ができないか検討しています。

人口減少の中で経済成長するには、女性も男性も共に働き、育むことができる社会の構築が必要です。本県は女性の就業率が高いことを強みに、産業経済や社会活動などあらゆる分野で女性活躍の可能性を広げていきます。

具体的な取り組みとして、「ものづくり産業」で働く女性の異業種間交流を進め、付加価値の高い製品開発や販路開拓につながるような施策を考えています。

以前、ペレットストーブを作っている会社を訪問した際、赤やピンク、黄色のストーブがあり、保育園などで大変好評と聞きました。若い女性社員のアイデアを採用したそうです。私は女性の視点を生かし、経済を活性化させる「ウーマノミクス」を提唱していますが、女性の力や能力を業界内で完結させず、業種や業界を超えて波及できないか考えています。

地方独自の取り組みに財政支援を

――国には何を望み、山形県としては何ができますか。

吉村　人口減少は、国家的な喫緊の課題です。政府を挙げての少子化対策、女性の活躍促進に向けた施策の充実強化を図ることが大事です。中央主導で一律にやるのでなく、地方の実情に合わせた独自の取り組みに対し、財政支援を含め、国策で取り組んでいただきたいと思います。

中央一極集中を是正し、地方への人口分散を進めるため、政府は十分なリーダーシップを発揮し、産業の分散、再配置を強く推し進めることが極めて重要です。企業の本社や研究開発機能、デザイン、マーケティングといった事業所関連サービス産業を支援対象に追加するなど、「企業立地促進法」の大幅な拡充をしていただきたいと考えます。

　また、法人関係税の税率を大都市圏より低くするなど地方へ企業分散を促す制度を求めます。移転こそが企業の最大メリットとなるような大胆な制度拡充や創設が必要です。税制度改革の一方で、日本海側の社会資本整備を併せて進めるべきです。フル規格新幹線や高速道路は人、お金、企業立地まで運び、太平洋側は発展しました。社会資本整備は産業分散の基盤であり、東日本大震災の教訓を踏まえた災害時の太平洋側と日本海側の補完性や代替性確保にもつながり、地方創生には欠かせません。

　高齢者が増え、大都市の高齢者施設が満杯となると、地価が高い都会での施設整備は簡単ではありません。そこで、高齢者を受け入れ、若い人の雇用の場にもなる福祉施設を地方に整備促進することを提言します。それには、入所者の医療費を地方負担としない措置が必要です。進学や就職で地方を離れた人にとって、生まれ育った故郷でゆったりと老後が過ごせるのは幸せなことではないでしょうか。空き家を活用したシニア世代の呼び込みは各県で既に取り組んでいますが、それだけでは不十分です。


――コンパクトシティー構想についてはいかがですか。


吉村　コンパクトシティーの主な議論は人口減少時代に無秩序に広がった市街地、スプロール現象を問題視することから始まったものです。社会資本を長期的に維持管理するにはコンパクトに集約して住んだ方が効率的という発想ですが、私は少し違う考えです。と言いますのは、本県はこれまでコンパクトシティーを上手に保ってきたからです。

　県庁最上階の展望室から見てもらうと分かりますが、山形市中心部は城下町の面影を残しつつ、商業や経済の中心地に、さまざまな施設や公共機関が集積した市街化区域を形成しています。郊外は幹線道路を境に区別され、山々の麓まで広がる田園地帯の中に集落が適度に散在しています。都市部と郊外の集落がそれぞれの機能を担いながら、互いに享受し共生してきました。

　これは山形市だけに限らず、程度の差はあるものの県全体に言えることです。置賜、村山、最上、庄内の各地域で、城下町や港町など歴史や特性ある都市を中心にまとまりある地域となっています。

　このように地域が形成されてきた原因の一つは、都市計画により市街地の拡大を抑えてきたためです。1994年から2014年までの山形市の市街化区域の拡大は8％に留まっています。これは農業が基幹産業である山形において、田園をとても大事にしてきた証でもあります。

　他方、県内には保育園や小中学校、老人施設を1カ所に集約したり、冬の間は中心街に住んでもらったりしている町もあります。ただ、県全体で一律に進めることは地域にそぐわないと思いますので、現場に合ったことを市町村がやる際、県が必要な支援をすべきだと思っています。

――人口減少対策で留意すべきことは何ですか。

吉村　結婚や出産は個人の意思に基づくものです。県はこれまで、個人の意思を基本としながらも、家族を持つことの大切さを感じ、結婚や出産子育てを前向きに捉える意識の醸成に積極的に取り組んできました。

ただ、個人の幸せと社会の望ましい在り方は本来、つながっていますし、そうあることが望ましいです。個人の自由だけで社会は発展しませんし、出生率の向上ばかりを追っても個人の幸福にはつながりません。育児は大変だけれども、それ以上に子どもはかわいいし、喜びであり、幸せであることを知ってほしいです。パートナーと一緒なら悲しいとき、つらいときには助け合い、支え合えます。年を取ったり、病気になったりしたときはなおさらです。

先入観持たせず、家族を持つ幸福を

――結婚や出産を望まないなど価値観も多様化しています。

吉村　結婚をしない人が増えた要因の一つは仲人さんがいなくなったからではと、本県では仲人を増やす「ハッピーサポーター」を展開しています。仲人に限らず、最近は若い人をかまう、おせっかいな人がいなくなったと感じます。放っておくのが一番よくありません。私は退職する職員に「仲人をして下さい」と言っています。嫌われることを恐れず、若い人のことを考えてやってほしいと。仲人や婚活支援など、今後もどんどんおせっかいをやっていきます。

一方で、結婚や育児に悪い先入観を持たぬよう、若いときにしっかりと人生を考える機会を持たせることが重要です。家族を持つことが人間として生きていく上で、幸せなことだときちんと教えるべきです。県は講師を招いたセミナーを開催するなど、高校生らにライフデザインを考えてもらうことに力を入れてきました。取り組みは地味ですが、結婚・家庭観に好影響が出るものと確信しています。

大学や短大の式典では「皆さんが今日あるのは両親や、そのまた両親ら、ご先祖様がいたからです」と毎回話しています。その上で「それをつなげていかないといけません」と伝えています。

もう一つは「ご飯を食べ、洋服を着られるのは、生産や販売に携わる、さまざまな職業の人で社会が成り立っているからです。その社会で生きる皆さんも、ちゃんと仕事を持って下さい」と語りかけます。受け継がれてきた命の営みを止めることがないよう、また、一人ひとりに役割があることを、折に触れ伝えています。

私は愛することと働くことこそが、人間の幸せだと思っています。ドイツのある精神科医が「愛することと働くことである」と述べましたが、健全な精神を保つために重要なことであるとが、まさしくその通りです。子育ては思い通りになりませんが、そこから自らも学び、成長します。何よりも、子どもはかわいい存在であり、喜びをたくさん与えてくれます。愛する人と結婚し、子どもを産み育てることを恐れず、家族を持つ素晴らしさを感じてほしいです。

必要なのは女性が柔軟に働ける環境の整備

――収入が上がり、結婚しない女性が増えた気がします。

吉村　確かに、収入が安定した公務員や教員にも独身者が増えています。しかし、ＯＥＣＤのデータでは、女性が社会進出が進む国では出生率が上がっています。日本が逆なのは、条件が不足しているからだと思います。働きながら出産や育児ができるという社会の体制や整備が足りていません。そういう意味では、先進国の仲間入りをしていません。

大学教員の知人女性は辞めさせられるのを恐れ、「結婚できない、子どもが産めない」と言っています。企業に勤める女性からも「結婚はしたが、出産は辞めさせられるので迷っている」と聞きます。出産で休むことができ、育児をしながら短時間労働できる環境が必要です。何年も休む制度は逆効果で、働く女性のことを考えていません。仕事を忘れ、収入も途絶えてしまいます。子育てしながら適度に働ける柔軟な働き方ができる社会整備が必要です。

公務員は比較的、労働環境に恵まれていますが、山形県庁で育休を取る男性は少ないです。重要な仕事を任されない、出世できないと踏み込めないようです。

私は「育休を取った職員こそ出世させろ」と言っており、徐々にですが取得を真剣に考える職員が出てきました。それでも、収入に響くと二の足を踏んでいます。国には中小企業でも育休を取ることができ、収入に響かない制度の創設を望みます。

――企業や雇用主には何を求めますか。

吉村　出産する女性をもっともっと大切にしてほしいです。出産するからとか、子持ちですぐ休むから正社員にできないという企業や経営者の方は意識を大転換していただきたいです。女性の管理職登用も自然には進まないので、一定割合で女性管理職を出すようなポジティブ・アクションを導入するなど、思い切った制度や意識改革が必要です。

地方の大半は中小や零細企業です。新たな制度を創設しても、活用できるのが大企業の社員に限られることがないよう、より厳しい環境下の中小企業を念頭に置いた制度設計や助成の充実をしてほしいと政府に働きかけています。

――東京都や都市部の自治体に望むことはありますか。

吉村　都市は地方の支えの上に成り立っていることを意識し、還元する気持ちを持ち続けてほしいです。東京には人が集まりすぎています。進学や就職を機に人材を吸収していますが、その一人ひとりにお金をかけて教育し、育てたのは地方です。

地方に還元する仕組みがないと循環しません。樹木に例えれば、根に当たる地方が疲弊して細くなれば、最後は大木である大都市も倒れてしまいます。

例えば、20年に東京五輪がありますが、事前合宿地の誘致や観光客誘客など地方が潤うよう、東京都には可能な限り協力してほしいと思っています。

地方の声を国政に反映するため、知事が国会議員兼務を

――地方創生で、政府に期待することは何ですか。

吉村　わが国が将来にわたり、活力ある豊かな国づくりを進めていくためには、国の本である地方が持続的に成長発展していくことが重要です。47都道府県が集まり、日本という一つの国を構成しています。

私は地方というのがイコール国であり、国と呼んでいるのは中央政府だと思っています。そのため地方の実情に応じ、特性や創意工夫によって、主体的な地方創生に取り組むことができる交付金制度や相続税の効果的な活用により、ふるさと回帰の促進に結び付けていくための新たな仕組みを創設するなど、自立した地方税財政基盤を確立することが必要です。

また、人口の多寡にかかわらず地方の声が国政に確実に反映される制度が必要です。さまざまな課題に日々直面している首長の意見が反映されるような仕組みです。全国知事会でも言っていますが、国を構成している47都道府県の知事が国会議員を兼ねるのはどうでしょうか。自分たちの都道府県をよくしたいと願う、それぞれの知事の考えを国政に反映させるためです。知事は選挙で選ばれていますし、歳費も必要ありません。

地方創生は財政負担を伴うものや価値観にかかわるものなど容易でないことばかりです。政府は大胆な政策でこれらの課題を克服し、地方創生を果たすという断固たる決意で取り組んでいただくことを期待します。

（**佐々木崇之**＝山形支局）

人やモノを地方に戻す方法が良策

福井県知事　西川一誠
Issei Nishikawa

「ふるさと納税」の提唱者で、地方13県知事が参加する「自立と分散で日本を変えるふるさと知事ネットワーク」の世話役も務める福井県の西川一誠知事は、人口減少問題の解決には東京一極集中の是正が先決だと指摘した。日本創成会議の報告を好機と捉え、地方への企業移転を促す税制、国の研究機関や大学の移転などの必要性を訴えた。

日本創成会議の報告書は「出発点」

――2040年までに全国896の自治体で若年女性人口が半減し、消滅の可能性があるとした日本創成会議の人口推計が波紋を呼んでいます。政府や各地方自治体が対策に乗り出していますが、現状をどのように捉えていますか。

西川　人口減少問題については、多くの人がだいたい現実を認識しており、いろんな方が発言されている問題だったと思います。今回はしかるべき立場の方が改めてデータを詳細に分析して、公にされたということに意味があるのだと思います。

創成会議の報告書では特に、「人口減少の要因は東京一極集中にある」ということをはっきり述べられたことがポイントです。「消滅」という言葉はシンボリックな意味であって、決して自治体がなくなるという意味ではないと思いますが、国民の関心を大きく高めたのは事実。しかし、ここからが出発点であり、国民的に少子化や人口流出への対策を充実させることが重要だというメッセージでしょう。

私も知事の立場から、人口問題については以前から言及してきました。すでに2005年に、福井の25年後の未来像を描いたレポート「ふくい2030年の姿」を作成しています。その中で人口減少が進行したときの福井県の様子を描いています。

また、09年に出版した『『ふるさと』の発想——地方の力を活かす』（岩波新書）では、地方からの人口流入によって東京の経済成長が成り立っていることを指摘しました。翌10年には私が世話役となり、地方の知事同士が集まる13県の「ふるさと知事ネットワーク」を設立し、地方分散・ふるさと政策の必要性を提言してきました。

——福井県でも、全17市町中9市町が「消滅可能性自治体」に分類されました。県内の状況についてどう考えていますか。

西川　これは以前から常に意識してきました。年間3000人の若者が進学で県外に出て、就職時に1000人しか戻ってこない。これを何とかしたいという発想が例の「ふるさと納税」の提唱につながりました。ふるさとに帰ってこられない環境にあっても、大都会からふるさとを物心両方から応援してほしいという趣旨です。

人口問題については、県内では、市町ごと、あるいは経済団体やJAなどの組織に対してそれぞれの事情を踏まえた観点から対策を考えてほしいと提案しています。自分の地域を振り返り、固有の課題についてある程度自分で解決できることは解決する、県全体でやらなければならないことはまとめて議論する。県でできないことは国に求めなければならない。特に今回の人口問題は国家としての政府の役割が大きい。

日本全体で考えると、人口減少問題を解決できる場所は、むしろ地方がフロンティアになるのではないでしょうか。この問題に関しては、東京がけん引力、つまりエンジンにはなれないと思います。

政府は50年後に人口1億人を維持することを目標としていますが、人口を増やすためには合計特殊出生率2・07が必要とされています。福井県の場合、人口の流出現象の規模が現在のままだとすると、人口を維持するには合計特殊出生率を2・33まで引き上げないといけないという計算がありますが、これは容易ではありません。戦後間もない頃や昭和30～40年代の高度経済成長期にみられたような人口の増加は困難です。

そうなると、まず東京への人口の流れを放置したままでは、この問題はどうにも解決できないし、まるで底の抜けた議論になります。長い目でもっと東京への一極集中を止め、地方へと人の流れを持って行き、その上で並行して少子化対策や女性の働きやすい環境づくりなどを議論すべきです。

かつての日本では地方は農業中心の社会であって生産力

が弱く、だからこそ人が労働力として東京に集められ東京などの生産力を上げ、日本全体を引っ張っていきました。ただ、今ではもう東京であっても地方でも、産業構造としては互いにそれほど変わりません。むしろ農林水産業などではICT技術を活用するなどして、地方で新しい産業に発展する可能性も出てきています。特に地方は子育てしやすい環境もあり、人やモノを地方に戻して問題解決する方法が良策であり、手段も必ずあるのではないでしょうか。

行政が少子化対策に積極関与

——福井県は、全国でも合計特殊出生率が高水準にあります。どのような政策が影響したのでしょうか。

西川　福井県の合計特殊出生率は1・60（2013年、厚生労働省調査）です。まず、祖父母・子・孫の三世代の同居ないし近居の率の高さが重要なキーワードです。これによって、子どもをおじいちゃんやおばあちゃんに預けやすいので、夫婦の共働きが多くなり、したがって、ある程度世帯収入が得られる。そこに世帯の収支という規模の利益がはたらく。しかも有効求人倍率が高く、失業率が低いという雇用環境がある。一番大事な地域性としての子育てしやすい環境が整っているという要因があるのです。

それをベースに県の施策として、第3子以降の保育料を無料化する「ふくい3人っ子応援プロジェクト」や一時預かりの費用を助成する「すみずみ子育てサポート」など、他県に先駆けて子育て環境の充実を進めてきました。

さらに、若者の結婚支援にも関与してきました。福井県の特徴である地域のつながりの強さを活かして、理、美容店、ブライダル企業などの世話好きなボランティアの方が若者の出会いの場を提供する、「ありがた迷惑」の反対の「迷惑ありがた縁結び運動」を06年から展開しています。10年ほど前は、行政が結婚に関与するのは、いらぬお節介、余計なお世話などと言われていましたが、住民の本音はそういうことではないはずだということで、福井の政策はおそらく当時、自治体として初めての取り組みでありました。

このような地域性が根っこにあって、その上で行政が関与することによって、結婚や出産を早めることにつながっていくと思います。

——若者が結婚や恋愛に消極的だとも言われます。

西川　教育が大事でしょうね。日本では、恋愛の社会的習慣や評価が弱い。手を握る習慣はほとんどないでしょう。欧米のように、男女がダンスやパーティーをしたりする習慣がほとんどない。かつてはお見合い文化みたいなものがあったが、戦後の民主主義文化の中でそれがだんだんなくなり、補完するシステムがない。子どもたちが運動会でフォークダンスをしようとすると、なんとなく難しいというような話を聞きました。日本独特だと思います。

あるいは、お母さんが忙しいときに小さい子どもの面倒を、近所の子どもたちがボランティアでベビーシッターをするような習慣文化も少ない。勉強や部活、塾といったことが中心の生活で、夫婦や子どものことを考えるような機会が教育の中で少ないのではないでしょうか。恋愛力というか社会的な力というか。いい意味でもう少し社会や文化が世慣れてゆくようになっていけばいいと思います。そしてだんだんそうなってくるような気もします。しかし、良い意味でそうならなくてはならないわけです。

「人」に着目した「国人政策《こくど》」を

——東京一極集中の是正には、大きな制度改正が欠かせません。どのような施策を国に求めますか。

西川　今までの国土政策は、インフラの整備や企業の投資といったことばかりで、「人」に着目していませんでした。新たないわば「国人政策《こくど》」として、「人」をもっと大事なファクターとして前面に出していく必要があります。

一つは、税制を通じた企業の地方移転です。政府や与党に対して「地方の企業減税」を提案しています。国が法人実効税率の引き下げを検討しているのに合わせ、東京と地方で引き下げ幅に差を設け、人や企業の地方移転を促進しようというものです。企業のもともとの納税額にもよりますが、既存の設備投資減税と異なり、従業員を地方に移転させるだけで1人当たり年間数十万円から百万円の減税になります。２０２０年には東京五輪が開催され、東京と地方は互いに協力しないといけないわけですから、東京一極集中を改める千載一遇のチャンスです。

もう一つは、国の機関の地方移転。ごく身近な例では、原子力規制庁は原発の運転訓練シミュレーターを都内に導入する予定ですが、東京でやる必要はないわけです。福井県のように原発がたくさんあるところでやるのがよいと思います。こうした新しいものは、東京では毎日のように建設や投資が生まれているのかもしれませんが、地方にとっては小さくとももののすごくインパクトがあります。首都移転ほど難しく大それたことでは決してありません。首都は東京でいいわけですし、一方で研究機関の一部など地方に移せるものはたくさんあると思います。

また、大学の移転。私学などをたくさん東京に集めてしまったのはよくないですね。農学などは、研究資源が豊富にある地方が合っていると思います。学部やキャンパスの一部を地方に移転するのも有効です。

――地方に人口をとどめるため、ある程度の人口規模を持つ拠点都市へ人口を集約しようという議論もあります。

西川　これは地方拠点の大都市に限ると、かえって効率的でないと思います。日本創成会議の報告書には、「地方において若者に魅力のある地域拠点都市を創出し、投資と施策を集中していく」とありますが、これが例えば札幌や仙台のように、政令指定都市レベルの人口を持つ地方中枢都市というのでは、出生率が高くありません。こうしたところに人口を集めても「ミニ東京」ができるだけで、今と同じ状況になるでしょう。レポートは普通の都市を念頭に置いているのではないでしょうか。

日本は総じて、都市部エリアに住む人口の割合、都市の集積度が先進国の中でも高い。既に人口が集まりすぎているわけです。例えば九州であれば、福岡だけでなく、佐賀や長崎、大分などもしっかりしていかなければならない。

福井県の場合、中山間地域の集落のうち、街中の人口集中地区へ30分以内で移動できる集落の割合が7割を超えています。これは全国では上位です。現在でも中山間地域から短時間で職場に通ったり、買い物に出掛けたりできるわけです。中枢都市をことさらつくらなくても、都道府県庁所在市や一定レベルの都市が機能していれば、それでいいのではないでしょうか。

「一票の格差」議論は悪循環

――都市と地方の問題として、いわゆる「一票の格差」問題についてもかねてから言及されています。

西川　この「格差の悪循環」は政治的に一番の問題だと思います。人口が大都市に集中し、地方との格差が拡大するから大都市の議員の定数が増える、そして大都市寄りの政策が中心となり、さらに大都市に人口が集中するという悪循環です。戦後から今日まで50人ほどの定数が地方から大都市に動いており、１００人あまりの相対変化が生じているということです。18世紀型の抽象的な選挙区ごとの一票の格差論という捉え方は、司法の理論としてもよくないと思います。参議院はやはり「地方代表の府」として、「国人政策《こくど》」や人口問題などを推進すべきです。現在、参議院議員の約6割が選挙区選出ですが、比例区から定数を20人程度選挙区に移し、選挙区選出議員の割合を7割くらいにすれば地方区間の一票の格差はそれだけで3倍以下に縮まります。その上でさらに、全国比例区の定数を「都市比例区」と「地方比例区」に分けるような工夫で、実際の格差は解消できます。

衆議院については、一般にあまり認識されていませんが、惜敗率の問題があります。惜敗率により比例復活当選する選挙区は、ほとんどが大都市で重複立候補している区です。実際の当選者は大都市にさらに集まるわけであり、見かけの一票の格差と実態とでは実際は縮まっているのです。

さらに新しい考え方として「ここが私の選挙区だ」という形で選挙区を選べる制度もあるかもしれません。本籍地や家族が住む生活の本拠地で投票できるようにする「ふるさと投票制度」も提案しています。住民票のある自治体ではなく、本籍地の自治体で投票すると、一票の格差は大幅に縮まります。ギリシャで採用されている制度で、ノーベル賞でよく話題になる村上春樹さんの「遠い太鼓」という旅行記では、選挙のたびに有権者が帰省するギリシャの面白い様子が描かれています。世界的にみても荒唐無稽な話ではありません。

──政府は「まち・ひと・しごと創生本部」を設置するなどして、この問題に取り組んでいます。どのようなことを求めますか。

西川　人口減少問題については、これから地方が大きな役割を果たすと思います。しかし、頑張る自治体だけ応援するというのは実態に合っていません。どこも頑張っているわけですから。

そのためには、地方が大都市地域と対等に競争できる基盤をつくっておかないといけません。新幹線や高速道路などの高速交通体系の問題もありますし、財政的な裏付けも必要でしょう。これがアベノミクスの第三の矢の一部ではないでしょうか。

田中角栄内閣のときに日本列島改造論が、竹下登内閣のときにはふるさと創生事業がありました。今回も、局面は違うけれども、似たような社会状況になっています。ああいうふうな単なるかけ声の大きいプロジェクトで終わってしまってはいけません。人口問題なのですから、長期的かつ国家の基盤に関わることです。

この問題を解決しようと思うと本当に難しいですが、これからの問題に対応するには、地方は恵まれていると思います。福井では祖父母と父母と孫が一緒に住んで、田んぼや畑もある。福井ほどではなくとも地方は大体そういう傾向がある。そこが地方を生かせる道ではないでしょうか。

（**石松研**＝福井支局）

産みたい希望をかなえる

三重県知事 鈴木英敬
Eikei Suzuki

2011年に「日本一若い知事」として就任した鈴木英敬三重県知事。現在は、政府の有識者会議「少子化危機突破タスクフォース」の委員も務め、12年には長男が誕生し、育児休暇を取得したことでも話題となった。県内29市町のうち14市町が「将来消滅する可能性がある」とされ、人口の自然増・社会増に向けた対策が急務だ。

——日本創成会議の推計をどう受け止めていますか。

鈴木　推計によると、三重県ではいわゆる「消滅可能性都市」が29市町のうち14市町あるとのことでした。そのうち人口が1万人以下になり「消滅の可能性が高い」とされるのが8市町ということで、大変厳しい数字です。

しかし、危機感を共有して次なるアクションに向かうことができたという点で重要な意味があり、「東京一極集中の是正」という明確な意識の下に出された提言だと思います。

推計をきっかけとして、「まち・ひと・しごと創生本部」が設置されるなど、「地方創生」が安倍内閣の軸足になったので、非常に有意義だったのではないでしょうか。

——安定的な人口規模を維持するためには、少子化対策も必要です。県の現状をどのように評価していますか。

鈴木　2013年の合計特殊出生率は1・49で、12年の1・47と比べて少し改善しました。しかし、生涯未婚率や初婚年齢は上昇傾向にあり、第1子の出産年齢も年々高くなっています。こうした状況から、今後については予断を許さないと考えています。

県が取り組む少子化対策で最も訴えているのは、「産みたい希望をかなえる」ということです。毎年実施している

「みえ県民意識調査」では、理想の子どもの人数は2・5人となっています。しかし、実際の子どもの人数は1・6人となっており、ここに約1人分のギャップがあります。つまり、「理想的にはもう1人子どもが欲しいけれど、それがかなっていない」ということです。

合計特殊出生率についての評価も大事ですが、子どもが欲しいという希望がかなわないという現状は深刻だし、それを何とか是正しなくてはなりません。

子どもを産むに当たっては段階ごとに課題が異なっており、それぞれに対策が必要です。1人目では、仕事と家庭の両立、若者の雇用や収入という分野が関係します。そして、2人目を産むときは、男性のサポートや産後ケアなどが重要になってきます。さらに3人目以降は、経済的な負担が問題になってくるのは間違いありません。

——合計特殊出生率に目標値の設定は必要だとお考えですか。

鈴木　税金を投入して施策を展開する以上、何らかの目標を設定して、PDCAサイクルを回すことは大切です。こうした観点から少子化対策においても目標を設定する必要があります。

県少子化対策推進県民会議・計画策定部会において有識者に議論をしてもらっていますが、「希望がかなった場合の出生率」など総合的な目標と、「男性の育児の参加時間」や「生涯未婚率」など、それ以外のさまざまな指標と合わせることを検討しています。県として今年度中に数値目標を出す予定です。

男性の育児参画が少子化対策に

——女性の社会進出と少子化対策の両立について、どのように考えていますか。

鈴木　諸外国においても合計特殊出生率と女性の社会進出は正の相関関係にあります。経済協力開発機構（OECD）が05年に出したリポートによると、当時、日本の合計特殊出生率は1・3程度でした。しかし、子育て世帯の可処分所得を増やし、保育の環境をしっかり整備すれば、2・0までは伸びるとされており、両立は可能です。

三重県では、男性の育児参画を推進するために「みえの育児男子プロジェクト」を13年度から始めています。家族を形成する一方の当事者である男性が、家族の形成や運営について全く興味関心を示さないということがあってはなりません。また、女性が働きながら子育てするためには、男性がカバーすることで、1人の女性としてリラックスする時間を設けることも必要です。このように男性が育児に積極的に関わることが少子化対策につながるのではないでしょうか。

私も12年6月に長男が誕生しました。妻（シンクロナイズドスイミング五輪銀メダリストの武田美保さん）が原稿を書く時間を確保するために、子どもと一緒に遊んだり、風呂に入れたりします。

子どものペースで時間を過ごそうと思うと、それ以外の時間をいかに効率的に使うのかが重要になります。知事に就任するときには、「年中無休・24時間」を掲げていました。現在でも危機管理面では24時間対応という点は変わりません。しかし、それ以外の部分において男性の長時間労働をいかに抑制していくかが大事だと思うようになりました。

――少子化危機突破タスクフォースにおける、ご自身の役割をどのようにお考えですか。

鈴木　少子化危機突破タスクフォースの活動により、最終的に13年度の最終補正予算で「地域少子化対策強化交付金」として約30億円の新規予算を確保することができました。委員に就任して、「地方目線・当事者目線の少子化対策」というキャッチフレーズで基金の創設を提言したことが実りました。

地方では、「合計特殊出生率が高いけれども所得は低い」など、地域ごとに課題が違います。だからこそ地域の実情に合わせて地方目線の少子化対策が大事だということを言い続けてきました。そういう意味では、「地方目線」や実際に育児に参画している「当事者目線」であるとか、一番若い知事としての発信が求められているのではないでしょうか。

また、少子化対策に向けては機運醸成も大事だと思います。子育て世代など当事者にも共感してもらえるような空気を作っていくため、積極的な情報発信も求められているのではないでしょうか。

――今後、少子化危機突破タスクフォースが議論するべきテーマは何でしょう。

鈴木　今後は、子育てをしながら働ける環境、それから第3子の保育無料化など経済的負担について議論をしていくべきだと考えています。しかし、ほとんど論点は出尽くしており、何が課題であるのかも大体分かっているのではないでしょうか。

例えば、現在の日本では家族政策に対する予算は対GDP比で1％程度となっていますが、フランスやスウェーデンでは3％を超えています。さらに3％を超えると合計特殊出生率が上がっていくという世界的な傾向も判明しています。社会保障の充実という観点から14年4月に消費税が8％に増税にされましたが、高齢者だけではなく、子どもたちに対しても財源を配分することが大事です。

大学進学者を県内で受け入れる

――人口の社会減への対策として、県は県内高等教育機関との連携を強化しています。その理由を聞かせてください。

鈴木　県の場合、大体18歳～22歳、つまり大学進学時と就職時のタイミングでの人口流出が大きいという現状があります。それ以外の世代は流入超過となっているのですが、こうした影響から全体としては流出超過になっています。

このことから県内の社会減を減らすためには学ぶ場と働く場の充実が欠かせないと考えています。データで見ると、県内の高校から4年制大学に進学する生徒は毎年約8200人います。そのうち、県内の大学に進学するのは約1600人、愛知県内の大学に進学するのは3100人くらいです。県内にある大学の定員合計は約3200人しかなく、大学に進学する約8200人全てを受け入れることはできません。

東京都の場合は全く逆で、都内の高校から大学に進学する生徒の倍くらいの定員があります。まさにブラックホールのように大学生が地方から都会に吸い寄せられています。国には、定員を振り分けるなどの制度改正を求めたいし、地方も一つ一つの大学の魅力を高めるため、地域を挙げて取り組むことが大事ではないでしょうか。

県においては、定員との関係から既存の高等教育機関だけでは受け入れ態勢が十分でないと思っています。県内にある大学においても学部の再編や改変も含めた差別化の取り組みが必要です。さらに海外や他県の大学の新規誘致で臨むのか、県立大学を新設するのか、定員拡大に向けてはいろいろな方法があります。

地方の大学においては、「社会に出るに当たって、大学で学ぶことは意味がある」と学生に実感させる取り組みが必要です。その大学ではどの分野を学べるのかという点も大切ですが、学生にとっては資格取得や就職に直結することも大事なのではないでしょうか。

――移住推進策の一つとして、大企業の地方移転を求める動きがあります。移転に向けてどのような制度が必要だとお考えですか。

鈴木　県内における最近の例では、13年6月に外資系企業で高機能断熱材メーカーの日本マイクロサーム（現プロマット・ジャパン）が工場を拡大させる際に津市に本社を移転することを決めました。もともと本社は東京都内に、工場は四日市市にあった企業です。同社のスティーブン・ヘイテンス社長によれば、「ものづくりの分野において世界で戦うならば、本社は東京にある必要は全くない」とのことでした。

大企業の経営者の皆さんにはこうした視点を持っていただければと思います。地方の方が、物価も人件費も低いなどコストが低く経営上も有利です。改めて、どこのフィールドで戦っているのかを念頭に置いて、本社を東京から地方へ移すことを検討していただきたい。

国の施策でいえば、仮に法人税をこの数年で20％台にするならば、法人税の下げ方を東京では3～4％下げて、それ以外の地方を6～7％下げるなどグラデーションを付けることも必要ではないでしょうか。法人税に傾斜を付けることで、より地方に立地しやすい環境をつくることができます。

地理的なコンパクト、機能集約のコンパクト

――人口減少社会を迎えるにあたり、「コンパクト」をテーマにしたまちづくりの必要性が指摘されています。

鈴木　コンパクトに対する考え方が二つあると思います。一つは、ある一つの場所に地理的に集約されているということ。例えば、駅周辺に高齢者施設ができたり、商業施設ができたりといった地理的にコンパクトであるということです。

もう一つは、機能を集約するということです。これからは、県や市町が所有していた施設がどんどん老朽化していきます。その際に類似の機能を持つ施設について、改修するのか、それとも建て直すのかを判断する必要が出てきます。県内で言えば、中勢地域においては津市にこの機能を置く、松阪市にはこの機能を置くといった集約化するというコンパクト、この二つの意味があります。

この二つのコンパクトは、今後の人口減少社会においては必ず必要になるし、やっていくべきだと思います。しかし、学校統廃合の例でも分かりますが、何かを縮小していくことに対して住民合意を得るのはとても難しいことです。自治体の首長だけでなく職員も含めた覚悟が非常に重要になります。国においては、公共施設を建設するときにだけ交付税や補助金を出すのではなく、機能を集約化する場合においても支援することが大事です。

――人口減少社会を迎えるにあたって、どのようにインフラを維持していくべきだとお考えですか。

鈴木　県の公共事業の予算でもメンテナンスにかける比率が高くなっています。公共事業はピーク時だった199

6年度の約40％に減少しましたが、維持管理費の割合は98年度の約2倍に増加しています。さらに道路について言えば、「道路インフラメンテナンス協議会」を全国に先駆けて14年3月に設置しました。県内には「国管理」「県管理」の道路、「市町管理」の道路があり、道路管理者が一堂に会して将来的にどのようにメンテナンスしていくかを検討しています。

県内には町が15ありますが、例えばその半分くらいでは道路・橋梁《きょうりょう》メンテナンスに関わる専任の担当者が1人いるかいないかの状態です。協議会では、技術的な部分について国や県などがサポートする仕組みを始めています。

移住促進、まずは「危機感の共有」を

——人口減少対策に取り組む際に気を付けなくてはいけないことは何でしょう。

鈴木　まず一つ大事なのは、地域の実態を踏まえることです。県内の人口減少は三つのパターンがあり、北中勢地域に多い「高齢者が増えても人口は減少する」パターン、中南勢地域に多い「高齢者の数は微増・維持だが、人口は減少する」パターン、そして県南部に多い「高齢者の数も減少し、人口も減少する」パターンがあります。

県南部地域では「若者の定住」について施策を展開していますが、まだ人口減少に歯止めが掛かっておらず次なる取り組みが必要です。

一方で、（県南部に位置する）尾鷲市の早田《はいだ》地区では高齢化率が60％を超えていましたが、この数年の取り組みで都市部から若者が11人も移住してきました。早田地区では、外部人材のアドバイスを受けながら、まちづくりをどうしていくのか、住民たちが徹底的に話し合いを重ね、地域の将来像を明らかにし、それをベースに早田漁師塾など漁業の担い手育成の取り組みを進めました。現状においても住民の減少に完全に歯止めが掛かっていないものの、底を打ったという感触があります。

まずは、まちの人たちが自分たちのこととして危機感を共有しなければ、具体的な行動につながりません。さらに言えば、具体的な行動に正解はありません。早田地区でも試行錯誤を重ねながら基幹産業である漁業の担い手対策を進めるなど、みんなが本気になって取り組んだから11人が移住してきました。正解を求めて動かないよりも、まずしっかり動いてみる、具体的な行動につなげることが大事なのではないでしょうか。

（**真島裕**＝津支局）

今までと違う概念、施策で「土台」をつくり直す

京都府知事・全国知事会会長
山田啓二
Keiji Yamada

過去3期、さまざまな分野で多くの実績を上げてきた山田啓二京都府知事だが、京都府の合計特殊出生率は低迷を続けている。全国知事会会長としても、人口減少問題に取り組んできた山田知事は「今までと次元の違う対策」の必要性を訴える。

――いわゆる「増田ショック」をどう捉えていますか。

山田　われわれ全国知事会も少子化の問題を取り上げてきましたが、なかなかうまく世論に受け止めてもらえませんでした。その面で増田さんが訴求力の強い形で訴えていただいたことには感謝しています。ただ、増田さん自身もおっしゃっていますが、インパクトを出すために「消滅可能性都市」という形にしたことで、田舎の問題になってしまいました。実際には、人口減少問題への対応には幾つかの側面があって、人口減少それ自体は、田舎も都会も状況は全く同じで、少子化対策として全国的に取り組むべき問題なのに、過疎・高齢化問題、地方の問題に置き換わってしまったのです。その点では、少しミスリーディングのところがあったのではないでしょうか。あくまで日本社会全体が少子化に向かっていることを忘れてはならないと思います。

もう一つは東京一極集中の問題があります。一極集中によって、地方には人口の「自然減」とともに「社会的減」が存在します。どのようにして東京の過密を逃れ、地方に人の流れが向くように変えていくのかという問題が第二の側面です。自然減という日本全体の問題と、地域間のバランスの崩れの両方の問題がある。そこを誤解のないようにしなければならないと思いますね。

そしてもう一つの大きな側面は、いずれにせよ人口は減少し、超高齢化の時代になるので、人口減少社会に対応するための対策も講じなければならないということです。自然減対策、一極集中対策と併せてこの三つを同時にやらなければなりません。これが往々にして混同され、話が整理されずに議論や対策が出てくることを恐れています。三つの側面をしっかり捉えて対策を講じる必要があります。

第3子は社会の宝

――京都府ではどのような対策を考えていますか。

山田　京都は人口に占める女子大生の割合が高いという事情もありますが、それにしても出生率は低い。全国46位ですから。（合計特殊出生率1・26＝厚生労働省2013年人口動態統計）となると、やはり自然増の部分で人口を増やさなければなりません。これまでも子育て環境の整備などを行ってきましたが、一向に改善の兆しが見えません。従来の価値観を転換し、今までとは次元の違う対策が必要だと実感しています。

少子化対策は、婚活、妊娠、出産、育児、雇用…と社会全体の問題として捉えなければならないのです。どれがニワトリか卵かは分かりませんが、結婚しない人がものすごく増え、非正規雇用増加の問題、晩婚化の問題があり、多子家族は減っています。第3子は社会の宝だと思っています。第3子が増えない限り人口は増えません。合計特殊出生率が1・4や1・5ではどうしようもありません。家庭が第3子にお金をかけなくて済むくらいに、意識を変えなければならないのです。

今までとは違う概念、施策で「土台」をつくり直す必要があります。例えば公営住宅の標準は3DKですが、これは高度成長期の核家族がモデルです。父、母、子ども2人。けれども、これからは超高齢化で1人世帯、2人世帯が増えてきます。逆に、子ども3人の家庭が増えてほしいのにこのまま3DKの公営住宅でいいのでしょうか。

私の考える少子化対策の土台には柱が三つあり、一つが「結婚」の土台。婚活支援や若者の雇用安定、高校生・大学生がライフデザインを構築するための教育の推進などです。次が「妊娠・出産」の土台。不育症治療への助成や地域ぐるみの育児支援などです。三つ目は「子育て」の土台。質の高い幼児教育や女性の復職支援、長時間労働の改善、男性の育児参加支援などです。

具体例を一つ挙げると、第3子からの子育て支援金制度をつくります。本当は私のマニフェストでも「第3子から保育料と幼稚園の負担をゼロにする」としたかったところがそうもいかなくて残念ですが、ともかくそうして土台をつくり直さなければいけません。

――「オール京都」の取り組みも始まっています。

山田　２０１３年11月に「京都少子化対策総合戦略会議」を設置し、２０１４年７月にはメンバーを増やして機能も強化しました。「地域・社会活動分野」からは社会福祉協議会、子育て支援ＮＰＯ、「幼児教育・保育分野」からは私立幼稚園連盟、保育協会、「医療分野」からは医師会、私立病院協会、「経済・労働分野」からは経営者協会、連合京都、商工会連合会、商工会議所連合会、「行政分野」から労働局、市長会、町村会そして京都府が参画し、「オール京都体制」で、緊急的かつ抜本的な少子化対策の検討を行います。

中央官庁には、「婚活って合コンじゃないのか」と言って、少子化対策の補助金対象から外した人たちがいました。地域の実態が分かっていません。国は実態を知っている地方へ徹底的に財源や権限を移譲することが必要です。都会には都会の自然減対策、田舎には田舎の自然減対策がありま す。そうした点では、京都府にはいわゆる「５大都市」の京都市から日本海側までありますので、うまく交流を図って京都府の中でバランスを取りながら少子化対策を講じる一つのモデルになると思っています。

――東京一極集中の是正には、どんな対策が必要ですか。

山田　まず、人の流れを変えなければなりません。この問題には二つの側面があって、一つは、この国の構造的な問題として都市優先だったのではないのかということです。都市に働く場が生まれ、そこに人を吸い上げる構造がある。これ自体を変えるには、やはり働く場を中心として地方分散を図り、そのためのさまざまな仕組みを整えなければなりません。税制、インフラ、地域間格差の是正、地方も太平洋側と日本海側では大きな格差があります。これらはまさに国家的な課題として構造的な変革が必要です。

もう一つの側面として都市的生活からの価値観の変更が必要で、これはかなり地方でできる問題です。地方の方が家も広い、自然に親しめる、教育水準が高い地域もある。ゆったりした環境で人間関係を築ける。そうしたライフスタイルを好む人たち、ＩターンやＵターンをしたい人たちの価値観に沿った地域づくりが必要ではないでしょうか。都市で頑張り、都市的生活を好む人と、地方で家族と共に過ごしたい人と、両方がうまく交流できる環境をつくることで、どちらかに偏らず、二つの価値観が両立できるようになった時、日本という国は非常に良くなると思います。

京都でも、京都縦貫自動車道の全線開通後は、綾部市や福知山市と京都市内とは１時間余りで行き来できます。東京では考えられない距離の所に豊かな住環境があり、都市的な楽しみを求めるときは京都市が近くにあるわけです。交流によって都市と地方、両方の満足を得ながら自分のライフスタイルを選べる時代をつくることが大きな目標になります。ですからわれわれは「海の京都」「森の京都」「お茶の京都」というように、都市部以外でも魅力あふれる京都をつくり、交流によって多極の世界をつくっていくことを考えているんです。都市対地方の対立ではなく、交流の上に新しい活性化社会をつくる。人口減少への危機感を裏返しに、本当の構造改革ができるチャンスではないかと思います。

――政府が地方創生相を置き、「まち・ひと・しごと創生本部」も設置しましたが。

山田　アイデアを出したらカネを付けてやるみたいな形になるのが一番の問題です。往々にしてそういうものが国の考える地方創生なんですよ。実態を知らない、現実の問題には多様性があることをあまり理解できない人たちの中での施策の選択になってしまう。できる限り地域の実情に合って、地域の工夫が生かせる形で、それを応援する形にしなければなりません。地方創生とは中央集権に対する大きなアンチテーゼであり、主役は地方で、それを中央省庁がしっかり支えていくように変えなければならないのです。いい案を持ってきた地域にはカネをやるというような形で、中央の権力を強化する方に流れたら失敗します。

ですから全国知事会の提案でも地方の「自立」を掲げました。中央省庁は地方の自主性を重んじると言いますが、「自主」ではなく「自立」です。自分で考えて自分で立てるようにすることと、自主的に提案してもらえばいいということの間に、非常に深い谷があることに気付いていらっしゃるのだろうかと思います。国には、国にしかできないことは何かを考えていただきたい。ナショナルミニマムの見地から、まだまだたくさんあるのではないでしょうか。国がそれに向かって努力すれば、国と地方の両輪がうまく回転するのではないかという気がします。

「ミニ東京」の発想は危険

――人口減少社会対策として、都市機能をコンパクト化する考え方がありますが。

山田　この考えには、危険な部分があると思います。増田さんは若者の地方圏からの人口流出を食い止める対策として、都市機能を拠点に集約する「コンパクト化」を言っていますが、一つ間違うとミニ東京をつくる発想になります。人口30万ぐらいだと県庁所在市の規模に近いですから、東京亜流、大阪亜流、名古屋亜流を至る所につくるという話になります。そうなると、地方に住むという価値観が根本的に失われます。今、都市ではない地域、田園に住むという新しい価値を見出そうとしている人たちの求めるものと、ミニ東京をつくる話には大きな相違があるのではないでしょうか。しかも、県庁所在市に人を集めるという話になれば、他の地域にとってはまさに撤退論であり、いわば敗北的戦略になりかねない恐れがあります。

コンパクト化は、価値観の転換や構造の転換ではなく、東京を頂点とした新しいヒエラルキーをつくってしまいかねない危険要素があるということを、認識すべきではないかと思っています。

――全国知事会は「小さな拠点づくり」を提案しています。

山田　コンパクト化ではなくて、ワンストップでネットワーク型、クラウド型のものができないかということです。コンパクト化は、名前は「コンパクト」でも、何か大きなサーバーをあちこちに置くようなものですが、クラウド型で小さな拠点をつくり、ネットワークで結ぶことで、この地域にはこういう特徴、この地域にはこういう特徴があって、それぞれを生かしていくということです。インフラ環境や情報通信技術（ＩＣＴ）環境も格段に良くなっている中で、可能性は広がっていると思います。

例えば、合併前の旧町村ごとに小さな拠点をつくり、役場や郵便、金融、農協、福祉といった機能を集めて人員も効果的に使い、ワンストップで何でもできるようにすれば、それが一つの防波堤になるのではないでしょうか。そこにカフェ機能や特産品を売るような機能があれば面白いですね。京都でも「つねよし百貨店」（京丹後市）のように、みんなが地域のものを出し合って店の機能を持ったところを作り始めています。コンパクト化だけだと敗北的都市論になってしまいかねませんが、小さな拠点がネットワーク化すると、撤退論ではなく積極的戦略論としていけるのではないかと思いますね。

――知事は高齢化対策も大きな柱に据えています。

山田　人口減少社会対策でもう一つ重要なのは、高齢化対策です。このままいくと２１００年ごろに日本の人口は明治末期と同じぐらいになると言われています。人口減少を肯定的に見る人もいますが、明治時代とは年齢構成が全く違います。明治時代の65歳以上は5％ぐらいでしたが、今は30％を超えようとしているわけで、それに応じた社会をつくらなければなりません。必要なのは「人づくり」であり、若者がしっかりと育っていき、女性が社会参画し、高齢者が自分の体調や年齢やライフスタイルに合った仕事を選べて、社会的な生活を送れる仕組みを整えることで、人口減少社会に対応していかなければならないと思います。

――人口減少時代の行政に求められることは。

山田　行政の在り方も大きく変えていくべきだと思っていて、京都府では「公共員」制度をつくりました。全部を役所がやるのでなく、消防団に代表されるようにそれぞれの人がそれぞれの立場で公共的な仕事もしてもらうことで、人口減少時代に総力を結集できる形をつくろうとしています。その時には役場や郵便、農協なども一体となって、民間のワンストップと役所のワンストップで新しい拠点ができていきます。京都府で今までやってきた地域力再生活動が大きな意味を持つ時代がこれからの人口減少社会です。

政府が地方創生を進める中で、私が大きな失敗だと思うのは公務員給与の地域手当です。地域間格差をどんどん広げていて、東京とは最大20％の差があります。人事院勧告における地域手当は、市では民間の給与調査をしますが、町村では大都市に通う人の割合で決めています。例えば京都府でも、ある町は大阪に通う人が十数％いるので地域手当が6％ですが、隣の町は10％に満たないのでゼロといった具合で、都会に通う人が多いほど給料が高いという前提です。ある町が一生懸命企業を呼んで、雇用の場を増やしても給料は増えない仕組みです。このように地域間格差を拡大させる都市優先の仕組みが至る所にあって、そこに中央官庁の人たちの特権が出てきます。

霞が関の幹部は2年で交代すれば、その間は地域手当の異動保障が付き、さらに3年間は広域異動手当が出ます。地元の人から見れば、東京から来たトップだけが、なぜ給料が高いのかということです。そういう構造で地方創生ができるのでしょうか。

同じように、高速道路は東名も名神も整備費の地元負担はゼロです。品川－名古屋間のリニア中央新幹線も地元負担ゼロです。北陸新幹線の地元負担は3分の1、直轄道路も3分の1です。日本海側の地域は、なけなしの税金を負担金に充ててやっと新幹線や高速道路を付けてもらい、3大都市圏を結ぶ地域は何も負担せずにリニアも高速道路もできます。私はこれを「大貧民ゲーム」と呼んでいます。

こういう構造を転換できるのは国です。こういうことを霞ケ関の人たちが考え、地方はそれぞれに頑張っていく。そのコラボレーションができたときにこの国の再生ができます。地方創生とは地方の再生ではない、この国の再生だということを最後に言いたいですね。

（**若林哲治**＝京都総局長）

子育て環境の充実でさらに移住者を

鳥取県知事 平井伸治
Shinji Hirai

人口最小県の鳥取県。そのトップとして、4年間で2000人の移住を目標に掲げ、施策に取り組んできた。3年半経った現在、2700人余りが移住。「子育て王国とっとり」を宣言し、充実した子育て環境づくりにも力を入れている。今後さらに、地方創生のビッグウェーブをとらえて地域活性化に取り組んでいきたいと話す。

――日本創成会議の報告をどう受け止めていますか。

平井　中山間地を抱えている地域では、実は分かっていたことです。それについて明確に警笛を鳴らしてもらった、そういうレポートだったと評価をいたしております。もちろん鳥取県の19市町村中13が消滅可能性自治体だとレッテルを貼られたもので、地元には激震が走っておりますが、遅かれ早かれカンフル剤を講じていかなければなりません。そのために、地域全体が行政も民間もみんなが声を一つにまとまらなければならなかった時でもありましたので、その意味でいいきっかけができたとポジティブに考えています。

内容については、市町村長からは、「そんなに厳しくないのではないか」という声が上がっており、県・各市町村が始めている人口減少対策の効果が反映されるよう最新のデータを用い、再試算をさせていただいて客観的な指標を用いながらの科学的なアプローチをそれぞれの地域でしてもらおうと考えています。

ポイントは、いくつかあると思います。一つ目は少子化対策として子どもたちの声が中山間地にも聞こえるように、若い人が入ったコミュニティーを復活させることです。そのためにも、女性が働く場をつくったり、子育て環境を整えたり、そうしたソフトインフラを整える必要があります。これは、都会には不得手な部分だと思います。田舎は、田舎の良さが発揮できれば時代を変える着火点になると思います。

また、二つ目は東京のブラックホールに吸い込まれていく一方的な流れを反転させていくことで、東日本大震災以後の鳥取県の移住プログラムの手応えからすると、これから上昇気流に乗せ得るのではないかと期待しています。ただ今まで、国がこうした分野に本気になってくれていませんでした。ですから新しい体制で国の中心課題と力を込めておられる以上、地方が使いやすい制度スキームを提供してもらいたいです。

鳥取ならではの保育をアピール

――県には子育て環境の充実をはかる「子育て王国とっとり条例」があり、平井知事は各県の知事らでつくられた子育て世帯を応援する「子育て同盟」の発起人でもあります。子育て施策に関する思いは。

平井　知事に就任した頃、2008年には合計特殊出生率が1・43まで落ちておりまして、かつては全国平均をかなり上回っていた出生率も平均並みになってきたんです。それから一念発起しまして、小児医療費の支援、不妊治療の支援、保育所において3歳児の保育士配置を15人に1人に改善するなど、改革を次々と打ち出していきました。教育でも、少人数学級の先取りをしたり、スクールカウンセラーを配置したり、子どもたちが伸び伸びと育っていく環境をつくろうと手を打ってきたわけです。

そうすると、（出生率が）1・62人まで上がってきて、全国の上位にまで入ってきました。今までの国・地方通じての常識は、少子化対策は政策効果を検証できないので、やっても仕方ないといった空気が蔓延してきたんですね。私は、ささやかな経験からすれば、やればやるだけの効果は出るのだから、国全体本腰を入れて、地方団体もこれまで以上に力を込めてやるべきではないかと思っておりました。仲間の子育て同盟の若手知事が、同じ思いを共有してくださり、今、政策提言であるとか、政策のイニシアチブを発揮して先導事業を共有するとか、そういうムーブメントを起こし始めています。

我々が、世の中を変える必要があると立ち上がった後、最近になって国も少子化対策や女性のための保育などの環境づくりに真剣に声を上げるようになってきまして、声が国の中枢にも届き始めているのかなと感じ始めています。世界的に見ると、先進国はGDPの3～4％程度を少子化対策にあてていますが、日本は1％程度ですから、やはり構造的転換が必要ではないかと思っています。

——鳥取県における子育てのアピールポイントは何ですか。

平井　すごい手応えを感じているのは、２０１４年4月から始めた中山間地域保育料無償化等事業です。中山間地域で保育料を無償化、軽減する市町村に対し、県が費用の半分を補助するもので、これはまさに日本創成会議の問題意識と合致していると思います。同会議の試算で、２０４0年に出産適齢期女性が今より81％減少するとされ、消滅可能性自治体になっている若桜町という町があります。そこで、同事業を始め保育料を無償化したところ、この秋までに4家族16名の方が移住してこられたそうです。

大山町という町には、保育料負担が軽いということで引っ越してこられました。私たちがこういうふうに背中を押してあげれば人の流れが、マインドが変わるんだなと思います。元々、子育てには自然環境も豊かですし、コミュニティーにおいて都会以上に子どもたちを守る、そういうネットワークがありますので安心して子育てできる環境だと思います。ただ、住んでみようというところまでいかなかったものですから、若い世代は都会へ引っ越していき、消滅可能性に向かっているということだったわけですが、確かに針が逆に回り始めているのだと思います。

「森のようちえん」[ii]というヨーロッパで生まれた園舎のない幼稚園が、自然が豊かな鳥取県で活発化していますが、智頭町という山間部の町では森のようちえんに入園したいと言って、今年はシンガポールからオランダ人と日本人のご夫妻が引っ越してこられ、新年度はオーストラリアのご家族が引っ越してこられることになっています。実は、近隣の市町村どころか県外や海外からも子育てのために引っ越してくるということが続いており、2園目ができましたが、ようちえんはまだ入園待ちになっています。国の文部科学省も厚生労働省も、これを幼稚園や保育園の基準に合わないということで認知してくれていません。鳥取県としては言わば地球レベルで支持されている幼児教育でありますので、県独自の支援を行い設置基準の作成にも入っています。普段の生活でも、夏は美しい日本海で泳ぎ、冬はスキーをして、温泉にも入れる良いところですから、そういう意味でこれからも子育て世代に魅力をアピールできると考えています。

——さまざまなものが東京に一極集中しています。例えば、雇用の問題についてどうお考えでしょう。

平井　県でも攻撃的な企業誘致をしています。鳥取県は全国一小規模な県庁で、個別の企業のニーズに合った誘致策を即座に決定する戦略で、最近急速に企業誘致を進めてきました。例えば、ＪＣＢの事務センターや不二家のシステムセンター、全国ブランドのお菓子メーカーなど、若い人たちが「働いてみたい」という企業さんが少なからず進出するようになってきています。地場の中小企業についても、県独自の経営革新制度で支援して、リーマンショック以来凍り付いていた設備投資の支援に踏み切ったところ、そういう投資が中小企業でも広がってきています。こうやって、雇用の受け皿を言わば攻撃的に拡大しようとしています。

農林水産業でも加工業を含めて初任給程度が保証できる、就業支援策[iii]を実施して、例えば農業法人に行って、その技術を習得しながら、初任給程度を受け取りアパート代も出る、そんな支援策を始めたんです。こうやって、なりわいを作るために地元でもできることがあると思っています。

移住定住では、お試し住宅の設置や移住先を見て回るツアー、大都市での相談会など、徹底的に実施をしてきましたところ、移住者は過去3カ年で2172人に上りました。こういう地方の取り組みを、国が積極的に地方創生の新スキームで応援していただいたり、規制緩和を進めたり、大なたを振るう時だと思います。政府機関を一部地方へ移転するとか、企業移転の促進税制とか、地方の大学の振興策とか、国が一歩踏み出すべきだと思います。

移住者の立場に立った移住定住策

――移住定住策を進める中で、教訓はありますか。

平井　初期段階では就農しても定着率がなかなか良くないとか、移住してきても孤立してしまうケースも聞かれました。そこで、農業を始めたい人に対し、給料をもらいながら先進的農家から研修が受けられ、就農までサポートする「アグリスタート研修[vi]」というかなりシステマティックな受け入れ体制を組む事業を始めたり、ピアカウンセリングのような既に移住してきた人が中心となってネットワークをつくる活動を支援したり、最初に住むところが難しいので既存の住宅に手を入れる、要は安上がりな受け皿づくりですね、リーズナブルなコストでの入居が可能な住宅政策などを展開してきました。

また、大山など人気のある地域では、引っ越したくても住宅がないという話が出てくる。宅建協会とパートナーシップを組んで住宅バンクをつくってみたり、大山周辺の建築家の皆さんが家の改修のアドバイスなどをしながら移住の相談をすることになったら移住者の数が増えてきたり、だんだんと受け入れ側としてのバージョンアップを進めてきました。移住は人生の一大決断。大切なのは、元々住んでいる私たちの都合ではなく、移住しようとしている人たちの立場に立った政策づくりだと思います。

――人口減少にあった町づくりはどう進めていますか。

平井　少子高齢化が進んでおり、ほっておいても自然減になる時代です。そこに輪をかけるように大都市に若い世代だけが引きつけられてしまい、特に中山間地がお年寄り中心になってしまう。これをどうするかがポイントです。

鳥取県では、住民の生活に寄り添って異常などを早期発見する体制をつくり地域の安全安心を守るため、中山間地などで事業活動を行っている事業者と行政機関が連携を約束する「中山間集落見守り協定」を結んでいます。最初は新聞配達屋さんから「自分たちはその村も町もよく分かる、毎日のように家をまわる」と話が来て、これを活かせないかということになった。若い人の手がなくなってしまって、お年寄りが孤立しかねない状況があり、こうした企業の力を借りて見守りをしてもらおうという事業を思いついたわけです。始めたところ、現在は57事業者と、どんどんと増えてきており、実際に新聞受けに新聞が溜まっていて異変に気がつき事無きを得たとか、移動販売者にいつも来るお年寄りが姿を見せなかったので家を訪ねたら体調を崩しておられたとか、そういうケースが出てきています。

江府町というところのある集落では、昼間は若い人がいなくなり年寄りだけになってしまうため年寄りだけで防災会をつくろうと、お互いに支え合うことを始めています。団地も昔つくったもので、どんどんお年寄りの割合が増える中で買い物が難しくなってきています。それで、空いた店舗を利用して自治会の人が中心となりショップを始める。このように、言わば支え合いで新しいコミュニティーを再生していく動きをしなければならないと思います。

これはいろんな効果もあります。例えば、南部町の東西町という町会では、古民家、空いた住宅を利用した小規模なデイサービスを始めており、自分たちの町で応援しています。スタッフも、結構高齢者です。来られる方も80歳を超える方々ばかりですが、そこで寄り集まることで認知症を始めとした、そういう健康が退行することを食い止める役割が果たされているようで数値が良くなっています。そこに、子どもたちを混ぜるわけです。保育と老人ホームのデイサービスを一緒にやる所も出てきていますけども、コミュニケーションの力で認知症防止だとか、子どもたちの方で言えば社会的人格の形成に役立っているわけです。児童期、幼児期の脳には異年齢の人とのコミュニケーションが社会性の発達に有効だという研究データがありまして、異年齢の人との交流は貴重な機会なんです、今では。

児童福祉であり、高齢者福祉であるサービスなんですけども、田舎なりの知恵でコンパクトに一つの地域の中にまとめてしまうことで、逆にいい面が出てくる。極端な少子高齢化に向かっている変わり目にある中で、従来型の福祉行政や町づくり政策ではない、ニューウェーブの政策を展開する必要性が出てきています。その主たる担い手は市民社会そのものだと思います。住民の皆様や、企業の中で業態転換をしていこうという人たちの工夫でいろんな社会サービスが生まれ始めている。それを若干でもサポートし持続可能なものにしさえすれば、いろんな問題が解決してくるのではないかと思っています。

――地方創生において、国で一番必要なことはどんなことだと考えていますか。

平井　従来の事業の延長ではなくて、まち・ひと・しごと創生本部で一刀両断に地域が動きやすく、やりたいことをそのまま支援する地方の使い勝手のいい交付金を考えてもらうのが一番ありがたいです。

　議論の焦点が中山間地域をどう生かすかに動いてきていますが、現在の硬直的な耕地政策が邪魔をしている面があります。例えば水のきれいなところでは農業をすればいいというだけだったですけど、鳥取県では今ギンザケの養殖が始まっており、きれいな水は水産業にも役立ちます。さらに、水産業に携わる若い人たちの住宅にも役立ちます。中山間地のすばらしさを生かそうとして農地を守るということにこだわると、中山間地を逆に発展から遠ざけてしまうことにもなるわけです。

　規制緩和を、アクセルを踏み込んでもらう必要が地方創生にはあると思います。国家戦略特区が華々しく登場しましたが、今のところはブラックホールである大都市中心でありまして、地方の声にはまだ応え切れていないと思います。思い切った方向転換を切に望みたいです。地方創生の波がきており、今、チャンスだと思います。民間の人、企業や町の人たちがのっかってくる仕掛けができればいいかなと思っております。

（平野実季＝鳥取支局）

i　日本創成会議の人口推計に比べ、最新のデータ（2013年10月1日現在）を用い、県の合計特殊出生率（1・62）が今後も続くと仮定するなどして、県独自の推計を出した。2040年の推計人口は、日本創成会議のものに比べ3600人多い45万5000人となる。

ii　野外活動を通じて子どもを育む幼児教育・保育のこと。子どもを通わせるために移住する人もいる「まるたんぼう（智頭町）」を始め、県内で通年型の森のようちえんは5園ある。2015年に県独自の認証制度を設け、経済的に安定した運営ができるようにする。

iii　農林水産業で新たに従業員を雇用する団体や業者などに対し、研修経費を助成する支援策。

vi　鳥取県で自営就農を希望する者に対し、先進農家のもとで経営ノウハウなどを学ぶといった研修を用意し、その後の就農までをトータルに支援する事業。

「VS東京」で魅力発信と切磋琢磨を

徳島県知事 飯泉嘉門
Kamon Iizumi

徳島県では、大都市部のIT企業やデザイン会社が、全国屈指のブロードバンド環境を生かして、テレワークの拠点「サテライトオフィス」を開設する動きが加速している。「東京は便利で何でもあるというのは幻想。それに気付くことが大事」。地方回帰の兆候を感じ取った旧自治省出身の飯泉嘉門知事は「VS東京」を旗印に掲げ、価値観の転換を促す。

東京はブラックホール

――「VS東京」をキーワードに魅力発信に取り組んでいます。狙いを教えて下さい。

飯泉　今までは人、モノ、金をどんどん東京に集め、戦後の復興をできるだけ早期に、効率良くやろうとしてきました。システムは一度作ってしまうとなかなか抜け出せません。しかし、今の東京を見てみると、通勤時間がものすごくかかる。居住費や物価が高い。精神的なストレスも多い。人口密度が高まれば高まるほど、人は疲弊してきます。

しかも、一番問題なのは、東京の合計特殊出生率がダントツに低いことです。若い人たちが、どんどん東京に吸い寄せられ、しかし、子どもを生み育てる環境にないのです。私は「ブラックホール東京」と呼んでいますが、日本全体がブラックホールに飲み込まれて滅んでしまいます。「東京一極集中の打破！」というと、何となく東京を敵視しているように見えますが、そうではなく、東京が人が住むには限界に来ていることに気づいてもらいたいのです。

しかし、「東京は便利で何でもある」という幻想から逃れられない人が多い。そこで、今一度、自分たちのふるさと、ルーツを考えてみませんかと。「VS東京」と刺激的に打ち上げることによって、まずは、「気づき」を東京の人たちに与えられればと思っています。

どこにでも「徳島」はあります。食事の時であれば、なると金時、阿波尾鶏、すだち、しいたけ、ハモやアワビなど魚介類。都心のＩＴ企業がテレワークの拠点をどんどん徳島に置いている。ブロードバンド環境は東京より徳島のほうが良いらしい。海外に行かなくても、スキューバダイビングやサーフィンがすぐできる。東京の人に「自分たちの望んでいるのは、今の生活ではない」と気づき、行動を起こしてもらいたいのです。あえて、「徳島ＶＳ東京」としなかったことも、東京以外の地方の人たちに気づいてもらいたいのです。「鳥取ＶＳ東京」でも「長野ＶＳ東京」でも良い。いっせいに地方が立ち上がることで地方と東京が切磋琢磨し合えます。お互いが真剣に競い合うことで、日本はすごく良い国になるのではないでしょうか。

そして、東京は国内でなく、世界でこそ競って欲しい。ロンドン、パリ、ニューヨーク、北京、モスクワ。それらと競って、世界で一番の東京として、世界中から人、モノ、金を集めてほしい。その富や情報を地方に還元する。そうすると地方が豊かになってパワーアップした地方から人、モノ、金を再び東京に送れるのです。

こうした良い循環を作り、地方を創生し、日本を創生する。そのためには、今こそ価値観を根本的に変えないといけません。東京中心の価値観を、徳島はじめ地方中心の価値観に、日本中が切磋琢磨し合える新しい価値観に切り替える。それが「ＶＳ東京」に込めた想いです。

出会いの場、行政が後押し

――日本創成会議の報告をどう受け止めましたか。

飯泉　２０４０年の女性の移動を考えるというのは今までに無かった斬新なものでした。その着眼は非常に慧眼だったと思います。これまで国は第四次全国総合開発計画などで東京一極集中の緩和や打破を打ち出してきました。でも、どれ一つうまくいかず、逆に、どんどん東京に人口が集中してしまいました。この流れを何としても変えようと、みんなが本気になるきっかけを与えてもらいました。

ただ一つ思うのは、個別に見ていくと、それぞれの地域の工夫や特性によって、そうした形になるとは必ずしも言えないということです。例えば徳島の場合、80％以上減ってしまうという所で、一番が那賀町、次が神山町でした。四国の中でも1位と3位です。しかし今、那賀町ではＵＩターンの若い林業従事者が倍増しています。神山町では社会増が社会減を上回っています。

今後は全国各地の成功事例をしっかり分析して、似たような環境のところであれば、応用できるケースは必ずあると思います。成功事例だけをクローズアップすることに懐疑的な声もありますが、島根県の海士町や北海道のニセコ町、徳島県の神山町など、多種多様なパターンがあります。それらをヒントに意欲のあるところが名乗り出る「手挙げ方式」にすればいい。国はそこに人と財政支援など必要とされるモノを提供してくれれば、と思います。

――少子化対策にはどのように取り組めばよいですか。

飯泉　結婚、そして子どもを産む産まないは、今まで個人の問題と捉えられて来ましたが、これまで以上に行政としてコミットする必要が出て来ました。

まず結婚を「しよう！」という環境を作り出すことが大切です。例えば、出会いの場を作ることです。専門業者やNPO、学生をはじめ若者の団体、中山間地域の支援団体など、地域や主体の特性によって方法はさまざまです。そのうちのどれを選択するかではなく、「これをやりたい！」という取り組みを伸ばしてあげることがポイントです。

次に、結婚して子どもが生まれたら、学校や病気をした際にお金がかかります。「社会で支える」観点から、財政支援をする必要が出てきます。例えば、医療費助成については、県レベルとして最低でも小学校6年卒業までとし、これに各市町村が独自の助成を上乗せして、中学校卒業までとか高校卒業までとか、「子育て先進地域」を競い合ってもらい、子育て世代の誘致を促進するのです。

企業誘導、「一国二制度」で

――東京一極集中の是正についてはどうでしょうか。

飯泉　「働く世代」の問題と「高齢者」の問題、両面でしっかり対応しないと本当の意味での東京一極集中は是正されません。まず、前者については大胆な「一国二制度」を提案します。既に多くの企業は海外で現地生産をしており、新たな工場を誘致するのはハードルが高く、東京に集積しているものを地方に誘導するインセンティブこそが必要です。

今までは沖縄や北海道の特例など局地的な一国二制度はありました。今後はもっと大胆に、東京と地方という区分で、地方に対する法人税率を低くするという一国二制度にすべきです。政府は企業の国際競争力を高めるために、法人実効税率を引き下げる法人税改革を行おうとしていますから、まさにそれとセットで。

さらには、環境の良い地方に、大学を移す必要があります。大学が地方に展開することで、若い人たちが地方にとどまる、あるいは地方に集まる。そして選ぶ会社が近くにあれば地方から出ていかなくて良いのです。

もう一つは高齢者の問題です。今後、東京圏では急速に高齢化が進み、既に施設に入所できない待機高齢者が急増しています。しかし、需要に対応して施設を作るとすると、莫大なコストが掛かります。一方、徳島は介護保険施設の整備率が日本一ですが、2020年に高齢者人口がピークを迎えます。つまり徳島をはじめ地方では施設に空きが出始めるので、これを活用しない手はないと思います。

厚生労働省の審議会では、お年寄りの強制移住は、まかりならないとの話がありますが、三世代続く生粋の東京人、江戸っ子の東京の人口に占める割合は、高くはないのです。ルーツが徳島とか、連れ合いが徳島とか、長らく徳島に勤務していたなど、その大半は徳島はじめ地方出身です。そこに気づいてもらい、ふるさとに戻って来ませんかと。

ただ、制度上の足かせがあります。「住所地特例」です。施設に入った場合、税金で支援することになりますが、元々いた自治体に応分の負担をしてもらわないと移転先団体の持ち出しが大変です。この特例の適用範囲を広げ、例えば、「東京23区内からいったん住所を徳島に移して、その後施設に入所する場合も特例を認める」といった制度改正が必要です。ご本人は行きたいところに行け、受け入れる側も喜んで受け入れるウィン・ウィンの関係ができ、地方の高齢者が減少せず、介護・医療従事の若い女性たちも東京に出ていく必要がなくなります。

——地方で取り組めることはありますか。

飯泉　まず、大学に関して、地元の大学を充実させることです。地方の特性を生かした新しい学部を創り、座学中心でなくフィールドを大いに実践の場として活用する。徳島の場合、温暖な地でもありますし、第一次産業が盛んなので、さまざまな実証フィールドとしての知の拠点を置きます。徳島大学では6次産業化について学ぶ学部の設置が検討されています。そこで、そこにチャレンジする生徒を育てるシステムを作りました。高校再編の中で「食ビジネス」や「地域ビジネス」といった農商、工商連携の新しい高校を創り、また、農業大学校を専修学校化して実践を身につけてから大学に編入する。地方の創意工夫あふれた当地ならではの人材育成システムを国がしっかりと支援してもらいたいですね。

次に、企業誘致に関しては、光ファイバーなどＩＣＴの環境を整えるとか、特色のある素材生産を企業集積の拠点づくりに活かしていくことです。例えば、20世紀の企業城下町は本体を組み立てるところに部材を提供する企業が集まりました。環境の世紀21世紀は環境にやさしい素材、徳島であればＬＥＤの素子ですが、優れた素材、部材を提供するところに、それを使った応用製品を作る企業を集積させる、いわば21世紀型の企業城下町を作り上げていくのです。

また、「テレビが双方向、便利になる！」とのうたい文句で推進された地上デジタル放送の導入で、それまでアナログ波であったがゆえに関西波10チャンネルが見えていた徳島は、放送法で定められた3チャンネルとなりました。「それは大変だ！」ということで10年かけて各家庭にケーブルテレビをつなぎました。しかも後発の利ということで、光ファイバーで結ぶことに。あまりインターネットが使われない中山間地域にも敷設されていることに着眼して、東京より速い通信環境と素晴らしい自然環境を生かして、IT企業のサテライトオフィスを誘致したのです。

ミニ東京の人口ダムに反対

――コンパクトシティー化についてはどう考えますか。

飯泉　「人口ダム」としての中核市的なものをどんどん作って、大都市への人口流出を止めようという発想には反対です。なぜかというと、ミニ東京をたくさん作ることになり、結果として中山間地域から人がいなくなるからです。まさに日本の原風景は中山間地域、日本の宝だからです。逆に、中山間地域にどれだけ若い人を送るかを考えないといけません。かつて、ドイツやフランスで人口減が大変だという時、若いうちは憧れもあって、働く所の選択肢が多い都会へどんどん出て行く。しかし、結婚して子育てをするなら地方、田舎の環境の良い所で、と誘導したのです。

若い独身のうちは都会へ行ってもいいですけど、結婚したら地方に行って、自然豊かな環境の下でのびのびと子育てをする。教育環境が心配という声には、良い学校を地方へ誘導すれば良いのです。研究や勉強をするなら、自然環境が豊かな方がいい。きっと、クリエイティブな仕事ができますよ。そして、高齢者になった時には、コンパクトシティーに移る。中山間地域から、わりと近い所に公共交通手段の利便性の高いコンパクトシティーを作って、ケア付きのマンションを整備する。その意味で、超高齢社会を支えるためのコンパクトシティーには大賛成です。

――これまでの国の施策の反省を踏まえて、地方創生にあたって、気をつけるべきことは何でしょうか。

飯泉　何といっても「自由度」を高めることです。昔は国がすべて事業を組み立て、設計図通りに行ったら助成しますよ、という形でした。つまり地方は、「頭」ではなくて、「手足」として器用に動けばよかったのです。しかし、それが今の東京一極集中を生みました。これからは地方が各自で、いかに創意工夫していくかが問われます。頭として働くだけでなく、頭が全国に分散しないといけません。しかも、頭が働き続けるには、栄養に富んだ血液が不可欠。知恵が出し合える環境を作ることが不可欠です。

国はハードとソフトをうまく絡めた自由度の高い交付金を用意し、地方は工夫を凝らした地域ならではのビジネスプラン、地域活性化のためのプランを出していく。ばらまきではなく、プランに応じて必要な額を出す。そして、どういう成果が出たのかを求め、優良事例はＰＲし、他の団体のヒントとするのです。

分権議論、効率性から可能性へ

――地方分権と地方創生の関係についてどう考えますか。

飯泉　今回、交付金が注目されていますが、例えば、権限や国の機関も地方に移してはどうでしょうか。現に、先駆けとして本県の神山町に霞が関からサテライトプレイヤーとして官僚が来ました。霞が関に全部の省庁がある必要はありません。文化庁なら京都に。創造性を育む環境を考慮すると、各研究機関はなおさらです。

こうして考えていくと、分権という分け与えるものではなく、この国を多極的な構造にして、お互いの魅力、特色を磨き合う。一見、東京には全部揃っているように見えますが、地方にルーツがあります。もちろん江戸文化は東京にルーツがあります。それぞれのルーツに打ち込んでいけばいい。原点は地方にこそあるものが多いのです。「知恵は地方にこそある」とはそういうことだと思います。

――首都機能移転の議論があります。

飯泉　関西は常にそれを意識しています。約１５０年間首都を預けているとの感覚です。そろそろ、東京が首都じゃなくても良いのでは？　その方が東京オリンピックも実施しやすいと思います。首都だから何かと制約や規制がある。首都機能を分けることで、逆に東京の負担が減り、経済都市、文化都市として大きな伸びしろを持つことになる。こうした可能性が首都であるがゆえに阻害されています。

日本の成長のために効率性のみを重視して、東京を犠牲にしてきました。しかし、もう東京も限界です。これからは、ある所だけに負担を負わせる効率性重視から機能性や可能性重視へ。この際、首都機能についても、今までとは次元の違う議論をすべきではないでしょうか。首都機能を分散することで、どんなメリットがあるのか。逆に、引き受けた所ではデメリットがあるかもしれません。

今こそ「異次元の構造改革」をすべきです。そうしないと日本創生にはつながりません。それができる最後のチャンスなのです。

（**山本拓也**＝徳島支局）

生まれ育った地域を誇る文化を広げる

前佐賀県知事・衆議院議員
古川　康
Yasushi Furukawa

結婚と子育てを総合的に支援する「418（しあわせいっぱい）プロジェクト」やネットを活用し職場以外でも柔軟に働けるようにする「テレワーク」を本格始動させるなど先進的な取り組みを進めてきた。100年後には県内人口が3分の1の28万人になると見込まれる今、現状打破の方策を聞いた。

※このインタビューは知事在職中に行いました。

――日本創成会議の報告についてどう評価されますか。

古川　あまり見たくないもの、考えたくないものを突き付けていただいたことに感謝しています。その少し前に人口問題チームを発足させたばかりの時だったので、我々の問題意識も間違っていなかったということが分かりました し、こうやってみんなに他人事ではなく自分の問題として捉えてもらうことができたということは評価しています。

贈与税非課税、拡大を

――人口急減を回避するため、少子化対策としてどのような取り組み、施策展開を考えていらっしゃいますか。国に求めることはありますか。

古川　やらなくてはならないことは大きく二つです。一つは結婚への応援で、もう一つが子どもを産み育てるという選択をしやすくすることです。

なるべく早く結婚すると第1子の後も子どもが産まれる確率が高くなります。20代のうちの結婚を考えられるインセンティブ（誘因）を与えられないかと考えています。また、20代と30代で婚姻率が違う背景の一つに、若者層の貧困があると思います。つまり収入がそれほどないから結婚に踏み切れない、結婚しても夫婦で必死になって働いてやっと生活できるといった状態では、子どもをつくるというチョイスができません。

その解決策の一つとして、比較的資産のある高齢層から20代への資産移転の支援を税制上でできないかと思っています。我が国の資産の3分の2を高齢層が持っている一方で、子育て世代はお金がありません。

教育資金に限って一定認められている贈与税の非課税措置を結婚資金や子育て資金に拡大することで、若年層に意図的に資産を移転できれば「安心して結婚でき、子どもをつくれる」と思う層は、無視できないほど増えると思います。子育て支援制度で一番やってほしいのはこれです。金融機関の人は「絶対効果がある」と言っていました。今は運用がかなり厳しいですが、それでも信託銀行の教育資金贈与の受託分だけで5193億円あります。本来入るべき税収が少なくなることはあるかもしれませんが、資産を動かすだけですから国民負担率を上げずに若い世代を支援でき、非常に意味があります。

男を家に帰す

子育て支援策も二つです。働き方を変えることと「男を家に帰す」ことです。本当は女性もですが、分かりやすいようにこの言い方をしています。正確には長時間労働慣行の見直しです。物理的に家にいる時間が短ければ、子どもができる環境もできない。厚生労働省の調査では、男性が家事を分担している家ほど子どもが複数生まれています。ならば、「そうしましょうよ」ということです。

佐賀県庁もなるべく早く家に帰れるようにします。我々はテレワークを本格的にスタートさせました。出退勤の移動時間をカットすれば、暮らしに余裕が出ます。在宅勤務が普通になれば、子育てや介護と仕事を両立させることもできます。

男性も女性もそういう働き方ができるようにすることが絶対的に必要です。この実現には、ペーパレスを実現しなくてはなりません。ペーパレスが進めば、一般県民の方もいちいち役所に出す書類を作る必要がなくなるなどの色々な負荷が軽くなります。

情報インフラとLCCで地域づくり

──東京一極集中の是正について、国にどのような施策を期待しますか。地方自治体でできることは何でしょう。

古川　これも二つあります。一つは若い人たちが集まらないようにすること。高校卒業後に大学や専門学校に通う人たちの4割が東京圏に集中しています。これを変えるには、東京の大学を地方に移転させなくてはなりません。簡単ではないことは百も承知。それでも何とかしなければ、若い人たちを呼び戻すこともできません。首都圏に行かなくとも、自分の学びたいことが学べる大学づくりを本気になってやることが求められています。

一つのアイデアですが、大学関係者の中にはこう言われる方もいらっしゃいます。「旧帝大は学部生をとるな。全部大学院生にしろ」「今旧帝大に進学している人たちは、それぞれの地方の大学に進学し、もっと学びたい人だけが旧帝大に行く仕組みができないものか」。色々な課題があるのでしょうが、大学の集中ぶりに目を閉ざしていては本質的な問題の解決はできません。若者の一極集中は成熟国家共通の現象ではありません。むしろ大学は地方都市にある国の方が多いのです。

二つ目は、東京にいなくても仕事ができる環境の実現。どういう意味かというと、一つは東京にある本社機能を移転することです。コマツが好い例で、調達は今ウェブ上で処理しているので、東京ではなくてもできます。このように本社機能を少しでも地方都市に移そうという企業にインセンティブを付けるのはありだと思います。税制的なメリットがなければ、地方移転の判断は企業にとって難しいのではないかと思いますから。

もう一つは東京本社勤務の人からよく聞く話ですが、夫婦で別の会社で働いていて、例えば夫が佐賀に転勤になった時に奥さんはどうするかということに関することです。奥さんが東京本社の仕事を佐賀でもやるという働き方が当たり前になれば、辞めずに行った先でも働けます。働く場所に左右されず、能力や意欲があれば望む仕事ができる社会を実現することが解決につながると思います。

それを可能にするのは、ICT（情報通信技術）のインフラ整備と、LCC（格安航空会社）に代表されるコストを劇的に下げる移動手段です。日本のように超高速ブロードバンドが月々何千円で利用できる国は少ないです。LCCの成田―佐賀便が就航して実感していますが、飲み代1回分の数千円で首都圏を行き来できるようになり、(移動の)ハードルが下がったと言う人が多いです。LCCができたことで地方の人が東京に吸い上げられるだけでなく、逆に東京の人が地方に住むことを加速していきたいですね。ICT基盤の整備とLCCを活用した移動コストの縮減で、東京からの距離に関係なく、魅力ある地域づくりをするところに人が集まるというのを実現できるのではないかと思っています。

「シビックプライド」醸成がカギ

これまでは東京一極集中を避ける具体的な話でしたが、根本的な答えになると思っているのが、自分の生まれ育った地域に誇りを持つ文化「シビックプライド」を広げていくことです。実は子どもたちは地域の人と接していません。大学や企業を選ぶ時までに、育った地域のことをきちんと学ぶ機会もありません。先生からは「できるだけ偏差値の高い学校に行け」と言われ、遠い大学で初めて「自分は何者か」と思うことになる。日本にずっといて初めて外国に行った時に「日本ってどんなところ?」と聞かれて初めて日本人としての自意識が芽生えるようなことが国内でも起きています。

その地域に生まれ育ち、地域の人に育てられることを体験、意識させることで大学は東京でも「やがては帰りたい。この地域で暮らし、結婚し、子どもをつくりたい」となるよう意識して育てなくてはなりません。

1期目のマニフェストでこれを書きました。「オンリーワンのさが体験活動支援事業」という事業でしたが、評判は良くなかったです。現場からすれば、ただでさえ忙しいのに面倒臭かったようですが、この問題が起きて改めて必要性を感じています。自分が教育し、よくできる子はえてして遠くの学校に行く。先生としては誇りです。それを「良くない」と言うわけですから、先生たちは不思議に思われるはずです。ただ、一生懸命勉強する子を育てることと、地域に誇りを持つことは相矛盾することではありません。

その意識を先生たちに持ってほしいし、地域の大人と接する場面を作ってほしいです。

実は心密かにやりたいと思っていたことがあります。県外に出る子どもたちにハンドブックのようなものを渡すことです。「佐賀県はなぜ佐賀県なのか?」から始まり、「どんなところか?」と聞かれた時の答え方も載せます。たとえば「焼き物王国」といった答え方です。子どもたちはどう答えたらいいのかわからないのが現状です。

また、就職や推薦入学であれば、ぎりぎりまで進学先や就職先が決まらないことはありません。高校3年の3学期に地域のことを教える授業をやってもらいたいです。それだけでもずいぶん違うと思います。シビックプライドの醸成が、東京一極集中の問題を最終的に解決する唯一の方法、キーワードではないかと思っています。

地方に決定権を

——全国知事会の地方分権推進特別委員長を務められていますが、地方分権が人口問題に資する部分はありますか。

古川　分権を進めることが、シビックプライドにもつながりますし、特色のある地域づくりが可能になり、住むことを選択する人も増えてくると思います。

たとえば佐賀県は授業でタブレットを使い、ICT教育を充実させようとしていますが、(現状は)タブレットだけで授業をやってはいけません。紙の教科書を使わなければならないという決まりがあるからです。我々が特徴を出そうと思うこと一つをとっても(自らの判断で)できません。

また、佐賀県はイベントの時に、宿泊希望者数に対して部屋数が足りていません。ですが、いつも必要なわけではありません。であるならば、「自分の部屋や家を貸すよ」と、今グレーゾーンになっているエアビーエンビー(Airbnb)を正面から認めるような、自分の財産をシェアする先進地域を実現したいです。ただ、今は法律でできません。特色ある地域を作りたいのに、「これは駄目」と(国に)言われているのが現状です。

典型例が農地の話です。ある土地の使い方一つとっても、市町村長が決められないのはおかしい。都市計画の権限は市町村に移っても、農地だけが決められない状況になっています。効率良くして農業で儲けてやろうという場所もあるでしょうし、工場団地にした方が定住にもつながり、税収増にもつながる場所もあるでしょう。その判断を住民に一番近い首長ができないのは、残念なことです。

さらに言えば、国には「決めさせてくれ」と言っています。「地方にお金を渡せば渡すほど喜ぶ」というのは間違いです。「泳いで向こう岸にたどり着くかは、あなたたち次第」と言うのであれば、手足を縛っているものを外してほしいですね。

変化する家族の形に柔軟対応を

――人口減少対策で心がけていることを教えてください。

古川　絶対にやってはならないのは、個人の生き方に関することを押しつけることです。結婚を望んでいる人をお手伝いするというのは良いと思いますし、結婚に踏み切れない人に「早ければ得する」というインセンティブを付けるのは良いのですが、結婚する気のない人に「なぜしないのか」「わが国のために子どもを1人つくれ」という会話は絶対にいけません。そうなったら国民はついてこないし、少子化対策に理解が得られなくなります。「希望」する出生率という言い方を増田さんたちもしていますよね。すごく(表現に)注意しておられるが、それでも警戒する人はいます。

また、これからは結婚や家族の在り方が多様になります。今までは結婚した男女間に赤ちゃんが生まれ、実の親が育てるのが典型的なパターンでしたが、これからは結婚した男女間には子どもができない場合に他の人がつくった子どもを育てるという選択肢も出てくると思います。特に同性婚の場合、生物学的に2人の間に子どもはできませんが、他の人がつくった子どもを2人で育てることはできます。時代によってこれからも変わり続ける結婚や子育て、家庭の形に対するフレキシビリティー（柔軟性）を持っていた方が良いと思います。

移民「仲間」として受け入れを

――税収が減り、財政が厳しくなっていくと思います。県が今後すべきことは何だと思いますか。

古川　働く人を増やすことです。60歳で仕事を辞めず70歳まで働き続けてほしい。結婚したから仕事を辞めるなんて言わないでほしい。障害がある方も含めて、総力戦でこの地域を支える側に回る。そういう人の割合を増やせば幸せにもつながっていくと思いますし、税収減にも対応できると思います。

海外からの人をどれだけ「仲間」として受け入れるのかも大きな問題になるだろうと思います。我が国で人生を送りたいと希望している外国人を労働力ではなく、仲間として受け入れるという雰囲気をつくっていくことが大事だと思います。これは制度の問題というよりは風土の問題です。

僕なりに移民を受け入れた国々を見てきましたが、どこの国も「労働力」として受け入れます。しかし、実際に入ってくるのは、恋もすれば結婚もして、子どももできる人間です。

その子どもから見れば、自分は日本で生まれ育った日本人です。その時に私たちが「労働力を入れたつもりだったのに」とならないためには、まずは日本人と一緒にやっていける人たちを受け入れるのが、無理がなくて良いと思います。

ですから、佐賀県は今、日本語学校の誘致をやっているわけです。ほぼ全国で唯一の取り組みと言って良いのではないかと思います。なぜかと言うと、日本語を学んでもらい言葉が通じるようになれば、お互いに随分考え方なり何なりを理解できる度合いが高くなるからです。

我々の仲間として受け入れることを徹底せず、「安く働いてくれるからどこの国の人でもいいや」とやれば、多くの国々が悩んでいる問題に直面することになるのではないかと思います。

そうした中でさまざまな国の人が増え、理解も進めば、次の段階としてもう少し違う人たちに来てもらうというのはあるのかなと思います。

（**石田恵吾**＝佐賀支局）

広大な田んぼが女性を魅了 消滅回避へ

秋田県大潟村長
髙橋浩人
Hiroto Takahashi

「今までの取り組みが評価された結果だと思う」――。２０１４年10月に創立50周年を迎えた秋田県大潟村《おおがたむら》。コメ作りにこだわり続けたこの村は、日本創成会議の報告によると、県内の自治体では唯一、20～39歳の若年女性の人口が増加するとされた。

コメ作りにこだわる

髙橋浩人村長（たかはし・ひろと＝54）は、過去半世紀にわたる村づくりに胸を張る。

減反など逆風にさらされ続けてきた大潟村だが、コメを中心とした農業を唯一の産業として育ててきた。「これからも農業中心に村づくりを進める」と強調する。

大潟村は食糧不足の解消、近代的農村の建設などを目指し、日本で2番目の広さを誇る湖だった八郎潟を干拓して１９６４年に開村した。67年には全国から選抜された農家が入植し大規模経営によるコメ作りが始まったが、コメ余りにより、その3年後には減反政策が導入された。村内では減反実施の是非をめぐり農家同士が対立、国との間で訴訟も起きるなど混乱した。それでも、耕作放棄地は一切出さず、コメ作り中心の農業にこだわり続けた。

これまで国の農政に翻弄《ほんろう》され続けてきた大潟村だが、大規模経営に支えられた生活が、県内の他地域にはない現象を生み出した。日本創成会議の報告で指摘された、村外からの若年女性の流入である。

伴侶同伴でUターン

大潟村の農家１戸当たりの平均農地面積は、約17ヘクタールの広さを誇る。大規模農業に支えられ、村民１人当たりの所得は県内でトップクラスを維持。髙橋村長は「これも魅力の一つになっているのでは」と話す。

大潟村の男性は進学などで県外に出ても、農業を継ぐために帰ってくるケースが多い。その際、伴侶を連れて帰ることもよくあるという。夫の収入が安定している上、「農業に抵抗感がない」として、県外の女性もスムーズに村の生活に溶け込めると分析する。

　周辺市町村では兼業農家が多いが、大潟村は専業で家族ぐるみの農業を営む。夫婦で子育てをしやすい環境にあり、合計特殊出生率は２・２程度で推移している。

　それでも、日本の農産物市場に大きな影響を与える環太平洋連携協定（ＴＰＰ）交渉や、消費者のコメ離れによる米価下落、２０１８年産米からの減反廃止など不安要素は多い。特に、米価下落の影響は大きく、農協がコメ集荷時に農家に支払う概算金（前払い金）は、秋田県産あきたこまちの1等米で、14年は前年に比べ60キロ当たり３０００円安い８５００円となった。県奨励品種となった１９８４年以降、最低の価格で、関係者に衝撃が走った。

　村の昼間人口は、夜間に比べ約９００人多い。村外から大勢の人が通勤してくるためで、「その人たちの定住を促したい」として、宅地分譲を進めている。

　また、晩婚化の傾向が強まっていることから、「未婚につながらないよう、婚活にも力を入れている」という。

大潟村の稲刈り風景

コンパクト・ビレッジを提唱

　日本創成会議の報告では、秋田県内では唯一「消滅可能性都市」に指定されなかったが、「一つのまちだけでは発展性はない」と強調。「それぞれの地域が個性を発揮できる状況をつくることが大事だ」と語る。その上で、創成会議の推計について「人口減の中で、地域をどのように維持するか真剣に考えろ、という警告かな」と話す。

　地域の維持策については、大潟村は一つのモデルを提示している。集落を村内の1カ所に集約したことにより、上下水道など生活基盤の整備がコンパクト、低コストに抑えられた。農家は、自宅から最大で20キロ先の田んぼに車で通勤する。「コンパクト・ビレッジにし、通勤型の農業とすることが、これからのスタイルでは」と提唱する。

　髙橋村長は、村創立50周年に当たり「所期の目標は達成した」と胸を張る。現時点では村が「消滅」するほどの人口減は避けられる見通しだが、コメを取り巻く環境を考えると楽観はできない。

　秋田県の佐竹敬久知事は、コメへの過度の依存は人口減につながると警告しているが、髙橋村長は「コメだけに頼るな、ということだと思う」と語る。ただ、今後もコメ作りが農業の柱であることは変わらないとし、「プラスアルファをどうするかだ」と話す。

（堀川弘文＝秋田支局長）

広域化と電子化で人口減対応の行財政改革を

栃木県大田原市長
津久井富雄
Tomio Tsukui

栃木県内で特に少子高齢化が進む県北部の那須地域に位置する大田原市（7万5600人）。2014年春に再選された津久井富雄市長（つくい・とみお＝64）は、今後の地方での行財政運営のキーワードに広域化と電子化を挙げる。「税の再配分でどこに力点を置くか」を重視し、限られた財源の中で無駄のない人口減対策を目指している。

同市は日本創成会議が発表した消滅可能性自治体には指定されなかったものの、「人口減少対策は喫緊の課題だと改めて確認させられた。非常にタイムリーで、素晴らしい掲示だった」と受け止める。増田ショックを契機にどう動くかが重要と説き、「反骨精神を持った自治体は頑張っていろんな政策をする。今までやったことがないからやらないという自治体は、消滅自治体になってしまう」と強調する。

具体的な施策については、女性の労働環境の改善や意識改革も含めた抜本的な少子化対策が必要と指摘。大田原市でも、小・中学校の給食費無料化や婚活サポーター制度など、誰もが安心して結婚・子育てができる環境整備に本腰を入れてきた。

また、人口減少が深刻化する地域に特有の課題の一つとして「広い面積で人々が点在していること」を挙げ、地方でこそ電子行政の導入が効果を上げると見る。コンビニ収納や小・中学校でのタブレット教育を積極的に推進しており、「どこに住んでいようが、何ら遜色のない社会をつくり出すことができる」と展望を語る。

課題解決型の広域連携が鍵

行財政運営を進める上での津久井市長の持論は「広域化することで無駄な投資をせず、資源を価値あるものに変えること」。2014年10月、大田原市を中心市として、福島、茨城、栃木各県の2市6町で構成する「八溝山周辺地域定住自立圏」が誕生した。3県にまたがる自立圏は全国初で、「みんなの資源を有効に活用し、うまく融通するための仕組みをつくっていく」と意気込む。

福祉や観光、共同クラウドの研究など、想定される連携事業は約40項目に及ぶ。圏内でのドクターヘリ活用により医療サービスの充実が図れるほか、教育についてはＩＣＴ（情報通信技術）を活用した先進的な学習内容の共有化を視野に入れる。

同市は防災面での広域化も進めている。東日本大震災で被災した消防本部庁舎の新設に合わせて、これまでの大田原地区広域消防組合と黒磯那須消防組合を統合した「那須地区消防組合」が２０１５年秋に誕生する。無線のデジタル化も同時に開始する見通しで、新庁舎は県北東部5市4町の指令本部機能を備えることになる。「デジタル無線で情報が入り、瞬時に場所がつかめて行動できる」と、広域化によるサービス向上を期待している。

ただ、広域行政が常に良い結果を生むとは限らない。「今の時代に合った政策が何かを協議しながら、課題解決のための政策をつくり上げていく広域行政が必要」とした上で、「（自治体同士で）協調するが故に、マンネリ化した政策に時間を費やす行政は悲劇的」と切り捨てる。

同じ那須地域の那須塩原市と那須町を合わせた人口は約22万人。総務省が推進する「地方中枢拠点都市圏」構想の規模にも合致する。「緊縮財政の中で、住民サービスを下げながら自治体だけが生き延びるということは避けないといけない」と語り、今後の人口減少問題に立ち向かうための手段として、2市1町の合併にも意欲をのぞかせる。

制度の仕組みづくりは地方の手に

「地方創生」を掲げて地域活性化策の検討に乗り出した政府の方針は「良い流れ」と評価する半面、「ある程度の裁量権を地方に任せて、自分たちで制度の仕組みをつくれるようにしてほしい」と注文を付ける。現行の地方自治制度は、医療や福祉、教育などの各分野で、事業運営に関する規則を国が定めている。こうした仕組みに縛られ、地方の行政コストが高くなっている現状を指摘する。

一方で、「国は良い（事業）メニューを出してくれて、（自治体が）どんどん取り入れている部分もある」と分析。「全部を地方自治でやっていこうとしても難しい」ため、国には地域の独自性を出せるような制度改革と併せて、事業メニューの提示などの自治体支援策の充実を期待する。

「公のやることは教育、福祉、子育て環境、産業育成。どこもやっているが、なかなか成果が上がらない。大田原もそのジレンマの中にいる」と苦悩も漏らす。ただ、地域が知恵を出し合って広域化や電子化を進めることが地方創生を導くと強調。「（地域で）なぜここは活力がないのかと比較検証（する）。こうして地方がそれぞれ活力を持てば、間違いなく日本は創生につながっていく」と力を込めた。

（真城愛弓＝宇都宮支局）

「農業政令市」の魅力を若者にアピール

新潟県新潟市長
篠田 昭
Akira Shinoda

日本海側唯一の政令指定都市である新潟市（人口80万4600人）。篠田昭市長（しのだ・あきら＝66）は2014年11月の選挙で、他候補に先駆けて人口減少対策の公約をアピールし、4選を果たした。10年前の市町村合併から政令市の誕生、成長の過程の最前線で指揮を執ってきた篠田市長は、4期目を迎えるにあたり、「人口流出対策について、早急に対策をとらなければならない」と現状への危機感をあらわにする。

2013年10月に発表された県の人口移動調査によると、新潟市の人口は2年連続で減少となり、12年9月～13年10月の1年間では約1500人の減少となった。中でも、県外への進学や就職での「転出超過」は1039人で、その約77％が20～24歳。若年層の流出が深刻になっている。

「新潟暮らし奨励課」設置へ

2014年5月に発表された「日本創成会議」報告の試算によると、人口移動が収束しない場合、10年から40年の間に新潟市の若年女性（20～39歳）の人口が、半減に迫る40・7％減少すると見込まれている。市でも、大学進学を機に市外に転出し、卒業後に地元企業へUターン就職する若年層の少なさに悩まされてきた。このような現状を打破するため、篠田市長は「新潟に暮らすことの豊かさというものを、もっと若者にアピールすることが必要」と話す。

そこで人口流出対策の目玉に掲げたのが、庁内に「新潟暮らし奨励課」を設立することだ。篠田市長の考える新潟市の最大の魅力は「農村都市」。2014年3月、国から農業分野の国家戦略特区に指定された同市は、東京から新幹線で約2時間という距離ながら、市内に都市部と農村部が共生。県内の若者に対しては、高校で地元企業について見学・就業体験を行う機会を増やすなどの具体的な取り組み例を挙げ、「単純な所得だけではなく、土地や自然環境、人間関係の豊かさで暮らしを比較してほしい」と話す。

対策は若者の流出を抑えることにとどまらない。篠田市長が焦点を当てるのが「定年後世代」。特に、東京で働き定年を迎えた層が都会と地方の「2地域居住」をするのに新潟は最適だと篠田市長。市は、全国上位の農業自給率、農業産出額を武器に、食品製造業と農業を一体化した6次産業などを推進。さらに今後は、医療や福祉分野と融合した「12次産業化」を推進していく。「農業をしたことのない人でも、自分の専門分野を生かして定年後すぐに働くことができる」と、そのメリットについて説明する。

「ライフステージ3本柱」で子育てしやすい環境を

少子化対策について、政府の「まち・ひと・しごと創生本部」の提唱する「50年後の人口1億人維持」について、「合計特殊出生率を2・0程度まで引き上げるには、いくつかの段階で多様な施策が必要になる」と篠田市長。そこで軸として考慮するのが、ライフステージの「3本の柱」、「結婚」「出産」「子育て」だ。

近年の若者への対策について、「まず、結婚したいのにできない、そんな若者の支援が大事。母数を増やさないことには出生率も上がらない」と話す。市では、若年層の男女の出会いの場を設けることを目的とした、「街コン」のご当地バージョン「潟コン」を民間の機関と協力して行うなど、少子化対策の土台づくりを始めている。今後は、子どもを出産した世帯に対し、出産後の生活を維持するため、保育士や看護師などの資格を持った人を積極的に登用する支援を行うことも重要だと考える。「結婚から出産、子育てまで、それぞれの段階で切れ目のない支援をすることで、新潟でのライフスタイルを具体的にイメージしてもらえるようにしたい」と強調する。

国には「土台」の整備を

子ども医療費助成や保育施設の待機児童問題など、全国の市町村が取り組み始めている共通課題には、「市町村に施策を競わせるようではいけない」と警鐘を鳴らす。篠田市長自身、4期目の公約の一つとして子ども医療費助成の拡充を挙げ、通院は小学6年生、入院は高校3年生まで支援を行うことを表明。子育て世代から一定の支持を受けた。しかし、このような基礎的制度の充実を図ることに全国の自治体が手いっぱいの状態だと指摘。国の支援の現状に対しては「現金給付と現物給付のバランスが悪い。全国のお母さんたちには、支援されている実感がないのでは」と疑問を投げかける。具体的には、子ども医療費の無償化や保育所・幼稚園の保護者負担の軽減などの現物給付を増やすよう主張。全国市長会においても、これらの課題の改善を国に要望した。「基礎的な制度面での子育て環境の整備があってこそ、地域特性に見合った対策を講ずることができる。私たちに、独自の対策を考えることができる余裕をください」と訴える。

（笹澤麻衣＝新潟支局）

「人材のダム」で子育て世代が戻れる地域づくり

長野県飯田市長
牧野光朗
Mitsuo Makino

長野県南部の拠点、飯田市（10万4800人）は2009年、全国で初めて、周辺13町村と公共施設整備やサービスを分担しながら都市機能を充実させ、人口流出を食い止めようとする「定住自立圏」の形成に取り組んだ。

総務省の定住自立圏構想研究会の自治体代表委員として制度設計にも関わった牧野光朗市長（まきの・みつお＝53）は、「生活圏、経済圏が同じ所は運命共同体。定住自立圏で『人材のダム』をつくる」と語り、市町村の総力を結集して子育て世代が戻れる地域づくりを図る。

定住自立圏と「人材サイクル」

牧野市長は就任前、日本政策投資銀行のドイツ駐在員として各地を視察した。「ドイツで一番元気なのは10万都市。それぐらいの都市でも地域の自立は可能だと肌で感じた」と振り返り、「人口減少、少子高齢化の時代は、今あるリソース（資源）を有効に使うことが重要。ないものねだりはできない」と、外部依存からの脱却も志向する。

飯田市は進学先や就業先が限られ、高校卒業生の約8割は転出したまま多くが戻らず、県内の市では最速のペースで人口減少が進む。市長は、大都市と南信州地域を人が回遊する「人材サイクル」の構築が持論。「大都市に出て行った若い人が子育て期に帰り、その子どもが出て行っても、また帰って来て子育てする。こういう形で回れば人口減少や少子高齢化は極端に進まない」。

「人材サイクル」構築に向けては、「産業づくり、安心・安全な地域づくり、人づくりが地域の将来を決める。できない所が今後困難に直面する」と断言する。

すでに市と13町村は「南信州広域連合」で消防やごみ処理、バス運行などを共同化し、行政サービスの充実に努めている。「各分野の解決策を関係者が話し合い、課題を共有するのが、この地域の大きな特徴だ」。

ただ、広域連合は「国連総会のように市も村も同じ1票の合議制。中心市の役割が見えにくい」という課題があり、これを補完する役割を定住自立圏が担う。例えば、圏域の中核医療施設として市立飯田病院の救急や産科を充実させ、周辺町村も費用負担などで協力する態勢が整った。

航空宇宙産業に挑戦

子育て世代の移住には働く場が絶対条件となる。南信州地域には古くから祝儀袋を飾る「水引」などの手工業が根付き、養蚕や繊維産業、戦後の精密機械工業へと「地域の人々の手の上に技術が伝承されてきた」。この地で次代の成長分野として期待されるのが航空宇宙産業だ。

高度な技術が求められるが、一つの製品の工程を分解し、地元の各企業が分担することにした。技術の蓄積がない熱処理やメッキ、非破壊検査などの工程は新たに開発。そのための共同工場を、２０１４年10月「南信州・飯田産業センター」が竣工させた。同センターの運営費は、定住自立圏協定に基づき各市町村が負担する。市長は「壁を乗り越えるには1社では無理。みんなでやろうという話になり、全国に誇る飯田の『リレー方式』ができた」と回想。「高度成長のころは工場も外から誘致できたが、今は海外に出て行くばかり。自治体の産業振興は『企業誘致』が多いが、外部依存から切り替えができていない」と指摘する。

答えは現場にある

飯田市は、全国に先駆け住民らの出資金で公共施設などの屋根に太陽光パネルを設置し、発電収益の一部を出資者に還元する事業が始まった先進地。「地域にあるリソースを有効に使ってコミュニティービジネスを興し、全国に広がるダイナミズムを実現した例」と市長は胸を張る。

新たな地域ビジネスも始まった。南アルプス山麓の旧上村地区。市中心部から遠く、少子化が急速に進む。唯一の保育園は２０１２年4月、在籍園児が3人で、翌年２人が卒園すると残るは1人という閉園の危機を迎えていた。

「保育園がつぶれると小学校がつぶれ、その地区は衰退する。なんとしても歯止めをかける」と考えた市長は、「方法や予算は問わない。とにかく保育園を残せ」と指示。市職員は同地区出身の子育て世帯を回り、これらの子どもが通園できる方策を探った。その結果、交通費補助などの実施が決まり、現在は園児が7人に増えた。「答えは現場にある」と市長は確信を深めている。

さらに住民は、保育園の維持費などを得るため小水力発電計画に着手。市は全国初の「地域環境権」をうたった条例に基づき、事業化をサポートする。市長は「エネルギーと利益が地域で回り、子育て支援などの課題解決に使えるようになる」と意義を強調。「何よりもまず、始めること。既成概念にとらわれず、想像力をめぐらせて地域住民が求めるものを考える『デザイン思考』が必要だ」と説いている。

（本間賢彦＝長野支局）

「年収２５００万円の村」はアイデアで勝負

長野県川上村長
藤原忠彦
Tadahiko Fujihara

日本一長い千曲川（信濃川）の源流に位置する長野県川上村（４５００人）は、藤原忠彦村長（ふじはら・ただひこ＝76）の著作名の通り「平均年収２５００万円の農村」として知られる。高原の冷涼な気候を生かしたレタス栽培が全国最大の出荷量を誇るまでに成長し、高所得が人口の定着に大きな役割を果たす。村長は7期27年間にわたり、この村づくりを主導。全国町村会長も務め、小規模自治体のご意見番を引き受ける。

村はレタス生産だけでなく、独自の行政サービスでも注目され、全国の自治体が視察団を送る。村企画課長時代から政策を推し進めてきた村長は、「置かれた環境や立地をどう使うか、アイデア次第でがらりと変わる。アイデアは無限で切れ目はない」と喝破する。

「金取り村」から脱却

標高１０００メートル以上の高地にある川上村は、長期間の雪や低温がコメなどの農業生産に向かず、かつては林業主体の寒村だった。

ところが、夏場に高原野菜を作るには絶好の環境。朝鮮戦争を機に、米軍の需要を見込んだレタス栽培が始まり、日本人の食の洋風化を追い風に年々生産が拡大していった。以前の村を「本当に貧しかった」と述懐する村長は、「夏の涼しさを逆に使い、チャンスを捉え、時流に乗った。村民が賢かった」と力を込める。

農地の大規模化が進み、1戸当たりの耕作面積は3ヘクタールを超える。２０１3年の総出荷額は約１７７億円で、約５３０農家の1戸当たりの売上高は単純平均で３０００万円を超える。農家の年代別割合を見ると、30代が10％（全国は3％）、40代が20％（同6％）と若いのも強みだ。

農業所得に関しては成功を収めた川上村。しかし村長は、「所得成長政策をとってきたが、財貨至上主義の『金取り村』は単純なモノの追求に走り、人間が殺伐とする」と感じ、次第に政策を転換した。「インフラや教育文化、医療福祉で魅力を持たせることに心掛けた」と振り返る。

例えば診療所や24時間訪問看護ステーション、保育園を1カ所にまとめた「ヘルシーパーク」には、農作業で腰を痛めた人のために村営の鍼灸施術所も併設。図書館は専用カードで24時間利用できるシステムを導入した。

赤字だった民間バス路線は、稼働時間が少ないスクールバスの車両と運転手を活用して村営化し、黒字に転換。村役場内にはスタジオを造り、レタスの市況速報や気象情報などを伝えるケーブルテレビ局を開設した。村長は「やること成すこと、みんな県下初や日本初。大変だったが、常に挑戦しなければ駄目だ」と語る。

駆り立てたのは「定住の条件は、水、空気、自然、人情ではない」との危機感だった。今では村の農家に嫁ぐ女性の約7割は村外出身で、そうした女性同士のサークル活動も活発。村の男性20人の「婚活イベント」を開いたところ、村外の女性の応募が120人に上った。村は新婚家庭のための村営住宅も建設。村長は「川上村は農業生産の高さやお金だけではなく、付加価値の魅力がある」と胸を張る。

スモールメリットを追求

村内人口は転入が転出を上回るが、死亡する高齢者の増加による「自然減」によって総数は減っている。ところが村長は、「人口は減少しても生産力や生産量は増えており、1人当たりの資源の配分は多くなる。人口が減ることは全てがマイナスではない」と悲観していない。

むしろ「規模の縮小」こそが今後の進むべき道だと説き、「今まではスケールメリットだけを追ってきたが、これからは『スモールメリット』を本気で考える時代。小さい利益を真剣に考えることが大事だ」と指摘する。

村民が減れば一人ひとりが大切になる。「4500人の村が4100人になっても、残った人が400人分の能力を持てば村力を維持できる」。その将来を見据え、「村役場はコンサルタント会社のような役目を果たし、住民に知恵を与えたり、仕組みをつくらせたりする仕事が出てくる。頭脳集団にならなければ」と意気込む。

日本創成会議の提言には「自治体が消滅することはない」と反論しつつ、「過激な警鐘だが、いい時に鳴らしてもらった。真剣に対策を考えるべきだ」と受け止めている。

地方の拠点的な都市を整備して「人口流出を食い止めるダム」とする構想には、村長は「どんなに拠点的な地方都市に投資しても、周辺がさびれる。今ある山村にきちんと投資した方がいい。町村は集落の再編や合併で、しっかりしたコミュニティをつくってはどうか」と提案。「山村こそ資源が内蔵され、掘り起こす余地がある」との信念から、「農村の知恵に都市の知識を融合させることが、お金の掛からない地域再生策。都市と農村の共生社会ができれば」と念願している。

（本間賢彦＝長野支局）

犯罪抑制、教育環境整備で人口回復に取り組む

大阪府大東市長
東坂浩一
Koichi Higashisaka

喫緊の課題として「市の人口流出防止」を掲げるのは、急激な人口減少に直面している大阪府大東市（12万4200人）の東坂浩一市長（ひがしさか・こういち＝51）。市の人口は1998年の13万1000人をピークに減少に転じ、2012年以降は毎年1000人規模で人口減少が続く。日本創成会議の推計では、40年には10年比38・8％減の10万2000人まで落ち込むとされているが、東坂市長は「20年までに13万人を回復」と強気の目標を掲げている。

立地が良いのになぜ転出

大阪市の東隣という立地の良さなどから、市には毎年約4000人が転入してくるが、同時に約5000人が転出していく。転出の7割を占めるのは20～40代の新婚・子育て世代。同市にはパナソニックの子会社となった三洋電機の事業所や、シャープの関連工場などが多くあり、業界の不振を受けて雇用の場が失われた経緯がある。市が行ったアンケートでも、「仕事」を転出理由に掲げた人が430人中156人と最も多く、2位以降は「住宅の都合」（64人）や「結婚のため」（58人）だった。

しかし、東坂市長は「表向きの理由のほかに、街頭犯罪率の高さや教育環境への不満といった裏の理由があるのではないか」と考え、対策に乗り出している。

街頭犯罪に関しては、大阪府内市町村でワースト5位（2013年12月末）となり、このうち自転車盗が約6割を占めていた。このため、14年度から警察と連携して「自転車盗『0』作戦」を展開。街頭犯罪の抑制に力を注ぐ。教育についても、全国学力・学習状況調査で全国平均を下回っている状況を改善するため、12年度から学習塾と連携した「学力向上ゼミ」や、市独自のプリント学習を取り入れた「ステップアップ学習」を実施している。同ゼミでは、学校が休みの土曜日に、塾の先生が児童・生徒を教えており、安価な料金で学べる場を提供。ステップアップ学習では市独自で統一の教材を作成し、どこの学校でも、子どもたちの理解度に合わせたプリントを使用することで、学力のステ

ップアップが図れるという。

攻めの市政運営で将来への先行投資

同市では、合計特殊出生率が1・28（2012年）と全国値の1・41を下回っていることにも着目。「ある程度の収入があっても結婚に踏み切れない女性が多い」と分析し、出産、子育て支援施策を拡充して、キャリア形成を目指す女性に定住してもらえるまちづくりを推し進めている。

すでに、市が独自に約4億4400万円の財源を捻出して、①子ども医療費助成を入院・通院とも中学校卒業までの子どもへ拡大②妊婦健康診査費用12万円のほかに歯科検診も加えるなど府内トップレベルの助成③2013年9月からは中学校給食の全員喫食化――を実施した。

こうした取り組みの成果が徐々に現れたのか、2014年は1月からの転出者が4553人（11月末現在）と、これまでのペースをわずかではあるが割り込んでいる。

今後は、核家族化や晩婚化などによる、出産・子育ての不安や負担を軽減するため、「産後ケアや不妊治療への理解を深める手立てを考えていきたい」と話す。いずれの施策も「将来の人口流入と定着がもたらす税収を獲得するための先行投資」と明かし、すでに実施している3施策については、人口12万7500人が施策をペイできる〝損益分岐点〟になると試算している。

近隣自治体との連携に限界、共倒れを危惧

大阪市のほか、東大阪市や四條畷市、奈良県生駒市と隣接している同市。「都市機能や交通などの面で近隣市との連携は不可欠」との認識のもと、2014年5月に四條畷市、生駒市との間で地震などの大規模災害に関する相互応援協定を結ぶなど、協力関係を築いている。一方、「近隣市間での転出入が多く、今後は人口の奪い合いが一層激しくなるのでは」とも予想。そうなれば「自治体間の特性を生かすどころか、共倒れになりかねない」と危惧する。

住民にとってみれば、それぞれの自治体が特性を伸ばし、自治体の個性を補完し合うことで生活圏レベル全体の付加価値が高まるような連携が望ましいが、「そのような連携・調整は当事者間では限界がある」と言い、「第三者的な立場からの積極的な働きかけがほしい」と要望する。

自身も大東市で生まれ育った東坂市長は、「ばらまき施策だけでは人を呼び込めない。その土地を『ふるさと』と思えるかどうかが重要」と持論を展開する。

今後は親世帯の近くに住みたいという子世帯の住宅取得を支援する「近居」に加え、親子世帯の距離感をさらに縮めた「隣居」という市独自の新たな概念に基づく支援策を検討中といい、「孫子の代にわたって『ふるさと大東』を根付かせたい」と考えている。

（奥真希子＝大阪支社）

「外国人３０００人構想」で海外から移住促進

岡山県美作市長
萩原誠司
Seiji Hagiwara

岡山県の北東部に位置する美作《みまさか》市（人口約3万人）は、２００５年に6町村が合併して誕生した。14年に就任した萩原誠司市長（はぎわら・せいじ＝58）が何より自慢するのは、地域の豊かな自然だ。山や川に囲まれた土地を気に入り、農業をするために海外から移住した住民もいる。「いままでは、海外からの移住者を政策と切り離して無関係なものとして考えていた」。しかし、人口減少対策を考えるうちに「海外の人を受け入れる場所として、都市よりも田舎のほうが、大変に能力が高い」ことに気が付いた。いまでは「外国人３０００人構想」を掲げ、外国人移住者の受け入れに向けた取り組みを進めている。

「自治体の減少は日本の消滅とほぼ同義。自治体存続の上に日本の存続がある。問題は実に単純になった」。自治体の維持に欠かせない住民は、国籍にこだわる必要はないと主張する。「ゆっくりアシミレーション（同化）をしながら、地域にしっかり根付いた人口の存在が必要。人口減少の危機に瀕しているところは、必ずといっていいほど（同じことを）言い始めると思う」。

市長はまず、市内に住む外国人の聞き取り調査を行った。外国人移住者は、約20カ国、２００人程度にまで膨らんでおり、彼らの多くがまちを気に入り、住民と良好な関係を築いて地域に溶け込んでいることが分かった。大都市にはない地域住民のつながりがあるからこそ、外国人も地域に馴染みやすいと分析している。移住した外国人が、土地を耕したり、結婚して子どもが地域の学校に通ったりしている姿は、住民たちにとっても、過疎化した地域を救う存在として歓迎されている。

外国人移住者３０００人を獲得するためには、意思疎通できる環境の整備が必要だと考えている。市内で増加傾向にあるベトナム人に着目し、語学堪能なベトナム人を市役所で雇う計画だ。「環境を整えれば、もっと人は来る」。企業が欲しがる人材と、外国人が求める仕事がマッチングするように市役所が調整役を務めるつもりだ。

国に対しては「いまは入国条件が厳しい。ＴＰＰ（環太平洋連携協定）が締結されたら、その加盟国に就業ビザを出しやすくしたらどうか」と要望している。

学力向上で少子化対策

一方で、人口流出を食い止めるためには、若年層に注目することが必要だという。「何が一番大切かというと、教育のレベルを上げること。上がらないと出て行ってしまう。教育のレベルが上がれば、入ってくる」。市内の若者は、高校進学をきっかけに市外へ転出することが多く、市内の公立高校は近年定員割れが続いている。教育レベルを引き上げて、高校生を呼び込むために、私立高校の誘致を始めた。また、看護師や、介護士の専門学校誘致にも意欲を示す。「遠くの地域で教育を受けてしまうと、そこで就職する確率がぐっと高くなる。市内で学び、年間5人でも10人でも地域で就職してくれたら影響は大きい」。

このほか、障害のある子どもたちを対象にした「療育施設」や、市内のサーキットを活かした「プロドライバー養成学校」などの誘致も検討中だ。将来的には、大学誘致も目指している。「アメリカは都会だけに学校を集中させていない。日本は大都市志向で、最終的にはそれをなんとか破っていきたい」。

美作市の出生率は、全国平均を上回る約1・6％だ。「定住者が増えれば、特別なことをしなくても自然に上がるだろう」と自信を見せる。

都道府県は自己改革を

日本創成会議の人口推計については、「みんなが問題を分かってきたので、対策、政策、リアクションがきちっと起きてくるはず。想定するようなことには絶対にならない」と力強い。ただし、人口減少対策を考えるにあたって「都道府県の存在を前提にした考えは古い」と指摘する。

近年は「都道府県の財政的な対応能力が低くなり、都道府県に頼めば財政的な支援が得られるという状況がほとんどなくなっている」と分析。また、環境問題など各分野で優れた見識を持ち、先進的な取り組みを進める自治体も増えている。「基礎自治体で優秀なところは、都道府県に頼らずとも、国とじかに接触したほうがお互いにとって良い。上から見ても下から見ても都道府県の存在というものが無意味で、場合によっては邪魔になってきているという状況がある。知事の考え方をベースに政策を進めていくのはとんでもない時代遅れだ」と語る。

今後の都道府県は「自己改革して存在意義を作っていくというストーリーが一番正しい」。お金という資源を配分するだけではなく、「都道府県庁が抱えている非常に優れた職員を、自治体に配分するリソースとして考えるべきではないか」と提案している。

（野尻麻実＝岡山支局）

② 市町村長に聞く〝わがまち〟の少子化・人口流出対策

公害イメージの払拭が転出抑制に効果

広島県大竹市長
入山欣郎
Yoshirou Iriyama

広島県の西の端に位置する大竹市は、日本創成会議が2014年5月に公表した試算で、将来消滅する可能性があるとされた自治体の一つに入った。だが、試算には11年以降の定住促進の取り組みは反映されていない。早い段階から人口減に危機感を持っていた同市の入山欣郎（いりやま・よしろう＝68）市長は、09年度から独自の定住促進アクションプランを推進して市の人口減少を緩和させることに一定の成果を上げた。「チャンスあふれるまちを確実に次世代に残したい」と生き残りへ試行錯誤の日々が続く。

全市を挙げた人口の社会減抑制対策

大竹市の面積は79平方キロ弱。瀬戸内海沿いに大手化学メーカーの工場が建ち並び、隣接する山口県和木町、岩国市とともに日本初の石油化学コンビナートを形成する。高度成長とともに発展した典型的な工業のまちで、人口はオイルショック後の1975年から徐々に減少してきた。

2006年に就任した入山市長は、なんとか人口減を止めようと、08年7月に関係各課長で構成する市定住促進戦略会議を設置。翌年には定住促進アクションプラン（2009～13年度、その後期間延長）を策定し、全市を挙げて人口対策に取り組んでいる。市が注目したのは、域外への転出が転入を上回る人口の社会減だ。特に深刻だったのは20代、30代といった若い世代の転出。アンケートなどから、会社の独身寮などを利用していたコンビナート勤務者が、結婚を機に市外に新居を構えるケースが多かったという。

戦略会議は、その背景に①住宅地の少なさ②公害などのイメージ——などがあると見て、アクションプランで集中的に問題改善に取り組んだ。具体的な住宅確保策としては、優良な宅地造成事業を実施。民間ディベロッパーを通じて150区画超を分譲販売した。また、公害イメージの払拭では、環境に配慮したまちづくり姿勢を示す環境基本条例を制定。過去と現在の大気、水質などの環境測定結果の比較や、企業の環境活動などの情報発信に努めた。子育て支援についても、隣接自治体と遜色のないレベルで▽妊婦への産婦人科通院などの交通費支援▽妊婦健康診断の拡充▽病後児保育▽小学校までの医療費助成（一部自己負担あり）▽中学校への学校給食導入――などを進めた。

その結果、2007年に200人を超えていた転出超過が、13年には11人と、転出・転入がほぼ均衡するまでこぎ着けた。こうした取り組みを踏まえると、消滅可能性を指摘された自治体の中では、大竹市の深刻度は比較的低いと言えるかもしれない。良くも悪くも大企業に依存する同市にとって、昨今の景気の上向き傾向も追い風となっている。

自然減の抑制のために

社会減はほぼ食い止めた一方で、出生率の低下による自然減での人口減少はなお続いている。入山市長は日本創成会議の報告について、「国と地方自治体への警鐘で、日本の国全体が人口対策に本気で取り組むことを求めたものと受け止めている」と話す。その上で「市の人口が増加に転じても、日本全国で見たときに人口減少に対する根本的な解決になっていなければ、日本を元気にすることにはならない。人口減少対策は自治体間の過度な競争を生むものであってはならない」と指摘した。

大竹市の人口推移（同市提供）

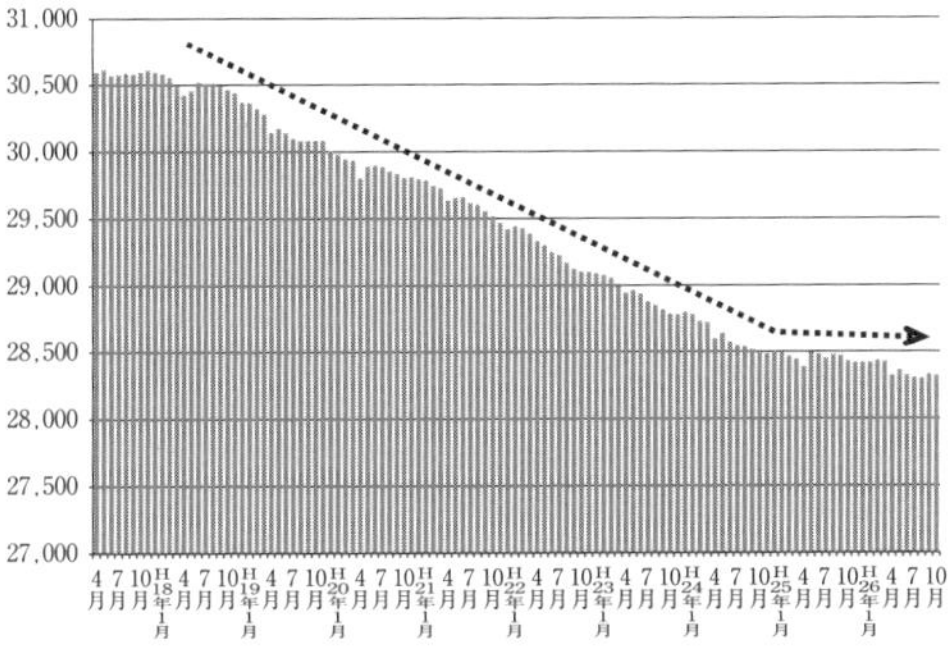

では今後、自然減の抑制策として大竹市ができることは何か。当面の取り組みについて入山市長は「何人子どもを持ちたいというのはそれぞれの事情によるが、産もうと思えば産みやすい仕組みづくりは必要で、どんなに小さい自治体でもそれぞれが努力すべき基本だ」と述べ、出産、育児支援策を充実させる意向を示す。一方、保育所については人口が多かった時代に整備した施設があり、市内では待機児童問題は皆無。ハードよりソフトが中心となるという。

ただ、高度成長期のような右肩上がりの人口増は期待できる状況にはない。入山市長は「戦後、日本の人口は急速に増えたが、戦前は7000万人程度で社会が成り立っており、人口減に適正に対応する社会の仕組みづくりが大切」と述べ、市の人口規模が一定レベルに縮小しても、市民が持続的に社会生活を営める地域づくりの必要性を強調した。その上で「人口が徐々に減っていく中でも、住民の皆さんが暗い気持ちになるなど、負の循環に取り込まれてほしくない。たとえ人口が減っても、市には良いところがたくさんあると、住民が前向きでいられるような市政運営をしていきたい」と話した。

（吉田忠展＝広島文社）

森林資源を活用して町の衰退に歯止めを

高知県大豊町長
岩﨑憲郎
Kenrou Iwasaki

高知県大豊町《おおとよちょう》（4366人、2014年10月末現在）は、四国山地中央部の急峻《きゅうしゅん》な山岳地帯にある。森林率全国トップ（84％）の高知を代表するようなこの山村は、高度経済成長を背景とした都市部への人口流出や1次産業の衰退により、高齢・過疎化が進展。町の人口は半世紀で5分の1に減少した。だが、岩﨑憲郎町長（いわさき・けんろう＝63）は「森を生かすことが、この地域での人の営みを継続させる手段だ」と、森林と共存することで町の再生を目指すと一貫して訴える。

高齢化率54％の「限界自治体」

民間有識者でつくる「日本創成会議」が将来消滅の可能性があるとした896自治体に大豊町も入ったことについて、岩﨑町長は「消滅というのはショッキングな言葉ではあるが、地方に目を向けてもらう一つのきっかけになった」と、前向きに受け止めている。

社会学者の大野晃氏が20年以上前に提唱した「限界集落」の概念は、大豊町などでの実地調査から生まれた。65歳以上の高齢者が人口の半数を超え、社会生活の維持が困難になっている集落を指す。2014年10月時点で65歳以上が54％を占める大豊町は、町全体が「限界自治体」と言える。

2013年の人口減少率も4・57％と全自治体中3位の高さ。「単に出生率を上げるというより、町の将来像をどう描くかという問題だ」。消滅の危機に早くから直面してきた町長が出した結論は、「山村での生活の営み、生産の営みがわれわれの宝物であり、大豊の文化。それを次世代に伝え、発展させていく」という正攻法の対策だった。

三セク方式で製材工場、林業再生へ

2004年に就任した岩﨑町長が取り組んだのは、林業の再生による雇用の創出、地域の活性化だ。岡山県内に本社を置く集成材メーカーが中心となり12年1月、大豊町に第三セクター方式の製材会社を設立。13年夏には同社の大型製材工場が操業を開始した。工場では、年間にスギやヒノキの原木10万立方メートルを住宅用製材などに加工し、首都圏などに販売していく予定で、地元採用の従業員もすでに50人を超えた。町長は「森林資源を地域の力に変えるには、山と消費地を結ぶ流通のパイプがないといけない」と、安定操業に期待をかける。

また「木を切れば、植える。そして育てる。そういうサイクルができれば、将来にわたり持続的な林業が可能になる。結果として環境機能の高い山を造り、都市に水や空気を安定的に供給できる地域ができあがっていく」として、森林が持つ環境保全機能もアピールする。

豊かな森林資源を持続的に活用し、町の衰退に歯止めをかけるには、「単に製材所を造るだけでは駄目。トータルで木と向き合わなければいけない」とも指摘。建築資材などに使えない低質材を有効活用するための木材チップ工場が2014年度中に完成する見込みだ。町長は、木をエネルギー源とする木質バイオマス発電や、高知県が先進的に研究に取り組むCLT工法の普及にも意欲を示す。

中枢拠点都市構想に疑問

「安倍晋三首相も石破茂地方創生担当相も『予算のばらまきはしない』という趣旨の発言をしているので、大いに期待している。そのためには、地方からどういう発信をしていけるのかも問われている」。安倍政権が地方創生を柱に据えていることについては、町長も歓迎している。

ただ、総務省が推進し、政府の「まち・ひと・しごと創生本部」が決めた基本方針にも盛り込まれた「地方中枢拠点都市圏」構想には、強い疑問を抱いているという。中枢拠点都市圏とは、人口20万人以上の地方都市が核となる、新たな市町村間の広域連携の枠組み。大都市への人口流出を食い止め、公共サービスを維持するのが狙いだ。

「『選択と集中』の意味するところは何か。全国に小型の『東京』をいくつかつくり、コンパクトにする考えだとすれば、それは駄目だ。過疎地に住んでいたらサービスを届けられないから都会に出てこいというのは、間違った価値観だ」。都市には都市の、山村には山村の役割があり、多様な価値観、生き方を認めるべきだと町長は強調する。

森林と共生することで町の活性化は可能か。こう尋ねると、「人口が減っても、問題は住民の暮らし方がどうなるかだ。出生率がこうなったら人口が何％回復するとか、そんな考え方を私は持っていない。とにかくここでしっかり生きる、生活の営みを守るということだ」と、歯切れの良い答えが返ってきた。「大豊町の人は皆、信念を持ってここに住んでいる『積極人口』だ。『仕方ないから住もうか』という人は要らない」。強気のコメントには、厳しい自然環境下で暮らす町民の思いが凝縮されているようだ。

（藤野清光＝高知支局長）

企業応援団や男性講座で子育て施策充実

福岡県北九州市長
北橋健治
Kenji Kitahashi

かつての製鉄やものづくりによる繁栄から、産業構造の転換、製造業就業者数の大幅減、さらに少子高齢化の影響も受け、長期的に人口減少傾向が続く北九州市。

北橋健治市長（きたはし・けんじ＝61）は「人口減少対策に特効薬はない」と語る。だからこそ「子育て日本一を実感できるまち」を掲げて子育て施策を充実させ、市独自の成長戦略で雇用創出を図るなど地道に全力投球している。

「子育て日本一実感」を目指して

同市の人口推移で、自然動態は2003年からマイナスに転じた。危機感を強めた北橋市長は「安心して産み育てることができるのが人口減少対策の原点だ」として、子育て施策に重点を置いてきた。放課後児童クラブ（学童保育）を全ての児童を対象に実施しているほか、独自の保育士加配などで保育サービスを充実。市内4カ所の24時間小児救急医療体制など全国的にも先駆的な取り組みを行っている。2011年度に年度当初の保育所の待機児童ゼロを実現。今後は年度途中に発生する待機児童の解消にも乗り出すなど、子育て世代のニーズに徹底して応えていく構えだ。

「経済界、民間事業者との連携、男性の積極的な家事育児参加も北九州市の子育て施策の特徴だ」と北橋市長は胸を張る。約200社の市内の企業が「企業人による小学校応援団」に登録し、企業が持つ人材やノウハウを教育活動に投入。民間事業所の協力で授乳やおむつ替えの場を提供する「赤ちゃんの駅」も全国で初めて実現した。「パパシエ（パパとパティシエ）」「ソフリエ（祖父とソムリエ）」などユニークな造語を駆使し、「男2代の子育て講座」を展開。多くの男性が育児に主体的に取り組む。

こうした結果、合計特殊出生率、NPO法人の「子育て環境ランキング」などで政令市トップクラスとなり、北橋市長は施策に手応えを感じ、さらに拡充する考えだ。

雇用創出も地道に、成果も

市民へのアンケートでは「8割の独身者が結婚を希望」

「3、4人の子どもを欲しがる人が多い」と少子化脱却に向けうれしい結果が。一方では「子育てへの経済的な支援」を求める声が極めて強いことも判明した。

北橋市長は「女性に出産への無用なプレッシャーをかけないようにしながら、若い世代の結婚、出産への希望がかなえられるよう、行政の支援策を積極的に検討する」と語り、市長をトップに全庁挙げて施策展開に取り組む。

国への要望も強い。「現在の政府はかつてないほど、女性の活躍、人口減少対策を真正面から取り上げており、期待が持てる」とした上、乳幼児に対する医療費助成制度創設、多子世帯への支援など、子育てに伴う経済的負担軽減の重要性を指摘。さらに地域少子化対策強化交付金の拡充など、自治体が人口減少、地方創生に主体的に取り組める財政支援を求める。

子育て施策と共に重要なのが雇用創出だ。北九州市独自の「新成長戦略」で、サービス産業振興、ベンチャー企業創出育成などを打ち出し、情報、物流企業の誘致、中心市街地のリノベーション推進などで2013年度は約4600人の雇用創出に成功した。「これまで、高速道路や空港などで便利な物流、大学が多く人材確保が容易なことに加え、自然災害が少ないことを地道にアピールしてきたことが企業誘致で効果を上げている」（北橋市長）という。

人口減少対策に「特効薬なし」と子育て施策、雇用創出に着実に取り組む北橋市長だが、〝根治療法〟の可能性も探る。「東京一極集中解消」だ。

国が東京一極集中解消に乗り出せば好機が

北橋市長は「日本創成会議の報告は衝撃的だが、東京の一極集中に歯止めをかけ、若者、女性の流出を減らす視点はとても重要」と共感を示す。

「大手企業が自主的に地方都市に移転していくような仕組みができれば大きく動き出すはずだ」。同市長は企業が地方に移転する際の、国による企業課税の思い切った減免などが劇的な効果を上げるとみる。

国が東京一極集中解消に乗り出せば、東京以外の自治体の誘致策も格段に前進するという。以前、環境に先進的な企業の集積を目指す特区の選定に向けて、北九州市独自で固定資産税の減免を決めアピールした取り組みを例示。「東京一極集中解消に向け、地方が企業誘致を進める環境が整えば、市独自の努力と工夫で、本気で誘致活動していると示すことができる」と力を込める。

また、BCP（事業継続計画）を検討する企業に対して「これまでは、北九州は安全だと遠慮がちに訴えてきた」という北橋市長。東京一極集中解消のためならば「そちら（東京）は危険。こちらは安全だと声高に叫んでもいいのかもしれない」。

（舟木靖＝北九州支局長）

起業支援と「域学連携」で若者を島に呼ぶ

長崎県対馬市長
財部能成
Yasunari Takarabe

韓国の釜山から距離にしてわずか49・5キロ。「平成の大合併」で全島が長崎県対馬市となった対馬は、東西約18キロ、南北約82キロ。面積の88・9％を森林が占める国境の離島だ。他の離島や過疎地と同様、人口減少対策に悩む。市の人口は、1960年の6万9556人をピークに減少を続け、今は半分に満たない3万3087人（2014年9月末現在）まで落ち込んだ。「人口減少は一番難しい問題。特効薬はない」と語る財部能成市長（たからべ・やすなり＝56）は「国がこの50～60年間、問題は見えていたのに手を打たなかったのがこんな状況にしてしまったのではないか」と、人口減少問題での国の無策を批判する。

教育、産業維持の必要性強調

日本創成会議の推計によると、市の人口は2040年には1万4076人まで減少し、20～39歳の若年女性は691人しかいなくなる。ただ、同会議が14年5月に自治体消滅に関する報告書を公表したことは「国も対策に本腰を入れる。チャンスだと思った」と振り返る。

市長が人口減少対策の一つに挙げるのは教育の重要性だ。島では人口減少に比例して、水産業など第1次産業の衰退も著しい。「ややもすると、親は子どもに対し額に汗して稼ぎ出す産業に就けと言わない。いい会社に入り老後まで安泰な人生を目指せと教育する。第1次産業などへのきちんとした意識を持たせる教育が大切だ」と強調する。

沖縄県の尖閣諸島や島根県の竹島をめぐる中国、韓国と日本の対立が注目される中、対馬をはじめとする国境離島は、近年ますます重要度を増している。国境離島防衛の観点からも、市長は水産業などの維持が必要だと説く。対馬で人口減少が進み、漁業従事者が減れば漁船が減る。燃料の原油価格が高騰すれば出漁する船も減る。「船が海に出ていれば、密漁船や密航船に気が付いて海上保安部に連絡できる。漁師がいなくなったとき、900キロを超える対馬の海岸線を守るのにどれだけの国家公務員が来ないといけないか」。人口が減って産業が衰退すれば、国境離島防衛もおぼつかなくなるということだ。

島での起業を支援

対馬市の合計特殊出生率は高く、2008～12年の平均値は2・18で、全自治体中5位にランクされる。それでも人口が減るのは、島の子供が成長して都会の大学へ進学する場合、学費や仕送り代などを島の生活では賄うことができず、家族で島外へ引っ越してしまうからだという。

島外へ出た学生を呼び戻したり、都会の若者をIターンさせたりするにはどうしたらいいか。島への定住を目指す若者たちには､自分が島で新たな産業をつくる「起業意識」を持ってほしいという。市は2014年10月に「創業支援会議」を設置した。市と関係団体、大学などの代表者がメンバーで、島で起業したい人から相談があった場合、起業分野に対応した助成制度をアドバイスし、支援態勢を整備することなどが目的だ。「(若者が)自分で起業する環境をつくることが重要」と市長は語る。

起業を助ける環境整備では「地域で金が流動するような制度をつくらないといけない」と、地方銀行など金融機関の役割にも注目。国などによる従来の補助金ではなく、起業家の事業計画に金融機関や自治体などが出資して支援するような制度ができないかと訴える。出資金の受け皿となる「特定目的会社」(SPC)の設立促進など「そういう制度を田舎に持ち込むことが求められる」と考えている。

大学との「域学連携」を推進

市はまた、大学からの研修生を受け入れて地域活性化の具体策について現場で研究してもらう「域学連携」にも力を入れている。夏から秋にかけて、200～300人の大学生が島内の集落にインターンとして入るという。

域学連携は、大学生を受け入れる側の地域住民にもメリットがある。学生の地域おこしの活動を通じ、過疎に悩む自分たちの地域にも実はいろいろな資源が埋まっていると再発見する機会につながるからだ。「地方は(外部の人と)交わることが大切だ。そうしないと目を覚まさないし、都会の人と交わる中で、地方にはゆったりした豊かな生活があると教えられれば、自分たちの見方も変わるはず。すぐに人口減少対策に結び付くとは思っていないが、地道につないで変えていく以外にない」と市長は期待を込める。

若者のIターンの動きも出始めている。市は総務省の「地域おこし協力隊」制度を活用し、2011年度に「島おこし協働隊」を導入した。その1期生のうちの2人が3年間の活動を終了した後も島に残り、地域おこしの一般社団法人「MIT」を設立したのだ。MITは5人のスタッフ全員が島外からのIターン者。これに続く動きが出てくれば、島の将来も変わるだろう。

(日高広樹＝長崎支局長)

地場企業育成と中心商店街の活性化をてこに

熊本県天草市長
中村五木
Itsuki Nakamura

日本創成会議から2040年には人口が6割以上減少すると予測された熊本県天草市。県内でも人口減少が最も深刻なところだ。中村五木市長（なかむら・いつき＝65）は「創成会議の報告を重く受け止めている。努力しなければ間違いなくその通りになる。何としても人口減少に歯止めをかけなければならない」と厳しい表情で語る。

2006年に2市8町が合併し、県内では熊本市、八代市に次ぐ3番目に大きな天草市。人口は約8万7000人だが、1950年代の約17万人からほぼ半減した。九州西部に浮かぶ天草諸島の中心部に位置し、新鮮な海産物に恵まれ、南蛮文化を伝えるキリスト教遺産も点在する。観光地としての人気も高いが、人口減少や高齢化、小規模企業の廃業が止まらない。

中村市長は、天草下島南端の旧牛深市職員を11年、旧牛深・天草市議を28年務め、地域の課題を知り尽くしている。2014年春の市長選では、少子高齢化対策などを進めるため、大胆な市政改革が必要だと訴え、3選を目指した現職を破って市長に就いた。

起業・地場企業支援で働く場を確保

天草市の場合、人口減少の課題は20～24歳の若年層が域外に大量流出してしまうことだ。理由は、島内に大学以上の高等教育機関がないことや若年層が就業できる雇用の場がないことが挙げられる。中村市長は「若い人が天草に帰ってきてくれる仕組みが必要。そのために一番大切なのは、働く場所を確保することだ」と強調する。

これまでも製造業などの企業誘致に取り組んできたが、大企業の誘致は実現していない。そこで、新たな起業や既存の中小企業が事業を継続できるよう支援する「起業創業・中小企業支援センター（Ama－Biz）」を新設すべく準備に着手した。市内の商工団体や金融機関と連携し、「豊富な農林水産資源や南蛮文化などの観光資源を生かした起業家の育成や地場企業の育成によって、安定的な雇用を生み出す」ことが狙いだ。支援センターは2015年度に設立す

る予定で、17年度までの3年間で１００社の法人設立・３００人の雇用創出を目指している。

商店街の隣接地に「まちづくり支援課」

中心商店街の活性化にも取り組み始めた。市内中心部の本渡地区にある「銀天街」。昭和の味わいが残る雰囲気のある商店街だが、残念ながらシャッターが下りた店が点在しており、昼間でもあまり活気がない。このため市長は、銀天街に隣接する市の関連施設内に市役所の「まちづくり支援課」と「観光振興課」を丸ごと移した。総勢26人。「わずかな人数だが、彼らが毎日商店街のすぐそばにある事務所に通い、昼ご飯やちょっとした買い物をすると、多少なりとも効果があるでしょう。商店の経営者とも気軽に相談できる関係ができる」。小さな一歩ではあるが、とにかく行動を起こすことにした。

シャッターが目立つ「銀天街」

市長選で掲げたスローガンは「待ったなし、改革のとき」。自らの報酬カットや退職金の廃止に加え、老朽化した市役所庁舎の建て替え計画を見直し、総事業費を約68億円から48億円に削減。浮かせた20億円を地域振興や保険医療・福祉の財源にする。小学校3年生までの子ども医療費無料化を２０１４年秋に中学3年生まで引き上げたほか、15年度からは保育園の保護者負担の軽減も実施する。

子育て支援も強化

同市の合計特殊出生率は１・85と、全国平均を上回る。保育所が整備され、待機児童はゼロ。市の中心部を除けば3世代同居の家庭が多く、緊急時には祖父母に子どもを見てもらえる。子育て環境はかなり恵まれているが、さらに延長保育や休日保育、病児保育を導入し、多様な保育ニーズに応える体制づくりを進める方針。子育てに関する悩みや課題の相談窓口となる「子ども総合相談室」などの設置も計画し、一連の施策で出生率の向上を目指している。

市が作成した今後の人口予測によると、２０２５年には老年人口（65歳以上）の割合が45・6％に達し、生産年齢人口（15～64歳）の44・1％を上回る見込み。「これは単なる人口減少という面だけでなく、企業や地域の担い手不足に直結する問題」。「日本の宝島」を標榜する天草市存続のため、市政改革を断行し、人口減少に歯止めをかける考えだ。

（神田稔生＝熊本支局長）

トレーニングファームで農業の新たな担い手育成

大分県国東市長
三河明史
Akifumi Mikawa

大分県国東市《くにさき》は、民間の研究機関「日本創成会議」のレポートで、2040年までに20～39歳の女性が67・4%減り、県内の市町村で最も減少率が高くなると推計された。三河明史市長（みかわ・あきふみ＝66）は「衝撃的だった。近隣の市町村も同じように過疎で苦しんでいるのに、なぜ国東市だけ特別に高いのかびっくりした」と振り返る。

多様な職種がないことが一因となっていると考え、「まずは産業を活性化させることが大事だ。産業が興って価値を生み出し、それを売った収入で物を買えばお金が回る。また、商品がたくさん売れれば、生産を拡大しようとして雇用も生まれる」と主張する。

就農で若者を呼び込む

国東市は大分県の北東部に位置し、東が瀬戸内海、西は両子山と接する自然豊かな土地だ。三河市長は「圧倒的に広い面積を占める山や里、海を活用した1次産業の充実に取り組んでいく」と、地域の特性を生かした活性化に力を入れている。

その一環として、農業の新たな担い手の育成に取り組んでいる。「大分〝味一ねぎ〟」呼ばれるブランド小ネギの生産者を育てる「国東こねぎトレーニングファーム」を2014年度から開校し、北海道や静岡県など市外から4人が就農した。市農業公社で1年かけて栽培や経営について学び、卒業後は市内で独立する。「市外から農業に入ってきた若い人たちが、生産を拡大すると同時に、結婚して子どもを産んで家庭をつくる。時間はかかるが、そういうことを着実にやっていくことが大事だ」と話し、産業振興と同時に人口減少対策につなげること目指す。

市内には、トレーニングファーム卒業生の受け入れ態勢を積極的に整備している地区もあり、「若い人が来れば地域の活性化につながる。地区の人も歓迎して積極的に誘致してほしい」と呼び掛けている。今後は小ネギのトレーニングファームを継続しつつ、ミニトマトや花の栽培などでも、新たな担い手の育成を進めたい考えだ。

また、引退後のスポーツ選手のセカンドキャリアや、劇団員などの働き先としての農業の魅力も語る。劇団員には、昼は農業に従事し、夜は稽古をしたり舞台に出演したりするライフスタイルを提案。また「若い時に引退したスポーツ選手は体力もあるし、地方に来て農業に取り組む第二の人生もあるのではないか」と期待する。

過度の競争を危惧

過疎化や高齢化が進む自治体では、子育て世代の定住に向けて、教育や子育て、医療などの分野で、行政サービスの向上に積極的に取り組んでいる。三河市長も「魅力ある都市になったり住みやすくなったりしないと、人口は増えていかない」と強調する。

一方で、「支援を手厚くすることは大事だが、自治体同士の過度な競争に陥ると財政を圧迫する。下手をすると共倒れになってしまう」とも懸念する。「市として支出できる額には限界があるので、継続的に子育て世代を支援できる施策に使いたい」と話し、限りある財源をより有効な施策に活用することを意識している。

そこで、若い世代の視点を生かすため、39歳以下の市や消防、市民病院の職員などを集め、ワークショップ形式で市の魅力づくりに向けた検討を進めている。どのような施策に重点的に予算を配分すれば、若い世代にとって住みたいまちになるのか意見を取りまとめ、来年度の施策に反映する方針だ。

芸術祭で魅力再発見

2014年には国東市と隣の豊後高田市を舞台に「国東半島芸術祭」を開催し、その土地の文化や歴史を体感できる作品が展示された。「住んでいると当たり前だと思っていて気付かなかったが、神秘的なイメージや独特な雰囲気があると言ってもらえる。地域の高齢者も、芸術祭に訪れた若い人と話をするのを楽しみにしている」と語り、魅力の再発見や地域活性化への効果を期待する。

一方で、「芸術祭をやっても、すぐには人口減少対策につながらないとは思う」と冷静な分析も。

その上で「また来たいとか、住んでみたいとか思ってくれる人がいれば大歓迎だ」と、多くの人に魅力を感じてもらうきっかけにして、長い目で見た定住促進につながればと考えている。

（松野万里子＝大分支局）

国東半島芸術祭で設置された作品

ワーキングホリデー制度で知名度アップも狙う

宮崎県西米良村長
黒木定蔵
Sadazou Kurogi

宮崎県中央西部に位置し、総面積約271平方キロメートルのうち96%を急峻な森林が占める西米良村《にしめらそん》（1241人）。「日本創成会議」の発表によると、2040年には村の20～39歳の若年女性の人口が10年に比べ69・4%減少。総人口も538人にまで落ち込むと推算された。ところが、現在5期目の黒木定蔵村長（くろぎ・さだぞう＝66）は、「ショックな数字が出たが、もともと危機感をもって取り組んでいる人にとっては周知の事実」と落ち着いている。というのも、1人の女性が一生に産む子どもの平均数を示す合計特殊出生率は、村の算出によると、2002～13年度で平均2・175を記録。13年度の観光入込客も14万2749人と、近年増加傾向にあるからだ。「何事も行政だけで進めるのではなく、村民も含めて村全体で取り組むことが大切」と語る黒木村長に村おこしについて聞いた。

世間の目を西米良へ

「おがわ作小屋村」は、人口100人未満の小川地区にある交流拠点。農繁期に作業や寝泊りに使った「作小屋」を再現したかやぶき屋根の建物がひときわ目を引く。「平成の桃源郷」をうたい、村が約1億3000万円の費用をかけて、2009年10月に開業した。

運営は、地元住民でつくる協議会が行っている。「お食事処」では、地元の50～70代のおばちゃんがアイデアを出し合って、地元で採れた山菜、シカやイノシシなどを使った料理を提供。コテージでは、村の大自然に囲まれながらゆっくりと宿泊を楽しむことができる。

作小屋村が開業する以前は、年間約5000人が訪れるにすぎず、年間売り上げも600万円ほどだったという。しかし、いざ作小屋村が開業すると、半年で来客数約1万8000人を記録。2012年度には約2万7000人が訪れ、売り上げも約2700万円に上った。

当初「いまさらハコモノを造ってどうするのか」など批判の声も少なくなかったという。「時流に逆らうことをやろうとすると必ず批判の対象になる」と黒木村長は振り返る。作小屋村を開業する時、約200人のボランティアがカヤを刈るなど積極的に協力してくれたことも後押しとなった。2013年度には、自立した集落運営などが評価されて、地域づくり国土交通大臣賞を受賞。一躍脚光を浴びた。「まず『面白そう』と西米良村に目を向けてもらう。人の心の最初のドアを開けてあげることが大切」と語る。現在は、作小屋村の付近に複数の村営住宅の建設を進めている。若い世代の移住と定住に向けて、より一層力を入れていくつもりだという。

　また、1998年には、農作業の人手を確保しつつ、都市部との交流人口を増やそうと、全国に先駆けて「西米良型ワーキングホリデー制度」を開始した。農家が人手不足となる時期に参加者を募集して農家に紹介。参加者は、農家で働いてお金を稼ぎながら、村の豊かな自然に囲まれて余暇を楽しむことができる。公設の滞在施設を利用することで、ほとんど費用をかけずに過ごせる。これまでに全国各地から10～70歳代の約410人が参加。特に10～20歳代の参加者が多く、その半分を占める。熱心なリピーターも多く、村の活性化につながるだけでなく、全国に村の存在を知ってもらうきっかけになったという。

かやぶき屋根が目を引くおがわ作小屋村

幸せ度の高い村へ

　黒木村長は「子どもは『村の宝』」と表現する。子育て支援において最も大切なのは、「地域で育てる」という視点だという。「『子どもをもっと産んでほしい』と言うのは簡単。そうではなくて、経済的な支援はもちろんのこと、村民が『西米良村で子育てして良かった』と思えるようにしなければならない」と強調する。

　取り組みの一つに「すくすく子育て支援金」がある。未就学児を養育する世帯を対象に、年間9万6000円分の金券を発行。村内で買い物などをする際、その代金の2割分に利用できる。村内で買い物をすることで、村の経済が活性化するだけではなく、何よりもお店との人的なつながりが生まれる。「保育料を無料にしても役場にお金がこなくなるだけ。村の振興につなげる発想が必要」と語る。

　魅力的な地域づくりには、「地元の人が『本当に幸せだと思えるか』」が重要だという。「地元の人が幸せを感じられないようではよそから人は来てくれない」と語る。「幸せ度の高い村づくり」に向けて、これからも取り組んでいく。

（浦岡教之＝宮崎支局）

解説　総務省「連携中枢都市圏構想」国土交通省「国土のグランドデザイン２０５０」

わが国の人口が急激に減り、地方から三大都市圏への人の流れが止まらない中、地方の都市や過疎集落は何をすれば生き残れるのか。そして、そこから発展に転じることはできるのか――。

中央省庁はこの難題を解くため、いくつかの手がかりを見いだしつつある。そこからは、地域の核となる都市や集落を定め、周辺の地域とつながり合って生きる姿が見えてくる。

ここでは、総務省が打ち出す「連携中枢都市圏構想（旧地方中枢拠点都市圏構想）」と、国土交通省が提唱する国土づくりの指針「国土のグランドデザイン２０５０」を紹介する。

（渡部裕子＝内政部）

拠点都市を核に政策連携

「連携中枢都市圏」は、東京、名古屋、大阪の三大都市圏以外の地域にある人口20万人以上の都市が「拠点都市」となり、近隣の市町村と連携して一つの圏域をつくり、経済政策などを共同で進める構想だ。核となる拠点都市を中心に広域連携を図ることによって、医療や介護などの公共サービスを維持し、地域経済を活性化させることが主眼。その圏域の都市機能を充実させることで、大都市への人口流出を食い止める狙いもある。

当初、総務省は「地方中枢拠点都市圏」と名付けていたが、国土交通省も複数自治体による広域都市圏の構想「高次地方都市連合」（後述）を打ち出していることなどから、政府の「まち・ひと・しごと創生本部」は、省庁の縦割りを排除する観点から２０１４年12月に決定した地方創生の総合戦略の中で、名称を「連携中枢都市圏」に統一する方針を決めた経緯がある。

総務省の構想で想定される広域連携の在り方としては、産官学の共同研究や新製品の開発支援、農業の６次産業化を支援する政策などが考えられる。拠点都市に高度な医療施設を整備する傍ら、周辺地域の在宅ケア体制などを整えて、一つの圏域で医療、介護の提供体制を充実させる方策もある。

さらに魅力ある地域づくりのため、観光資源のある拠点都市の周辺地域に長期滞在型の宿泊施設を設け、圏域全体の観光客を増やす戦略も想定される。

この構想を裏打ちするのは、２０１４年通常国会で成立した改正地方自治法に盛り込まれた「連携協約」の仕組みだ。複数自治体が連携して政策や事務を行う場合、これまでは一部事務組合などをつくる方法が一般的だったが、組織や運営に関する義務付けが多いとの指摘が少なくなかった。自治体とは別の組織体や議会をつくって運営するため、意思決定が迅速にできないとの声も出ていた。

連携協約は、まちづくり、医療、産業振興などに自治体が共同で取り組む際、基本方針や役割分担を柔軟に決められる利点がある。総務省はこの協約を、「国と国との間で結ぶ条約のようなもの」と説明する。事務は協約に参加する自治体が担うため、一部事務組合などのように別組織を設置する必要はない。このような協定はこれまでも任意で結ぶことはできたが、参加自治体の首長が交代した場合などにほごになる可能性もあり、継続性が担保できない懸念

連携中枢都市のイメージ

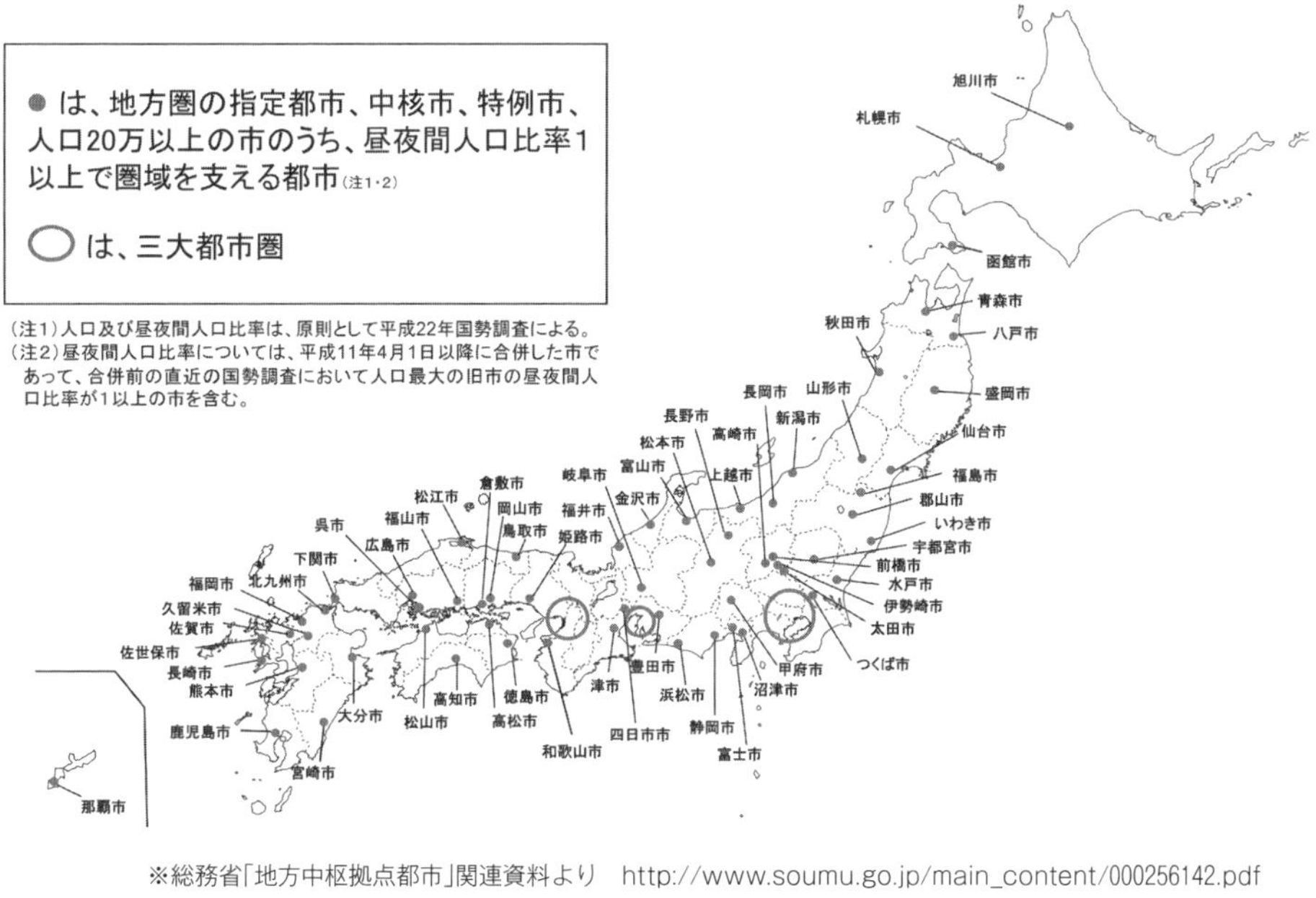

（注1）人口及び昼夜間人口比率は、原則として平成22年国勢調査による。
（注2）昼夜間人口比率については、平成11年4月1日以降に合併した市であって、合併前の直近の国勢調査において人口最大の旧市の昼夜間人口比率が1以上の市を含む。

※総務省「地方中枢拠点都市」関連資料より　http://www.soumu.go.jp/main_content/000256142.pdf

もあった。

改正法はこのような自治体間協定を法定化するもので、首長交代など局面が変わったときでも協約の履行をめぐる行き違いやトラブルが生じないよう、紛争解決の手続きもあらかじめ定めている。

総務省は2014年度のモデル事業として9圏域を指定し、委託費として同年度予算に計1億3000万円を計上している。

具体的なモデル地域は、▽盛岡市と近隣7市町▽兵庫県姫路市と近隣15市町▽岡山県倉敷市と近隣9市町▽広島市と近隣16市町（うち2市は山口県内）▽広島県福山市と近隣7市町（うち2市は岡山県内）▽山口県下関市と北九州市▽北九州市と近隣16市町▽熊本市と近隣13市町▽宮崎市と近隣2町――で、それぞれ都市圏のビジョンを作って、2015年度以降の本格的な始動を目指して準備を進めている。

総務省は拠点都市の要件として、①人口20万人以上②昼間人口が夜間人口よりも多い（昼夜間人口比率1以上）――を提示。これらを満たす都市は全国で61市ある。圏域を形成するかどうかは各都市の判断に委ねられるが、同省は2015年度から拠点都市に対する交付税措置を充実させる方針だ。

地域消滅を防ぐポイント

○全国を1km²毎の地点でみると、人口が半分以下になる地点が現在の居住地域の6割以上を占める。
○しかし、非都市地域でも旧役場、小学校の周辺の地域では集落が残れる可能性。
○そのためには、日常を支える機能を残せるか否かがポイント。

将来人口推計

	2010年人口（万人）	2050年人口（万人）	減少率	人口増減率別1kmメッシュ割合（対居住メッシュ）				
				半減以下			0以上50%未満減	増加
					うち非居住化	うち50%以上減		
全国	12,806	9,708	▲24%	63%	19%	44%	35%	2%

地域消滅のおそれ

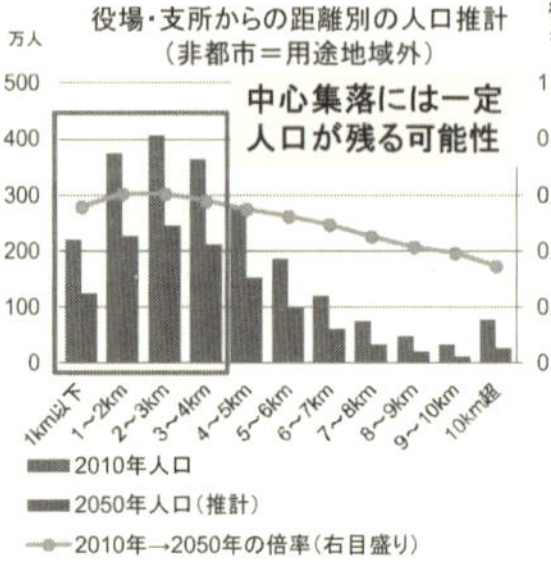

注）用途地域及び役場・支所データは、国土交通省国土政策局「国土数値情報」による。

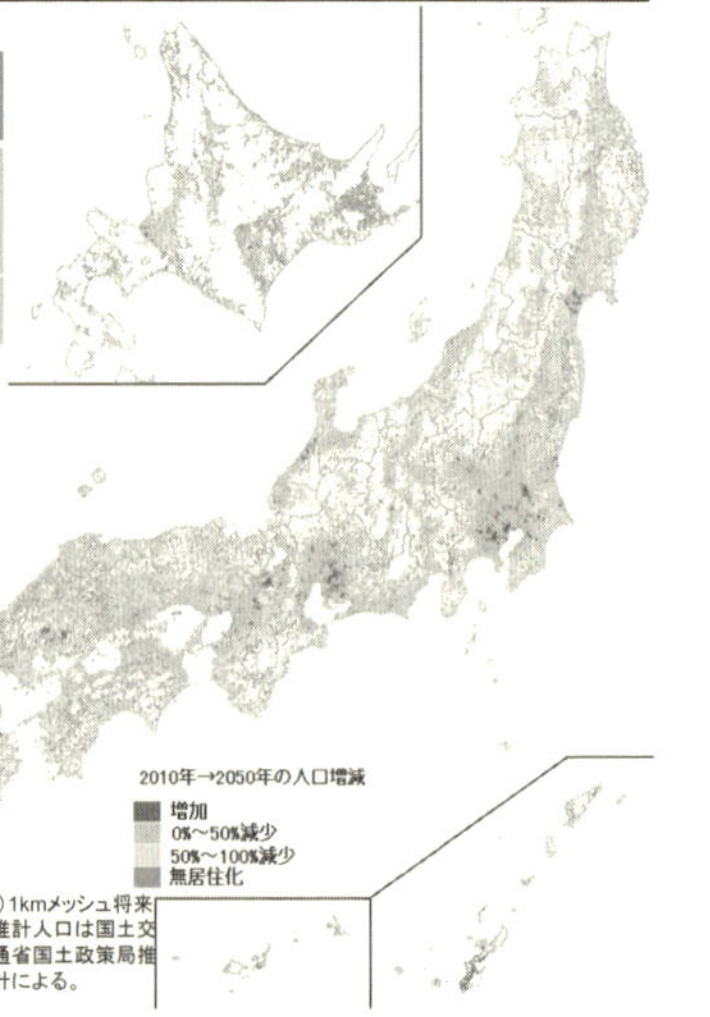

注）1kmメッシュ将来推計人口は国土交通省国土政策局推計による。

※国土交通省「国土のグランドデザイン2050」参考資料より　http://www.mlit.go.jp/common/001060276.pdf

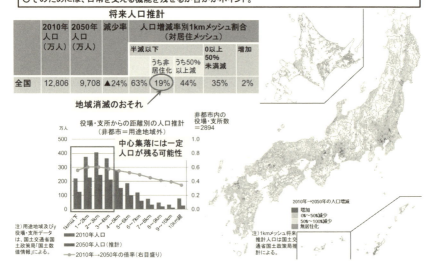

高次地方都市連合の形成

○30万人以上の都市圏※は、61（2010年）から43（2050年）へと激減。

※）三大都市圏を除く。

2010年に人口30万人以上の都市圏（三大都市圏を除く）の人口の変化

（※1）2010年の人口10万人以上の市を中心市とし、自動車で60分以内の1kmメッシュを都市圏として設定。ネットワークは【財】日本デジタル道路地図協会「デジタル道路地図データベース2011年版」による。
（※2）2010年の人口は総務省「国勢調査」による。
（※3）2050年の推計人口は国土交通省国土政策局のメッシュ推計人口による。

2050年に人口30万人を維持できる都市圏（中心市）
【43都市圏】
札幌・小樽・江別
八戸
盛岡
仙台・大崎
秋田
山形
福島
郡山
水戸・ひたちなか
土浦・つくば
宇都宮・鹿沼
栃木・小山・筑西
足利・佐野・桐生・太田
前橋・高崎・伊勢崎
新潟・三条・新発田
長岡
富山・高岡
金沢・小松・白山
福井
甲府
長野
松本
沼津・三島
静岡・富士・富士宮・焼津・藤枝・島田
浜松・掛川・磐田・豊橋・豊川
長浜・彦根・東近江
和歌山
岡山・倉敷
福山・尾道・三原
広島・呉・廿日市・東広島・岩国
徳島
高松
松山
高知
北九州・下関
福岡・飯塚・筑紫野・春日・久留米・唐津
佐賀
長崎・諫早
熊本・大牟田・八代
大分・別府
宮崎
鹿児島
那覇・浦添・沖縄・うるま

2050年に人口30万人を維持できない都市圏（中心市）
【18都市圏】
函館
旭川
帯広
苫小牧
青森
弘前
鶴岡・酒田
いわき
日立
那須塩原
鳥取
米子
周南
山口・防府
丸亀
新居浜・西条
佐世保
都城

※国土交通省「国土のグランドデザイン2050」参考資料より　http://www.mlit.go.jp/common/001060276.pdf

カギは「コンパクト＋ネットワーク」

国土交通省が2014年7月に公表した「国土のグランドデザイン2050」は、2050年ごろを見据えた国土・地域づくりの指針になることを想定している。

国土のグランドデザインでは、2050年の日本の人口は少子高齢化の影響で約9700万人まで減少し、現在人が住んでいる地域（居住地域）の6割以上で人口が半分以下になり、うち約2割に人が住まなくなると予測するショッキングな数字を示した。

その上でグランドデザインは、未来を切り開く国土づくりのキーワードとして、「コンパクト＋ネットワーク」を打ち出している。人口減少下でも都市や生活拠点のコンパクト化によって質の高いサービスを効率的に提供すると共に、道路や鉄道などのネットワークでつなぐことにより、圏域の人口を確保しようという構想だ。

ただ、コンパクト＋ネットワークだけでは全国画一的な地域づくりになってしまうため、各地が個性に磨きをかけ、それぞれが交流することで生じる「多様性」が重要と指摘。この多様性が温度差となり、ダイナミックな対流が発生する「対流促進型国土」の形成を打ち出している。

グランドデザインは、コンパクト＋ネットワークの在り

サービス提供機能と雇用の消失

〇一定の規模を維持できない都市圏ではサービス提供機能と雇用※が消失するおそれ。
※三大都市圏を除いた地方の雇用に占める第3次産業の比率は65%

サービス施設の立地する確率が50%及び80%となる自治体の人口規模（三大都市圏を除く）

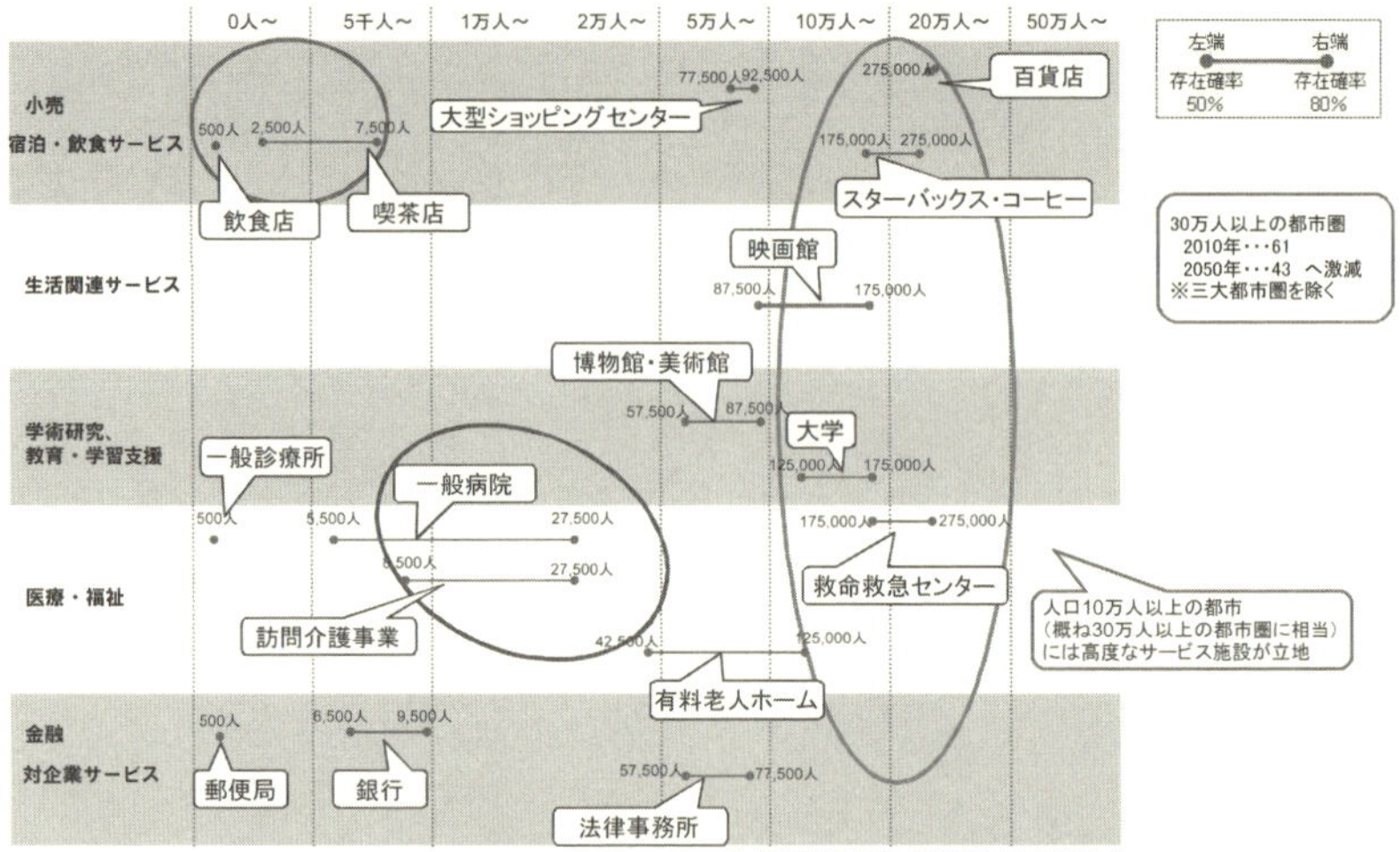

（出典）各種資料をもとに国土交通省国土政策局作成

※国土交通省「国土のグランドデザイン2050」参考資料より　http://www.mlit.go.jp/common/001060276.pdf

方の一つとして、複数の地方都市で形成する「高次地方都市連合」（後に「連携中枢都市圏」に統一）を示している。国交省は、都市における高度なサービス施設として百貨店や救命救急センター、大学などを挙げているが、こうした施設が立地するには人口が概ね30万人以上の都市圏が必要としている。スターバックス・コーヒーの店舗もこの人口規模の都市圏に出店するというデータがある。

　そのためグランドデザインは、複数の地方都市がネットワークを使って連携し、30万人程度の人口を確保できる都市連合を構築することを提案している。

　例えば、島根県の松江市と鳥取県の米子市は、それぞれの市を単独で考えた場合、２０５０年段階ではどちらも30万人都市圏を維持できない。しかし、両市が県境を越え高速道路を活用してネットワークを組むことにより、両市の都市圏人口は37万３０００人を維持できる計算で、高い都市サービス機能を確保することが可能と見ている。

　人口30万人以上の都市圏（三大都市圏を除く）は、２０１０年の61から２０５０年は43に激減することが予測される。そのような中、一定の人口規模を有する都市圏を形成する取り組みの重要性は高まっていきそうだ。

「小さな拠点」を5000カ所

グランドデザインでは、コンパクト＋ネットワークの具体的取り組みとして、中山間地での取り組みを想定した「小さな拠点」づくりをもう一つの目玉に打ち出しており、国土交通省は2050年までに5000カ所程度の小さな拠点形成を目指している。

人口減少や高齢化が進む中、中山間地では商店や診療所など日常生活に必要なサービスが徐々に消滅していくほか、地域の中でこうしたサービスがばらばらに点在し、暮らしにくくなっていることが指摘されている。しかし、こうした地域でも、旧役場や小学校の周辺地域では集落が残れる可能性があり、そのためには日常を支える機能をどう残せるかがポイントとなる。

小さな拠点はこうした不安に対応し、慣れた土地に住み続けられるようにする施策だ。具体的には、小学校や旧役場庁舎の周辺に商店や診療所、ガソリンスタンド、郵便局などといった日常生活を支える機能をコンパクトに集積させて「拠点」を形成。小さな拠点の周辺に小集落が点在する形となるが、グランドデザインでは小さな拠点と各集落の間をコミュニティーバスや予約型のデマンドバスなどで結んで交通手段を確保し、住民が行き来を図れるようにす

地域を守るための「小さな拠点」

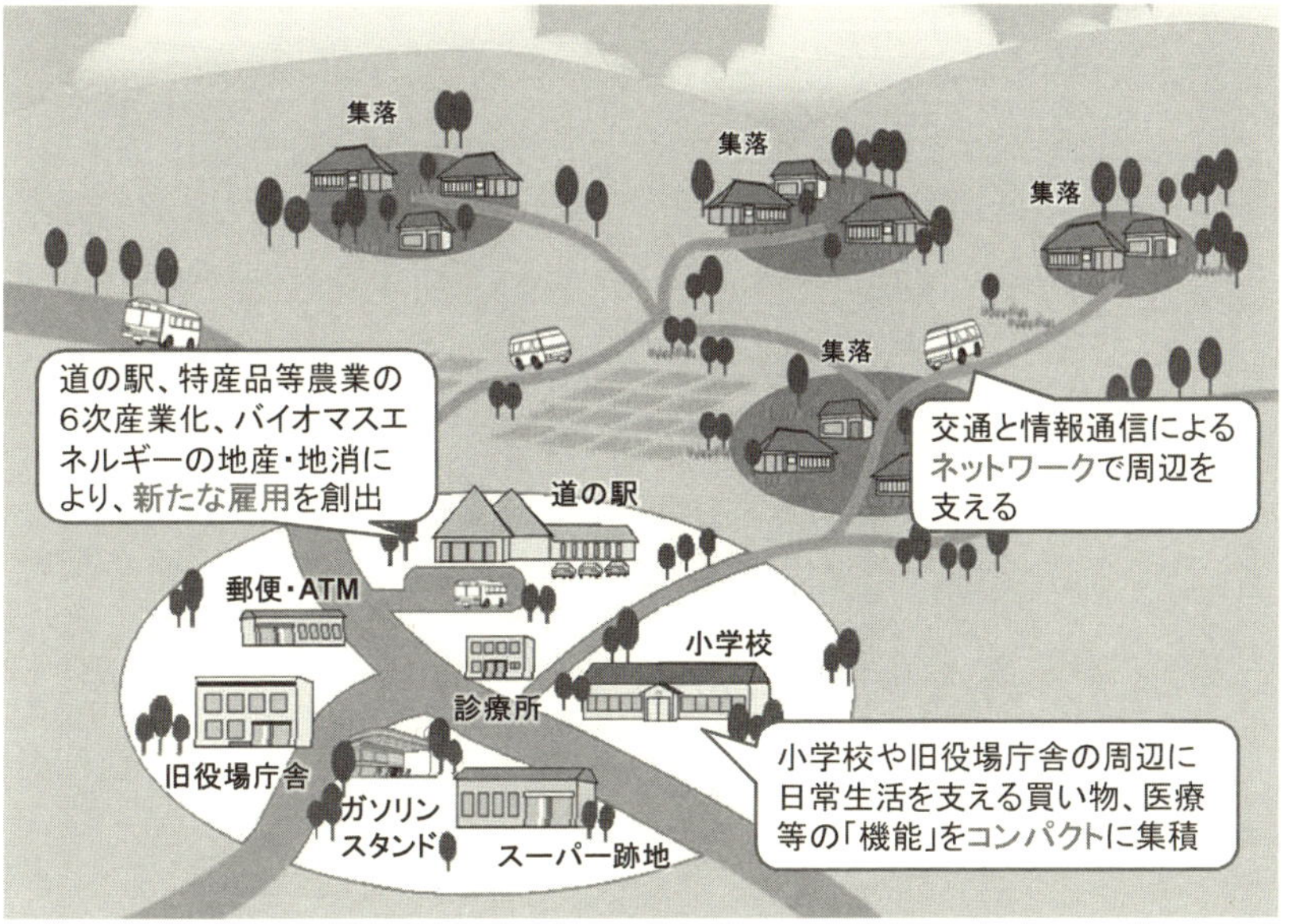

※国土交通省「国土のグランドデザイン2050」参考資料より　http://www.mlit.go.jp/common/001060276.pdf

るとしている。

またグランドデザインでは、小さな拠点を単なる日常生活の「守りの砦」とするだけでなく、雇用を生み出す「攻めの砦」になるとも表現している。地域の実情に合わせて技術革新を取り入れ、新たな価値を創造する「未来型小さな拠点」の形成である。

例えば、ＩＣＴ（情報通信技術）を活用した農業を進めるほか、バイオマスや小水力などを活用した再生可能エネルギーを生み出し、電気自動車などの動力に使って地域内の交通に役立てることも提案。小さな拠点に無料の無線通信「Ｗｉ-Ｆｉ」を構築し、訪れた観光客が最新の地域情報を得られるようにする仕組みを打ち出しているほか、地域の診療所と都市部の病院との間で遠隔医療システムを構築し、先端医療を導入するアイデアも示している。

一般道の利用者が立ち寄る休憩施設「道の駅」を小さな拠点の核にするアイデアも示している。道の駅は１９９３年の登録開始以降、２０１４年10月段階で１０４０駅が登録。地域の特産品の販売所など人気スポットとして知られている箇所も少なくない。また、高齢者への宅配サービスを行ったり、防災資機材を備えたりするなど地域福祉や防災に貢献する駅もある。

国交省は、道の駅に観光案内所や免税店、移住手続きの

「未来型小さな拠点」の形成

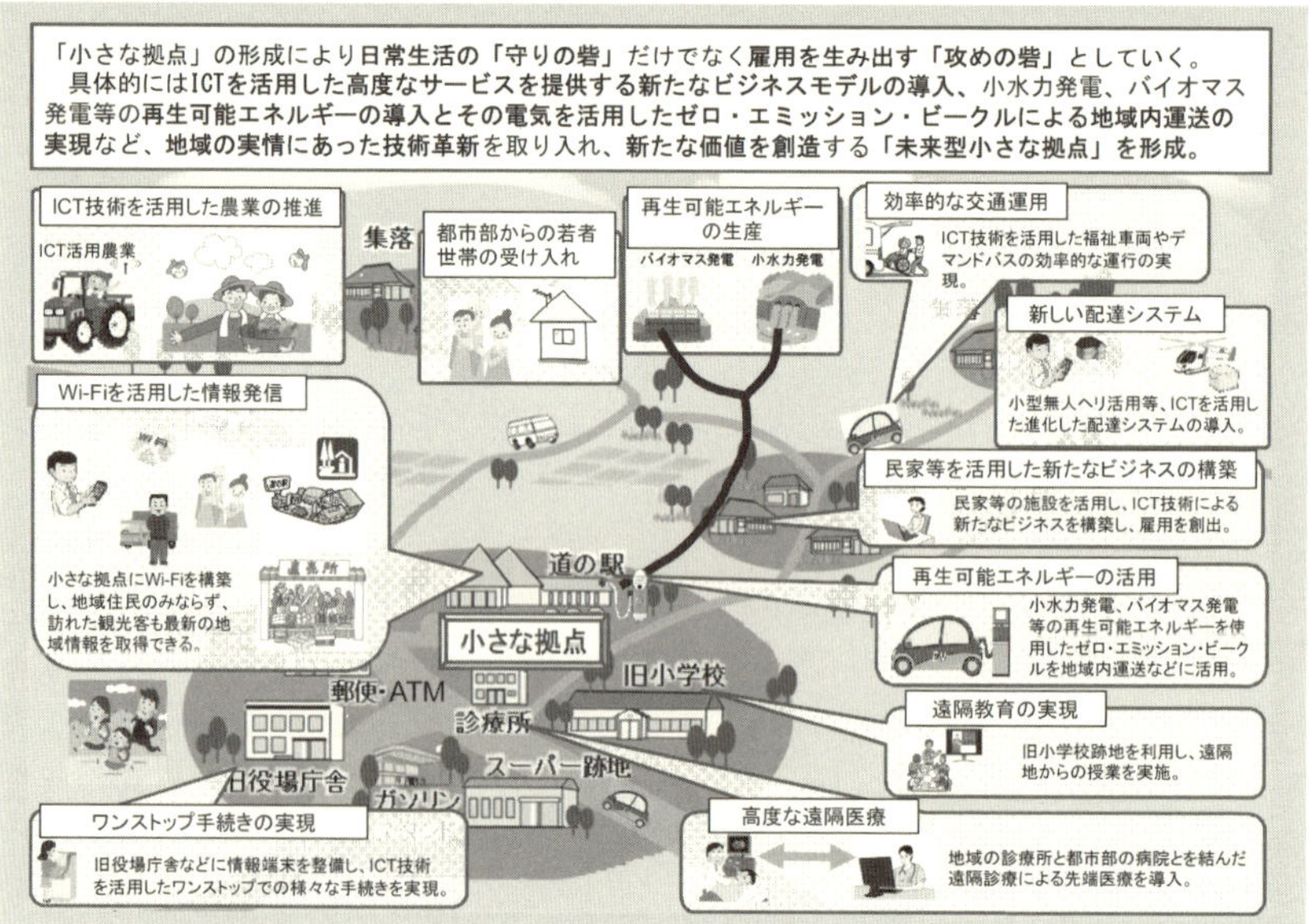

※国土交通省「国土のグランドデザイン2050」参考資料より　http://www.mlit.go.jp/common/001060276.pdf

スーパー・メガリージョンと新たなリンクの形成

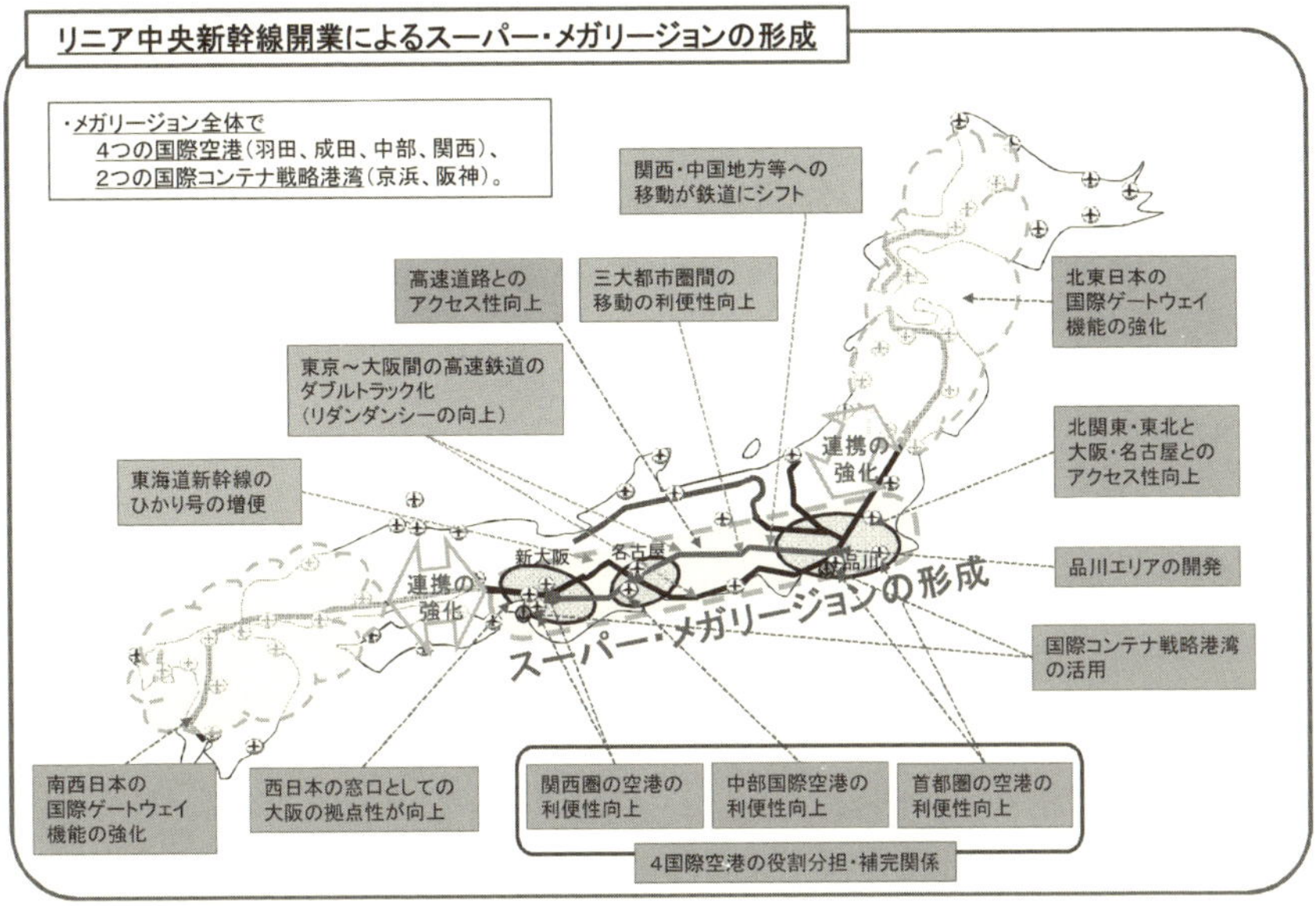

※国土交通省「国土のグランドデザイン2050」参考資料より　http://www.mlit.go.jp/common/001060276.pdf

ワンストップ窓口などを設けて、外国人や都市住民ら外部の活力を呼び込む方策を検討。優れた取り組みを行っている道の駅をモデルとして選定し、各省庁の補助金を優先的に活用できるようにすることを計画している。

グランドデザインではほかに、リニア中央新幹線の開通がもたらす国土像も提示した。リニアは２０２７年に東京（品川）から名古屋まで、２０４５年には大阪までつながり、東京―大阪間が約１時間で結ばれる。リニアは三大都市圏をつなぐ地下鉄となり、同都市圏に住む約６０００万人が１時間で相互の都市を移動できる世界最大の「スーパー・メガリージョン」が誕生することになる。

グランドデザインでは、時間・距離がここまで縮まると、東京への一方的な人口流入でなく、大阪への人の流れが拡大する現象も期待できると指摘。圧倒的な国際競争力を獲得して、この効果を広く波及させる必要があるとしている。

リニア中間駅については、都会から短時間でのアクセスが困難だった地域に人が流入する効果も期待されている。都市住民が自然環境に日常的にふれあえるなど、高度な都市生活と大自然に囲まれた環境が近接した新しいライフスタイルの実現も夢ではない。そのためグランドデザインでは、人や物、情報の交流のさらなる促進が進むような政策が必要になると述べている。

第Ⅳ部

動き出した自治体
——生き残りを目指して

1.ルポ——魅力ある地域づくり

2.“わがまち”の人口減対策　News & Data

北海道新得町

専用農業研修施設つくり、全国の独身女性を募集

北海道のほぼ真ん中、帯広市の近郊にある十勝地方の新得町は、周囲に大雪山系と日高山脈の山々が連なる人口6300人余りの農業の町だ。酪農やそば栽培が盛んなこの町では、宿泊所を兼ねた町営の女性専用農業研修施設「レディースファームスクール」を1996年に開設し、農業に関心を持つ独身女性を毎年全国から10人程度募集。最長1年にわたって農家で酪農や畑作を学んでもらい、地元定住を促す取り組みを続けている。（本間一義＝札幌支社）

新得町の中心部から車で約20分。研修生が暮らすレディースファームスクールは、酪農家の牧場が数多く集まる上《かみ》佐幌《さほろ》地区にある。1階には講習室や実習室、2階には10人分の個室や談話室などがあり、建物の入り口奥には、1期生から期ごとに写した研修生の集合写真がずらりと並ぶ。

2014年度の「19期生」は10月半ば時点で9人。このうち18歳から39歳までの8人が、1年間の長期研修に挑んでいる。春が訪れるたびに新風を吹き込む彼女たちの存在は、町にとって活力と希望の源でもある。

研修生たちは「酪農」「肉牛」「畑作」の三つからコースを選択。同スクールの個室に宿泊しながら、それぞれ別の受け入れ農家に通い農業技術を身につける。農家からは3500円の日当が支払われ、研修生たちは月8万円程度になるこの収入で宿泊費や食費などを賄うことができる。

●それぞれの思い

彼女たちがスクールの研修に応募したきっかけや将来への思いは、実にさまざまだ。人生を変える転機を求めて別の世界から飛び込んでくる女性も少なくない。

滋賀県大津市出身の後藤梓さん（23）は、大学で環境問題を学んでいたが、就職活動中に大阪市で農業フェアに参加し、新得町のブースでスクールの話を聞いた。その後、短期研修で同町を2回訪れ、酪農の仕事を体験。本格的に酪農を学びたいとの思いを強めた。

「悩みがあったり心が折れそうになったりした時、スクールには話を聞いてくれる友達がいるし、新得町は温かい人たちばかり。私はここに残るつもりです」ときっぱり。

「最近は牛の体調が少しずつ分かるようになってきた」と笑顔を見せる後藤さんは、1年の長期研修修了後、かつて短期研修でお世話になった牧場に就職する考えだ。

福岡県福岡市出身の松村菜津子さん（33）は、もともと栄養士。「食」への興味から畑作コースを選んだ。町営牧場で働く男性と結婚して新たに自分の牧場を開いた卒業生をテレビ番組で知ったのが、新得町に来たきっかけという。

「いろいろな野菜を作ってみたい」と話す松村さんは、小麦やトウモロコシ、ブロッコリー、ゆり根など多品目を栽培する大規模農家で実習中。将来は、自分で作った野菜で料理を提供するレストランもできればと思い描く。

ただ、スクール卒業後に新得町で野菜作りの勉強を続けようにも、雪に覆われる冬場は仕事がない。このため、通年で働ける酪農と違い、畑作では正規従業員になりにくいのが現実だ。冬はスキー場のアルバイトなどで食いつなぐこともできるが、「生きていくとなると考えてしまう」と松村さん。

受け入れ先の牧場で搾乳作業をする研修生の後藤梓さん

実家が営む外食チェーン店で働いていた東京都出身の小泉由紀子さん（39）も、新得町に残るかどうか心が揺れている。「これはおいしい」と言ってもらえるような特長のある野菜を、消費者が安心できる有機栽培で作るのが夢。「通年で雇ってもらえる所があれば新得に残ってもいい」と話す。畑作ができなくなる11月以降、酪農コースを体験した上で最終的な進路を決める考えだ。

「花嫁候補」より「農業の担い手」

新得町産業課によると、レディースファームスクールを開設した１９９６年度から２０１３年度までの18年間に、1年の長期研修を修了した卒業生は計１５３人。約９割が北海道外の出身者で、新得町生まれは一人もいないという。

２０１４年４月１日時点では、このうち22人が新得町で農業関係の仕事に携わっており、役場の職員と結婚したり、子どもが生まれて仕事を辞めたりした人など農業以外も含めると、42人が同町に残っている。

新得町の周辺など道内の他の市町村にも、農業従事者だけで21人、農業以外の人も含めて44人のスクール卒業生が在住。新得町と他の市町村を合わせると、道内に残っているのは86人と卒業生全体の半数を上回る。

「農業関係で町内に定着しているのは22人だが、何もしなければそういう数字は出なかった。別の仕事をしたり結婚したりして町内に残っている卒業生も多く、人口減対策としても一定の効果はある」と浜田正利町長は話す。

卒業生が道内の他の市町村に定着していることに関しては、「例えば観光牧場や観光農園に勤めたいとか、卒業生の希望をかなえられる材料が新得町にない場合もある。いつも言うのは、どこに住んでいても、新得町の農業の応援団として協力し続けてほしいということ」と割り切る。

レディースファームスクールの長期研修生の受け入れ条件は、4月入校時で「18歳以上の独身女性」。年齢に上限はないが、新得町がスクールを始めた大きな狙いが農家の花嫁対策だったことは間違いない。

ただ同町では、スクール発足当初から「花嫁探し」を強く出さないよう関係者が気を使い、研修生には将来の農業の担い手として仕事を覚えてもらうことに重点を置いた。

同スクールは2015年度に創設20周年を迎えるが、浜田町長は、受け入れ農家という「仕事の場」とスクールという「生活の場」を分離したことが事業継続のポイントだと話す。スクールの開設以前にも個別農家で実習生の受け入れを行っていたが、農家への住み込みではプライバシーの確保が難しく、トラブルの種になりがちだった。

これに対し、スクールの個室で生活する今の研修生は、一人の時間を持てるだけでなく、農家での作業が終われば施設に帰り、研修生仲間と夕食を共にしながら情報交換したり愚痴を言い合ったりすることができる。

「研修でいきなり普通の農家に入っていたら辞めていたかもしれない。周りに同じような境遇の人たちがいたから続けられた」。17期生として卒業し、スクール生の受け入れ先でもある「太田牧場」で正規従業員として働く後藤涼さん（21）＝宮城県大崎市出身＝は、こう振り返る。

17期生は、後藤さんを含む6人が新得町や近隣に残って酪農や畑作の仕事をしているといい、仲間とは無料通信アプリの「LINE（ライン）」で連絡を取り合っている。

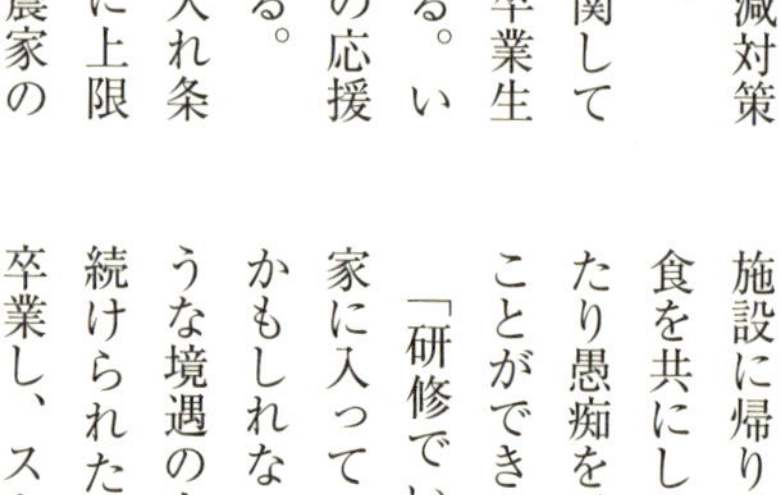

個人経営の太田牧場で働くスクール卒業生の後藤涼さん（右）と研修生の塩野未来さん（左）

●農家の経営も効率化

スクール生の存在は、農家の経営効率化にもつながっている。受け入れ農家は、スクール生に研修費用として日当3500円を支給する必要があるため「生産性や所得そのものを上げなければならず、経営規模を大きくしてきた」と浜田町長。2015年度からは日当を4000円に引き上げる予定で、各農家はさらに収益向上を迫られる。

受け入れ農家が多い酪農コースで3カ月ごとに研修生の実習先を変えているのも、スクール運営の工夫の一つ。農家の経営規模などによって内容が違う仕事を覚えてもらう狙いだが、彼女たちが各農家を自由に比較することで緊張感が生まれ、時間管理をきちんとするなど農家自身にもプラスになっているという。

一方、花嫁対策としてのスクール生への対応は「男女のことだから」（浜田町長）と自然に任せる姿勢。だが実際には、農業関係者や町の職員、地元のサラリーマン男性などとスクール卒業生が結婚する例は多く、周辺市町村から「新得町には花嫁不足の心配がなくてうらやましい」との声が聞かれるほどだ。

研修生たちが生活するレディースファームスクールの建物

搾乳牛と育成牛約1600頭を飼育する法人経営の「友夢牧場」は、現役生や卒業生を積極的に採用してきたが、役員や従業員とスクール出身女性との間に5、6組のカップルが誕生。子どもが3人いる従業員もいれば、20歳以上年下の女性と結婚し、2人目の子どもができた50代の役員もいるという。

同牧場では、役員と従業員の20人強が働いているが「若い女性が来ると活気が出る」と湯浅佳春社長。2015年春も2人程度を正社員にと希望しているが、「最近は女の子から『新得には若い男がいない』と言われる」と笑う。

ただ、新得町の人口はなお減り続けている。同スクールが発足した1996年に7700人余りだった町の人口は、2014年3月末時点で6352人まで減少。日本創成会議の将来予測では、2040年の人口はさらに3760人まで減る見通しで、若年女性の減少率が高い、いわゆる「消滅自治体」に分類されている。

「消滅自治体の話はショッキングだが、一地方公共団体だけでは解決でない問題。われわれも頑張るが、（同スクールのような）人を育てる施設に対し、国も道も、もう少し応援してくれたらありがたい」と浜田町長。

同町では、離農者が出た場合に備える後継人材育成の場として、JA新得町が出資する酪農中心の「研修農場」を立ち上げる計画が進んでおり、林業分野でも人材育成を核に活性化を目指す構想がある。人口減少を食い止める決め手はないが、「何でも試行錯誤。立ち止まるわけにはいかない」と浜田町長は力を込めた。

千葉県流山市　「自然の中で子育て」ＰＲで人口増加に成功

千葉県北西部に位置する流山市は、全国各地で少子高齢化が進むなか、人口が増加している自治体として注目を集めている。市民の多くを占めていた団塊世代の高齢化を背景に、市の若返りを図ろうと30～40代の共働き子育て世代に狙いを定め、保育設備の充実や市のブランディング戦略を推し進めた結果、ここ5年間で人口が1万人以上増加した。「子育てのまち」のイメージが徐々に浸透し、市への転入数は子育て世代を中心に年々伸び続けている。

（濵田理央＝千葉支局）

●市政経営戦略で少子化打開

流山市が子育てのまちを目指し、共働き世代に選ばれる理由を探るため、人口増加の立役者である井崎義治市長（60）に話を伺った。井崎市長は「流山は非常に地味で市内に何もなかった。市民は東京都内で働き買い物は柏市に出掛け、人もお金も外に出ていく街だった」と、２００３年の就任当時を振り返る。流山市はこれまで、東京都のベッドタウンとして子育てをする団塊世代の専業主婦家庭を中心に発展してきたが、井崎市長が就任したころにはこうした世代が高齢に差し掛かり、少子化問題が懸念されていた。税収の約5割が個人住民税の流山市は、「このままでは市民サービスを維持できなくなる」。対策を迫られるなか、「流山の知名度を上げ、市外から人やお金を呼び込める活気のある街にしよう」と市の将来像を掲げて対策に臨んだ。「行政もメーンターゲットを設定し、市政経営を実現するための戦略があってしかるべきだ」との発想の下、全国の自治体に先駆けてマーケティング課を設置。税金を使う市政から経営する市政へと方向付け、市のイメージアップ戦略を練った。

市政経営の下地づくりのため、民間出身者を中心にマーケティング課を構成し、職員には「自分の仕事は誰に何を提供するか」を明確にするよう訴えた。高齢社会での生き残りをかけ、「共働きの子育て世代に選んでもらえるまちづくり」を目指した。２００5年、つくばエクスプレスの開通で都心へのアクセスが向上したことを原動力に、従来の専業主婦家庭から共働き子育て世代（Double Employed With Kids, DEWKs＝デュークス）へと照準を定め、新しいまちづくりへとかじを切った。

「子育てのまち」定着で人口増

流山市のまちづくりは、保育設備などを充実させながら、「子育てのまち」「都心から一番近い森のまち」としてのブランディング戦略を展開する。デュークスにとって、子どもを保育園に入れられるかどうかは喫緊の問題だ。市は保育園を26園に増やし、学童保育も全小学校に拡充したほか、送迎が大変な家庭の支援策として流山おおたかの森、南流山両駅前に「送迎保育ステーション」を設置。保育園が家から離れていたり、通勤と反対方向だったりする場合に利用でき、「駅前送迎ステーションがあるから引っ越してくるという人がいる」と井崎市長は自信を見せる。

子育て環境整備を進めるなか、市は２０１０年、東京都内のＪＲ主要駅などに市の巨大ＰＲ広告を打ち出した。広告は、実際に流山市へ転入した家族の写真に、「母になるなら、流山市。」とのキャッチコピーを添え、駅利用客に「子育てのまち」を売り込んだ。広告を打った駅沿線から引っ越してきた家族をモデルに選び、「（他のベッドタウンを）かなり意識している。首都圏で住宅を探す際に、第二候補ぐらいにはなっているようにしたい」と井崎市長はもくろむ。インタビューで訪れた市長室にも、家族写真が載った14年度のＰＲ広告が飾られ、記者の目を引いた。「子育てにも通勤にも快適な街に住みたくて越してきた」家族を紹介しており、市の〝意識〟の強さを反映していた。

井崎義治・千葉県流山市長＝市長室

こうした取り組みにより、流山市は「子育てのまち」のイメージを定着させ、転入数を伸ばした。井崎市長は「デュークスにとって基本的な社会インフラがかなり整備され、選んでもらえるようになった」と人口増加の要因を分析する一方、引き続き保育園整備を課題に挙げる。市は保育園の新設や定員拡大を進めるものの、転入数増加が著しく受け入れ態勢が追い付かないのが現状だ。待機児童数は近年増えたり減ったりで、ゼロ達成への道のりは険しい。

豊かな自然と都会の雰囲気

3歳の長男と1歳の長女のいる仲宗根えり子さん（31）は、２０１０年に子育てする環境を求めて都内から引っ越してきた。「自然の中で子育てがしたい」と、都内にある夫の職場から30分圏内の地域をコンパス状に探し、流山市を目に留めた。流山市には縁もゆかりもなかったが、物件探しで流山おおたかの森駅を降りた際、緑に囲まれながらも「都会的な雰囲気に一目ぼれ」し、駅から徒歩30分の住宅街に中古の一軒家を購入。家の裏手に広がるキャンプ場でホタルが見られ、「都会と田舎の雰囲気が狭い中に全部入っている」と魅力を語る。「私たちが引っ越した時は、駅周辺にまだマンションも建っていなくて、この街は面白いことになるのではという期待にわくわくした」。市の成長を見込んでの転入だった。自宅での仕事と子育てとを両立し、「少し都心から離れた家を買うことでお金と時間の余裕ができ、心の余裕を持てている」と満足する。

仲宗根えり子さん＝市内の自宅前

　仲宗根さん同様、流山おおたかの森駅前の雰囲気に一目ぼれし、転入する人が多いという。子どものいる母親にとって、東京にない豊かな自然が流山を選ぶ大きな要因に挙げられる。「都心から一番近い森のまち」という従来の強みに加え、保育インフラの整備で磨き上げた「子育てのまち」のブランド価値が、結婚や出産を機に落ち着いた環境で子育てしたいと考える夫婦を引きつける。インフラ整備で実態をつくりながら、ＰＲ戦略を駆使してもともと流山に縁のない人たちを市に呼び込み、人口増加につなげている。

●人口減少「国は抜本対策を」

　顕著な人口増加を見せる流山市も、日本創成会議の独自推計では「消滅自治体」に分類されなかったものの、２０４０年には若年女性が39・9％減り、総人口は2万人以上減少するという結果になった。井崎市長は「推計にもかかわらず実態を変えている自治体だ」と前置きした上で、「日本の総人口が減っていくので、ある程度の減少はしょうがない。各自治体が自立、経営することが重要」と持論を展開する。子育て世代の呼び込みを背景に、流山市の合計特殊出生率は２０１３年で全国平均の１・43を上回る１・50を保っているとはいえ、人口が安定するとされる２・07にはほど遠く、井崎市長は「国がまず出生率を2・07以上にするための具体的な施策を提示するべきでないか」と対策不足を指摘。市の出生率は上昇傾向だが、人口が伸びているのは市外からの転入数増加の影響が大きく、「地方でいくら競争しても争奪戦になり、人口を増やすことにはならない」と危惧する。「国が対策を取れない限り、自治体は減り方を緩やかにするか、お金を豊かに回しながら減っていく方向を考えるしかない」と警鐘を鳴らす。

女性の社会復帰と起業を支援

子育て後の社会復帰や起業支援の重要性が年々高まるなか、市は子育てインフラ整備の次の段階として、女性が働き続けられる環境づくりを目指す。インタビューに協力してくれた仲宗根さんは、井崎市長が描く市の将来像を形づくるモデルケース的存在だ。女性と子どものアイデアや力を社会、企業に生かすためのコンサルティング会社を立ち上げ、イベントのプロデュースや講演を行う。「母親を支援したい」との方向性で一致し、市はこうしたイベントで連携や支援をし、井崎市長は「こんなサービスがあったらというのをビジネスとして捉えていて、これが本当の市民のニーズだと思った。流山に来る若い母親が持つ斬新なアイデアを応援したい」と意気込む。ベッドタウンのため企業が少ない流山市にとって、起業支援は課題である雇用創出の受け皿にもなる。制度や補助金ではなく、市民発信のアイデアそのものを支援することで、「子育てが充実していると同時に、自己実現もできるという風になればブランドに近づく」。流山市のさらなる発展に向け、井崎市長の構想は広がる。

成長の裏に地域格差

開発が進む流山おおたかの森駅周辺は、市の成長の中心を担う。つくばエクスプレスと東武アーバンパークラインが走り、広くて開放的なデッキには電子公告やタッチパネル式の市案内図が設置。駅前は、ショッピングセンターや新築の高層マンション群が立ち並びつつ緑も施され、「これから」を感じさせる雰囲気に一目ぼれするのもうなずける。ただ、市内の地域格差も顕著だ。例えば小学生児童数は増えているが、流山おおたかの森、南流山両駅の周辺地域に集中。高齢社会を生き抜くための子育て支援策だと理解を得たものの、高齢世代からは当初、「若い人たちばかりを重視して私たちはいいのか」と反発の声もあった。今後、人口増加に伴い開発や整備を進めるなかで、従来から住む団塊世代と新たに転入してきた子育て世代への市民サービスの均衡をどうとるか、井崎市長の手腕が問われる。

流山おおたかの森駅前のショッピングセンター

埼玉県行田市

「定住促進奨励金」で人口流出を防げ

埼玉県の北端に位置し利根川を挟んで群馬県と隣り合う行田市（8万4400人）。都内までは電車で約1時間と、一見深刻な人口減少とは無縁に思われる同市も、国勢調査をきっかけに早くから危機意識を持ち対策を始めている。柱となっているのは条例で制度化した子育て世帯への定住促進奨励金。それに加えて雇用創出などの総合的な対策を打ち出し、市全体で定住促進に取り組む。人口増が望まれない状況の下、減少へ一定の歯止めをかけている。

（野口あゆ＝さいたま支局）

●人口増加から現状維持へ方向転換

同市が人口減少について具体的な危機感を持つようになったきっかけは、2010年の国勢調査の結果だった。10年前調査からの人口減少数（△3029人）・人口減少率（△3・41％）がともに、県内40市の中で秩父市に次ぐワースト2位となった。市の幹部会でも話題にあがり、市長を筆頭に問題意識が共有された。当時1期目を務めていた工藤正司市長は、「それまでも問題意識はあったが、数字で出てきたショックは大きかった」と振り返る。

2001年～10年の第4次行田市総合振興計画では、目標年次の10年までに、市の総人口を10万人に増やす計画だった。ところがこの国勢調査を受け初めて、「もう増えない」と認識が変わり、市は方向性を転換せざるを得なくなった。11年～20年の第5次同計画では、「推計すると、人口は年々減少を続け、2020年度には、総人口は8万人を下回ることが予測される」と記載。20年の定住人口目標を8万7000人に、定住人口と交流人口を合わせた「まちづくり人口」として10万人の達成を目指すとし、現状人口維持へと市の姿勢が大きく変更された。

●市内交通網の弱みが人口減少に影響も

2010年の国勢調査結果が出る以前も、市に問題意識がなかったわけではない。実際、市の人口は02年ごろから減少を開始。2000年代前半には、人口減少の具体的表れとして小学校の統廃合問題も浮上した。市北部、群馬県境である利根川沿いの二つの小学校などで児童数減少が深刻な状況となり、04年には通学区域などの見直しを行う審議会が発足。これらの小学校については、今後の入学者数が1桁になるなどの状態で、統廃合の方向性について地域住民による話し合いが現在も続いている。

中心市街地に近い秩父鉄道の駅周辺

同市内を走る鉄道は、市の南側をかすめるように通るＪＲ線と、市中央部を横断する秩父鉄道の二つ。ＪＲ高崎線と湘南新宿ラインで上野や新宿までは約1時間だが、市の端に位置する唯一の駅へは市内各地からのアクセスが不便。ＪＲや東武線の駅に接続できる秩父鉄道は市内に4駅あるものの、1時間あたり2～3本の運行にとどまっている。交通の利便性が良くない市北部で統廃合問題が浮上したことにも表れているように、市内交通網の弱さが人口減少に少なからず影響しているというのが特徴でもある。

市が行った転入転出者へのアンケートでも「バスの充実」など交通網整備を求める声が多くあがった。２０１２年度からは秩父鉄道新駅設置の検討も始まったが、人口減少対策に効果があるかは未知数だ。「交通面の課題以外での工夫が必要」と対策に関わってきた江森裕一広報課長は話す。

●人口減少対策を若手職員が研究

国勢調査の結果を受け、市は「柔軟で斬新な発想を生かそう」（工藤市長）と若手職員による政策研究のテーマに「人口減少対策」を取り上げた。２０１２年初めの3カ月間、1～12年目の職員15人が3班に分かれ、人口減少への対策を検討しそれぞれ施策の発表を行った。

メンバーの一人だった田島孝代さん（34）は、「役所の掲示版で人口が毎日マイナスになっているのを見ていて実感があった。娘の小学校入学にも重なり、子どもの少なさに驚いていた」と当時持っていた問題意識を振り返る。3班は自由な課題設定を行い施策を検討。雇用創出、交通の支援、男女の出会いの場創出――などの研究結果が発表された。その中で「定住してもらうために欠かせないのは住まい」（メンバーの萩原宏幸さん、29）という考えのもと提案されたのが、若者への住宅新築費用助成の仕組み。若手職員の目線で提案されたこの施策の趣旨が採用され、その後二つの条例が制定されることになる。

●人口減少対策の柱となる2条例を制定

２０１３年3月に制定された、定住促進に関する二つの条例が、現在市の人口減少対策の大きな柱となっている。定住促進の理念条例「行田市定住促進基本条例」と、子育て世帯の住宅取得奨励金について具体化した「行田市子育て世帯定住促進奨励金交付条例」である。

市は定住促進の主なターゲットを子育て世帯に絞った。同市の人口減少のうち、結婚・出産など人生の転機を迎える若年層の流出が深刻という状況があったためだ。定住促進の理念条例は当時全国的にも例がなく、奨励金条例は県内初の制定だった。人口減少問題が今日ほど全国的広がりを見せていなかった頃。「人口減少で条例を制定すれば市のイメージダウンになる」という反対意見もあったほどで、条例は市にとって新たな挑戦でもあった。工藤市長は「果たして実効性があるのかという思いは内心ではあった」と当時の心境を明かす。条例制定に踏み切ったのは「このままではいけないという責任感」からだった。

理念条例は、定住促進が「将来にわたって持続的な地域づくりを行う上で必要不可欠」との認識のもと、市、市民、事業者が協力することを定める。具体的施策の奨励金交付条例は3年間の時限立法で、子育て世帯が市内に住宅を新築、購入した際の奨励金交付について規定。中学生以下の子どもを養育している、または妊娠22週以後の人がいる子育て世帯が対象。奨励金の額は住宅取得価格の5％以内とし、限度額を市外からの転入者は40万円、市内事業者の施行で建築した場合は20万円とした。両方に該当する世帯には最大60万円が交付される。

子育て世帯の定住促進に力を入れる行田市

さらに、市の奨励金制度に合わせ「住まいる行田プロジェクト」を開始。奨励金の対象になると、それに追加してエアコン無償設置やお米の贈呈など最大30万円程度のサービスを受けることができる。これは市内民間事業者負担によるサービスで、市の奨励金とともに官民協働で子育て世帯の定住を促す仕組みになっている。

●基本計画で定住促進のための総合的施策展開

人口減少対策に必要なのは「総合力」（市長）だとして、市は二つの条例以外にもさまざまな視点から施策を行っている。２０１３年12月に「行田市定住促進基本計画」を策定し、子育て支援、雇用確保、観光ＰＲなどあらゆる施策を全庁体制で推進する姿勢を示した。「奨励金だけでは一生涯住む場所に決めようとはならない。ある程度土地勘のある人が転入してきているという現状もあり、市の魅力を総合的に上げることが必要」（企画政策課の浅見知正政策推進幹）との考えが背景にある。

特に力を入れているのが市内の働く場の創出。仕事を求めて若年層が市外へ流出する状況を食い止めようと、市は定住促進の2条例と同時期に「行田市企業誘致条例」を制定。市内で一定規模以上の事業所を新増設する企業に各種奨励金が交付される。特に市民の雇用確保を重視した内容で、市民の正社員雇用（50万円／人）や、雇用している正社員の市内転入（10万円／人）の場合に奨励金が交付される。市が「県内最高水準」（市長）と胸を張る条例で、施行1年目の13年度は6社が制度を利用し、市民54人の新規雇用が生まれた。市はほかにも、既存企業の支援体制充実などに取り組み、雇用確保の実効性を高めている。

●定住促進奨励金が人口減少の歯止めに

奨励金条例施行1年目の2013年度、制度を利用して市内に住宅を取得したのは70世帯239人。そのうち36世帯122人が市外からの転入だった。市の負担は約2370万円。2800万円の予算を計上した14年度は10月下旬現在で60世帯218人（うち転入：28世帯96人）の利用があり、前年度を上回るペースとなっている。市が奨励金利用者に行ったアンケートでは、住宅取得を決める際「奨励金が決め手になった」と答えた人は15・7%、「検討材料の一つ」と答えた人は31・4%。他自治体に候補地があった世帯は全体の38・6%だった。

1歳と3歳の子どもを育てる主婦（37）は結婚を機に隣の熊谷市に移住したが、制度を知り2013年に行田市内の実家近くに一戸建てを新築した。「近隣市と迷っている人は、奨励金を知れば行田に家を建てると思う」と話す。NPO法人子育てネット行田の代表理事で、市内外の子育て世帯と交流が多い島田ユミ子さんも、「子育て中の家庭から経済的な悩みを聞くことは多く、数十万円の補助はかなり大きい」と期待する。また、「母親同士の集まりの中で奨励金についての口コミは広がっている」という。

市の人口減少は続いているものの、2012〜13年の減少数が739人だったのに対し、奨励金制度開始後の13〜14年は551人と、減少幅は小さくなった。市は「ブレーキがかなり利いている」（市長）との認識だ。総合的な対策が今後どう成果を上げるかは、長期的な視点で見続ける必要があるが、「一つの施策が直接定住に結びつくわけではなく効果の検証が難しい」（浅見政策推進幹）という課題や、そもそも日本全体で人口が減っている状況もある。それでも市は「行田は行田のペースで、地域の実情に即した対策を」（市長）着実に続けていくとしている。

長野県下條村

V字回復から再び人口減少、山村の新たな決意

長野県・諏訪湖を発する天竜川を伊那谷に沿って南下すると、山間の集落にたどり着く。南信州に位置する下條村。次々と打った少子化対策が功を奏し、一時は人口増に転じた「奇跡の村」として知られる。少子化対策のための財源は大胆な行政改革で生み出し、全国トップレベルの健全財政も誇る。しかし、近年再び人口減少の局面を迎え、2014年12月1日現在の人口は4017人。村は人口4000人を死守するためのプロジェクトに着手し、過疎化に先手を打とうとしている。

（本間賢彦＝長野支局）

●にぎやかな子どもの声

村の総合健康センター「いきいきらんど下條」に隣接した集会所は、毎週木曜日の午前中、子どもたちの声で活気づく。保育園入園前の幼児と保護者が自由に参加できる「つどいの広場」が開かれるためだ。村の行政サービスの一つで、事前登録や利用料は必要ない。

2014年12月4日午前。男女10人の子どもが遊具やおもちゃで遊び、母親や祖母らはそれを見守りながら会話に夢中だった。先生役の保育士杉山美穂さん（43）が絵本を読み始めると、親子らは輪になって着座。その後、子どもたちは大きな模造紙に描かれたクリスマスのもみの木に貼るため、飾り物作りに没頭した。

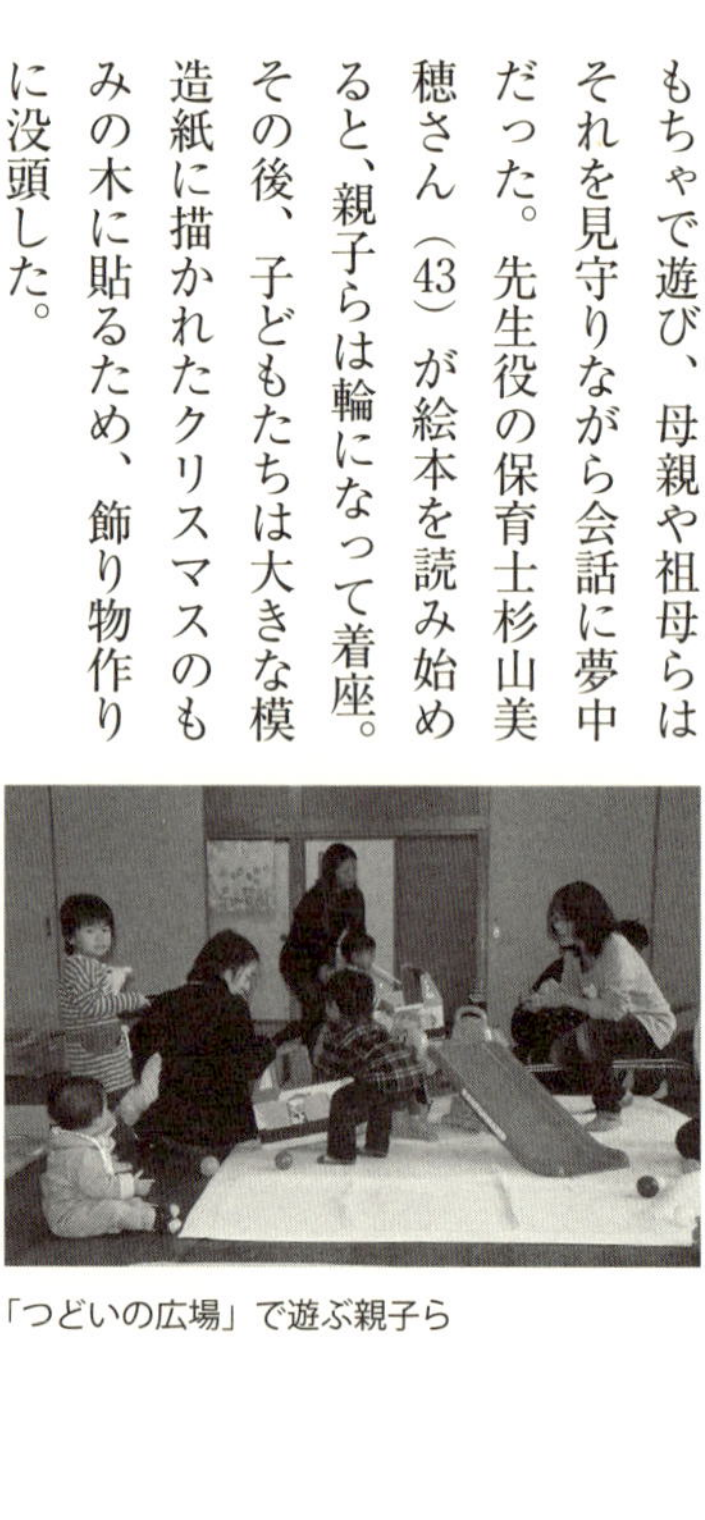

「つどいの広場」で遊ぶ親子ら

公務員細田愛さん（30）は1歳の息子を連れて来た。「子育て中は不安がたくさん。ここでは先生や先輩のお母さんに相談できるし、息抜きになる」と笑顔。1歳の孫の男児に付き添っていた代田由紀子さん（64）は、長男夫婦が共働きで、昼間の子守りを担う。「ここにいれば危ないことはないし、私も楽です」と話した。

杉山さんによると、多いときは親子30人ほどが集まり、さらににぎやかだという。天気がいい日は散歩に行ったり、夏はビニールプールで遊んだりもする。「ここではお母さ

ん同士で話ができるのがいいみたい。子育てに関する相談を受けることもあります」。

埼玉県出身の杉山さんは、静岡県出身の夫の仕事の縁で村内に移住。「夫婦で登山をするので、自然豊かな環境に憧れていた。今は幸せ」。自分も子育て中で、村の施策を「戸建ての庭付き村営住宅の家賃が安い。子どもの医療費が無料で、保育料が安いのも魅力」と評価する。

●田園に溶け込む「メゾン」

村内人口は1990年に約3900人まで減少したが、そこからV字回復した。2005年には4200人を超え、「奇跡の村」と呼ばれるようになった。その背景には、92年に就任した企業経営者出身の伊藤喜平村長（80）による積極的な先行投資がある。

村中心部から国道151号を南下した所にある陽皐《ひさわ》地区。山の斜面を切り開いた田園で3階建ての頑丈なマンション2棟が目を引く。村営の若者定住促進住宅、通称「メゾン」。間取りは全戸南向きの2LDK（面積約65平方メートル）。気温が氷点

若者定住促進住宅「メゾン」

下となる冬も洗濯物を干せるよう、風呂場には浴室乾燥機も。国道沿いにはスーパーやコンビニがあり、小中学校には歩いて通える。

村内の「メゾン」は10棟。車で南北10分で行ける村内にあって、北、中央、南に分散配置されている。家賃は2012年度から2000円値下げし、月額3万3000円～3万4000円。隣接する同県飯田市の相場の半値程度だ。1棟1億円前後の建設費は、国や県の補助金に頼らず村の自主財源で賄った。自治会加入や消防団などの地域活動参加が入居条件で、村長は「団体で生活する最低限のマナーを持った人」の転入を待ちわびる。

全124戸の入居率は90％以上。村振興課によると、入居者の6割は村外からの移住者で、残りは実家を離れた新婚家庭など村内での移動。村には賃貸住宅が少なく、飯田市などへの流出を防ぐのも村営住宅の大きな役割だ。子どもが2、3人に増え、退去する世帯に向けて、村内で住宅を建ててもらうための補助金も用意している。

第1号メゾンが完成した1997年度から、村内の人口は目に見えて増え始めた。「つどいの広場」に来ていた細田さんは同県天龍村出身で、夫は飯田市出身。以前住んでいた県内の他自治体から移住した理由について、「若者定住住宅が広いし安かったこともある」と明かした。

多彩な子育て支援

村はこのほか、2004年度から中学生までの医療費を無料化し、10年度からは無料対象を高校卒業まで拡大。保育料は07年度から下げ続け、今では半額程度となった。小中学校の給食費も半額補助している。

人口の維持には合計特殊出生率が2・07を超えることが条件とされる。村内の同出生率は2003年度から5年間平均で2・04（村試算）で、08年度からの5年間平均も1・86と高水準。国立社会保障・人口問題研究所の試算によると、2040年時点の人口は長野県全体で2割以上減るが、下條村の減少率は8・2%にとどまる。

主婦の関美樹さん（27）は飯田市出身で、夫は天龍村出身。以前は夫の両親と同居していたが、子どもが生まれてから下條村ホームページの情報を参考にして、両親共に移住を決めたという。関さんは「2世帯住宅の建築費用に補助金が出るのが大きい。無料の子ども医療費や出産祝い金、チャイルドシートの購入費補助など、子育て環境がいいので助かっている」と語る。

4000人プロジェクト

人口減少が著しく進まない理由には、南信州地域の拠点、飯田市に隣接する地の利もありそうだ。村民の6割程度が車で30分ほどの同市内に通勤しており、村はベッドタウンの側面もある。また、国道沿いには製造業も立地し、村の就業者を産業別に見ると、第1次産業24%、2次産業30%、3次産業46%と偏りがない。

中央自動車道から分岐する三遠南信自動車道は、村の入り口近くにある「天龍峡インター」まで延伸。同インターから村中心部まで6～7分と利便性が高まり、愛知県の精密機器メーカーが工場を増設するなどの変化が起きている。村はこうした企業に勤務する単身者のため、15世帯が入居できる「雇用対策用集合住宅」も建設した。

しかし村営保育所の生島利子所長によると、園児の数は一時期は160人まで増えたが、2014年度は約110人。「ここ数年でまた減り始めた」と実感している。

村は4000人を割らないよう、2013年度から若手職員を集めた「下條4000プロジェクト会議」で対策を検討させ、提案のうちいくつかを14年度から実現させた。村長は「提案の2～3割は傾聴に値するものがある。若い衆もそれが実現したら一生懸命になる」と手応えを語る。

例えば2014年春、小中学校新入生の入学祝いとして村内の商店で使える商品券を贈呈する制度を創設。村が費用約300万円を支出し、村商工会が発券する仕組みだ。

額面は小学生2万円、中学生5万円で、4月の入学式で各41人に手渡された。配布された商品券は10月までに村内でほぼ消費され、商工会の長谷川雅彦統括経営支援員は「地元にお金が落ちるありがたい制度」と歓迎する。

●村長は「さらに一歩」

「ふるさと創生は地味なものの積み重ねで、ノウハウなどない。少子化対策は総合力。意識を改革しながら、一歩でも二歩でもアクションを起こせるかだ」。

こう語る伊藤村長は、少子化対策に必要な財源を確保するため行財政改革を断行。職員の意識を変えようと、全員を小売店で研修させた。「民間の真剣な態度を実体験させると『こんなに努力して税金を払ってくれている。われわれが違っていた』と分かってくれる」。正規職員は採用抑制で37人まで減らし、一人何役もこなす。

取材に応じる伊藤喜平・下條村長

小規模な道路工事は村民に資材を提供し、施工してもらう制度を導入。「役場職員が少人数で飛んで歩いとる。それを常に見ている村民もぴりっとして、自らやってくれる」。併せて財政などの情報公開も進めた。「行政は隠していれば楽だった。村民の目があると、トップは（改革を）やりやすい」と振り返り、「5年ぐらい真剣にやると手元に余裕資金ができる。みんなが汗をかき知恵を出せば兵糧はためられる」と断言する。

再び始まった人口減少に、村長は「もう一度復活させないといけない。できることは全てやる」と決意し、「誰が見ても『将来性がある、この地域が良くなる』というものを造らないといかん」と考えている。その視線の先にあるのは、2027年開業時に飯田市に新駅ができるリニア中央新幹線。まずは南アルプスなどを掘削して出る残土で天龍峡インター近くの谷を埋め立て、「工場団地、イベント広場、グレードの高い宅地」にしようともくろむ。

アクセス向上も長年の宿願。現在は東京まで車で4時間以上かかるが、リニア開業後は約40分と桁違いに近くなる。「今までは陸の孤島でハンディキャップがあった。ストロー現象が起きるとか引き抜かれるとかではなく、ものすごい時間短縮メリットだ」。村の将来像については、「都会のみなさんが真の憩いを求め、その人々との素朴な交流がある村になればいい」とイメージを膨らませている。

岐阜県郡上市　小水力発電事業で産業振興、若者定住促進を

岐阜県郡上市の福井県境にある石徹白《いとしろ》地区で、豊富な水資源を生かして小水力発電を行い、売電収入で地域に根差した産業を生みだし、若者の定住につなげようという取り組みが進んでいる。小水力発電を生かした地域づくりを地元住民に提案したのは、岐阜県を中心に活動するネットワーク型のNPO法人「地域再生機構」だ。同法人の活動が地域に及ぼした影響を取材した。（竹田　亮＝岐阜支局）

●小水力発電向けに農協設立

石徹白地区では、農業用水路で小水力発電を行う際の出資を募るため、住民が「石徹白農業用水農業協同組合」を設立。地区の約100世帯ほぼ全てが出資し、岐阜県、郡上市からの補助を得て総額2億6000万円の事業を実施し、2016年に発電能力100キロワット時の小水力発電所を稼働予定だ。小水力発電を目的とする農協の設立は極めて珍しいとして全国から注目を浴びている。

発電所が稼働すれば集落の実質的な電力自給率が100%となるほか、年間約2000万円の売電収入が見込めるという。

「地域の自治の再生を通じて、持続可能な社会の実現を目指す」という地域再生機構の設立は2006年。副理事長で、石徹白地区への小水力発電を主導した平野彰秀さんは、県内で持続可能な地域づくりを考える研究会に所属していた07年、理事長の駒宮博男さんに紹介され、同地区に関わるようになった。

平野さんは、2008年から地域のNPO法人「やすらぎの里いとしろ」と協働で農業用水路に3機の水力発電機を順次設置。この過程で、電気代がかさむため「稼働しない方がまし」だった地域の食品加工所の電力の一部を賄えるようになり、加工所再開にこぎ着けた。

●利益を産業振興に

石徹白地区は夏場、昼夜の温度差を利用して栽培する糖度の高いトウモロコシが特産。これまではそのまま出荷してきたが、加工所が再開したことで乾燥製品も生産できる

ようになった。また、冬場には他地域からミカンやサツマイモなどの乾燥製品づくりの請け負いも可能になり、通年、産業として成立するようになった。

「やすらぎの里いとしろ」の理事長で農協の理事も務める久保田政則さんは、「他地域からの請負だけならすでに黒字だが、トウモロコシの加工ももう少しで黒字になるので、地域の特産品作りのため続けていく」と語る。

平野さんも「小水力発電は最終目的ではない。あくまでも地区に利益をもたらす事業を成り立たせる手段」とくぎを刺す。

売電収益を生かして木質チップによる発電を始める構想もある。久保田さんは「昔は山の財産区に出ていた補助金がほぼゼロになり、手入れが行き届かなくなったが、間伐材を木質チップにして発電する仕組みができれば治山にもつながる。『山の利息』で長い時間をかけて（暮らしが）成立するのが山間地の姿だ」と期待を寄せている。

視察団に小水力発電の仕組みを説明する久保田政則さん

久保田さんに案内され、農協の小水力発電所の建設予定地を訪れた。雪をかぶった山に囲まれた原野を、明治維新後に開削されたという農業用水が勢いよく流れていた。「用水路は先人が造り、毎年春と秋には地区総出で掃除している。つながり合ってこそ地域は続く。水力発電は手段だが、皆が同じ方向を向いて活性化のために結束できたことが大きい」。「不安も半分」というが、寒風の中、用水路を前に語るその言葉は力強い。

●30年後も小学校を残そう

石徹白地区は、岐阜・福井両県境にそびえる霊峰・白山への「白山信仰」の拠点として歴史的に栄えた。第二次世界大戦後には復興需要で林業関係者が移り住み、１９５０年代には約１３００人が生活していた。

一方、２０１４年11月現在の人口は２７０人。郡上市中心部との間には標高９５０メートルの峠が立ちはだかり、冬場には少なくとも2～3メートルの雪が積もる厳しい環境。少子高齢化と人口減少が進んできた。

そんな中、福井県側の隣接する集落が「消滅しかかった」状況に危機感を覚えた住民を中心に２００９年、「地区唯一の小学校を30年後も残そう」という目標のために活動するという「石徹白ビジョン」ができあがった。

平野さんをはじめ、石徹白に関心を持って移住した20～

40代の住民がホームページ（HP）を立ち上げ、子育て環境の良さや豊富な自然など地区の魅力や、移住者のインタビューを紹介。30～40代の女性らは、伝統の調理法を生かしたカフェを開いた。平野さんの妻は地区で農業の際に着る伝統的な衣装を復刻し販売。機能性とデザインが地区外で再評価され、若者にも評価が高いという。

移住者を増やす一方、地域に根付いた農業やカフェ、自然に親しむアウトドアツーリズムなどで仕事を創り出し、「子育て世代が移り住み、住み続けられる」（平野さん）環境を整えた。結果として2009年以降、Iターンだけでも7世帯20人が定住することになったという。

平野さんが3年前に購入したという築130年の自宅の木製の太い柱からは、豪雪に耐え、暮らしを支え続けてきた力強さを感じた。小水力発電を起爆剤に若者の定住を進める地域づくりは、石徹白を支える新たな「柱」づくりに他ならない。

続く「地域再生」の伝統

久保田さんはこうした取り組みについて「生まれ育った自分たちには『当たり前のもの』の良さを再認識させてくれる」と話す。石徹白は歴史的に、白山信仰の信者、地区にある白山中居神社の縁で現在の岩手県平泉町から移住した人、戦後に林業のために移り住んだ人など、人の行き来の中で地域をつくってきたという。

大正時代には小水力発電所を設置し、地区の消費電力を全量賄っていた。昭和40年代には地元の出資でスキー場を造った。こうした伝統を評し、平野さんは「石徹白の地域づくりや地域再生は今に始まったことではない。自分たちで暮らしや地域をつくってきた伝統はずっと続いている」と熱を込めて語る。現在の小水力発電を生かした地域おこしも、石徹白の「系譜」に連なって不自然でないというわけだ。

ゆっくりでもなりふり構わず

石徹白地区がある郡上市は、日本創成会議が指摘した「消滅可能性」自治体の一つだ。平野さんは「世の中が便利になると会社勤めの方がお金が入るし、都会の方が便利。時代の流れで無くなっていく集落が出るのは仕方ないかもしれない」と話す一方、「自分たちで『やろう』としているところは残るかもしれないし、やらないと」と力を込める。

実際に県内でも「大変素晴らしい集落なのに首長さんが『将来的に消滅する』と言ってしまうところもある」（平野さん）という。一方、久保田さんが「人口減少を戻すのは難しいが、何もやらなければそのままだ。なりふり構わず、ゆっくりでも進んでいく」と語るように、石徹白は少しずつ、その歩を進めつつある。

●行政と民間団体の連携、カギは

行政側の理解も深まりつつある。岐阜県の古田肇知事は、日本創成会議の報告について「人口減少を織り込んだ県の長期構想で対策を進めている」と冷静に受け止める一方、「行政だけで物事を進めるのではなく、NPOや地域住民が参加することで人びとが地域に愛着を感じる。そうした体制づくりが大事だ」と地域住民を巻き込んだ施策の必要性を説く。2005年の着任後は既存のNPO法人向けファンドを拡充したり、地域再生機構などNPO法人を県政策のオブザーバーとして起用するなど支援を続けてきた。

郡上市の担当者も「石徹白は市内で唯一、地域として移住者を積極的に受け入れている」と評価し、地区の団体に空き屋の改修費用を助成するなど支援している。

平野さんはNPO法人による地域づくりの「コツ」として「行政に頼り過ぎない、行政のせいにしない、行政を敵視しない」の3点を挙げる。

「意見を上げる際にも、地元の物事の決まり方を大事に。自治会で決め、自治会長を通じて振興事務所、市役所へと上げる。相手の立場や大義を理解しながら進める」ことで理解を得、支援を引き出していくことが肝要なのだという。

地域再生機構は個人同士がネットワーク状につながっている組織だ。まきのボイラー導入によりエネルギーの地産地消と山林の管理につなげるなど、岐阜県高山市や恵那市、鳥取県智頭町などで活動に取り組むメンバーがおり、それぞれが行政や地域の市民団体などと連携している。

平野さんは「昔は情報がいったん東京に集まり、マスメディアなどを通じて個人同士がつながっていた。今は直接インターネット上で交流する場面も増えており、『それぞれが勝手にやっている』」と話す。「『低炭素社会の実現』など環境問題を語るだけだと、地元の人にとっては『人ごと』になってしまう。それぞれがやりたいことをやり、地域のためにつながり合うことが大事」という。

価値観が多様化する現代、大都市一極集中に対して、「やりたいことをやる」個人同士のつながりが、地域を救うカギになるのかもしれない。

岐阜県の会合にオブザーバーとして参加、発言する平野彰秀さん

富山県富山市

「コンパクトシティー」先進市が取り組むまちづくり

2014年5月、日本創成会議が発表したレポートは、政府や地方自治体に大きな衝撃を与えた。そうした中、13年6月に閣議決定された「日本再興戦略」は、人口減少時代に対応した施策として公共交通を軸としたコンパクトなまちづくり（コンパクトシティー）に着目。森雅志市長のもと、10年以上にわたって当該施策に取り組んできた富山市がいま全国の注目を浴びている。（榊原俊介＝富山支局）

「コンパクトシティー」はまちづくりの概念で、都市の郊外拡散を防ぎ、中心市街地を活性化する施策として1970年代にアメリカで提唱された。住宅、病院、職場、店舗など生活に必要な施設を中心部に集中させることで、車に頼らず、公共交通や徒歩で暮らせるまちをつくることがその柱だ。上下水道や道路など都市運営に必要なコストの削減や、中心市街地のにぎわいによる税収の拡大、自動車を使えない高齢者が不便なく生活できるまちをつくることなどが狙いで、人口減少時代における持続可能な都市づくりの在り方として90年代にヨーロッパで着目。日本では富山市のほか、札幌市や青森市、北九州市などで実施例がある。

神田昌幸副市長は、「地方自治体の経営で一番大きな課題は今後財政をどうしていくか。高齢化の進展で、拡散的なこれまでのような都市経営はできなくなる」と指摘。「コンパクトシティーは今後持続可能なまちづくりを進めるための前提条件になっていく」と述べる。

●コンパクトシティー先進地として

富山市は2008年7月、低炭素社会への貢献が認められ、国から「環境モデル都市」に選出。11年12月には「環境未来都市」に認定された。12年6月にはコンパクトシティー先進地として、経済協力開発機構（OECD）から世界先進モデル5都市に選定。14年10月には高齢社会への対応策を話し合う国際会議をOECDと共催し、市の取り組みを世界に向けて発信した。コンパクトシティー先進地として、富山市へは国内外から行政視察が相次いでおり、市によると13年は約200件、計1300人余りの視察があったという。都市政策課の高松信太郎課長は、「視察はシティープロモーションにつながり市にとっても有益。今後もどんどん受け入れていきたい」と語る。アメリカ出身のジョセフ・ランゾウ稲田市政策参与（国際関係担当）は、「富山市のコンパクトシティーは国際的にも評価が高いが、日本人はシャイでアピール下手。うまくPRすれば、富山を訪れてみようと考える人はさらに増えるのでは」と話す。

OECDと共催の国際会議終了後に記者会見する森市長（右）

古くから「くすりのまち」として全国に知られる富山市。富山県の県庁所在地として栄え、人口約42万人を数える日本海側有数の中核都市であるが、いま人口減少の波が押し寄せている。市の人口は2010年をピークに減少し、45年には10年比で約23％減少。高齢化の進展から、30年には全人口の約3割が高齢者になるとの予測も出ている。

さらに、近郊の地価が安いことや、住宅の戸建て志向が強い土地柄、自動車保有割合の高さなどを背景に市街地が郊外へと拡散。人口集中地区内の居住人口密度は全国の県庁所在地で最低を記録している。市街地の郊外拡散は、除雪やゴミ収集地域の拡大による行政コストの拡大や、中心市街地の空洞化による地価収入の下落、都市全体の活力低下に直結し、公共交通の衰退と過度な車依存社会をもたらしていった。市によると、1989年から2010年にかけて、JRの利用者数は29％減少し、路線バスに至っては70％のマイナス比を記録した。また自由に使える車を所有していない市民の割合は、06年時点で全市民の約3割だが、今後高齢化の進展に伴い大幅に増えると予測されるという。

政策として公共交通網を再生

2002年1月に就任した森雅志市長は、「将来にわたって市民が一定程度の安心感を抱けるようなまち」の在り方として、欧米などで進められていた次世代型路面電車（LRT）を活用したまちづくりに着目。採算性の悪さからJRに路線廃止を告げられていた富山港線のLRT化を手始めに、市内公共交通網の再生に取りかかった。

高松課長は、「（2015年3月開業の）北陸新幹線の事業認可が契機だった」と当時を回想。「新幹線開業で富山駅の在り方は大きく変わる。（将来的に）高架化される新富山駅の下にLRTを通すことで、これまで富山駅で分断されていた南北間の交通を増やせるのではとの思いがあった。LRTは通常の鉄道と比べて低コストの運用が可能で、かつ二酸化炭素排出量が少なく環境に優しいなど、導入には多くのメリットがあった」と打ち明ける。

2006年4月、JR富山港線跡地の岩瀬浜―富山駅北口区間に、市の第3セクターが運営するLRT「PORTRAM（ポートラム）」が開通。開通にあたっては、列車本数の増便や、始発・終電時間の改善、低床型新車両の導入や、全停留所のバリアフリー化など各種措置を実施。交通弱者である高齢者を中心に市街地などへ出かける人の数が増加し、市によると、開業前と比べ同路線の利用者数は平日で約2・1倍、休日で約3・5倍に増加し、沿線の観光施設の入館者数も3・5倍に増えたという（12年3月末時点）。09年12月には、中心市街地を運行する市内電車の軌道を0・9キロ延伸し、全長3・4キロの環状型LRT「CENTRAM（セントラム）」が開通。利用者数増はもとより、延伸に伴う中心市街地の周遊利便性向上などにより、市街地のにぎわいにつながっていった（11年市調査）。

市内中心街を走るLRT

セントラムの開通にあたっては、軌道整備や車両の購入は市が行うが、運行は企業（富山地方鉄道）が行う「上下分離方式」を採用。企業の収益悪化につながる要素を少しでも取り除こうとする試みだ。森市長は、「地方の多くの鉄道、バス会社は、運賃収入で運行経費は出ている。民間経営を圧迫しているのは減価償却費と固定資産税、金利負担」と指摘。「国は上下分離方式の間口をもっと広げて、電車だけでなく、バスなどでもできるようにしてほしい」と訴える。2018年にはポートラムを北口から南口方向に延長し、セントラムと一体化する計画だ。

●公共交通沿線地区への居住促進

2008年3月、市は策定した都市マスタープランの中で、市内を走る鉄軌道全6路線と、1日当たり60本以上運行されている市内主要バス路線を「公共交通軸」と設定。鉄軌道駅から500メートルと、バス停留所から300メートル以内を「公共交通沿線居住推進地区」と定めた。市では05年時点で28％だったエリア内の居住者割合を、25年までに42％へと高めていく計画だ。

地区内への人口流入を促すために市では、地区内での住宅取得者に1戸当たり50万円を支給するなど、移住者への各種優遇措置を実施。地区内でのマンション建設事業者には1戸100万円を支給している。また、市内中心街にある二つの小学校には、英語ネーティブのフィリピン人を1人ずつ配置。「小学校から英語や外国文化になじめる環境が、特に若い親から大好評」（森市長）だという。2018年春には、医療や介護施設を組み込んだ地域包括ケア施設をオープンする計画だ。さらに満65歳以上の高齢者を対象に、中心市街地で鉄道やバスに乗降車した場合、どこまで乗っても片道100円とする「おでかけ定期券」事業を実施。高齢者に公共交通沿線での居住を促すとともに、郊外に住む市民が中心市街地を訪れやすい環境整備を進めている。13年末時点で、推進地区内の居住人口割合は約32％まで拡大。13年の市調査によると、推進地区の居住者数は08年以降転入超過となっており、また公共交通沿線居住推進地区の居住者数は転出超過だが、減少幅は年々縮小傾向にあり、近年では転入超過になる年もあるという。また14年7月1日時点における県の地価調査結果によると、市平均地価は22年ぶりに上昇。森市長は、「中心部に集中して投資してきた結果だ。民間が動き出して需要が生まれ地価が上がってきた。固定資産税と都市計画税の確保という面では非常に大きな意義がある」と話す。

●中心市街地の活性化

２００７年９月、市が中心市街地活性化の切り札と位置付ける全天候型の多目的広場「グランドプラザ」がオープン。15年８月には国内外の著名な現代ガラス作品を展示するガラス美術館が開館する予定だ。森市長は、「人口流出を食い止めるためには雇用をつくっていくことが大切。そのためには企業経営者はもとより、企業で働く社員やその奥さんが魅力を感じるまちでなければ」と強調。「一人ひとりが暮らしやすいまちをつくるのが一つ。若い世代、特に女性が行ってみたい、住んでみたいと思うようなまちづくりをするのが一つ」だと力を込める。市では、中心市街地に道行く人が自由に弾ける電子ピアノを設置しているほか、街路にカラフルな花を寄せ集めたハンギングバスケットやバナーフラッグ、ガラスアートを配置するなど「おしゃれなまちづくり」政策を強力に推進。街中を走るモダンなＬＲＴの新型カラー車両や、パリを参考に導入した自転車市民共同システム「アヴィレ」は、おしゃれで便利な「コンパクトシティー富山」の象徴だ。

森市長は、コンパクトシティーを「表面的には不公平な政策」だとし、政策推進にあたって、①民業である交通事業者への公費投入の妥当性②公共交通沿線に住む人にのみ補助金を出すことへの妥当性③中心市街地に集中して資金投下することへの妥当性――を検証し、乗り越える必要があったと振り返る。その上で「人口が減り経済規模が縮小する中で、右肩上がりの時代のように、地域のどこをとっても同じ水準のサービスを提供していくことはできない。（限られたお金を）今後は各地域の特性に応じて、選択と集中を図りながら投入していくことが大切」だと話した。

石川県川北町 「人口増加率最高」予測の背景に企業誘致の成功

石川県の加賀平野のほぼ中央に位置する川北町(6297人)は、日本創成会議の推計で、2040年の若年女性人口の増加率(10年比)が15・8%と全国最高になるなど、人口が年々増えている。その大きな要因は、企業誘致による安定した財政基盤を支えに、全国に先駆けて子育て支援策や福祉政策を次々と打ち出してきたことが挙げられる。

(岩尾哲大=金沢支局)

進出の条件

いわゆる「平成の大合併」が全国各地で行われた2000年代中盤、石川県の市町村も劇的に再編成され、8市27町6村から11市8町と様変わりした。その中で、広さ14・76平方キロメートル、当時の人口は5600人ほどの小さな町は、合併の波にのまれず単独町政を続行し、存在感を示している。安定の礎になっているのが、積極的に進めてきた企業誘致だ。ソニー、東芝、日立の中小型液晶事業を統合した「ジャパンディスプレイ」の工場を筆頭に、町外からさまざまな企業が進出してきた。本格的に企業誘致に乗り出したのは、川北村から川北町に変わった1980年以降から。当時の町内の企業数は42社だったが、2012年の経済センサス調査では企業数195社、事業所数は274社と激増した。

川北町は、企業を誘致する上での好条件に恵まれている。近くに日本海が広がるものの面してはおらず、塩害の心配がない距離。石川県自体が地震の回数が少なく、町の地価は高くない。県内最大の河川、手取川が近くに流れており地下水は豊富だ。また、県庁所在地の金沢市まで15キロ、空港がある小松市まで13キロと、アクセスも良い。

もともとは米作りが盛んだった町で、町の至るところに田園風景が広がる。かと思えば、道を挟んで企業や工場の大きな建物がそびえ立ち、コントラストが鮮明だ。

「住んで良かった」町に

町政に移行したときから職員が意識し続けているのは「住んで良かったと思われる町づくりを」との思い。住民に子育てや福祉の面で手厚いサービスを提供したい、そのためには財政の安定が必要で、取り組んだのが企業誘致、というわけだ。1984年に松下電器産業の石川工場の誘致に成功。この工場は変遷を経て、現在はジャパンディスプレイとなった。固定資産税は約3億7100万円に上り、ピーク時には2000人以上の従業員が勤めるなど、財政に与えた影響は計り知れない。それだけではなく、工場のネームバリューが町のイメージアップにもつながり、他の企業の参入を後押しした。

企業誘致の成功で財政は安定し、住み良さにつなげるさまざまな施策を打つことができた。2000年には全国初の不妊症・不育症治療費の給付を開始。不妊治療を受けている夫婦に治療費の7割、上限70万円を助成するという内容だ。小児用肺炎球菌や子宮頸《けい》がんのワクチンの助成も他の自治体に先駆けて導入した。

18歳以下と75歳以上の医療費は、償還払いで全額補助。保育料金は月額で0歳児が2万円、3歳児未満が1万6000円、3歳児以上は1万4000円と一律で、所得に応じて額を決める多くの自治体よりも安く設定している。

川北町の企業誘致の象徴とも言える、ジャパンディスプレイの石川工場

福祉や子育て関係のみではない。一般住宅の水道料は月間10トンまで無料とし、下水道量は月額2000円の定額制を実施。思わず「こんなに」と言ってしまうほど、手厚い補助事業が目白押しだ。

前哲雄町長は「町役場の組織そのものが小さいから、新しい支援ができやすい。即断即決もできる」と話す。町の年間予算は毎年おおむね30億円余り。役場の職員は保育所などを除くと50人ほどで、職員からのアイデアがすぐトップに届きやすい環境だ。小さい町ならではの小回りを存分に利かせている。企業誘致の成功で、「楽とは言えないが、財政的に少しゆとりはできてきた」と町長。その「ゆとり」を、惜しみなく住民に還元している。町政施行からの30年余りで、人口は4割以上増えた。人口が増加すれば、その分住民税なども増える。それをまた住み良さ向上のために充てる好循環だ。

今、町長は「教育に相当力を入れている」という。2003年には519人だった小・中学校の児童・生徒数が14年には827人と、この10年ほどで6割も増えた。各学年1クラスだった小学校も徐々に2クラスのところが多くなったが、教室の増築にもしっかり対応。保育所の改修も抜け目なく行っている。

町幹部は「以前は川北町民でありながら、結婚を機に町外に転出する人もいた」と明かす。生産人口の数を増やせば、その分、子どもも増え、ずっと暮らしてもらえる施策を実行すれば、人口が増えることはあっても、減ることは考えにくい。

「支援策は県内でもトップ。なるべく先取り先取りでやってきた」と町長。町幹部も「県内でも一番子育てがしやすい町とよく耳にする」と胸を張る。確かに施策の充実ぶりは県内でも傑出している。ある住民は石川県内で家を探す際に、不動産店に川北町を勧められたという。

●新たな追い風

2006年度末におよそ10年後を見据えて定めた人口目標は7000人。右肩上がりの状況でもまだ上を見据えており、企業誘致についても手を緩めるつもりはない。その追い風となりそうなのが、15年3月に長野―金沢間が開業する北陸新幹線だ。東京と金沢が最速2時間28分で結ばれ、企業が石川県内に進出するハードルはぐっと下がる。

当然、県内の他の市町も経済活動の活発化を見込んでいるだろうが、どちらかというと観光効果を期待する声が多く聞かれる。町長は「観光ももちろん大事だが、それだけでは生きていけない」ときっぱり。「県内には小松、能登空港があるが、どちらも平日の利用はビジネスマンばかりだ。新幹線は企業誘致の起爆剤になるべき」と強調する。町長は「観光資源は何もない」と自嘲気味に言うが、だからこそ企業誘致に集中できる態勢を取りやすいのかもしれない。

●公共交通には注文も

夫の転勤に伴い、2006年に川北町に引っ越してきた吉田美香子さんは、町の商工会に勤めながら2人の子どもを育てている。「共働きの子育て世帯にはとても優しい町」と話す。

以前暮らしていた市と比べると、やはり保育料の差が大きかったという。スーパーマーケットが周辺に複数あることも、日常生活を送る上で大きなメリット。「転入してくる人たちは、夫婦共働きで、ローンを抱え、子どももいる、という人が多い。みんな仲良くなる」と笑う。

川北町での生活におおむね満足している吉田さんだが、公共交通には注文がある。町内に鉄道の駅はなく、隣の白山市や能美市にある最寄り駅は、町役場からどちらも約6キロの距離。バスは3路線のみで便数も少なく、とても十分とは言えない。「子どもが高校生になったとき、毎日駅まで送り迎えをしないといけないかもしれない」と吉田さん。町内に高校はなく、子どもの高校進学時に不便さを実感する人が多いそうで、町長も「課題は公共交通機関」と認識している。町はバス事業者などに路線や便数の充実を求めているが、これが形になれば住み良さは格段に増すだろう。

●働く場の提供を

地方創生が全国的な重要テーマとなっている中、政府は企業の本社機能の移転などで地方拠点強化を検討し始めている。これから企業誘致に一層力を入れる自治体も増えるだろう。川北町はそこに30年以上前から目を付け、成果を上げてきた。条件が違うので川北町と同じやり方をしても、同じような成功を収めることはできないかもしれないが、人口減少に悩む市町村にとって理想のモデルケースになり得るかもしれない。

町幹部は「昔と違い、今は結婚しない人もいるし、子どもも少ない。人口が減るのはそういう要因も大きい」とした上で、「地方の人口が増えないのは、都会が吸い込んでいるから。要は働く場所がどこにあるか。地方に働く場所さえあれば、今ほど人が減ることはない」と主張する。

全国的に見ても、優良な農地を転用して企業や工場を立地することには高いハードルがあるのも事実。農業振興地域の整備に関する法律や農地法などにより、国や県の許可が必要となる場合が多い。それが足かせになって計画が頓挫したり、方針転換せざるを得なくなったりするケースもあるようだ。町幹部は「国が地方で働く場所を提供する施策を進めないといけない」と力を込める。

ジャパンディスプレイの石川工場（奥）の目前に広がる田園風景

●人口増加へのアプローチ

「鶏が先か、卵が先か」。町幹部は人口が増えた背景を、こう表現した。にわかに熱を帯びてきた人口減少問題だが、ずっと前から危惧されてきたことで、これまでに何も手を打ってこなかった自治体は、おそらくないだろう。

人口が順調に増える川北町だが、さまざまな施策は必ずしも、人口を増やそうとして取り組んできたわけではない。子育て支援や高福祉が人口の流入につながったと評価されることも多いそうだが、町が一貫して目指しているのは「住んで良かったと思われる町づくり」だ。

「人口増加」か「住み良さの向上」か。結果が同じだとしても、考え方はかなり違う。企業誘致に加え、他の自治体が川北町を参考にできる部分があるなら、アプローチの仕方かもしれない。

兵庫県豊岡市　コウノトリが育む経済戦略

兵庫県の中心地・三ノ宮駅から特急を乗り継ぐこと3時間弱。駅からタクシーに乗り込み10分も走れば、のどかな田園風景が広がる。車内から外を眺めると、田んぼの中に一羽の大きな白い鳥が悠然と佇《たたず》んでいる。赤い脚や黒い風切羽。全長1メートル以上はあるだろうか。「あれはコウノトリですか」。思わず上擦った声が出る。「そうや。この辺りではよう見るで」と運転手に驚いた様子はない。かつて一度は日本の空から消えたコウノトリ。その鳥を人里に戻すことに成功したまちの取り組みは、コウノトリを核とした地域の活性化へと広がりを見せている。

（越智小牧＝神戸総局）

絶滅からの復活

２００５年、兵庫県北東部に位置する1市5町が合併して誕生した豊岡市。日本海に面し、市域の8割を森林が占める人口8万２５００人ほどの小さなまちだ。農林水産業や観光業がさかんで、全国でも屈指の鞄の産地でもある。

そのまちのシンボルが、特別天然記念物のコウノトリだ。

コウノトリはかつて、日本のどこにでもいる鳥だった。しばしば鶴と混同されていたといい、昔話「鶴の恩返し」も、花札「松に鶴」も、実はコウノトリを描いたものであったと言われている。しかし、明治時代の乱獲や第二次世界大戦期の里山の荒廃、高度経済成長期に大量に散布された農薬により、その数はどんどん減少していった。

コウノトリを「瑞鳥」として愛でる習慣があった豊岡市では、共生の象徴であるコウノトリを絶滅させまいと早くから保護活動を開始。１９６５年からは人工飼育を始めるも、71年には日本の野生コウノトリは絶滅。ようやく雛を孵《かえ》すことに成功したのは、取り組みから四半世紀が経過した89年のことだった。

「コウノトリを空に帰したい」。飼育員のそんな思いに触れ、91年に県議に当選して以来、一貫して共生を推し進めてきたのが、01年から市長を務める中貝宗治市長だ。「コウノトリ県議」と呼ばれ、時には「環境保全で飯が食えるのか」「鳥より人のことを考えろ」などと批判も受けてきたという。それでも「コウノトリが住める環境は人間にとってもよい環境」と粘り強く訴え続け、飼育個体数が１０羽を超えた02年には市役所内に「コウノトリ共生推進課（現コウノトリ共生課）」を設置。市民の心に働きかけることを絶えず意識しながら、餌場となる水田つくりや電柱の地中化など、野生復帰への取り組みを着々と進めた。そして05年、約３５００人の観衆に見守られながら、５羽のコウノトリを自然に帰すことに成功した。

野生復帰への取り組みの中で、市は環境と経済が共鳴していることに気付く。環境をよくする取り組みによって経済効果が生まれ、経済効果が生まれることで環境をよくする取り組みが活発になる。その相乗効果をさらに広げ、まちを発展させていこうと、市は同年「豊岡市環境経済戦略」を策定。現在はさらに一歩進み、環境経済戦略の考え方を中心に市民全体でエコに取り組み、人・もの・情報が広域的に行き交う世界に誇れる世界都市を目指す「豊岡エコバレーの実現と大交流の推進」を展開している。

●コウノトリがもたらしたもの

では具体的に、どのような成果を上げてきたのか。まず農業では、農薬を極力使わずコウノトリが降り立つ生態系豊かな水田が増え、その田でつくられる「コウノトリ育むお米」が豊岡の名産として全国で販売されるようになった。田の面積は、取り組み開始の２００３年には０・７ヘクタールだったのが、14年度には約２９３ヘクタールにまで拡張。慣行米に比べて減農薬米で約39％、無農薬米では約85％増の価格でＪＡに買い取られており、農家の収入も向上しているという。また、無農薬や減農薬など、環境に配慮した栽培技術を導入して農産物を生産している団体を「コウノトリの舞」農産物等生産団体として認定。13年11月現在、52団体が安全・安心を前面に出して、米やそば、ジャムなど31品目6食品を販売している。

観光面では、市の野生復帰活動への貢献や豊岡のまちづくりを体感する「コウノトリツーリズム」を展開。コウノトリの管理や研究、共生の普及啓発拠点として１９９９年に開かれた「コウノトリの郷公園」には、放鳥翌年のピーク時の06年度で48万８０００人が来園した。13年度でも30万４０００人が訪ねており、団体の観光バスが乗り入れるなど、豊岡市の観光コースのひとつになっている。現在、飼育個体95羽のうち9羽は一般向けに公開されており、観光客は絶えない。餌の時間が近づくと、野生に戻ったコウノトリが

中貝宗治市長

戻ってくることも多く、翼を広げ空から舞い降りるたびに歓声があがる。同市には城崎温泉という全国的にも著名な観光地があるが、公園に訪れた観光客のうち、約2割がコウノトリを目的に豊岡市を訪問し、その経済波及効果を年間約10億円と算出しているデータもある。

経済面でも、カネカの子会社であるカネカソーラーテックが同市の理念に共鳴し、県外から進出。「コウノトリの郷から、世界の市場へ太陽電池を」と同社の製品を売り出している。市は、同社を含む環境に優しい企業を「環境経済事業」と認定。現在45の企業が認定されており、11年度には１３１億円の売り上げを記録した。そのうち工業製品出荷額は１１６億円で、市全体の工業製品出荷額の約１割を占めている。

コウノトリの郷公園に飛来した野生のコウノトリ

また、中貝市長が「コウノトリ効果かは分からない」と首をかしげる、人口が減少しているのに増加しているデータが二つある。実質国内総生産（ＧＤＰ）と出生率だ。実質ＧＤＰは08年から4年連続で増大しており、12年度の３２２４億円は、人口が４５００人多かった06年度の数値を20億円上回る。出生率は県内トップの１・94を誇り、既婚の女性に限ると3にまで上る。市は「原因を突き止め、より充実した体制を取る」と意気込むが、ここにも少なからず、コウノトリと共に住む大らかな住民意識、そして自然共生の中に地域の豊かさを見出し、誇りにつなげてきたことが寄与しているのではないだろうか。昔からの伝統を大切にするまちを巡り、人に触れるにつれ、その思いが強くなった。

●環境で売るならしたたかであれ

ＮＰＯコウノトリ市民研究所の高橋信理事は「コウノトリは行政の鳥だと思っていた」と振り返る。農家にとってコウノトリはかつて稲を踏み荒らす害鳥だとも言われていたことから、共生に否定的な農家も少なくなかった。「市はコウノトリコウノトリ言ってるけど、ほとんど誰もピンとは来ていなかった」というのが市民の実情だったという。

しかし、飼育個体数が順調に増え続け、市職員の徹底した調査でほとんど田に悪影響がないことが分かり、実際にまちでその姿を見かけるようになると、その意識は少しずつ変わってくる。コウノトリが舞い降りるのは、農薬を使わず餌が豊富にある水田。「自分の田んぼにコウノトリがいるのは誇らしい」。そう思う農家が増えてきた。

豊岡市に学ぼうとする他の自治体も多い。千葉県野田市や栃木県小山市など関東4県の29市町村は「コウノトリ・トキの舞う関東自治体フォーラム」を結成。そうした自治体や、コウノトリはいなくとも自然共生型の地域社会の活性化を目指す多数の自治体が全国各地、果ては海外からも豊岡市を訪れる。中貝市長も世界各地で精力的に講演を実施しており、「どこに行っても感動されるし、経済の活性化につなげたことに驚かれる」と反響は上々だ。

そんな自治体に対し、中貝市長は「経済を敵に回してはいけない。したたかであれ」と提言を送る。「お金儲けにしか興味がなくても、環境で儲けられると分かると仲間になる。そうすると取り組みが持続する」と話す。人工飼育の取り組みを開始してから、すでに約50年が経過。環境で食べていくには、時間も労力もコストもかかる。「それは覚悟しなくてはならない。それでも、やる価値はある」と中貝氏は胸を張る。

「ひょうご豊岡モデル」の成功と広がり

豊岡市の挑戦はなぜうまくいったのか。有識者でつくる第三者委員会（涌井史郎委員長）がまとめた報告書では、「科学を基盤として取り組みを推進し、行政による一方的な施策展開ではなく、『共感』をキーワードに科学、行政、地域社会が相互に連携するシステムを設計した」と指摘。同市の成功を「ひょうご豊岡モデル」と名付け、「人口減少社会が到来したわが国にあって、地方が目指すべき一つのかたち」としている。

環境問題の難しさの一つは、具体的なイメージが沸きづらいところにある。豊岡市の場合、「コウノトリ」という確固たるシンボルがあったからこそ、共感の連鎖が発生し、市民の心を動かすことができた。市職員は「我々ではなく、コウノトリ自身が道を開いてきた」と語る。実際、コウノトリが突然飛来してきたため、耕作放棄された水田を村ぐるみで湿地として機能させる試みを続けている地区もある。

野生のコウノトリは80羽を超え、2014年には初めて海外で飛来が確認されるなど、取り組みはますます広がりを見せる。今後その中で、人間社会との軋轢や独自性の低下など、今までになかった問題が生じるかもしれない。それでも市は、「トップランナーとして切り開いていく」と誓う。

「このまちはなんにもないまちだったから。コウノトリのおかげで、ちっとはよくなった気はするね。飛んでる姿を見ても、いいでしょ」。住民は口を揃える。「幸せを運ぶ鳥」として知られるコウノトリ。豊岡市の夢と希望を乗せ、今日も大空にはばたく。

奈良県東吉野村

「田舎らしさ」でクリエーターを呼び込め

奈良県東吉野村は、紀伊山地の美しい森林が広がり、アユ釣りの名所として知られる高見川が流れる自然豊かな山村だ。しかし、1960年代には9000人を超えていた人口が、都市への人口流出で約2100人にまで減少するなど、厳しい過疎化に苦しんでいる。村では若者人口を増やすべく、デザイナーなど、豊かな自然環境に価値を感じ、場所に拘束されにくく、村でも仕事を続けられやすいクリエーターを村に呼び込む「クリエーティブビレッジ構想」に取り組んでいる。2015年には新たにシェアオフィスを開設し、移住を希望するクリエーターたちの村への玄関口の機能を担っていく。

（佐々木栄二郎＝奈良支局）

●構想前に移住したクリエーター3組

構想自体は、県の支援を受けて村が主体となって進めているが、きっかけとなったのは、デザイナーとその家族計6人が2013年までに既に村に移住していたことだ。8年前に、中学時代に山村留学を経験していたデザイナーの坂本大祐さん（39）が移住。坂本さんの自宅によく遊びに来ていた友人とその家族が13年に相次いで移住してきたのだ。移住を知った水本実村長は、彼らを村役場に招き、インターネットで仕事をする若者を山村に呼び込み活性化に成功している町村の事例を紹介した上で、「どうしたら、そういう人を集められるか分からない」と話した。すると、「（移住を希望する）自分たちの仲間は都会にいっぱいいる。なんぼでも集めてくることはできる」という答えが返ってきたという。

実際に移住してきた坂本さんによると、村に移り住む最大の魅力の一つが「ロケーション」だ。坂本さんの自宅は、アパレルデザイナーだった父親がデザインした川沿いの家屋だ。高い天井の木造建築で、川に面したベランダがあり、家の中からも川べりの景色が楽しめる。坂本さんの友人の菅野大門さん（31）一家が住むのも、空き屋を改修した川沿いの家で、どちらにも「都会から見えた田舎像を体現している」（坂本さん）景色がある。

坂本さん宅には、大阪都市圏の友人が頻繁に訪れている。

取材の日も、大阪からの友人や村内で創作活動を行っている皮革職人の定浩司さん（32）が訪れ、オーディオ鑑賞を楽しんでいた。既に移住しているクリエーターたちの移住のきっかけも、坂本さん宅への訪問で。いわば、この家が都会の人が東吉野村の魅力に触れるきっかけの場となっている。村が進めるシェアオフィス構想は「『こういう機能がもっと公共的にあったらいい』というのが着想のきっかけだった」と坂本さんは振り返る。「都会に住んでいる人に『とりあえず来てもいいよ』と思ってもらえる玄関口」を作るのが目的だ。

村役場からすぐ近くの2階建ての古民家を改修し、1階には交流のためのカフェ、パソコンを持ち込んで仕事ができる机や複合機のある仕事部屋、2階には布団を敷き、休むことができる座敷部屋を設ける予定だ。改修費は1600万円、半分を国からの補助金、半分を村費で賄う。この他に備品費用が200万円、県と村で半額ずつ負担する。

自宅で友人とくつろぐ坂本さん（左）

●都会が感じる田舎の魅力

水本村長は「都会志向の若者には田舎の人の方が多い」と指摘する一方で、「都会から若い人が来てくれたら、村の若い人たちが『これだけ都会の人がいいと思って来てくれる』と思い、『村を出たい』という気持ちが変わってくるかもしれない」と話し、移住者を増やすことの意義を強調する。

坂本さんは、自身の仕事仲間の多くが東日本大震災以降、東京在住者を中心に地方に移住していったと話す。「クリエーター系の仕事は場所を選ばないものが多い」ため、移住をしやすい環境にあった。その中で、「（東京で被災した人は）目の前にお金があっても買えるものがないということを経験し、都市のシステムの脆弱さが怖くなった」ことが大きな動機付けとなったという。

一方で、坂本さんは「田舎の魅力」に対する年齢による感じ方の違いも指摘する。「二十代というのは、まだまだ都会で楽しめるし、都会の楽しみもある」が、「都会で刺激を受ける年齢の人はいいが、それを終わってしまうとあまり刺激もいらなくなる」と分析する。実際、移住してくるクリエーターたちの年齢層も多くが三十代前半だ。

フリーランスでおもちゃや雑貨のデザインを手がける菅野さんは、坂本さんの誘いで移住してきた1人。妻の真理奈さん（30）、1歳半の長男間太君の家族3人で暮らす自宅に仕事場がある。村の魅力の一つに、人工物にあふれた都会とは異なる風景を挙げる。神戸でのイベントに参加した際、河原で拾った流木を出展。オブジェやフォトフレームに使うための需要があり、売れたことがあった。「田舎では都会の情報に価値があるが、都会では野菜や流木といった都会では触れられない、手に入らないものに価値がある。そういうところに可能性を感じる」と村で創作活動を行う面白さを指摘する。

菅野大門さん（左）に抱かれる息子の間太君と妻の真理奈さん（右）

●山村でも可能な仕事

　村から大阪都心部までは車で約1時間半かかるが、都市部から離れることによる仕事上の不便さを指摘する声は少ない。インターネットや物流網の発達が背景にある。菅野さんは「インターネットで個人が物品を販売できるし、（運送業者も）低価格で東京まで届けてくれる。６００円か７００円で、次の日の朝には東京まで荷物が届く。20年前とは全然違う」と環境の大きな変化を指摘する。

　逆に都会にはないデザイナーが仕事をしやすい環境を整備することも可能だ。菅野さんは、デザインだけではなく、実際に雑貨を作製する仕事もしており、「木材を加工し、椅子を作る際にやすりをかけ、ほこりを出してもいいような場所」を整えることが今後の課題となっている。現在は菅野さんの周りにはまだないが、「都会だとなおさら、音も出せないし、粉（ほこり）も出せない。夜になったら静かにしなければいけないので、そういう場所があることで、僕みたいな悩みを持っている人がこっち（村）に来やすくなる」と話す。

　さらに、皮革職人の定さんは、逆に都会からの距離を「武器」にしようとしている。定さんも坂本さんの友人で、堺市を拠点に革製品の財布やジャケットなどを作製していたが、２０１４年に仕事場を東吉野村に移した。「1人の革の職人が、（東吉野村の）この環境で、こもっているというのは、はたから見たらすてきだと思う。そういう意味でこの環境は強力なツール」と強調する。

●クリエーティブビレッジの将来像

「クリエーティブビレッジ」の将来像について坂本さんは、「（村の人口が）２０００人超なので、1割くらい（クリエーターで）増やすことができたら面白い。最終的には１００人か２００人くらいになれば」と話す。移住者が利用できる空き屋の情報をより多く持つことで、「借りたいと思っている人を紹介するポジション」を目指す。さらに、役場にある「総務企画課」の企画部門の分室のような場所をシェアオフィスに設けることも検討されているという。クリエーターが集まることで、将来的には新たな仕事場や産業創出も期待される。定さんは「右腕になってくれる存在」として新たに若者を職人として雇うことを考えている。「できれば東吉野の地元の人に来てもらいたい。そうすればもし僕が東吉野を出ることになっても、その子が技術を持っていれば、ここで革の仕事ができるかもしれない」からだ。

さらに「ここに人を呼び込みたい」と話す定さんは、観光客を呼び込むべく、「奈良に関わる素材でちょっと手の出しやすいアイテム」を考案中だ。その一つが、「奈良の鹿」の皮を使った革製品の開発だ。さらに、皮を腐らせないために行う「なめし作業」に使うタンニンは、奈良県産品「柿」の柿渋《かきしぶ》から取ったものを使い、「強いイメージ付け」を狙う。「今まではあえて東吉野で店を構えると言う人はいなかったと思うが、この実例で成功すれば、『東吉野で店を持ちたい』と言う人が増えるかもしれない」と定さんは語る。

「田舎の不便さ」を移住促進の「ネガポイント」に指摘する声は少ないが、「夫婦単位の動きにする際に、女性にどう入ってきてもらうかは課題」と坂本さんは指摘する。空き屋バンクへの登録自体がなかなか進んでおらず、空き屋を利用した場合でも、トイレやキッチンなど建物の古さから来る生活の難しさが敬遠される恐れもある。改修費用は総費用の半分、１００万円を限度に補助が出されるが、「むしろ、新しく建てた方が早い気がする」と坂本さんは指摘する。「村内にある木材も活用しながら、きちんとした家を移住者向けに建てて『こんな家がこんな値段で借りられるよ』と見せることで、『こんな家に住めるなら来ようかな』と女性に思ってもらいやすくなる」という考えだ。

シェアハウスとして改修される古民家がある役場の近くを流れる川沿いには、かつては多くの商店が軒を連ねた。この地区のにぎわいの復活は水本村長の悲願だ。「すぐには結果は出ない。長い目で見てもらわないといけないが、クリエーティブビレッジ構想をとにかく成功させ、50％に近い高齢化率をなんとか減らしていくことができたらうれしい」と村長は力を込める。

村内の仕事場で革製品を制作中の定さん

和歌山県那智勝浦町

「田舎暮らし」体験プログラムで移住促進

大阪から電車とバスを乗り継いで4時間半。世界遺産の熊野那智大社や那智の滝で知られる熊野の山々の中に、都市の喧噪《けんそう》から離れてひっそりとたたずむ那智勝浦町色川地区は、人口約400人のうちIターン者が約180人と半数近くに上る移住者受け入れの先進地域だ。雇用はほとんどなく、家や農地の確保も難しい、決して楽とはいえない環境にありながら、全国から田舎の暮らしに憧れる人々を引きつけている。

(武司智美＝和歌山支局)

●ストレスない生活に大満足

木造で台所にはかまどを備えた、懐かしい趣を残した古民家。2013年6月に大阪市からこの家に越してきた寿海真也さん(37)と千鶴さん(45)夫婦は、自家消費用の米や野菜を作りながら、14年3月末から自宅を活用して農家の暮らしを体験できる宿泊施設を経営している。過去に農業の経験はほとんどなかったが、いまは有機栽培にまい進する日々。米や野菜は滞在者の食事に出すほか、お土産として販売することもある。「『米一粒を大切に』と言うが、自分で一から田植えや収穫、精米までをやってみるまで、言葉の本当の意味を理解していなかったと分かった」と語る真也さん。農業の苦労と喜びをかみしめている。

真也さんは、もともと大阪の自動車整備工場で働いていた会社員。「飲みに行っても話題は仕事の愚痴が中心だった」と当時を振り返る。現在は「ストレスのない生活に大満足」と夫婦で満面の笑顔だ。

かねてから田舎暮らしを希望していた夫妻は、千鶴さんの知り合いに誘われて色川を訪問。「行くならとことん田舎」と決めていた2人は一目で気に入り、運良く住まいも見つかったことから、すぐに移住を決めた。

色川の暮らしの魅力は、「何でも自分でやらなければならないこと」。例えば水道は川の水を引いており、大雨が降ると濁ったり、パイプが破損して断水したりしてしまうため、200メートルほど山の斜面を上って取水口を補修しに行かないといけない。「一つ一つのことに時間がかかるのがいい」と気に入っている。

●初めての移住は40年前

色川で移住者の受け入れが始まったのは約40年前にさかのぼる。地区はかつて3000人の人口があったが、1960年代から農林業の衰退や鉱山の閉鎖などにより住民が減少し、70年代半ばには唯一の保育所が閉鎖に追い込まれそうになった。こうした矢先、東京や横浜から、有機農業による自給自足の生活を目指す「耕人舎」というグループが移住先を求めて色川を訪れた。

当時、那智勝浦町職員だった田古良元昭さん（78）ら5人ほどが住民有志で受け入れに向け交渉に当たった。約2年間をかけて話し合いを重ねた上で、77年に地区としては初めて、全くの「よそ者」である5家族の移住が実現。「いつ帰ってしまうか分からない」と心配だった田古良さんらが時間をかけて信頼関係を築いていった結果だった。

寿海真也さん・千鶴さん夫妻

耕人舎は、色川で有機農業を学ぶ研修生の受け入れを始め、全国から就農希望者が訪れて、中には定住に至る人も出てきた。こうした耕人舎の個人的な取り組みにより、90年ごろまでに15世帯ほどが移住した。だが当初、多くの住民は耕人舎や新規定住者に対し警戒感を持っており、対立が起きることもあったという。

しかし、色川の人口が600人を下回り、過疎化への危機感がさらに強まると、自治会は移住の受け入れを地域全体でより強力に推進する必要があると判断。91年に「色川地域振興推進委員会」を設立した。推進委員会は、もともとの住民と新規定住者の両方が入った組織で、色川地域の各区から推薦された27人で構成。「新規定住促進班」や「体験受け入れ班」といったグループに分かれ、今日まで50世帯を超える移住者の受け入れに当たってきた。

推進委員会が発足すると、那智勝浦町の支援も少しずつ始まった。町は廃校となった旧小学校の校舎を改修し、定住希望者が一時的に滞在できる「籠ふるさと塾」を整備。管理は町が、運営は推進委員会が担っている。また、移住者向けの町営住宅を用意するなど、施設面で移住者の受け入れを後押ししている。和歌山県も2008年度に「田舎暮らし応援県わかやま推進会議」を設立し、移住希望者らへの情報発信などに取り組んでいる。

推進委員会による移住者の受け入れは原則、以下の手順で進む。まず、移住を希望する人は委員会事務局に連絡を取り、現地訪問の日程を決定。田舎暮らしを既に決意している人向けで、4泊5日滞在する間に推進委員会の指示を受けて15軒の家を訪ねる「定住訪問」か、田舎暮らしを理解するために2泊3日の日程で住民らと農作業の体験をする「色川体験」の二つのプログラムのどちらかを選択し、参加する。色川体験を経て移住を引き続き希望する場合は、さらに定住訪問も行う。

定住訪問の間に移住を決断すると、最終日に推進委員会の代表者と面談を行い、移住に向けた意志を確認。雇用はほとんどなく、良好な住宅や農地の確保が難しいことのほか、交通や買い物の不便さなどを説明した上で、こうしたハードルを乗り越える覚悟が十分にあるかを見極める。

移住が決まると、いったん籠ふるさと塾に入居する。滞在できるのはおおむね1年間で、この間に家と農地を探す。家が見つかり次第引っ越しをして、晴れて移住実現となる。

●文化の継承と経済面が課題

推進委員会の設立以降、地域全体で移住の受け入れに取り組む体制を整え、北海道から沖縄まで全国から移住者を呼び込んできた色川。もともとの住民の高齢化が進む中で移住者の割合は年々増え、現在は半数近くを占めるまでになった。1970年代半ば、初めての移住者となった耕人舎の受け入れに当たった田古良さんは、こうした状況を歓迎する一方で、移住者に対して「骨を埋める気持ちで来てほしい」と希望している。

色川は九つの集落から成り立っており、平家の落人が隠れ住んだという伝説が残るなど、それぞれに長い歴史を背景とした固有の文化を持つ。各集落の神社や寺には季節ごとの行事があり、住民が共同で掃除を行うといった習慣もある。しかし、田古良さんは「かつては地域と宗教文化は当然一体だったが、外部から来た人については個人の信仰の自由があって同じようにはいかない」と話す。こうした変化の中で、地域の文化の継承が課題となっている。

2011年6月末に色川へ移住し、14年9月から集落支援員を務めている大西俊介さん（34）も、地域の文化を残していく難しさを実感する。「もともと地域の祭りには田植えや稲刈りなどを祝う意味があり、暮らしの延長線上にあった。しかし、Iターン者は比較的個人主義で、『寺は檀家《だんか》のものだから』と言って行事に参加しない人もいる」と危機感を抱いている。消防団や青年会といった組織についても参加の意欲にばらつきがあり、「難しいことは考えずに、流れに身を任せてもっと参加してほしい」と願う。

経済的な課題も移住者を受け入れる際のハードルだ。移住に当たっては、原則的には家を新築するか中古住宅を購入し、農地を購入する場合は1反（約1000平方メートル）以上を確保しなければならない条件がある。雇用もほとんどなく、起業するにしても事業が軌道に乗るには一定の時間が必要で、それまでの生活費は貯蓄を切り崩して捻出することになる。

もともとは農林業や鉱業で発展した色川だが、林業は衰退し、鉱山は閉鎖。農地も山の斜面を切り開いてできた狭いもので、大規模な機械などを投入して大量生産することは難しい。移住が始まった当初から有機農業が盛んだが、近隣の地域も人口減少が進んでいることなどから販売市場が既に飽和状態に近くなっている。インターネット通販などで販売するにしても相当の付加価値が必要だ。さらに、サルやシカが作物を荒らす被害が深刻で、農業を取り巻く環境は決して楽ではない。基本的に自給自足の生活を営んでいる世帯も多く、年収200万円以下というのは珍しくないという。今後、新規定住者が安定した生活を築けるようにするには、財政的な支援策の検討も必要になりそうだ。

●住民の誇りが原動力

全国各地で都市から農村への移住が推進されるようになるずっと以前から移住の受け入れに取り組み、地域の活性化に一定の効果を出してきた色川。しかし、全国的に有名な特産品があるといってあるわけでもなく、生活環境はむしろ厳しい。推進委員会代表の原和男さん（59）は「全国のどの地域でも色川のようになれる」と指摘。「その土地に誇りを持つ住民が一人でもいれば動く。その人を核に組織はできていく」と強調する。

色川の場合、当初、耕人舎の受け入れに当たった住民有志の地域に対する思いがその後の地区全体の取り組みにつながった。原さんは「土地の文化や営みの重みをしっかり捉えることが大事。土地に魅力を感じ、『ここが居場所だ』と思う人がずっと続いていかないと地域は消える」と話し、住民が地域文化を尊重し、愛することの重要性を訴える。

「全国的に田舎暮らしの機運が盛り上がったら、雇用のあるなしにかかわらず人は動く」と信じる原さん。自身も兵庫県明石市から農家の暮らしを求めて30年以上前に移住してきた一人だ。「都市の生活に疑問がある若い人たちが田舎へ来て、地に足の着いた本来の暮らしの豊かさを発見し、それを発信できたら、経済一辺倒で東京に一極集中してきた流れを変えられる」と力強く語った。

原和男さん

島根県邑南町「攻めと守りの定住プロジェクト」で社会増を

県庁所在地の松江市から南西に約１１０キロ。島根県邑《おお》南《なん》町は、山間にある人口約1万１５００人の町だ。「日本創成会議」のレポートでは、若い女性が２０４０年に半減し、消滅する可能性があると指摘された自治体に含まれる。しかし、町は11年度より「攻めと守りの定住プロジェクト」を開始。子育て世帯に対する支援を充実させたり、「食」をテーマにした町おこしを行ったりした―前者を「守り」、後者を「攻め」とする―結果、人口動態のうち、移住・移転による社会動態が、13年度に20人のプラスに転じた。このような成果をもたらすに至った、「攻めと守り」の内容について取材した。

（中川華凜＝松江支局）

●「日本一の子育て村」を目指して

邑南町は、「日本創成会議」が発表したレポートでは、２０４０年に20～39歳の若い女性が10年よりも58・4％減少すると見込まれている。しかし、石橋良治町長は「そんなことにはならない」と強気だ。シングルマザーや若年夫婦が定住を決めるなど、町では若年女性人口は増加傾向という。その背景には、町が「日本一の子育て村」を目標に掲げて前進してきたことがある。

石橋町長は「産婦人科医が無人になったことがあり、これでは子どもは増えないだろうと思った」と振り返る。同町の公立邑智病院では、03年7月から08年4月まで分娩の取り扱いを止めていた。石橋町長が「女性が子どもを産み育てられる環境を整えなければならない」と危機感を強めたことが、子育て支援に力を入れ始めた動機だ。10年の国勢調査では、町内の0～18歳の人口は１６６０人。目標は11年から21年までの10年間で、１８００人に増やすこととした。家族が安心して子育てできるようにするため、経済的負担の軽減策を打ち出した。

特徴的なのは、11年度から開始した「乳幼児・子ども医療費助成制度」だ。この制度では全国に先駆けて、中学校卒業までを医療費無料の対象にした。乳幼児医療費は島根県の制度に邑南町が上乗せ助成し、小・中学生を対象にした医療費は町単独で助成している。また、生後2カ月から

4歳までの幼児が受ける任意予防接種費用も全額負担。一般不妊治療費について1年間につき最高15万円を3年間補助する制度や、妊婦一般健康診断16回分を無料とする制度もある。

一方、町の20～39歳の若年女性の就業率は10年時点で81・9％（島根県74・9％）で、共働き世帯は全世帯のうち7割を占める。子育てと仕事を両立している女性が多いことを背景に、保育園などへの子どもの預けやすさ・預ける場所についても町は整備を進めている。11年度から保育料について、世帯の所得にかかわらず同一世帯に2人以上の子がいる場合、第2子以降の保育料は全額免除にした。また、昼間に保護者が仕事などで家庭にいない小学1～3年生を対象とした「放課後児童クラブ」を各地区の公民館などに設置。利用料は1カ月4000円で、児童は放課後から午後6時まで利用できる。

●定住希望者への支援

町定住促進課によると、2010年度から13年度まで計526件の定住相談を受け、そのうち150人96世帯が町に移住した。移住者数は年々増加しており、10年度と13年度を比較すると、2倍以上となっている。移住者を支えるのは、同課に所属する「定住支援コーディネーター」だ。務めるのは、自身も広島市からIターンし、10年9月にコーディネーターとして役場に採用されたという横洲竜さん。定住希望者から、町での住まいや職に関して、自身の経験も踏まえながら相談に乗っている。相手が定住した後も、「耳鼻科のある病院はどこか」など、困りごとを聞き取って、情報を提供するといったフォローも行う。14年度からは、移住者に気軽に連絡を取ってもらえるよう、役場の固定電話以外に携帯電話も連絡先として伝えているという。

●食で町おこし「A級グルメ」構想

石橋町長は、「日本一の子育て村」を目指す施策を、定住プロジェクトの中では「守り」と位置づけるのに対し、町の資源を使い、人を呼び込むための施策を「攻め」と位置づける。町でいう「攻め」の施策とは、食で町おこしを図る「A級グルメ立町」構想だ。「A級」という言葉には、「高級・一流」というイメージに加え、「町でしか味わえない食や体験」という意味が込められている。構想を具体化する上で、町観光協会常務理事の寺本英仁さんは「日本では田舎から都会に食材を送ってしまうが、ヨーロッパでは良い食材がある田舎に良いレストランがある」ことに着目。「町の食材を使った一流レストランを町に開いたらどうか」と発案し、観光協会は2011年にイタリアンレストラン

「素材香房《こうぼう》ajikura（アジクラ）」を開いた。無農薬の野菜や石見牛など地域の食材を活用しており、中国地方唯一のイタリア品質認証（ＡＱＩ）を取得。「邑南町にはＡ級グルメがある」というイメージを外に向けて発信する場所として機能している。

一方、町は同年、食で町おこしを進めるには農林商工の連携が必要だとして、「農林商工等連携ビジョン」を策定した。連携の重点項目は、▽「食」から「職」を生み出すパイオニアづくり▽「食」産業の担い手づくり▽「食」による観光誘客の促進――の３点。数値目標は、15年度末までに、▽食と農に関する５人の起業家輩出▽食と農に関する定住人口２００人の確保▽観光入り込み客数１００万人――を達成することとした。13年度末には、▽起業家24人▽定住人口１２８人▽観光入り込み客数92万人――を達成したといい、実績を上げている。

「Ａ級グルメ」とされる石見和牛肉（邑南町観光協会提供）

地域おこし協力隊が力を発揮

２０１１年以降、町は地域おこし協力隊を21人受け入れており、そのうち、14年10月現在、研修中の隊員は14人だ。町で活動する隊員に特徴的なのは、単に住民の仕事を手伝うのではなく、今後町で生かしたいスキルを研修の中で身に付けることができる点だ。開始前には一人一人「活動計画」を策定し、協力隊で成し遂げたい目標とそのためにすべきことを明確化している。

町は14年度から、農業の技術習得に特化したプログラムを組む「おーなんアグサポ隊」を創設した。アグサポ隊は地域おこし協力隊の最大の研修期間とされる３年間を活用し、１年目は専用の農場やパイプハウスなどでの栽培実習、２年目は同実習に加え集落営農組織などでの研修、３年目は就農準備に充てる期間としている。入隊した４人の中には農業初心者もいるため、トラクターの使い方から研修を開始。ＪＡの指導員の協力も得ながら、トマトやネギなどの野菜や花きの栽培をしている。町農林振興課職員で、アグサポ隊を受け入れている一般社団法人「アグリサポートおーなん」の事務局長を務める桃木信博さんは、「隊員に技術を教えて、自分で工夫できるようになると、やりがいが生まれるのではないか」と話し、隊員にスキルを身に付けてもらうやり方に期待する。隊員は、「農家でグループを作り、大きな農地を動かしたい」「自分が栽培した農産物で菓子を作りたい」など、それぞれ将来の目標を持った上で、自主的に日々の仕事に取り組んでいる。15年度は３

人の隊員を新たに受け入れる予定だ。

一方、レストラン「アジクラ」で活動する隊員は「耕すシェフ」と呼ばれ、その名の通り、レストランでの料理研修に加え、併設の農園での農業研修も行っている。ほかにも、野菜などの栽培から販路開拓までを学ぶ女性が「アグリ女子隊」、産直市などの運営に携わる男性が「耕すあきんど」と呼ばれるなど、隊員には町ならではのユニークな呼び方がある。

「『子育て村』があるだけだと人は来ない。この町に住みたいと思わせるためには、町の魅力が必要だ」と、寺本さんは指摘する。「地域おこし協力隊という外の人間が来ると、町の魅力を発見してくれて、町の人間もそれに気付くことができる」として、今後も積極的に受け入れていく考えだ。また、今までに受け入れた地域おこし協力隊員のうち、４人が研修終了後に町に定住した。今後、町は「おーなんアグサポ隊」や「耕すシェフ」などとしてスキルを身に付けた隊員が定住することで、町の農業や食産業がさらに活性化することを見込んでいる。

ネギの土ならしをする「おーなんアグサポ隊」

●立町を担う人材の育成

地元の資源を活用した町おこしの好例に見える、邑南町の「Ａ級グルメ立町」構想。だが、町は現状に満足せず、人材の育成に努めている。２０１４年７月、町は調理製菓専門学校などを運営する学校法人華学園（東京都）と人材育成を目的にした包括連携協定を締結した。学生を町に呼び、レストラン「アジクラ」などを実習に活用してもらう予定で、町内での就職を希望する学生が出ることを期待している。一方、同月には町立の「食の学校」が設立された。プロのシェフを講師にした、通年で開催する子ども向け料理講座やプロ養成講座のほか、地元の人を講師にした郷土料理のイベントなどを開いている。

Ｕ・Ｉターン者が、「攻めと守りの定住プロジェクト」開始後うなぎ上りに増え、地域おこし協力隊の活動も活発化している邑南町。しかし、石橋町長は「田園に回帰したがっている若者はまだいる」と考える。今後の課題として挙げるのは「より上手く町を売り込んでいけるかどうか」という点。子育てのしやすさに加え、「Ａ級グルメ」ブランドの地で農業と他産業を掛け合わせて働く「半農半Ｘ」の就業スタイルを提案するなどして、ＰＲの方策を練っていく考えだ。

香川県高松市

「コンパクト」につながる街と人を目指す

香川県の県庁所在地「高松市」。人口40万人を超える中核市としての役割を担ってきたが、バブル経済による地価高騰で市中心部からの人口流出が加速した結果、周縁部の開発が進み都市の「拡散化」が進んだ。こうした事態を受け市は、中心市街地などの拠点を公共交通機関で結ぶ「多核連携型コンパクト・エコシティ構想」を打ち出した。

街を複数の核に集約し、それらを公共交通網で結ぶという構想は、中心市街地活性化や交通施策の整備など一部で具体的な成果が見え始めている。（笠原孝治＝高松支局）

●高齢者の公共交通利用を半額に

2014年10月高松市のターミナル駅、高松琴平電気鉄道株式会社通称「ことでん」の瓦町駅では多くの高齢者が同社が発行する割引カードの引き渡しを待っていた。

高松市は公共交通施策充実策の一環で、同社と連携して高齢者向けの利用料金半額ICカード「ゴールドiruka」の発行を開始した。

市は公共交通利用を充実させるために、13年度に公共交通利用促進条例を制定した。まずは「ことでん」を中心に連携事業を進め、13年度末には同社の電車バスを乗り継ぎする場合の割引率を引き上げる制度を導入。市民を公共交通に誘導する施策に本腰を入れてきた。

大西秀人市長は「インセンティブがあれば人は動く」と制度導入の意義を語る。「今までは道路を整備して郊外に駐車場付きの大型スーパーを誘致した。それが市民の望む街づくりだった」と従来型施策の背景を説明。その上で「今後、人口減少社会を迎える中で高齢者が増えていく。自動車での移動や郊外型の大型スーパー整備が必ずしも利便性が高いとは言えなくなった」と話し「これまでの街づくりを切り替え、拡散型から集約型にしていかなければならない」と市が進める施策の重要性を強調する。

●コンパクトな街づくり全国に先駆け

高松市はかつて四国と本州を結ぶ連絡船で結ばれ、「瀬戸大橋」開通までは玄関口としてにぎわいをみせていた土地。中心部にある商店街は全長数キロにわたり「日本最大級」のアーケードとして活気にあふれていた。

２００４年5月に市では市街化区域と調整区域を区分する制度が廃止された。市中心部の土地が高騰し市外への人口流出を抑えるために取った措置だったが、結果として市の中心部を取り巻くように住宅が立ち並ぶいわゆる「拡散」した街ができあがってしまった。

拡散化を防ぐため11年12月に都市計画制度を見直し、開発許可基準の変更などを行ったが、旧市街化区域での開発件数を上回る状況は続いた。

こうした状況を受け高松市は「多核連携型コンパクト・エコシティ推進計画」を策定。13年には具体的な推進計画も打ち出した。市内の拠点地域を機能別に分類し、それぞれの拠点では商業機能だけでなく医療・福祉・健康などの都市機能を集積。空き家の有効利用なども進め居住人口を集約化する。拠点地域以外では新たな公共投資を抑制しながら公共交通利用を促進し環境負荷のないまちづくりを目指すとし、市は各種施策を独自に展開している。

大西秀人市長

●バブル好景気の最中に商店街が活性化検討

高松市の中心商店街の一角を担う「丸亀町商店街」。この商店街では街づくりに関して市の構想を先取りする形で先進的な中心市街地活性化に取り組んできた。

全国の商店街で深刻になっているシャッター街化。高松丸亀町商店街振興組合は「定期借地権」を活用した新たな試みを取り入れ、シャッター街化を防ぐため必死に奮闘している最中だ。

同振興組合の古川康造理事長らが商店街再開発計画を作り上げたのは、バブルの余韻がさめない１９９１年のこと。計画には瀬戸大橋の開通による拠点性の喪失や、郊外の大規模商業開発による中心地としての機能弱体化など正確な未来予想を盛り込んだ。まさに日本中がバブル景気で浮かれていた当時に、現在の人口減少社会の到来と中心市街地の活性化の必要性を指摘した内容だった。

計画では中心市街地をひとつのショッピングセンターに見立て、両端を建物で取り囲んだプロムナードとして位置づけた。「自然発生的な店舗のレイアウトや業種構成では大型店に対抗できない」とし、商店街がひとつの大きなショッピングセンターとして機能するように「利用と所有を分離」。商店街関係者らでつくる「街づくり株式会社」を介在させながら街の活性化を図る新たな再開発計画を提案していた。

計画は市がコンパクト・エコシティ構想を打ち出した後に日の目を見ることになる。市の補助を得て商店街の両端を整備。北側にはドーム状の覆いを作り交差点をイベントができる多目的広場としても使えるような工夫も行った。再開発後には、土日一日当たりの通行量が開発前の約2～3倍にまで膨れ上がった。

●地権者同士で危機感を共有

「ここら辺も私の土地なんですよ」―古川理事長が指さす路上には境界線もなにもなく、「単なる路上」だった。この土地を街路として提供することで、本来、市の許可が必要な「路上」にもかかわらず街路樹などを柔軟に整備できるようになったのだという。

高松丸亀町商店街

古川康造氏

「結局は地権者次第。不在地主がいる商店街ではこのようにはいかない。古くからある商店街だからこそ地権者自身がこの地で商売をしており、危機感を共有できたためこうした改革が可能になった」と熱心に語る古川理事長。この商店街が話題になるにつれ全国の自治体関係者が視察に訪れ「これは奇跡だ」とたびたび言われるようになったという。

その際に口にするのは「奇跡なんかではない」との言葉。「全国にも同じような商店街はある。どこでも可能なんです」と境界線のない路上をみつめながら静かに訴える。

●構想実現に国の支援策を活用

2014年11月に高松市役所で開かれた「コンパクト・エコシティ推進懇談会」。この中で高松市の現状については、これまでの取り組みにもかかわらず「直接集約に結びつく規制、インセンティブがないため拠点誘導にまではいたっていない」と認めざるえなかった。

市が「コンパクト・エコシティ構想」に沿った形で、本格的な公共交通利用促進施策を打ち出し始めたのはようやく14年度にはいってから。中心市街地活性化などの一部の具体的な取り組みはあるが、構想自体の具体的な姿がようやく「目に見える形」で現れてきた状況ともいえる。

構想に従って拠点化を進めていく中で見逃せないのが「拠点地域の内外の市民の温度差」という課題だ。「総論では賛成を得られるが各論になると批判が出てくる」と拠点エリアに入った地域とそれ以外の地域の意見の食い違いは避けられないとする。

この構想を打ち出した際、大西市長は周囲から「市長は人口を増やすのが仕事じゃないのか」と皮肉を言われたこともある。しかし「市が構想立ててから6～7年がたち理解が進んだ」といい、「具体的に目に見える形になってくればさらに理解は進むはず」と期待を寄せる。「拠点への集約化が進み、そこへのアクセスが充実するなど地域全体が便利になることが重要」と、拠点整備とともに公共交通利用促進策をさらに進めていく考えを示す。

都市再生特別措置法で示された計画では市の懸案であった「集約へのインセンティブ」も盛り込まれた。大西市長は市単独では難しかった集約化への支援措置を「積極的に活用」し構想実現のための施策を進めていくとする。

●将来的には県全体の取り組みに

今後の展望については「一自治体の問題ではない。広域的視点が重要になる」と、隣接する市町を含めた地域で人口減少社会に対応する施策を検討していく方針。こうした広域的な展開について、コンパクト・エコシティ推進懇談会で座長を務めている嘉門雅史京大名誉教授も賛成の立場だ。その上で「高松市を拠点として周辺の農業地域と連携させていくことも可能」とし、将来的にはより広域の、すなわち県全体としての取り組みを視野に入れた構想の必要性も指摘する。

嘉門氏は「東京一極集中では国が亡びる。地方の良いところにどんどん光を当てていかなければならない」と話し、「頑張る」地方が日本全体を支える「多核連携型」になっていくことで、国土の適正利用を図るべきと訴える。

人口減少社会を見据えていち早くコンパクトな街づくりを進めている高松市。ともすれば住民が利害関係から対立するような計画にいち早く着手することができた理由について、同懇談会のある委員が「リーダーシップの存在」を挙げていた。

市には将来の街の姿をみつめて先取りした構想を打ち出した大西市長や、バブル景気時代に商店街の行く末を案じて活性化策を立てた古川氏らがいた。

その一人ひとりがいわば「核」となり、それぞれが連携して街づくりをけん引していく形となった。単なる計画の存在だけでは進展はない。こうした具体的な「核」の存在が今後の街づくりには必要になっていくのかもしれない。

News & Data

時事通信社
iJAMP
官庁速報より

北海道北広島市 News & Data

「ファーストマイホーム」に50万円

北広島市は、市内に初めて住宅を取得する人に対し、購入費用の一部として50万円を助成する「ファーストマイホーム支援制度」を実施する。30件分を２０１４年度予算に計上。市では07年をピークに人口が減少傾向にあり、定住人口の増加につなげたい考えだ。

対象は14年4月1日以降に住宅の購入契約を結んだ個人で、生産年齢世代の定住を促すため、年齢条件は50歳未満とした。一戸建て、マンションいずれでも申請可能。市外からの転入者に限らず、市内居住者が購入した場合にも適用する。

交付の要件には、3年以上居住することや、世帯に18歳以下の子がいることなどを盛り込んだ。▼交付決定から3年以内に住宅を譲渡した場合▼単身赴任、進学などやむを得ない事情を除き、世帯の一部でも転居・転出した場合――については助成金の返還を求めることとした。

青森県弘前市 News & Data

「出愛サポートセンター」を開設

弘前市は、行政経営課内に「ひろさき出愛サポートセンター」を開設した。独身者に出会いの場を提供することで婚姻者数を増やし、人口減少の抑制につなげるのが目的。結婚を希望する会員のほか、お見合いの仲介などをボランティアで行う「出愛サポーター」も募集している。

会員登録できるのは20歳以上の独身者で、弘前市在住か結婚後に市内に住む意思のある人。登録は無料で、登録後は会員のプロフィルをまとめた帳簿を閲覧できる。会いたい人が見つかれば、出愛サポーターが相手の意向を確認した上で、お見合いを設定する。

出愛サポーターはまた、会員の相談に応じてアドバイスするほか、お見合いに同席し、双方にその後も会ってみたいか確認するなどして男女を支援。会員と非会員のお見合いも設定できる。

行政経営課は「市民からは出会いの場が少ないとの声も聞く。独身者はこの制度を広く活用して自分に合う人を探し、交際・結婚に発展させてほしい」と説明している。

青森県弘前市 News & Data

移住、子育て応援企業に優遇措置

弘前市は、移住促進や子育て支援に積極的な企業を「移住応援企業」「子育て応援企業」に認定する制度を創設した。認定企業と従業員には、みちのく銀行が融資金利引き下げなどの優遇措置を講ずる。人口減少対策での自治体と金融機関の連携は全国的に珍しい。

対象は、①県外からの移住・交流の促進を通じた地域活性化②仕事と子育てを両立できる職場環境づくりや地域での子育て支援活動――に積極的に取り組む企業。

市はこのほど、移住応援企業にウェブコンサルティング会社「コンシス」、子育て応援企業に医療法人社団「クロース・トゥ・ユー ＥＳＴクリニック」と電気工事業「和電工業」を認定した。

認定企業は１０００万円以上の事業性融資が受けられ、金利が最大０・５%引き下げられる。従業員は住宅やリフォーム、自動車、教育など六つのローンで金利引き下げを受けられる。

葛西憲之市長は認定制度について、「住民、事業者、金融機関、市が一体となって人口減少対策に取り組む初の事業で意義深い」と説明。認定企業には、「今後とも市内の事業所をリードするような取り組みを期待する」と話している。

岩手県西和賀町　News & Data

全員女性の人口減対策チーム発足

岩手県西和賀町は、人口減少対策に向けて全員女性職員から成るプロジェクトチームを発足させた。今後チームで提言を取りまとめ、２０１５年度の事業に反映させていく。

同町は「日本創成会議」のリポートで、40年の20~30代女性の減少率が76%と岩手県内でも最も高くなっていて、人口減少問題が大きな課題になっている。

今回発足したチームは、各課から1人ずつ、20~50代の女性職員14人で構成。この他に、協議には可能な限り全女性職員が加わることとしている。女性の視点で子育てや医療などの分野についてワークショップや職場アンケートなどを実施し、提言をまとめる。提言は細井洋行町長を本部長とする「人口減少対策本部」（仮称）に提出され、事業化が検討される。

チームリーダーの加藤真喜子生涯学習課長は「日常生活の中で埋もれてしまっている子育てや介護などの問題について女性の視点から把握し、提言をまとめたい」と話している。

宮城県亘理町　News & Data

子育て支援で一時預かり仲介

宮城県亘理町は、地域で子育てを援助するため、「ファミリーサポートセンター」を開設する。子どもの一時預かりを希望する親と、預かりが可能な住民を仲介する。

保育園や児童クラブなどの利用時間の前後や買い物などの際、子どもを預けたい「利用会員」は、育児を援助したい「協力会員」の自宅で子どもを預かってもらう。料金は利用時間に応じ、利用会員から協力会員に直接支払われる。センターのアドバイザーが要望などを聞きながら仲介する。

協力会員は町内に住み、6日間の講習を全て修了した人がなることができ、２０１４年度は10人前後が登録する予定。同様の取り組みを行っている他自治体では受け手の人数不足が課題となっている所が多いという。福祉課は広報紙への掲載や町内のスポーツ教室に訪問するなどして、人数不足解消などへのＰＲ活動を行っている。

秋田県　News & Data

地域の支え合い体制構築へ

秋田県は、少子高齢化や人口減少による地域コミュニティーの機能減退に対応するため、地域の支え合い体制の構築を目指す。高齢化率が県内で2番目に高い藤里町をモデルに、高齢者を住民らが支え合う体制をつくり、将来的に県内全域に広げたい考え。国の特定地域再生事業費補助金を利用し、２０１５年1月までに、９００万円を掛けて計画を作成する。

県は、買い物や通院、除雪などが困難になり、日常生活に支障を来す県民が今後増加すると予測。住民やＮＰＯ、企業といった多様な主体が地域を支える体制を、早急に構築する必要があるとみている。

既に、藤里町内の56集落の住民らを対象

としたワークショップを開催し、除排雪や交通手段の確保、買い物弱者対策といった地域の課題を抽出するとともに、課題解決の提案を募った。今後、この内容を参考に、県や町の関係者が支え合い体制のモデルを作成するとともに、町のモデルを全県に拡大するための検討も進めるという。

地域活力創造課は、1月に計画を完成させ、15年度以降、まず藤里町で支え合い体制を整えたいとしている。

秋田県五城目町　News & Data

集落存続へアンケートとワークショップ

秋田県五城目町は、高齢化の中でも地域集落が存続できるよう、町内会活動について全戸を対象にアンケートとワークショップを実施している。住民らがそれに基づいて将来ビジョンを作成、町がビジョンに盛られた活動の費用を助成する。地区ごとの課題と将来像について、住民と共に考える狙いがある。

2013年度から16年度にかけての「元気な地域づくり支援事業」の一環。13年8月に町内会活動の現状や町内で自慢できるもの、10年後の将来像などについて全戸対象のアンケートを実施。結果に基づいて住民が話し合うワークショップを71町内会中、63カ所で開いた。14年度中には残りの町内会でも開催する。

ワークショップでは集落の課題や可能性、将来目指す姿と、それに向けて住民ができることについて意見交換。住民らは話し合った内容に基づき、課題や目標をまとめた「みんなの町内会びじょん」を作成する。町はビジョンに書かれた活動を支援するため、14～16年度を通じての合計で町内会ごとに集会所改修費など150万円、およびその他の活動費100万円を助成する。

集落が自立できるよう、町が支援しつつ住民自身に地域の将来を考えてもらうのが取り組みの狙い。話し合いの結果、町内会で進める活動として、「夏祭り、運動会など住民が参加できる機会を増やす」「自主防災組織を立ち上げ、避難訓練を行う」「ビジネスとして山菜販売に挑戦する」などの提案がなされている。実行は容易ではないが、住民が積極的に町役場を訪れて相談しているという。まちづくり課の担当者は「地域の人々が地域コミュニティーに関心を持つことが、これからの超高齢化社会を切り抜けるために今必要なこと」としている。

山形県最上町　News & Data

3～5歳児の保育料無料に

山形県最上町は2015年度から、3～5歳児の保育料を無料とする方針を決めた。子育て世代の負担軽減が狙いで、親の所得制限は設けない。同様の事業は山形県内では初めてという。初年度は170～180人が対象で、予算額は約4000万円。

無料とするのは、幼稚園や保育園、認定こども園の保育・利用料。施設名は異なるが、町では幼保一元化により、親の所得額に応じ保育料が上がるなど料金体系や保育内容はどの施設も同じという。

1カ月当たりの利用料は平均1万8000円といい、最高は3万5000円。町は0～2歳の間は親が家庭で育てることが望ましいと考えており、共働きなどで預けることはできるが、その場合の保育料は自己負担となる。

町の担当者は「保育料は過去と比べ、それほど上がっていないが、賃金が上がらない中で、親の負担を軽減したい」と話している。

福島県郡山市　News & Data

東北初、ご当地婚姻届発行

郡山市は、市のオリジナルデザインが施された婚姻届の発行を2014年9月から開始した。結婚情報誌『ゼクシィ』を発行するリクルートマーケティングパートナーズ（東京都千代田区）と共同製作した。民間と提携し、独自にデザインした「ご当地婚姻届」を発行するのは、東北地方の自治体では初めてという。

婚姻届は2種類ある。「音楽都市宣言」をするなど市民に親しまれている音楽を題材とし、猪苗代湖の白鳥が五線符上を羽ばたくデザインがあしらわれた窓口への提出用と、市のイメージキャラクター「がくとくん」と「おんぷちゃん」のイラストを盛り込んだ新婚夫婦に贈呈する記念用を用意した。同社のサイトからダウンロードし、全国の自治体で提出できる。

市は「一組でも多くのカップルに郡山で新しい生活を送ってもらい、幸せになってもらえたら」（国際政策課）と期待している。

福島県本宮市　News & Data

戸建て入居、固定資産税負担

本宮市は、定住人口を増やすため、戸建ての新築または中古住宅を購入した世帯を対象に、最大30万円分の固定資産税を負担することを決めた。2015年の課税対象となることが条件で、14年1月2日以降の新築、入居までさかのぼって適用する。東京電力福島第1原発事故により住民票を市外に残したままの避難世帯も対象となる。

負担額は、中学生以下の子どもがいる子育て世帯で最大30万円、その他は最大20万円。14年度は62戸分を想定し、18年度まで継続する方針。定住人口増に結び付きにくい建て替えは対象から外す。

また、3区画以上の宅地を造成する事業者に対しては、経費のうち最大300万円（1区画当たり20万円）を助成する。

茨城県笠間市　News & Data

要介護者情報、クラウドで一元管理

笠間市は、地域の要介護者に関する情報を介護事業者や病院など関係機関との間で共有できるクラウド型システムを構築し、運用を始めた。これまで各機関がそれぞれ蓄積していた情報をクラウド上で一元管理することで、介護業務の効率化やサービスの向上につなげることが目的。

システムは「介護健診ネットワーク」と名付け、総務省の実証事業を基に市が日立製作所など民間企業と協力して構築。利用者は要介護者の緊急連絡先や健康診断結果、現在の病状・介護状況といった情報を、専用アプリを導入したパソコンなどから閲覧・登録できる。

市の担当職員にとっては介護支援専門員らが作成したケアプランを確認しやすくなったほか、介護事業者にとっては市役所に出向くことなく要介護認定に関する情報や資料を入手できるようになった。

現在、市を含めた15機関がシステムを利用しており、利用主体は順次増やしていく方針。本格運用開始から1カ月で150人を超える要介護者の情報が本人と家族の同意を得た上で登録されている。

企画政策課の担当者によると、高齢者が地域で安心して暮らすための「地域包括ケアシステム」実現に向けた基盤づくりでもあるといい、将来的には一元管理する情報を介護分野以外にも拡大し、「オープンデータ」として統計や病気の予兆診断などに活用することで「新たな産業の創出につなげたい」と話している。

栃木県栃木市 News & Data

郊外での宅地分譲を禁止へ

栃木市は2016年度から、市街化調整区域での宅地分譲を原則禁止する方針だ。少子高齢化が進む中、郊外での大規模な宅地開発は市が進めるコンパクトシティー化に逆行すると判断したためで、15年の3月議会に条例の改正案を提出する。

市は都市計画法に基づき、市全体の約80％に当たる2万6622ヘクタールを市街化調整区域に区分している。合併前の旧栃木市は地域活性化のため、04年に同区域での開発規制を緩和する条例を施行。1宅地当たりの敷地面積などの一定条件を満たせば、宅地分譲や住宅・店舗の建築もできるようになった。

しかし、条例施行後の10年間で、郊外での宅地開発が予想以上に大幅に進み、市中心部の人口流出が深刻化。市はコンパクトシティー化を進めるため、条例を一部改正して郊外での宅地開発に歯止めをかけることにした。

改正案では、同区域での宅地開発の許可対象を個人の住宅および店舗のみに限定し、住宅メーカーなどによる宅地分譲は禁止する。15年の3月議会に提出し、16年4月からの施行を目指している。

栃木県小山市 News & Data

若者チームで駅周辺活性化

小山市は、衰退が著しい小山駅周辺の商店街などの活性化策を探るため、若手の市職員や地元の学生らで構成するプロジェクトチームを立ち上げた。月1回程度会議を開いて2014年度内に意見を取りまとめ、今後のまちづくりに若い世代の声を積極的に反映させる方針だ。

市によると、郊外型ショッピングモールや大型店の出店に伴い、駅前の中心市街地は空洞化が進み、閉店に追い込まれる個人商店は増加の一途をたどっている。昔からの商店街が点在する駅西口周辺の居住者数は、2010年時点で40年前と比較して46・6％に減少しているという。

プロジェクトチームは、20～30代の若者を中心に編成。市や商工会議所職員、商店街で働く若手世代、地元の大学生ら約15人がメンバーとなる。

会議では、駅周辺の良い所や悪い所についての意見交換に加え、現地視察も行う予定。市の観光資源の発掘や駅周辺で観光資源をどのように活用できるかなど、さまざまな立場からアイデアを出し合い、駅周辺地域のにぎわいを取り戻す効果的な活性化施策を検討する。

市商業観光課の担当者は「視野が広い若い人たちのいろんな発想を生かしていきたい」と話している。

群馬県 News & Data

人口減少で郊外の住宅開発抑制

群馬県は、都市計画区域での都市づくりの基本的方向性を定める「都市計画区域マスタープラン」の改定素案を2014年6月にまとめた。同プランは5年ごとに改定しており、今回の改定は、人口減少と高齢化の進行を踏まえ、郊外での住宅開発や大型商業施設の立地を原則抑制する方針を示したのが特徴となっている。

素案は、市街地の拡大や人口の分散を容

認するまちづくりから、市街地の拡大を抑えて人口の集積を保持するまちづくりへの方針転換を掲げた。その上で、郊外での住宅開発を原則行わず、鉄道駅周辺や路線バスが利用できる既存集落への住宅建設を誘導することを明記した。

郊外への大型商業施設の立地も原則抑制し、鉄道やバスを利用して多くの人が集まりやすい拠点への集積を促進する方針も提示。工業施設については、交通利便性が高い高速道路インターチェンジ周辺や幹線道路沿線に配置する考えを盛り込んだ。

また、市町村を超えたまちづくりを進めるため、複数の都市計画区域で構成する四つの「広域都市計画圏」を新たに設定。各広域都市計画圏のマスタープランも作成した。

群馬県桐生市　News & Data

住宅取得費用、最高で200万円補助

桐生市は、人口減少対策の一環として、2014年7月から住宅取得費用を最高200万円補助する。補助額は住宅取得額の3%（上限50万円）に五つの条件に応じて加算される。転入者への補助額を手厚くし、人口増につなげる。

加算補助額は、夫婦ともに49歳以下の世帯の場合、市内在住者が20万円、転入者が40万円。中学生以下の子どもがいる世帯の場合、市内在住者が1人につき10万円（上限30万円）、転入者が1人につき20万円（上限60万円）。

人口減少が著しい3地域で住宅を取得すると30万円、市内業者が施工した注文住宅や市の空き家・空き地バンクに登録されている物件は、それぞれ10万円が加算される。ただし、補助の合計額は住宅取得額の10%を上限とする。

補助期間は14年7月から17年3月末まで。14年4月以降に住宅（延べ床面積50平方メートル以上）を取得し、5年以上定住することを補助要件とした。

市土地開発公社も7月から、子育て世帯や市外からの転入者に支援金を支給する宅地販売を開始する。支援金は、中学生以下の子どもが居住する世帯には20万円、市外からの転入世帯には15万円。市の住宅取得時の補助金も合わせて利用できる。販売区画は6区画で1区画85～86坪（1坪＝3・3平方メートル）、販売価格は同630万～680万円。

埼玉県熊谷市　News & Data

若年移住者の固定資産税免除

熊谷市は、人口減少対策の一環として、40歳未満の移住者が住宅を購入、新築した場合、住宅の種類に応じて固定資産税と都市計画税の家屋分を3～7年間全額免除することを決めた。2015年度以降の課税分から実施する。

対象は、所有者または配偶者が40歳未満の市外からの移住者で、市税の滞納がないことが条件。免除期間は固定資産税、都市計画税それぞれについて、▼一般住宅3年▼3階建て以上の耐火構造の住宅5年▼長期優良住宅5年▼3階建て以上で耐火構造の長期優良住宅7年▼中古住宅は一律3年――とする。

担当者は「数年間、全額というインパクトで、市に人口が流入するきっかけになれば」と期待している。

埼玉県鶴ヶ島市　News & Data

市民の意見踏まえ施設更新計画

鶴ヶ島市は、2034年度までの市有施

設の更新方針について定めた「公共施設等利用計画」をまとめた。人口減少をはじめとする環境の変化に対応し、財政状況の悪化を回避することなどを目的に、施設の集約化と複合化を目指す。

市は、総務省が公共施設等総合管理計画の指針を14年4月に公表する前から、利用計画の策定作業を開始。指針を受け、長寿命化計画を追加した。

利用計画は、道路、公園といった基盤施設を除く学校、公民館、図書館、市営住宅、庁舎などの市有施設が対象。具体的には、34年度までに62施設を41施設に再編し、総床面積13万7700平方メートルを25％程度縮小する。

計画をまとめた総合政策部の萩原良智部長は「地域コミュニティーの利便性を踏まえた配置を重要視した」と指摘。「計画段階から情報を開示し、市民への調査や意見交換会での意向を反映した計画は全国的にも珍しいのでは」と話している。

千葉県袖ケ浦市　News & Data

農業ヘルパー制度を創設

袖ケ浦市は、農業経営者と農作業に参加したい市民をマッチングさせる農業ヘルパー制度を創設し、2014年9月から運用を開始した。農家を助けるとともに、住民に就業の場を提供することが狙い。

制度は人手不足に悩む農家の声を受けて創設した。利用を希望する農家と働きたい市民を登録した台帳を作成、登録者のみが市役所、市農業センター、市内のJAで閲覧できるようにし、個別に連絡を取り合ってヘルパー契約を結ぶ仕組みだ。

これまでに14の農業経営者、労働希望者2人の登録があり、1件のヘルパー契約が成立したという。ただ、現状では人手を求める農家に対し、労働者数が足りない状況が続いているため、市は農業センターで行う住民向けの野菜栽培の講習会でチラシを配布するなど、労働者の掘り起こしを進めたい考え。

市は「当面は働きたい人を増やすことに注力し、困っている農家を少しでも助けていきたい」（経済振興課）と話している。

東京都福生市　News & Data

空き家解体補助で家族向け住宅増へ

福生市は、定住促進策の一環として、空き家住宅の解体・撤去費用に対する市独自の助成事業を2014年度からスタートさせた。空き家をファミリー世帯向け住宅に建て替える場合に限り、撤去費用の50％を補助する。14年度事業費は600万円。

同事業は、1971年5月末以前に市内で着工された戸建て住宅か共同住宅で、空き家となり約1年以上が経過した建物が対象。空き家所有者が建物を撤去し、ファミリー世帯向け住宅に建て替える場合に限り、戸建て空き家は1戸当たり50万円、集合住宅は1棟当たり150万円をそれぞれ上限として、撤去工事費や産業廃棄物処理費用の5割を補助する。

その際、建て替え後のファミリー世帯向け住宅が、▼戸建て住宅は建物床面積が90平方メートル以上▼マンションなどの集合住宅は1戸当たり70平方メートル以上――であることが助成の条件。また、建築条件付きで宅地として分譲する場合も助成対象とするが、その場合は建ぺい率40％の区域で1区画120平方メートル以上、それ以外の区域では1区画100平方メートル以上の宅地であることを助成条件とした。

まちづくり計画課によると、市の面積約

10平方キロメートルのうち約66％が市街化区域で大規模開発は困難。住宅の手狭さなど住宅事情を理由にファミリー世帯の転出が人口減少の一因にもなっており、市は優良な住宅ストックの増加を誘導することにした。

神奈川県鎌倉市　News & Data

LINE@で子育て情報発信

鎌倉市は、無料通信アプリ「LINE（ライン）」を利用した「LINE@（ラインアット）」アカウントの運用を2014年9月から始めた。LINEは国内で約5200万人、全世界では5億人以上のユーザーが登録しているコミュニケーションツール。市ではLINE@で子どもや子育ての関連情報を中心に発信していくことにしている。

アカウント名は「鎌倉市」、アカウントIDは「@kamakurasukusuku」。今後、市のホームページや広報誌で周知を図る。

LINE@と似たような機能にLINE公式アカウントがあるが、最大の違いは費用。4週間で最低でも800万円の初期費用が掛かるLINE公式アカウントが大企業向けなのに対し、LINE@は無料のプランもあるなど、ぐっと割安な価格設定となっている。LINE@では飲食店、小売店やサービス業者らがLINEを通じて各種の情報を「友だち（登録者）」に配信する仕組み。特に、地方公共団体向けは、公共サービス専用の「パブリックアカウント」扱いとなり、初期費用、月額とも無料で利用できる。

市では、こどもみらい部を中心に市主催の子ども向けイベントや保育所入所手続きの案内、健康診査・相談などの情報を発信していく予定。秘書広報課は「情報発信の一つの手段として、20～30歳代の人に使ってもらいたい」と話している。

神奈川県横須賀市　News & Data

人口減対策でまちの「魅力全集」

横須賀市は、人口減少対策の一環で、住むまちとしての魅力を紹介した冊子『横須賀魅力全集』を発行した。A5判、カラー132ページで7万8000部印刷し、市内の小中学校などを通じて子育て世代の家庭などに配布する。製作費は約615万円という。

2013年、横須賀市は全国の市で最も人口の減少数（3698人）が多かった。人口減に悩む市にとって、いかにして子育て世代に定住してもらうかは喫緊の課題となっている。

そこで、市民団体の意見なども参考にしながら、子育て世代にとってえりすぐりの魅力を収集。冊子では、温暖な気候や豊かな自然などに加え、住むまち選びのポイントとして、犯罪発生率の低さや横浜市や東京都心への通勤・通学の便利さ、マンション価格の手頃さなどをアピールしている。

市は、市外在住者向けに今回の冊子の内容を凝縮したダイジェスト版のパンフレットを作製し、京浜急行、相鉄線沿線を中心に配布するプランも検討している。

吉田雄人市長は「市民の方々には、住むまちとしての魅力を再発見・再認識していただき、市外の方々には、住むまちとしての横須賀を認識していただきたい」と話している。

神奈川県大井町　News & Data

若年世代の定住促進で女子大と協定

神奈川県大井町は、若い発想をまちづく

りに生かすため、昭和女子大学（東京都世田谷区）と「大井町総合計画のためのワークショップ参加プロジェクト連携協定」を締結した。若い世代の定住者を増やすため、2016年に施行される町の総合計画後期基本計画に次代を担う世代の発想を取り込むことが狙い。

協定書によると、2014年9月下旬から同大大学院生活機構研究科の芦川智教授ゼミの大学院生4人が、町民や町職員ら26人で構成するワークショップ形式の「まちづくり会議」に年3回参加し、町外から若い女性の視点で、今後の町政への具体的な政策課題を提言する。

間宮恒行町長は締結式で、「人口減少が続いているが、若い人たちがこの町に住み、子育てをしたくなるような意見を自由な発想で存分に出してほしい」と述べ、芦川教授は「学生が外に出て行くことが大事で、町の重要な施策に参画できる機会ができてありがたい」と語った。

富山県朝日町　News & Data

空き家対策で「コンシェルジュ」任命

富山県朝日町は、空き家対策の一環として、町内のうち3地区で住民1人ずつ、計3人を「空き家コンシェルジュ」（地域の世話役）に任命した。地域の空き家情報を集約して入居希望者に提供するほか、地域の生活習慣や文化をアドバイスするなど、入居後にもさまざまなサポートを行う。

2010年度に384軒だった同町の空き家数は、13年度には400軒に増加。入居者の不安や疑問を解消し、入居者が安心して引っ越しできる環境づくりに取り組むことで、空き家数の減少を目指す。

町によると、空き家対策の情報窓口をつくるなど、入居希望者に空き家の情報提供を行っている自治体はあるが、地域住民が入居後までサポートを続けるのは全国でも珍しいという。

企画政策室によると、今回コンシェルジュに任命したのは各地区の自治会役員。担当者は「コンシェルジュは地区のことを一番知っている人。何でも相談してほしい」としている。今回は町内3地区で試験的に実施するが、15年度からは町全体に拡大することも検討している。

福井県　News & Data

女子大生のUターン就職に「応援員」

福井県は、県内企業で働く若手女性社員を「ふくいの就活女子応援員」に任命し、県外の大学に通う女子大生のUターン就職を促す。2014年9月補正予算案に事業費720万円を計上。働きやすさや暮らしやすさなど、県内で就職するメリットを就職活動中の学生にPRしてもらう。

「応援員」を委嘱するのは、20代後半から30代前半までの県内女性約15人。県が首都圏などで開く学生向けの就職相談会に出向いてもらい、大都市圏に比べて仕事と家庭の両立がしやすい点などを説明。実体験を基に、県内就職のメリットをアピールしたり、学生の相談に乗ったりしてもらう。

県によると、大学進学によって県外に出た学生の多くがそのまま県外で就職してしまい、近年では特に女子大生でその傾向が顕著。Uターン就職の促進が課題となっている。10年前に約4割だった女子大生のUターン就職率が、現在では約2割に半減しているという。

労働政策課は「学生と応援員が本音で語

り合う場を設け、Uターンを促したい」と話している。

福井県あわら市　News & Data

県外からの転入者家族に特産品

あわら市は、県外から市内の企業に赴任した転入者の家族に対して、カニやメロンといった市の特産物を贈る事業を始めた。住民票を移してもらうことが条件で、市をPRするとともに、市税収入増にもつなげたい考え。

対象となるのは、県外から市内に転入し、2014年4月以降に転入届を提出した人。主に単身赴任者を想定しているが、家族連れで赴任した場合も申請可能。県外に住む配偶者や両親といった2親等以内の家族に対して、2万円相当の特産品を贈る。

特産品は越前ガニ、メロン詰め合わせ、温泉宿泊券など7コースから選べる仕組み。市外に転出するまで最長5年間、毎年1回家族へ贈られる。

市内には、県外企業の工場などが立地し、県外からの転入者も多いが、単身赴任者を中心に住民票を移さないケースがあるのが課題だった。観光商工課は「家族にあわら市を知ってもらう機会になるので、事業を通じて住民票の異動を促したい」と話している。

福井県越前市　News & Data

中心市街地に借り上げ市営住宅

越前市は、民間事業者が中心市街地に新築したアパートやマンションを借り上げ、市営住宅として市民に貸し出す制度を始める。中心市街地の定住人口を増やし、市の活性化につなげるのが狙い。市によると、同様の取り組みは県内初という。

借り上げ期間は20年間で、2015年2月末まで25戸程度を募集。間取りは2DK、2LDK、3DK、3LDKのいずれかとし、建築費のうち、廊下や階段、広場など共用部分の整備費について、3分の2を上限に市が補助する。

管理事務や軽微な修繕などは市が担当するため、借り上げ料は民間の家賃相場より安い額に設定する。入居者の家賃は借上料の半額とし、2016年度から入居者の募集を始める。

都市計画課は「市中心部には既存の住宅ストックが少ない。主に子育て世帯を呼び込みたい」と話している。

福井県大野市　News & Data

人口減対策で電通と協定

大野市は、人口減少対策の一環で、大手広告代理店の電通と協力協定を結んだ。情報発信などに関する同社のノウハウを生かし、連携して人口増につながる施策を探る。

市は協定に基づき、同社とともにプロジェクトチームを設置した。人口減少の要因分析といった現状を把握する調査研究を行った上で、ブランド力向上や雇用の場の確保、子育て環境の整備など、あらゆる角度から人口減対策を検討する。

協定の期間は2014年10月から17年9月末までの3年間。市は4月から同社の内海朋基顧問を市のブランドアドバイザーに委嘱し、情報発信や市の魅力向上について協力や助言を受けており、今回の協定締結につながった。

結の故郷推進室は「電通は多くの自治体や企業とのつながりを持っているので、ノウハウを市の施策に生かせれば」と話している。

山梨県　News & Data

「企業子宝率」を公表へ

山梨県は、従業員が10人以上の県内事業所を対象に、在職中に何人の子どもを持つか示す「企業子宝率」を初めて調査し、2015年2月ごろ結果を公表する。子宝率や子育て支援の取り組みについての把握および子育てと仕事の両立に向けた職場環境の整備やワーク・ライフ・バランスを推進していくことが狙い。

調査対象は、無作為に選ばれた県内の約1000社。調査では、59歳以下の従業員の人数、年齢と性別、子どもの年齢を調べ、子宝率を算出する。また、子育て中の従業員に配慮した独自制度の有無や休暇の取りやすさなども回答項目に設ける。

調査票は対象企業に既に郵送しており、企業は郵送やファクス、メールで回答できる。調査結果は県のホームページで公表される予定で、子宝率が高く、他企業に参考になる取り組み内容についてはチラシなどで県内外に周知していくという。

県民生活・男女参画課の担当者は「少子化は大きな問題。各企業がやっていることを掘り起こし、（県民らに）紹介していきたい」と意気込む。

山梨県甲州市　News & Data

産前産後の母親支援スペース

甲州市は2014年10月、休息を取ったり、育児に関する相談を行ったりできる「産前・産後ママのほっとスペース」を塩山保健福祉センター内に開所した。妊婦や、育児に不安を覚えやすい出産直後の母親に気軽に立ち寄ってもらうことが狙い。

スペースはセンター2階の一部を改修して設けられ、総面積は約200平方メートル。毎週金曜日の午前9時から午後3時まで、他の母親と交流したり、子どもと一緒に休んだりすることができるほか、助産師や保健師、保育士に育児に関する全般的な相談を行える。特に初産の妊婦については、出産経験のある母親と会話することで、「産後の育児のイメージを持ってもらいたい」（健康増進課）としている。

市在住の妊婦と出産からおおむね4カ月程度の母親が対象で、利用する際の予約は不要。健康増進課は「妊婦や出産直後の母親は外に出る機会も少なく孤立化しやすい。他の母親とも交流できるので、気軽に足を運んでもらいたい」と呼び掛けている。

山梨県市川三郷町　News & Data

若年移住者に最高で100万円を補助

山梨県市川三郷町は、町外から移住してくる夫婦のどちらかが40歳以下の世帯で、新居を構え、さらに子どもがいる場合に最高100万円を補助する。児童を増やし人口減少対策を推し進めることが狙い。

具体的な内容として、▼住宅を建てた場合に50万円▼市川南小学校を卒業予定の第1子がいれば10万円▼同校を卒業予定の第2子以降につき20万円▼軽自動車の登録1台につき2万円――が補助され、100万円を上限に受け取れる。希望者は住宅の引き渡しから90日以内に町に申請する必要がある。

申請に当たっては、過去1年間に同町に居住していなかったことや、町が指定する山王地区に住むことが条件となる。山王地区は住宅街で、JRの駅や2017年に静岡県と山梨県を結ぶ予定の中部横断自動車道のインターチェンジ（IC）が近くにあるなど利便性が高いという。

15年4月からは補助対象の居住地域を町内全域に拡大し、若い世代の定住を推し進める方針だ。企画課は「（中学生の医療費窓口無料化など）子育てしやすい環境。ぜひ住んでほしい」としている。

長野県塩尻市　News & Data

転出学生に広報誌を無料発送

塩尻市は、進学で地元を離れた大学生や専門学生らを対象に、広報紙を在学中は無料で届けるサービスを開始した。広報紙は8月と12月を除き、毎月2回の年間計22回発行しており、月末に郵送する。

市の高齢化率は年々上昇しているほか、２０１０年以降は18歳と19歳の転出者数が転入者数を上回っている。このため、広報誌の郵送を通じ、「離れた場所でもふるさとのことを思い出してもらい、塩尻に将来戻りたいと思うきっかけにしてほしい」（秘書広報課）考えだ。

広報紙には、市の施策や施設利用情報のほか、爽やかな20代の男女や新婚カップルを写真付きで紹介する記事もある。秘書広報課は「季節ごとのイベント情報も掲載しているので、帰省の際には立ち寄ってもらいたい」と期待する。転出した学生に、進学先での暮らしや地元との違いについてつづってもらうコーナーも企画したいという。

希望者は、市民課の窓口で申込用紙に名前と住所、郵送希望期間を記入するなどして申請する。

岐阜県関市　News & Data

子育て支援ガイドブック作製で協定

関市は、地図情報会社のゼンリンと協定を結び、子育てに役立つ情報を盛り込んだ「子育て支援ガイドブック」を作製する。ゼンリンの持つ地図情報を活用し、市施設や医療機関などを分かりやすく紹介する。同様の事業は東京都府中市、岐阜県可児市に次ぎ全国で3番目という。

医療機関は診療科目ごとに整理し、受けられる予防接種の種類も紹介。母子手帳をもらってから受けるべき検診の種類や、予防接種を受ける時期なども時系列にまとめる。

ゼンリンの協賛により市の支出する予算はゼロ。1万７０００部を作製し、中学生以下の子どもを持つ家庭や母子手帳を交付された人、子どもがいる転入世帯に配布する。市ホームページにも掲載予定。協定では3年に1度、掲載情報を見直す計画という。

岐阜県美濃市　News & Data

定住促進へ結婚相談所復活

美濃市は、定住促進のため、かつて閉鎖した結婚相談所を復活させた。同時に、この分野で商工会議所や青年会議所、社会福祉協議会との連携を強化。セミナーやイベント、独身男女に相談所への登録を促すなどの活動を活発化させる。

市は２００７年、利用者が減少したため相談所を閉鎖した。結婚促進事業については市健康福祉課と商工会議所で連携して取り組んできたが、結婚による人口流出を防ぐため相談所を復活させ、他の2機関との協力体制も強めることとした。

商工会議所は市内の企業に対し、独身者の情報を相談所に登録するよう呼び掛けるなどし、4者で情報を共有。登録者が一定数増えた段階で岐阜県のデータベースに登録し、マッチングに役立てる。

セミナーは、心理学者やカラーセラピストらを招き、独身男女の自己啓発のほか、結婚相談員の育成の場とも位置付けている。地元のタウン誌と協働でフリーペーパーを発行するなどして参加を呼び掛けている。

市担当者は「市民同士の結婚を進めるほか、市外からも結婚を機に流入してもらうため、連携を強めたい」と話している。

静岡県御前崎市　News & Data

公共施設を「見える化」

御前崎市は、市内公共施設の個々の管理・活用状況を市民に知ってもらうため、公共施設白書を作成した。市が保有する財産の「見える化」を進め、将来の維持管理コストの縮減に向けて効率的な活用策を市民参加で検討する際の基礎資料とする。

白書によると、市は155の公共施設を保有し、延べ床面積は約17万平方メートル。2014年度時点で築30年がたった施設は27%、10年後にはこれが61%に達する。このまま40年間全施設を維持した場合の維持管理コストは716億円（年間17・9億円）と推計される。

住民1人当たり面積に換算すると県内で2番目にストックが多く、老朽化が一気に進む将来の維持管理費は加速度的にかさんでいく構造だ。

しかし、高齢化に伴って扶助費の増大が見込まれるため、義務的経費が投資的経費を圧迫し、これまでのように維持費に多くの予算を回せなくなるとの問題意識から、市は施設運営のコストと効果を最適化する「公共施設マネジメント」の手法の確立を急ぐ。

静岡県長泉町　News & Data

ママラッチで子育て情報発信

静岡県長泉町は、町内で子育てしている女性に取材ライター「長泉ママラッチ」になってもらい、インターネット交流サイト（SNS）で町の情報を発信するタウンセールスを始めた。人口が増加中で合計特殊出生率も高い同町の特色を生かして、「子育てするなら長泉」というイメージをさらに向上させる狙いだ。

ママラッチはママとパパラッチを合わせた造語で、メンバーは20～30代の7人。活動に当たって、町はメンバーに記事の書き方や写真撮影、SNSの活用法などの講座を実施。腕章と名刺を発行し、ボランティアで取材してもらう。町は事務局として、事業所などからの取材依頼に対応するとともに、連絡用フェイスブックを通じて取材ネタを紹介。メンバーは独自取材と合わせて、成果を専用ブログやフェイスブックで発信する。

町産業振興課によると、町は少子化を克服した自治体としてメディアに取り上げられる機会が多い一方、町民からは「子どもが多いが、交流があるわけではない」という声が聞かれた。そこで、子育て情報が求められていると考え、タウンセールスへも活用できると企画した。今後、メンバーが関わるイベントを行うほか、2期生も募集する。

愛知県安城市　News & Data

畑・果樹園の担い手探しで「お見合いシステム」

安城市は、後継者不足に悩む小規模な畑、果樹園の担い手探しのため、農地の貸し手と借り手をマッチングする「畑・樹園地お見合いシステム」を始めた。農地の貸し借りを手助けすることで、遊休農地の発生を防止することが狙い。また市独自の畑・樹園地利用促進制度も定め、「お見合いシステム」とセットで小規模農地の貸借を行いやすくした。

お見合いシステムでは、畑や果樹園を貸したい農家が市の登録台帳に登録。借り手は台帳を閲覧し、希望にあった畑や果樹園を探す仕組み。登録の受け付けと閲覧は、市役所のほか、市内のＪＡでも行うことができる。

一方、利用促進制度は、10アール未満の農地の借り手を「たのしみ農業者」、10アール以上を「担い手農業者」に分類。借り手は1年の試行期間終了後、3～10年間の利用権を設定し、期間終了後も更新できる。毎事業年度ごとに作付け状況や生産数量を市に報告するなどの要件があるほか、65歳以上は利用権設定を3年のみとするなど年齢制限を設けた。

稲作が盛んな同市は、コメ農家は比較的担い手育成が順調だが、小規模な果樹農家などは後継者不足が深刻だという。市農務課は「二つの制度が農地保全に役立てば」としている。

愛知県新城市　News & Data

「若者議会」設置、市長に政策提案

新城市は、２０１４年12月定例議会で、30歳未満の若者の活動を支援するための「若者条例」を制定した。市政に若い世代の意見を反映させるため、市長の諮問機関「若者議会」の設置などが柱。若い世代の活躍する仕組みを整えることで、定住促進につなげたい考えだ。

若者議会は10代後半から20歳代までの公募委員20人程度で構成。居住者以外でも、市内に通勤・通学していれば参加できる。市長の諮問に対する答申の形で施策を提案し、提案は次年度に予算化するなどして市政に反映させる。

条例ではこの他、市と市民、事業者が若者の活動を支援することや、若者が活躍するまちづくりの基本方針となる「若者総合政策」を策定することなどを定めた。

人口減に悩む同市では、穂積亮次市長が「若者を生かす総合政策」を3期目の公約に掲げ、若い世代の市政参加の在り方などを模索していた。市民自治推進課は「通常では気付かない若者ならではの視点でアイデアを出してもらい、若い世代が住んでいて楽しいまちづくりにつながれば」と期待している。

三重県鳥羽市　News & Data

定住促進で市有地購入に補助

鳥羽市は、40歳以下の若い世代の定住を促進するため、宅地用の市有地購入者に対して購入金額の10％を補助する。関連事業費は３００万円。

売却するのは、住宅街にある5件の宅地。約２４０～３８５平方メートルで価格は約３８０万～４８０万円。定住を目的に購入する場合、①購入者もしくは配偶者が40歳以下②土地の所有権の持ち分が2分の１以上③市税などの滞納がないこと――を条件に補助する。

市は１９６０年の国勢調査時点をピークに人口減少が続いており、特に40歳以下の減少が顕著になっている。また、リアス式海岸を有する市内では宅地に適した土地が少ないことから、近隣の土地価格が割安な地域へ若い世代が流出する傾向があるという。企画経営室は「子育て世代の転入のほか、市民の流出防止につながれば」と期待している。

滋賀県多賀町 News & Data
地元産木材で「お食い初めセット」

滋賀県多賀町は、子育て支援に取り組む姿勢を町民に伝えようと、地元産の木材で作った「お食い初めセット」を試作した。2015年度から出生届を出した際に贈呈する方針。産業環境課は「木材でこうしたお祝いの品を作って渡すケースはほとんどないのではないか。出産を町全体でお祝いする気持ちを表現するとともに、主要産業である林業の振興と環境保全に関する意識の高まりも期待でき、一石三鳥だ」と話している。

同町は森林面積が85%を占めており、人口減・少子高齢化対策と森林資源の有効活用が重要課題。近年では新生児数の増加の兆しが見えてきたため、町制60周年記念事業の一環として、地元木材を活用した少子化対策に取り組むこととした。

お食い初めセットにはヒノキを用い、ご飯茶わん・汁わん・小皿と大盆の4点で構成。お食い初めは地域によっては、「歯が丈夫になるように」との願いを込めて小石をかませることもあるため、小皿はタイなどではなく小石を載せるために使ってもらう。製作費は1セット1万5000円弱で、年間60～70セットを想定。小さな時から木製品に親しんでもらうことで、木や林業に対する愛着が強まる「木育」効果も見込めるとしている。

大阪市天王寺区 News & Data
子育て支援でバウチャー券

大阪市天王寺区は、乳幼児を抱える子育て世帯を支援するため、民間事業者が行う一時保育や教育などのサービスに利用できるバウチャー券の交付を始めた。乳幼児1人当たり1万円を用意し、子育て世代の定住促進につなげる考え。

交付対象は、2014年4月以降に生まれ、天王寺区に住民票がある乳幼児を持つ家庭。3カ月児健康診査の受診案内と共に送付する申請書に必要事項を記入すれば、バウチャー券（500円券で20枚）が交付される。使用期限は2歳の誕生日まで。14年度は約420人分の交付を見込む。

利用できるサービスは、英語や音楽教室など教育分野や、認可外保育園での一時保育、産後ヨガなど母親向けの講座、インフルエンザの任意予防接種など、区が認めた22事業者の41件。区保健福祉課は参加事業者を順次増やしていくとしている。

交付事業は17年3月まで実施し、効果を検証した上で継続するかどうかを判断する。

大阪府箕面市 News & Data
所得730万円以上の夫婦に不妊治療費助成

箕面市は、不妊に悩む夫婦に対し、体外受精などを行う「特定不妊治療」の費用を助成する。合計所得が730万円未満の夫婦には大阪府が既に助成しているため、730万円以上の夫婦を対象とする。

9月補正予算に関連経費約560万円を計上した。対象となるのは、妻の年齢が43歳未満の同市在住の夫婦で、特定不妊治療が必要と医師に診断されたことなどが条件。助成額は1回につき10万円を上限とする。採卵したが、卵子が得られないなどの理由で中止した場合は上限5万円。

健康増進課の担当者は「これまでは不妊治療を行っていても所得制限で助成が受けられない夫婦がいた。市が助成することで、不公平感をなくしたい」と話している。

奈良県五條市　News & Data

結婚相談所を開設

五條市は、地元社会福祉協議会や商工会とともに、結婚相談所を開設した。２０１４年７月24日から業務を開始する。窓口は福祉協議会の建物内に設置し、第２、第４木曜日の午後１時から同４時まで相談業務を行う。

相談窓口では、相談員が結婚を希望する男女から、年齢や年収、趣味など結婚相手に希望する条件や本人のＰＲポイントを聞き取り、マッチングを進める。男女の最初の顔合わせは、相談窓口に設けられた部屋で行う。相談料は無料だが、顔合わせ後の交際に掛かる費用などは各自の負担となる。対象は市内に居住、もしくは勤務する未婚の男女。

相談員は60代以降の「人生経験が豊富」（児童福祉課）な、退職世代の市民が務める。児童福祉課は「市民から市に『結婚相談の窓口はないのか』という問い合わせが多かったことからスタートした。少子化対策につなげていきたい」と話している。

奈良県王寺町　News & Data

子育て、就職支援の合同窓口設置

奈良県王寺町は、奈良労働局と合同で、子育て支援、生活支援、就職支援を同時に行う「まっち☆ジョブ王寺～ハローワーク～」を２０１４年12月１日に開設した。周辺の町を含めた７町を中心とした広域生活圏の就職情報を提供する。

労働局と合同の窓口設置は町村としては全国３例目で、西日本では初めて。子育て女性向けの求人情報の提供、就職活動に必要な応募書類作成や模擬面接などの支援を実施。王寺町に、平群町、三郷町、斑鳩町、安堵町、河合町、上牧町を加えた７町の子育て支援情報をまとめたリーフレットも提供する。

窓口は、ＪＲ・近鉄王寺駅に直結した大型複合施設内に設置され、施設内には大型ショッピングセンター、保育園、町の保健センターや子育て中の父母の交流施設などがある。このため町政策推進課では、町内外の就職支援を必要とする市民が「買い物など他の用事で近くを訪れた際に、気軽に立ち寄ってもらえれば」と期待している。

和歌山県有田市　News & Data

母子保健コーディネーター配置

有田市は、妊娠中から産後の子育てにかけて、女性からの相談に対応する「母子保健コーディネーター」に市立病院の助産師８人を任命した。さまざまな悩みや疑問について、適切に助言や情報提供するほか、必要に応じて関連機関を紹介。厚生労働省のモデル事業だが、担当者は「助産師がコーディネーターとなるのは珍しい。検診を行えるなど専門性が高いので、より安心なサービスを提供できる」と話している。

市立病院では、２０１３年10月に産科医師の不足により分娩《ぶんべん》を休止。市内で出産できる施設が無くなった。そこで市立病院は14年１月に助産師外来を開設し、妊娠中や産後のケアに力を入れることにした。コーディネーターの配置により、より積極的に妊産婦や母子を支援する。

具体的にはコーディネーターは、母子手帳を受け取るため保健センターを訪れた妊婦がいれば情報をもらい、すぐセンターに駆け付けたり、妊婦に電話したりして、支援内容を説明。市立病院内の産婦人科に常駐してさまざまな相談に乗るほか、各種サービスの利用の提案や検診も行う。産後には自宅を訪問し、子育ての不安に対応。子どもが1歳ぐらいになるまで支援を続けるという。

和歌山県湯浅町　News & Data

大阪の大学と「ふるさと」協定

和歌山県湯浅町は、大学生との交流により特産のしょうゆなどの食文化を発信し、地域活性化につなげるため、羽衣国際大学（大阪府堺市）と「大学のふるさと」協定を調印した。学生らに特産物を使った新たな料理を開発、販売などしてもらうことで、従来と違った形で町の魅力をアピールする。

「大学のふるさと」制度は、和歌山県が２０１４年度から、県内市町村と県外の大学の交流を促進するために創設。市町村は学生にフィールドワークの場などを提供する代わりに、地域の活性に向け協力を得ることができる。

交流活動では、羽衣国際大の人間生活学部食物栄養学科の学生らが町特産のしょうゆや「金山寺みそ」にミカンやアジ、サバといった地元食材を組み合わせた定食などを開発し、町内の祭りで販売する。町のイベント運営にボランティアで参加するほか、町内で働きながら滞在する「ワークステイ」なども通じて地域活性化を後押しする。授業科目として単位を取得することはできないが、交流活動に基づいて卒業論文の研究を行う学生もいるという。

調印式で湯浅町の上山章善町長は「湯浅町の伝統食材で若者しか思い付かないような斬新なレシピができるのが楽しみ。学生にはイベントへの参加などで町を知ってもらう良い機会だ」とあいさつ。交流の効果に期待を示している。

鳥取県米子市　News & Data

空き家を「お試し住宅」に改修

米子市は２０１４年度内に、市内の空き家を改修し、県外で移住を考えている人に短期間住んでもらう「お試し住宅」を整備する。移住定住に関する相談などを専従で担当する職員も新たに置いた。

東日本大震災後の西日本への移住ニーズの増加を受け、また人口減少への対応策として、14年度当初予算に移住定住推進事業１７４０万円を計上した。

年度初めにお試し住宅に改修するための空き家を3件公募したところ、22件の応募、40件の問い合わせがあった。市は空き家を無償で10年間借り受ける。企画課は「市が中のリフォームをやってくれ、10年間管理してくれるという安心感があるのではないか」としている。

1件当たりの改修費を４００万円以内に設定しており、応募の中から条件に合致する3件を選定。改修工事を経て年度内の完成を目指す。お試しの期間は2泊3日から3カ月を予定しており、利用料は今後検討する。

併せて、移住相談の専従職員を非常勤職員として雇用。お試し住宅の運営、ＰＲや維持管理に当たってもらう。08年に企画課内に移住定住相談窓口を設置したが、これまでは課内の職員が兼務。専従を置くことで、よりきめ細かく対応できるようにする。

島根県出雲市　News & Data

「縁結び」テーマにシティーセールス

出雲市は、「縁結び」をテーマにしたシティーセールスを始める。同市には縁結び効果で有名な出雲大社などの神社が立地しており、「縁結びのまち」ブランドのＰＲと、若者の結婚意識の向上が狙い。

市はシティーセールス開始に先立ち、神社をイメージさせるしめ縄などが描かれたご当地婚姻届を製作した。ご当地婚姻届は、結婚情報誌「ゼクシィ」などを発行する株式会社リクルートマーケティングパートナーズとの共同企画。同社の特設サイト上でアンケートに回答すると、提出用と記念用のご当地婚姻届がダウンロードできる仕組みだ。

また、カップルが記念撮影できる場所として、ご当地婚姻届と同様のデザインの「ご縁結び処《どころ》記念撮影コーナー」を出雲市役所内に設置。さらに、観光誘客にも生かすため、市外のカップルに同市役所で婚姻届を提出してもらう旅行プランを検討しているという。

市縁結び定住課は「少子化対策のためにも、セールスによって若い人の結婚意識を高めたい」としている。

岡山県早島町　News & Data

人口減対策で同窓会の経費助成

岡山県早島町は、町立小中学校の卒業生が同窓会を開催する際、経費の一部を助成する制度を創設した。今後の人口減少社会の到来を見据え、Ｕターンによる定住の促進やふるさと納税の推進につなげたい考えだ。

対象となるのは、同じ学年、クラス、クラブを単位とした同窓会。①20人以上が集まる②出席者の３割以上が町外に居住する③町に関する情報発信を行う——ことを条件とする。

合計金額３万円を上限に、町内に住む参加者は１人１０００円、町外に住む参加者は１人２０００円を、それぞれ助成する。町民が経営する店舗などを利用した場合は、さらに１万円を加算する。

ただ、同一の同窓会に対する助成は、年度内に１回のみとする。

広島県三次市　News & Data

不妊治療を全額補助

三次市は、２０１５年度から体外受精などの「特定不妊治療」の全額補助を目指している。市健康推進課によると、「具体的な少子化対策が狙い」で、同様の取り組みは全国でも珍しいという。

市はこれまで、特定不妊治療に対する国や県の助成に最大15万円を独自に上乗せしてきた。特定不妊治療は、保険診療の適用外で治療費が高い。同市から約80キロ以上離れた広島市内の病院に通う夫婦もおり、交通費なども負担となっているという。

条件は、市内在住の夫婦で、所得の合計額が７３０万円未満であることなど。健康推進課の担当者は「（治療費の無料化でニーズの）新規の掘り起こしを図りたい。費用面で悩む若い世代の夫婦が早く相談できるようになれれば」と話している。13年度の利用件数は37件だったが、無料化で年間50～60回に増えると見込む。

市は15年度から３年間の事業実施計画に不妊治療無料化を盛り込んでおり、年間の事業費は２５９０万円と見積もっている。

山口県ゆとりある住生活推進協議会　News & Data

空き家対策で相談窓口を開設

山口県や県建築士会などで構成する「ゆとりある住生活推進協議会」は、倒壊の危険性がある空き家対策の一環として、所有者を対象にした相談窓口を開設する。専門知識を持つ建築士も無料で相談に応じ、適切な維持管理や有効活用、撤去を促す。

窓口は、住宅購入やリフォームなどの相談を受けている「きらめき住まいづくりセンター」内に設置。窓口にはセンターの職員が常駐し、より専門的な相談には建築士が対応する。

空き家の状態に関するチェックリストや具体的な管理方法などを記載した所有者向けパンフレットも作製。各自治体に配布し、県のホームページにも掲載する。

２０１４年７月に総務省が公表した住宅・土地統計調査結果（速報）では、県内の空き家率は16・２％で全国で12番目に高い。県住宅課は「空き家はすぐに傷んでしまう。放火の恐れもあり、適切な管理が必要。専門的な相談にも応じていきたい」としている。

山口県長門市 News & Data

婚活世話人、成功で報奨金

長門市は、未婚・晩婚化に歯止めをかけるため、独身男女の出会いなどをサポートする婚活世話人「縁結び大使」を募集している。人口減少対策の一環で、男女のどちらかが30歳以上で結婚して同市に定住した場合、大使に報奨金として１組につき10万円を支給する。

大使は、市民や市内に勤務する「独身男女の情報に詳しい」人が対象。市税の滞納がなく、暴力団員と関係を持っていないことなどが条件で、登録人数に制限は設けない。

市企画政策課は「30歳になると出会いが少なくなってくる。大使には、お見合いなど結婚につながることだけでなく、小さな悩み相談にも応じてほしい」としている。

山口県周防大島町 News & Data

新薬「シマグラシS錠」で定住促進

「サービス依存症には、これが効く」――。山口県周防大島町は、島への定住を促すグッズ「シマグラシS錠」を作った。頭痛薬に見立てたユーモアあふれる作りで、中身はラムネ菓子。大都市の過剰なサービスに慣れた人を「現代病」とし、島暮らしが「治療薬」として有効とうたっている。

町商工会などで構成する町定住促進協議会と連携して、東京や大阪などで開かれる移住フェアでの配布用に作った。移住の「効能」をパッケージに記載し、「何もない暮らしに不満を持たなくなる」とアピールしている。

一方、これまで移住に失敗した人がいたことから、「使用上の注意」の紙も入れた。「一度に移住すると、拒絶反応を起こす場合がある」とし、島の生活を体験するツアーへの参加を呼び掛けている。

町政策企画課は「ジョークを交えて面白おかしくしているが、実際の田舎生活はイメージと差がある。よく考えてから移住を決めてほしい」としている。

愛媛県八幡浜市 News & Data

「ちゃんぽん振興条例」制定

八幡浜市議会は、２０１４年９月定例議会で市の名物であるちゃんぽんを地域資源とし、地域振興に生かすことを定めた「八幡浜ちゃんぽん振興条例」を制定した。ちゃんぽんの普及を通して市の知名度向上を図るとともに、市民の郷土への愛着を育むことが目的。

八幡浜商工会議所青年部が地域活性化のため、市に制定を要請したことがきっかけ。市議会や、ちゃんぽんを提供する飲食店の意見を踏まえて市が作成した。条例は「八幡浜」にちなんで8条から成り、八幡浜ちゃんぽんの普及促進と継承、市や事業者、市民らが連携して地域振興に取り組むことなどを定めている。「麺の日」である11月11日から施行する。

商工観光課は「条例制定をきっかけに、市と八幡浜ちゃんぽんの知名度向上、地域活性化に取り組みたい」と話している。

八幡浜ちゃんぽんは、鶏がらや魚介でだしを取ったあっさりしたスープが特徴。具は野菜や豚肉に加え、市の特産品であるかまぼこ、じゃこ天も使用する。現在、市内約50店で提供している。

高知県馬路村 News & Data

特別村民8000人超、なお受け付け

高知県馬路村では、「特別村民」の住民登録申請を受け付けている。特別村民とは村外にいる村のファンで、村を応援してもらうのが狙い。2003年8月ごろから受け付けを開始し、既に47都道府県に8000人を超える特別村民がいる。

住民票は、村内の温泉施設に置かれた申込書や、インターネットから申請できる。特別村民になると「馬路村特別村民証」が送られ、村の年間行事などについて書かれた広報誌が年1回届く。

来村時には村長と一緒に無料で村のユズを使ったジュース「ごっくん馬路村」を飲める特典もある。村総務課などによると、これまでに1000人以上の特別村民が村長室を訪れているという。

福岡県豊前市 News & Data

老朽空き家解体後、固定資産税減免

豊前市は2015年度から、柱が著しく傾くなど老朽化して危険になった空き家対策として、解体後の土地の固定資産税を減免する制度を始める。危険家屋の取り壊しを促進し、市民の安心・安全を確保するのが狙い。税務課によると、こうした取り組みは全国的にも珍しいという。

住宅が立っている土地には固定資産税の軽減措置が適用されるが、住宅を取り壊して更地にした場合、軽減措置がなくなることから、一般的に税負担が増える。そこで市は、老朽危険度が一定の基準を超える家屋を解体した後の土地の固定資産税を独自に最長10年間減免し、危険家屋の解体を推進することにした。

具体的には、10年間のうち最初の5年間について、住宅用地の特例による軽減措置が適用された場合の税額との差額を減免する。ただ、6年目以降になると、減免額を徐々に縮小していく。

いったん減免が認められても、雑草が繁茂して近隣住民から苦情が寄せられるなど、適正な管理が行われていない場合は減免を打ち切る方針だ。

福岡県八女市 News & Data

移住・起業に補助金

八女市は、市内に移住し起業する個人に対し、経費の一部を補助する事業を始めた。定住・移住促進策の一環として実施し、50万円を上限に経費の3分の1を補助する。事業費は250万円。

補助金申請の条件は、活動拠点を市内に置き、新規事業の起業計画を持つ個人で、同市に住民票がなく、今後住民登録すること。申請者は市のホームページから、事業計画書や資金計画書などをダウンロードして提出し、市が面接など審査を行い、決定する。

市が想定するのは、特産のフルーツなどの農林産物、棚田の風景などの地域特産を生かした起業。既に市が手掛けている農林業などは除く。市企画政策係は「景観を売りにしたカフェやフルーツを活用したケーキを出す洋菓子店などを考えている」という。

福岡県芦屋町　News & Data

空き店舗への出店者に家賃補助

福岡県芦屋町は、空き店舗の利用を促進して商業地域のにぎわいを創出するため、空き店舗への出店者に補助金を交付する制度を設けた。商売がしやすい環境を整えることで、町外からの移住者も呼び込みたい考えだ。

補助金の交付対象となるのは小売業や卸売業、飲食サービス業など。空き店舗を賃借して出店した月から24カ月以内の月額家賃を補助する。上限は5万円で、補助率は12カ月目までが2分の1以内、13カ月目以降は3分の1以内とする。

波多野茂丸町長は経済活性化策について、「これまでは工場の誘致といった大規模なものがイメージされがちだったが、今はそういう時代ではない。事業規模は小さくても、とにかく町に住んで商売してもらうことが重要だ」と話している。

福岡県吉富町　News & Data

子育て家庭に保健師ら派遣

福岡県吉富町は、乳幼児などを抱える家庭の希望に応じて保健師らを派遣し、出産や子育てについて助言する事業を始めた。子育てしやすい環境づくりの一環として実施するもので、無料で利用してもらう。

事業では保健師のほか、助産師や看護師、保育士ら子育て支援に関する専門的な知識を持つ人材が、妊婦がいる家庭や小学校就学前の乳幼児を抱える家庭を訪問する。利用回数に制限を設けておらず、健康福祉課は「気軽に利用してほしい」と話している。

例えば、妊婦がいる家庭には助産師を派遣して母乳育児について助言。「卒乳」やトイレ訓練について知りたい家庭には保健師が訪問するほか、保育士の派遣では家庭でできる遊びなどを紹介する。

熊本県南阿蘇村　News & Data

子ども施設でバイクの里

熊本県南阿蘇村とみなみあそ村観光協会は２０１５年4月、小学生らがオートバイを楽しむ施設「みなみあそＢＩＫＥ　ＬＯＶＥらんど」を開設する。隣接の大津町にあるホンダ熊本製作所の協力を得て、整備されたインフラの中で、安全に楽しめるルールやマナーなどを教える。企画観光課は「将来はライダーが住みたいバイクの里づくりを目指す」としている。

同村が所有する元年金保養基地「グリーンピア南阿蘇」のサイクリング、ゴーカート用のコース跡地４・５ヘクタールを再利用、コースやパドックを整備してミニバイク専用に改める。ホンダからはオートバイ8台などの提供を受けるほか、指導員の養成など運営面での支援も受ける。

阿蘇地方は草原面積が日本全体の約半分といわれ、北海道と並び、ライダーに人気だが、大半が中高年。若い世代の減少にメーカー側も危機感を持っているもようで、バイクによる地域活性化を図る村と「子どものうちから親しんでもらおう」と協力に至った。

同村は今後、イベントや集会、大型免許制度の改定を要望する会議などで愛好者の集客を図る。ソフト、ハードの両面で企画を練り、現在ツーリング型にとどまっている来訪者を滞在型に変え、さらに定住を促す「バイクの里づくり」を進める。

大分県　News & Data
空き家対策で市町村向けに要領

大分県は、空き家問題の課題と対応策をまとめた「取組要領」を策定した。県や市町村の役割分担を明確にした上で、空き家の適正管理と利活用の両面から対策を提示。市町村に配布して活用してもらう。

県内では２００８年に14・1%だった空き家率が、13年には15・8%に上昇するなど空き家問題が深刻化している。そこで県と市町村は12年度から検討会を設置して対策を検討。共有した情報や議論などを整理して、要領に取りまとめた。

要領は、解決に向けた課題として、▼実態把握▼相談体制▼有効活用▼老朽危険対策▼まちの魅力――を挙げ、それぞれの対策を示した。有効活用については、市町村が空き家バンクの拡充を進める一方、県は先進事例や補助金の活用事例などを紹介して支援するとしている。

また、倒壊の恐れがある老朽化した空き家について、市町村は適正管理条例を制定するほか、空き家を解体・撤去する際の費用を補助する制度を拡充する。また、国に対しては固定資産税を軽減する特例措置の対象見直しを求めていくことも明記した。

宮崎県西米良村　News & Data
移住定住支援サイトを開設

宮崎県西米良村は、移住定住支援サイト「めらくらし」を村のホームページ上に開設した。人口減少対策の一環で、村に関するさまざまな情報を提供することで、移住・定住者の増加を目指す。

サイト内の「移住定住支援情報パンフレット」には、村の気候や交通アクセスといった基本的な情報から、医療・教育環境、5年間の固定資産税免除などを含む起業支援まで、幅広い情報を記載している。

「空き家バンク」では、村内の空き家物件の写真や間取り図を掲載。また、空き家所有者が手軽にバンクに情報を登録できるように、申込書や誓約書のダウンロードを可能にした。

一方で、移住希望者の理想と現実のギャップを埋めるため、鳥獣被害と対策など、村での生活の実態も紹介。定住推進対策室の担当者は「実際に移住する前に田舎暮らしに関する予備知識を持っていただければ」と話している。

鹿児島県鹿屋市　News & Data
子育て情報をメール配信

鹿屋市は、妊娠期から出生後3歳の誕生日を迎える子どもを持つまでの親らを対象に、子育てに関する情報をメールマガジンとして配信するサービスを開始した。妊娠期と出産後１００日までは毎日配信し、健診日の周知や、子育てに対する不安解消に役立てたい考え。事業費は１５０万円。

市の出生数は近年約１１００人で、延べ約４０００世帯が対象となる。子育て支援課は２０１３年度、子育てをする母親にニーズ調査を実施。その際、市が提供している子育てサービスが知られていない点や、健診日など早期の情報提供が必要だということが分かったという。

メールマガジンの配信は、NPO法人「きずなメール・プロジェクト」に委託。内容は、産婦人科医や保健師らの監修を受けており、妊娠期は妊娠週数に応じて胎児の成長の様子や母親への妊娠期のアドバイスなどを提供する。

出産後101日から1歳誕生日までは3日に1回程度、1～2歳誕生日までは1週間に1回程度、2～3歳誕生日までは月2回程度配信。赤ちゃんの月齢に応じて各種健診や予防接種日、市のイベント情報のほか、病気の対応など生活習慣のアドバイスなども配信する。

登録は市のホームページに掲載しているQRコードからアクセスし、簡単なアンケートを記入。子どもの出産予定日や出生日を登録し、子どもの状況に合わせた情報を提供する。同課は父親や祖父母にも登録を進めており、「子どもの状況を把握し、家族で子育てを共有してほしい」としている。

沖縄県名護市　News & Data

幼稚園児の預かり拡充

名護市は2015年度から、公立幼稚園の預かり保育の実施園と人数を拡充する。関連経費を3月補正予算案に計上する方針。

市は、厚生労働省が同年度から学童保育の基準対象を拡大するのに伴い、幼稚園児の預かり施設が不足すると想定。受け皿確保のため、これまでの2園40人を3園90人に広げる。臨時職員1人を新たに雇用するほか、正規職員1人に時間外手当を付ける。

市教育委員会によると、公立幼稚園を利用する保護者の約45%が民間の学童保育を利用しており、子どもの居場所づくりに関する保護者のニーズが高まっている。

稲嶺進市長は「これまでも保育所の増設や定員増で子育て支援に力を入れてきたが、より良い支援を提供したい」としている。

沖縄県多良間村　News & Data

高卒まで医療費無料化

沖縄県多良間村は、高校卒業までの医療費や小中学校の給食費の無料化と、定住奨励金の増額など、子育てと定住両方の支援策を新設、拡大した。人口減少率が3%台と沖縄県内でも特に厳しい過疎化に歯止めをかける狙いがある。

財源として、「村過疎化対策子育て応援基金」を1億4000万円積み立てた。

子育て関連では、小中学生の給食費、幼稚園児の入園料・保育料、第2子からの保育所保育料、高卒までの医療費、小中学生のインフルエンザ接種費用をそれぞれ無料化した。

一方、過疎対策として、結婚祝い金、出生祝い金、小学校入学祝い金、定住奨励金、住宅の新築・購入奨励金をそれぞれ増額。村出身者の定住促進に加え、Iターン、Uターン者を呼び込みたい考えだ。

第V部

座談会――
人口減少社会の今、何をなすべきか

- ◆人口減少の何が問題なのか
- ◆少子化の原因と対策の遅れ
- ◆求められる婚活支援の在り方
- ◆子育てを支える制度と給付
- ◆東京一極集中に歯止めをかける
- ◆「自治体消滅」が意味する将来
- ◆コンパクトシティーという選択肢
- ◆「女性が輝く社会」は実現するか

人口減少社会の今、何をなすべきか

［出席者］片山 善博 慶應義塾大学法学部教授
橘・フクシマ 咲江 G&S Global Advisors Inc. 代表取締役社長
松田 茂樹 中京大学現代社会学部教授
［司　会］小林 伸年 時事通信社編集委員

人口減少の何が問題なのか

小林（司会）　人口減少、これをどうとらえるか。人口規模の縮小が問題なのか、それとも急激な減り方が問題なのか。皆さんどんな認識をお持ちか伺いたいと思います。まず、日本創成会議のメンバーでもあるフクシマ先生のご見解はいかがでしょうか。

フクシマ　問題は規模とスピード両方にあると思います。日本創成会議の人口減少問題分科会のメンバーにしていただいたときに、私は人口の専門家ではありませんので、唯一貢献できるのは、経営者としての視点から、人口減少がビジネスにどういう影響を与えるか、それを解決するため何ができるかと考えました。

今回のこのレポート作成にあたって、さまざまな人からのヒアリングを通して、「こんなに根は深かったのか」と、頬をたたかれたようなショックを受けました。ビジネスの観点から少子化をとらえると、最も危惧されるのは、労働人口の減少です。企業にとっては優秀な働き手が減少することは、将来の企業の存続に関わります。人口全体の減少もそうですが、労働人口減少の規模が想定をはるかに超えていました。2点目は、スピードです。一番ショックだったのは、対策が5年遅れると人口が約300万人減るという統計です。スピードの重要性という意味で、最もインパクトのあったデータでした。

「地方再生」のために、企業ができることの一つは、オペレーションのバリュー・チェーンの各機能を地方に分散し、雇用を増やし、地方を活性化することです。例えば企業が東京一極集中を避け、地方に本社を移すことで、災害などリスクを分散するという効果もあります。「人口減少」

への対策としては、一つは女性、高齢者、外国籍人財（企業の資産、市場価値がある人の意味）といった潜在的労働力を活用することで「数」を増やし、労働力率を上げること。もう一つは一人ひとりの生産性を上げることで、労働の「質」を上げることです。基本的にはこの二つが企業による直近の人口減少対策の主眼になると思います。そのため、多くの企業では、多様な人財を採用、育成、登用する「ダイバーシティ＆インクルージョン」の活動を促進しています。

小林　片山先生は知事、総務大臣を経験され、この問題にどんな認識をお持ちでしょうか。

◎問題は減少のスピードと大都市集中　片山

片山　私は日本の絶対人口がどれだけないといけないというような確定したものはないと思います。日本の国の勢いが非常に盛んでも、人口は今より少ない時代もありましたから。

人口がある程度減るのはやむを得ないでしょうが、問題は二つあると思います。一つは、今指摘されたスピードの問題です。あまりにも早過ぎると急激な人口の減少に、社会の仕組みがついていけない。年金が典型的ですが、急激な高齢社会を迎え、そのシステムを維持するだけの負担がなかなか追いつかない。減るにしても、もう少しなだらかな、時間をかけたものでなければと思います。

もう一つは、減り方がいびつといいますか、地方のほうが相対的に減り方の率が高い。全国平均より地方、特に過疎地を抱えた地域の減り方が急激ですから、そこにダメージが大きくのしかかってくる。それが地域自体を維持できなくなるという危惧や懸念につながるわけです。さらに、大都市への流入をどう止めるか、大都市から機能や人口をどう外へ移すかという課題にもつながってきます。

重要な点は、これまでの政策や社会の在り方を点検する必要があることでしょう。これまでもさんざん地域振興や、地域活性化のために、巨額の財政資金を投入してきましたが、今に至ってもその成果は表れていません。

だからこそ、こうした事態になってしまった。今後を考えるには、国や地方自治体の行政、政治の在り方を今一度点検し、そのうえでこれからの政策を論じ、考えてみる。こういう姿勢が必要だと思いました。

少子化の原因と対策の遅れ

小林　家族社会学を専門とされている松田先生、いかがでしょうか。
松田　人口減少をどうとらえるかですが、まず社会学の立場からすると、人口の規模に関して、適正人口というものは存在しないと思います。1億人であろうが、3000万人であろうが、活力ある社会を持続している国はあります。ただ、わが国の今の状況を見ますとスピードが問題です。人口減少、少子化、それに伴う高齢化、このスピードがあまりに速過ぎる。このため社会保障をはじめ、さまざまな国の制度、仕組みを維持していくことが非常に困難になることが危惧されます。
もう1点加えると、この少子化、人口減少は、個々人が望んで起きたものではない。それを認識したほうがいいかと思います。若い世代を調査しますと、ほとんどの人が結婚したい、子どももう少しつくりたいと言っている。しかし、それができていないのは、国民の希望が叶えられない中で人口減少がどんどん進んでいるということで、ここに大きな問題を感じています。
小林　少子化は今に始まったことではありません。政府が1994年に「エンゼルプラン」をつくったくらいですから、以前から認識されていました。でもそれから20年経っていますが、ほとんど成果が上がっていません。これはなぜでしょう。

◎少子化の最大の要因は未婚化　松田

松田　わが国は過去20年間、少子化対策を進めてきています。「エンゼルプラン」を開始してほぼ20年、一生懸命やってきましたが、出生率回復、それに伴う人口減少のストップ実現には至っていないことを、認識しておく必要があります。

なぜかというと、従来の少子化対策は二つの柱で進めてきたと言われます。一つは保育サービスを増やすこと。もう一つはワーク・ライフ・バランスです。この二つを両輪に進めてきたことは国の白書にも書かれています。

これは両方とも、出産・育児期に継続就業する夫婦、もう少し具体的に言うと、正規雇用者として継続就業する共働き夫婦をターゲットにしたものだったと思います。この人たちには、産み育てやすくなる、働きやすくなる効果があったでしょう。しかし、少子化対策は、それ以外に幅広い効果を上げることはなかったと見ています。

その理由を述べますと、一つは、少子化の最大の要因は未婚化であったということです。70年代以降の出生率低下の要因の90％は未婚化です。若者の結婚意欲が低いわけではなく、雇用が悪化している。正社員でも賃金が伸びなかったからです。「失われた10年」で非正規雇用が増え、出会いが変わってきている。今の若い世代に聞くと出会いがないという。この変化があります。

もう一つは、理想の子どもの数を産めていなかったということがあります。夫婦が理想とする子どもの数は2・4人ぐらいですが、実際に産んでいる数は2人に達していません。背景は、子育てや教育に必要なコストがあまりに高いという問題が解消されなかったということです。

片山 善博（かたやま・よしひろ）
慶應義塾大学法学部教授
元鳥取県知事、元総務大臣

1951年岡山県生まれ。74年東京大学法学部卒業、同年自治省に入省。鳥取県庁や国土庁への出向を経て、自治大臣秘書官、自治省国際交流企画官・固定資産税課長・府県税課長などの役職を歴任。99年４月鳥取県知事選挙に出馬し初当選。改革派知事と称された。2007年知事を退任し、慶應義塾大学教授に就任。09年行政刷新会議議員。10年９月から11年９月まで菅内閣において総務相・内閣府特命担当相（地域主権推進）・地域活性化担当相を務めた後、慶應義塾大学に復職し、現在に至る。

ワーク・ライフ・バランスはどう位置づけられるかといいますと、出産前後に継続就業している人には非常にメリットがあったのですが、過去20年経って振り返ると、継続就業している女性は全体の4分の1で、残り4分の3はそうではありませんから、少子化対策の取り組みと実態に少しずれがあるような気がします。

◎男女別の支援策では解決しない　フクシマ

フクシマ　特に継続就労の課題になると、女性本人のやる気がないとか国の施策が悪いとか、必ず犯人探しが始まります。そうすると堂々巡りになり、いつまでも解決しないので、「政府」「企業」「個人」に加えて教育機関も含めた「社会」という、この四つのカテゴリーのステークホルダー（利害関係者）についてそれぞれの課題とすべきことを議論する必要があります。

企業というカテゴリーでは、「男女共同参画」というコンセプトの本来の意味を、男性も女性も、そして社会全体が明確に定義していなかったということが課題の一つです。

今まで男女共同参画というと、女性が男性の領域にどう加わるか、そこでどう成功するかという観点から制度等の仕組みがつくられてきています。しかし、本来「男女共同参画」は、男女共に双方の領域に参画することを意味するはずです。つまり、男性が女性の領域とされてきた家事や育児に「参加」ではなく主体的に「参画」するのでなければ、真の男女共同参画にはなりません。企業の場合は、女性が継続就労できるようさまざまな支援制度を導入してき

橘・フクシマ 咲江
（たちばな・ふくしま・さきえ）
G&S Global Advisors Inc. 代表取締役社長
公益社団法人経済同友会副代表幹事
日本創成会議委員

1949年千葉県生まれ、72年清泉女子大学卒。78年ハーバード大学教育学大学院修士課程修了。87年スタンフォード大学経営学大学院修士課程修了。ハーバード大学東アジア言語文化科日本語講師、ブラックストン・インターナショナル株式会社、ベイン・アンド・カンパニー株式会社を経て、91年コーン・フェリー・インターナショナル株式会社入社。2000年日本支社社長、09年会長に就任。95年から07年まで米国本社取締役を兼務。10年より現職。その間、花王、ソニー等日本企業の社外役員を務め、現在ブリヂストン、味の素、J.フロント・リテイリング、三菱商事社外役員、日本政策投資銀行アドバイザリー・ボード・メンバー。文部科学省中央教育審議会大学分科会や国立大学評価委員会等の委員も務める。

ましたし、日本企業の制度は、他国と比較してもかなり充実しています。しかし、問題の根本は、男性と同じように長時間労働をすることが前提で、女性が家事・育児も負担しているという現状です。まず、男性も含めた労働慣行の見直しをすることが不可欠で、それなしにはせっかくの制度も運用面で問題が生じ、「仏作って魂入れず」になります。ご存じのように、日本の労働生産性はアメリカの約7割と低い。業務効率を改善し、短い時間で成果が出せる働き方を促進することで、男女共に長時間労働を減らそうとしている企業が増えています。

また、若い男性は育児をしたいと考えている人も少なくない。講演等で、20代から30代の若い男性に「この中で、子育てを積極的に自分の仕事としてやりたい人はいますか」と聞いてみると、8割ぐらいから手が挙がるんですよ。この点は、その人たちのご両親の世代と大きく違い、参画意欲が高く、自然に育児を自分の仕事として考えている人が増えているのだと思います。

私は長年人財の仕事をして、性別や、国籍の違い等のダイバーシティの要因は、その人の個性の一つにすぎないと考えています。「Aさんは女性だから」とカテゴリーで判断せず、「個性の一部が女性で、他にもさまざまな要件を持っている」と見ています。その点から言うと、女性支援とカテゴリーだけで支援策を考えていると、いつまでたっても問題は解決しないと思います。男性も育児をする権利「育児権」があるという主張をしていますが、男女が一緒に子どもを「共育（共に育てる）」できる環境をつくる。そ

松田 茂樹（まつだ・しげき）
中京大学現代社会学部教授
博士（社会学）

1970年東京都生まれ。1993年一橋大学社会学部卒業。2004年慶應義塾大学大学院社会学研究科博士課程単位取得退学。第一生命経済研究所主席研究員を経て現職。専門は、少子化対策、子育て支援、家族論。内閣府「都市と地方における子育て環境に関する調査」専門委員会委員長（2011）、小渕優子元少子化担当大臣の「ゼロから考える少子化対策プロジェクトチーム」委員（2009）、「少子化危機突破タスクフォース」構成員（2014）、教育再生実行会議分科会有識者（2014）等を務める。

［司会］
小林 伸年（こばやし・のぶとし）
時事通信社編集委員・海外速報部長

1962年東京都生まれ。86年早稲田大学第一文学部卒業。同年時事通信社入社。静岡総局、内政部記者、内政部長、長野支局長を経て現職。

れを可能にするには、企業サイドの長時間労働という労働慣行の変更が不可欠です。

小林　行政の対応がいまひとつ効果を上げなかったのは、１９６０年から70年ぐらいは人口増対策にずっと追われ、減ることに慣れていなかった。こんな点もあるのでしょうか。

◎国の支援にはハード事業が隠れている　片山

片山　統計から想定した将来像というのはかなり前から分かっていましたから、気づくのはそんなに遅くはなかったと思いますね。それなりに早いうちから政策を打ってきましたから。ただ、それがピントを外れていたという面があり、必ずしも本気でなかったという印象を私は持っています。

　というのは、子育て支援とか「エンゼルプラン」も含め、少子化対策にかなり力を入れたことになっていますが、国や地方が財政支援を投入する領域を見ると、やっぱりハード中心、公共事業中心なんです。それは今も変わってない。雇用政策とか何か鳴り物入りの政策を打ち出そうとすると、必ずハード事業が隠れていて、それがどっと出てくる。今度の地方創生もおそらくそうなるのではと睨んでいます。大きな意味での政策転換がなされていない、そんな気がします。

　例えば、私が鳥取県の知事だった２０００年に、鳥取県西部地震という、当時としては非常に大きな、阪神・淡路大震災と同じ規模の地震がありました。ある地域では家はほとんど壊れました。農村地帯ですから農地も壊れる。その農地を復旧するための経費は国や自治体がほとんど出すんです。ところが、住宅再建費用は一銭も出せないのが当時の決まりでした。

　鳥取県では独自に住宅再建支援策を制度化して、それが実は後年、国の制度になり、今回の東日本大震災でも建て替える人には1戸当たり３００万円出るようになった。これは実は、鳥取県西部地震がきっかけなんです。

　そのときは政府とだいぶやり合いました。彼らが言うのは、生産手段には税金を投入してもいいが、生活手段にパブリックな税金を投入することはまかりならん。国のカネであれ、自治体のカネであれ、突き詰めるとこういう論理なのです。

ですから、2000年の時点でも、生産手段重視、生活手段は後回し、こういう確固とした思想がありました。私はあきれましたね。もちろんそのときも、政府はゆとりある生活や、子育てしやすい社会づくりとか言っていました。だけど実態はそうでなかった。性根が入ってなかったわけです。ですから、現在のような事態を迎えて、政府の政策を本当に根底から変える、基本のコンセプトを変えることができるかどうかが、非常に重要だと思います。

あと社会の在り方。最近もマタニティーハラスメントをめぐる裁判がありましたが、妊娠した女性に対する偏見とか差別があって、あのような訴訟になるわけです。これだけ企業の在り方や働き方を変えねばと言われているのに、依然、公然たるマタニティーハラスメントが存在する。やっぱり子育てに対するリスペクトが社会全体として足りないと思いますね。これは企業や社会の問題の一面だろうと思います。

もう一つ個人レベルで言いますと、若い人を見ていると、結婚したいけど、きっかけがない、言い出しにくいと言う。やっぱりシャイなんです。昔は日本人のシャイな面を世話焼きさんがカバーしてくれた。仲人したい人がいっぱいいましたから。

私たちが結婚するときはまだ、紹介、見合いで結婚した人が結構多かった。だけど恋愛結婚がだんだん増えてきた。今はもうまったく逆転して、お見合いなんてほとんどないじゃないですか。じゃあシャイだった日本人の性質がこの数十年間で一挙に変わったかというと、そんなに変わるわけがないですよ。世話焼きがいなくなり、なす術もない若者がいっぱいいるわけです（笑）。昔は会社も組織も世話を焼いていたんですね。今そんなのないですから。

求められる婚活支援の在り方

小林　1965年ぐらいを境に、見合い結婚と恋愛結婚が逆転して、見合い結婚はなくなったも同然という状態になりました。そのときに、見合い結婚を代替したのが職場だったというのが松田先生の主張ですね。

◎「家庭志向の女性」が多いのが実態　松田

松田　結婚しにくくなった背景には、雇用以外に出会いの問題があると言いましたが、片山先生が言われたように、見合いが減り、恋愛の時代になる。恋愛になりますと、自力で探さなければならない。これがなかなか難しいというのが一つ。もう一つは、出会いの場が変わってきたと言われています。

バブル経済のころまでは職縁結婚がかなりありました。職場で、総合職の男性と一般職の女性が結ばれるパターンが多かったのですが、それがいま減っているという研究が報告されています。それを代替する場がないのです。いま出会いで最も多いものは友人や知人の紹介なんです。ですから私はいつも大学の授業で、「友達を大切にしましょう」と言うんですが（笑）。今、お見合いサービスというかたちで、結婚情報サービスを民間や地方公共団体がやっていますけど、まだまだ十分な成果が上がっていません。

それと、世の中で言われていることと実態は、おそらく違うところがあると思います。

従来から言われてきたことは、仕事志向の強い女性は多いものの、ワーク・ライフ・バランスの環境が整っていない。マタニティーハラスメントの問題、保育所の問題もあり、それが結婚を抑制し、出産を抑制している。これが女性の経済的自立と両立支援の不足仮説と言われるもので、これで日本は20年間対策に取り組んできたわけです。

マタニティーハラスメントなどあってはいけないし、保育所の待機児童もどんどん解消されるべきですが、20年間これをやってきたあげく、出生率が1・57でびっくりしたのが今や1・43。ということは、多分これ以外の要因がかなりあるんです。

2014年の人口学会大会で議論になりましたが、「家庭志向の女性」が多いのが日本の実態なんです。ヨーロッパにも存在するという報告がありますが、日本はもう少し多い。継続就業している女性は、これだけ環境が徐々に整ってきても、過去25年間、全体の4分の1でずっと変わっていません。育休取っている人は次第に増えていて、15%強ぐらいいます。ということは、残りの4分の3の人は、結婚・出産を機に、少なくとも一時期は専業主婦となっています。日本ではこれがかなり安定した構造となっているということです。

では女性の就労を決める要因は何かというと、一つはニーズです。働かないと食べていけないかどうか。二つ目がワーク・ライフ・バランスの環境。三つ目にプリファレンス（preference＝選好）がある。わが国の女性の場合、M字就労（女性労働者の年齢別労働力率をグラフで表すと、30代前半をボトムとするM字カーブを描くこと）というのは批判されますけれども、子育て期にある程度子どもとの時間をとりたいとする志向の人がかなり多い。どちらかと言うと、そちらが大多数を占めているのではないでしょうか。これは家族社会学会の調査でも出されています。そう考えると、大多数を占める人が安心して子育てできないといけない。そもそも数が圧倒的ですから。その点がわが国はちょっと欠けていたかなというのが私の見立てです。

◎仕事・時期に応じて男女の役割分担を　フクシマ

フクシマ　松田先生が話されたような選択肢があると思っているのは、女性のほうが多いですね。一方、最近では、男性の中にも「家庭志向」を持つ人たちが出始めている。今までは、女性の仕事、男性の仕事と分かれていましたが、そのバリアを意識しない若い人たちが現れつつあるようです。企業では、ワーク・ライフ・バランスの改善を進めていますが、最近では、「ワーク・ライフ・マネジメント」という考え方を取る企業も出てきています。

ワーク・ライフ・バランスは、ワークかライフどちらかを選ぶ二者択一という印象がありますが、ワーク・ライフ・マネジメントは、男性・女性にかかわらず、「一生のライフサイクルの中で、各ステージで家族やキャリアの状況に最適な働き方」を選択するという考え方です。夫婦が、仕事や家族のニーズによって「この時期はあなたが中心に、この時期は私が中心に働きます」というようなことも可能になります。

小林　出生率を上げる方策ですが、政府は「50年後に1億人維持」を掲げています。これは可能な数字でしょうか。

片山　産みたいと思っている、子育てしたいと思っている人が、何らかの事情が障害となり産めない、これを解消することは政府の務めでもあると思います。

では何をすべきかというと、今の若い人たちを見て、一番印象的なのは余裕がない。特に時間的な余裕がないことです。一部だけではなくて、社会全般で若い人たちが非常に過重な労働、長時間労働に苦しんでいる印象を受けています。ここを変えてあげないといけない。

最近、ブラック企業の問題とかが出現していますが、あれは例外的な存在ではない。行き着いたところだと思います。ブラック企業には到達していないが、かなりブラック化する可能性のある企業が普遍的にあると思いますね。それは社会的ステータスの高い職種でもそうなのです。医者とか弁護士を見ても、やっぱり忙し過ぎて恋愛するひまもない人が多い。結婚していても子どもを産み育てるひまがないという状況もあるので、ここを解消してあげる。そのための政策が必要だろうと思います。

それからもう一つは、年功序列型賃金制度を変えようという動きが出ています。現在は若い人に冷たく、高齢者世代に手厚い賃金体系になっていますから、これをある程度

是正して、子育てで一番おカネのかかる時期に、経済的にもっと余裕が出るような政策転換が必要だろうと思います。

あとは、企業での働き方とも関連しますが、最近、自分の教え子で社会に出た女性と話をしていたら、子どもを産む産まないの話になって、「まだコースから外れたくないから産みません」（笑）。そういう慣習があるんですね。大企業なんですが、子どもを産むとエリートコースから外れるというんです。こういうのがまだまかり通っている。実はその企業は外から見ると、男女共同参画でワーク・ライフ・バランスに心掛けていることを標榜して、それなりの評価も受けている。だけど実態を聞いてみると、内側ではそうではない。こういう企業の悪慣行も改めなければいけません。

また、やはり出会いの場をつくってあげないと。日本の若者たちはパーティーの場で声をかけたり、きっかけを作ったりしてパートナーを見つけるだけの勇気と才覚に乏しいですから（笑）、そういう機会をつくってあげてお膳立てする機能が、かなりの人に必要だろうと思います。見合いから恋愛に変わったといいますが、かつて見合いで結婚していた人と同じ数だけ恋愛結婚に変わったわけではない。かなりの欠落があります。

小林　見合いと恋愛の比率は完全に逆転していますが、実数では差がありますね。１９７０年代前半に１００万件を超えていた婚姻件数が２０１１年は66万件と大幅に減りました。

片山　実は私が鳥取県知事のとき、行政がお見合いのような場を設けていました。外国人妻を連れてくるビジネスも結構あって、そういう実態を見ると、行政も何らかの手だてを講ずるべきだということで、お見合いの機会をつくった。そしたら国から、「合コンにカネを出している」といって、すごく批判されました。「交付税をこんなことに使うなら減らさなきゃいけない」といって（笑）、財務省の交付税削減キャンペーンに使われたりしました。分かってない人たちだなあと思いましたけど、実は今では国がそれを奨励しています。少子化対策としてのお見合いを奨励して補助金出す仕組みもつくっています。

小林　「エンゼルプラン」がつくられた当時、私は厚生省を担当していて、必要なのはエンゼルプランではなく、キューピッドプランじゃないかと提案しましたが、「役所にお見合い業をさせるつもりですか」と、まったく考えられないという態度でした。今それをこぞってやっていますね。

◎自治体が婚活に公費投入できる工夫を　松田

松田　私も、婚活、結婚支援に公費を投入して、もう少しさまざまなサービスを充実させる方向は必要だと思います。まさに今のお話の通り、出会いが変わってしまい、個人の力ではどうにもできないところもあるということです。

これまでの少子化対策としての出会いの場や支援がどうかというと、公金が確かに入っていません。「安心こども基金」には、一度少し入れましたが、その後、なくなりました。今度の新たな交付金では認めようとしていますが、飲食はだめとか強い縛りがあったため、基本的に自治体が一生懸命おカネを使い、やっているのが実態です。これでは地方はやりたくてもできない。特に首都圏よりも地方のほうが出会いの場が少ないと言われています。人の接触の問題も含め、民間のサービスも地方は少ないですから、地方自治体が対応できるようおカネの流れを工夫する必要があると思います。

子育てを支える制度と給付

小林　全体として日本の世代別の予算配分で言うと、高齢者に手厚く、乳幼児にもそれなりに配分されています。抜けているのが若者という印象です。

片山　完全に抜けているわけではありませんが、光は当たっていませんね。「揺りかごから墓場まで」といいますが、墓場に近いほうが手厚い（笑）。最近、揺りかごからちょっとのところにだいぶ光が当たってきましたが、その中間部分に光が当たっていません。学校教育で相当おカネ使っているからという面もありますが、それとこれとは違いますね。家庭支援や地域への支援をもっと重視しなければいけない。名実ともに揺りかごから墓場までという福祉国家を目指すべきだ

と思います。

小林　これまでの少子化対策は厚労省が中心になっていましたので福祉政策だったかもしれませんが、事ここに及んでは、もはや福祉政策ではない。国力維持あるいは国力を高めるための政策であるといった位置づけにすべきではないでしょうか。

◎保育所を福祉から一般政策に拡充すべき　片山

片山　その通りだと思います。例えば、近年保育所の待機児童問題がクローズアップされて、政府は認定子ども園を進めていますが、考えてみたら変ですよ。保育所待機児童だから保育所を増やせばいいのに、なぜか幼稚園とセットにしてしまう。これなんか典型的な縦割り制度の弊害だと思うんです。

保育所というのはもともと福祉なんです。保育所が始まったころは専業主婦が多かったため、女性が外に出て仕事をする世帯というのは何かの事情がありました。寡婦が多かった。戦争で夫が亡くなったとか、交通事故とか不慮の事故で夫が亡くなり、専業主婦でいられなくなったので外に働きに行く。すると子育てできないから預かってあげましょう。そういう意味では福祉の対象でした。

今はそうではなくて、男性も女性もほとんどみんな社会に出て仕事をする時代になったら、普遍的なサービスになるわけです。だから、福祉から普遍的サービスに衣替えしなければならないのに、いまだに厚生労働省が福祉としてやっている。片や、専業主婦など子供の面倒を見る人がいる家庭では保育所ではなく幼稚園に通わせますが、こっちは教育政策なのです。

今の社会の需要はどうかというと、大半が共稼ぎですから、幼稚園のニーズが下がり、保育所のニーズが増えている。そうであれば、保育所を一般政策に衣替えして拡充する。幼稚園は市場原理に任せて、一部はフェードアウトしていく。これでいいと思うんですが、縄張りが関与していて、幼稚園の協会には文科省の天下りがいて、政治的に非常に強い（笑）。保育所は保育所で、今の保育所の設置者の、まあ表現は悪いですが利権があり、あまり増やしたくない。待機児童がいたほうが経営者には都合がいいですから。こうした事情を背景にした彌縫策に走って、両方合体させ鵺《ぬえ》みたいなものをつくっても、どうもうまくいきません。

小林　今までの少子化対策はどちらかというと、現物給付が中心でしたが、私は現金給付をもっと実施してもいいのではと思っています。例えば、２０１３年に生まれた第３子以降の子どもは17万人弱ですが、出産祝い金で１００万円ずつ配っても１７００億円です。それほど大規模な予算でもないので、「子どもを産むと得をする」というぐらいの制度にしてもいいと考えます。

片山　それは一つの選択としてあり得ると思います。民主党政権のときに「子ども手当」を給付しまして、あれはあれで画期的だったんですが、政治的には抵抗があって、政権が代わったらだいぶ変容しましたね。

◎出生率回復には第3子への現金給付　松田

松田　この国の現在の出生率の水準はかなり低いですが、それでも微妙なバランスでここまでもってきたと見ています。かなり多方面に目を向け、気を配りながらやっていくしかないのかと思います。

では打つ手は何かということですが、重要なのは大きく二つあり、一つは政策のパラダイムを変えることだと思います。

過去20年間やってきた政策は、正規雇用者として継続就業する共働き夫婦の出産・育児期に集中して投資しましょう、保育サービスやワーク・ライフ・バランスに投資しましょう、というかたちでやってきた。その背景には理論的な枠組みがあったということと、ヨーロッパでそれをやり、出生率が回復した事例があったからです。

わが国は20年やってきましたが、どうも事情が違う感じがある。若い世代の未婚化、雇用劣化、それから、出会いの問題、それから、典型的家族と私は呼びますけど、夫が主に稼ぎ、妻が家事や育児をする家族、これが多数を占めている。ここにもう少し光を当てるようパラダイムを変えるほうがいいのではないでしょうか。

もう一つの大きな流れは都市から地方だと思います。従来の少子化対策は、おカネの投入量を考えると、大都市、特に首都圏にかなり投入されてきました。保育所の待機児童対策を考えれば分かっていただけると思いますが、待機児童はほとんどが首都圏にいます。現在2万数千人ですが、1万人は東京で1都3県が大半を占めます。愛知県に行きびっくりしましたが、愛知県は待機児童がほとんどいません。名古屋市も今年ゼロになりました。そう考えると、今までの対策と、これから本当に必要な、もう少し目配りしたほうがいい対策は違う気がします。もう少し地方に合った少子化対策が必要ではないかと思います。

パラダイムが変わると何が必要になるかですが、一つは若者支援として、まず雇用の問題。若い世代ができるだけ正規職員になれたほうがいい。非正規でも活躍できる道は十分ありますが、結婚できる確率を見ていくと、男性の場合、正社員の大体半分です。そうした現実をデータで見てしまうと、やはり正規雇用者としての職をできるだけ選べるよう教育を工夫する、教育から職業・仕事への接続を工夫する、そして企業にもできるだけ良質な雇用を生みだしてもらう、これが必要だと思います。

ポイントとなるのは製造業だと思います。なぜ製造業かといいますと、すべての都道府県で出生率が比較的高いところと低いところにどんな違いがあるか分析したことがあります。給料がいいところはやはり出生率が高い。全体で見ると、中京圏と、意外にも九州です。東京はいいですが、実は非正規の割合が高い。サービス業中心で働く人が多いからです。そうすると、できるだけ製造業に活力を取り戻させ、正規雇用者として若い人が働けるようにする。これが一つです。

二つ目は出会いです。これは先ほど話しました。

三つ目は、わが国の教育です。これまでは個人を自由にさせるという教育でした。望まない出産を避ける避妊教育もありました。しかし妊娠や子育てを含めたライフデザイン教育はなかったと思います。そうした教育を充実させ、意識を持たせることは必要でしょう。そのうえで結婚する、しないは自由です。

もう一つは、多数を占める若い世代にとっての典型的家族をどう見るかです。この人たちがこぞって労働市場でバリバリ働いて、子どももどんどん産む社会が来るようには思えません。その人たちには、典型的家族のスタイルのままが子育てしやすい。長期的にはおそらく復職するでしょうから、再就職支援を行う必要もあるのではないか。わが国は従来、この視点がなかったですね。安倍政権で「女性の復職支援」が入りましたが、そうしたものが必要だと思います。

さらに第3子からを対象にする現金給付。これを充実させるべき時期にきたと思います。従来、現物給付を中心にやってきました。保育サービス、育休も現物だと思いますが、ここまで出生率が落ちてどうしようもない状態では、現金を給付せざるを得ないと思います。ヨーロッパはやっているからです。

実際のデータを見ても、産みたいけど産めない最大の理由として、60%が「費用」と答えています。次は「もう高齢出産はいや」。「ワーク・ライフ・バランス」の答えは20%ないんです。やはりおカネの問題で、おカネをどこかで渡さなければいけない。その一番は「第3子以降」です。第1子、第2子はある程度おカネがかかってもいいでしょうが、第3子以降の負担をできるだけ下げていく。現金給付といいますが、児童手当でもいいし、控除でもいいし、いろんな公共サービスを無料にするのでもいいでしょう。第3子以降を産む人を応援しないと、この国の出生率は回復しない気がします。

小林　多子家庭を支援する政策が各自治体で出てきていますね。子どもを1人産み、2人目を迷っている女性に理由を尋ねると、「貧乏はいやですから」なんて答えますから。理想の子ども数は2人以上なのに、そこに届かないのは経済的理由であり、教育費の負担と、狭い住宅はいやという、主にこの2点です。これらは行政の政策でなんとかなりそうです。

片山　私はほとんどその恩恵を受けずに子どもが6人いますす（笑）。まあ専業主婦がいましたから、ちょっと違うかもしれませんが、公教育以外にこれといった支援はほとんどなかったですね。でもそんなに経済的苦境を味わったわけでもないし、住宅もずっと公務員住宅で狭かったですが、まあなんとかやってこれました。

教育支援と住宅支援は、あったほうがいいと思います。特に教育は、いま多くの人は公教育以外に独自に子どもに機会を提供していますが、これがたいへん高くつきます。義務教育はもちろん、高校も大学もできるだけ負担を少なくする。フィンランドなどは大学も無償で、そこまで私はやってもいいと思います。ただ、大学の数が今ほど必要かという点検は必要でしょうがね。

それから、住宅政策にもっとおカネを使う。道路とか農道とか公共事業中心のこれまでの日本の投資政策を少し変えて、生活系に投資することが必要です。住宅だけではなく、足の便についてもそうです。道路にはふんだんにおカネを使うが、その上を走る公共交通機関には冷淡で、道路はできたけど、バスは撤退したというところがいっぱいあります。そういう矛盾を解消するために政策を転換するべきです。

◎日本の奨学金制度は貧弱すぎる　フクシマ

フクシマ　特にこれからグローバルな人財が必要になるというのに、日本の教育投資はＯＥＣＤの２０１３年の報告書でも公費負担はＧＤＰ比で、加盟国平均の５・４％に比べても３・６％と、世界でも低水準です。これは国が力を入れるべき領域です。特に奨学金制度が貧弱過ぎる。育英資金等ありますが、他国と比べて圧倒的に奨学金が少ないですね。米国では、外国籍の私でも大学院で奨学金が受けられました。

１９６７年の学校群制度の導入以前は、公立高校のレベルが高く、おカネをかけなくても優秀な学生が良い大学に合格しましたが、今は塾や予備校などにおカネをかけなければ入れない。東大の学生の何割かの父親は社長クラスということを聞いています。経済力がない潜在的に優秀な学生が良い教育が受けられないのは、真の実力主義ではなくなっているので、ぜひ国が奨学金制度を充実させる。優秀な人にはもっと幅広く、中学、高校からでも受けられるようにすることが必要です。

これに加えて、ようやく留学への支援も始まりましたが、まだ十分ではないと思います。中でも、成果の出せる教育機関を支援することが重要だと思います。片山先生が話されたように、大学の数と質の問題も議論が活発になってきました。大学のガバナンスや教育の質の向上等、いろいろ議論されています、質の高い教育を提供できる大学を増やし、そうでないところを淘汰する競争原理の導入も不可欠です。特に地方の大学を充実させることで、優秀な人財を東京だけでなく、地方に分散することも可能になります。

東京一極集中に歯止めをかける

小林　次に東京への一極集中の歯止めですけれども、東京は1970年代から出生率がたいへん低い。これは東京にいる人がみんな結婚もしたくない、子どもも産みたくないからでは決してありません。東京に来ると、結婚もせず、産まなくなってしまう。こうしたことから、地方をもっと活性化して東京一極集中に歯止めをかけようというのが政府の今回の狙いですが、どうすればそれが実現できるでしょう。

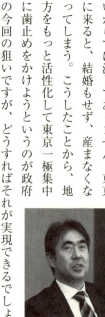

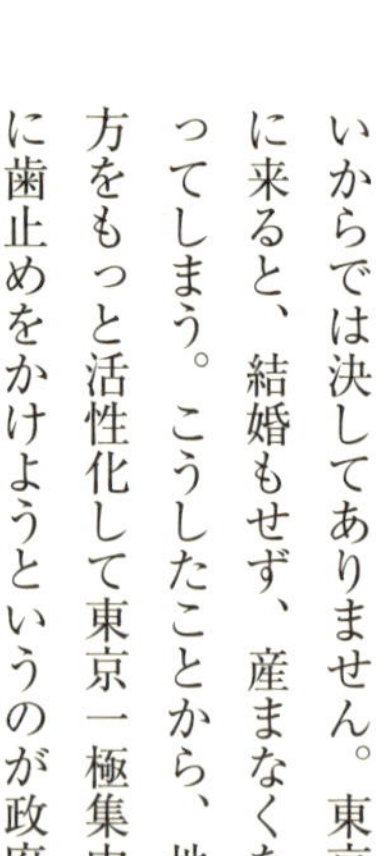

◎付加価値の高い機能こそ地方に移す　片山

片山　やるべきことはあると思います。すでに20年以上前ですが、国会等の移転に関する法律、いわゆる首都機能移転法ができて、首都機能の移転、分散という国の方針を決めているわけです。そのときの着眼は、東京一極集中は地方の疲弊を招き、国全体のバランスが取れなくなるという点がもちろんあります。さらにもう一つは、東京に機能が一極集中すると、首都直下型地震などが起きたときのリスクがあまりにも高いので、そういう意味からも分散させようという気運が一時期盛り上がりました。

しかし現在、それがほとんどできていない。霞が関の庁舎も、一時見合わせていましたけど、ほとんど建て替えられ、移転したのは一部の試験研究機関ぐらいです。大学も一時期、かなり関東近県に出ましたが、また戻って来てま

すね。ですから、この首都機能移転の法律をもう一回見直すというか再生させ、実行することを政府がまずやるべきだと思います。「東京一極集中を防ぎましょう」ということを、日本国政府が、まず隗より始めよということです。これが一つです。

もう一つは、ちょっと言葉は悪いですが、いろんな政策には地方に対する植民地政策のような側面があります。例えば農業では、地方は原材料をつくり、付加価値をつけるのは都市という、あたかもプランテーション農業のようなことをやってきました。米をつくって、次は麦をつくれ、大豆をつくれ、野菜をつくれ。最近やっと農業の6次化という方針が出てきて、これはいいと思います。現地で付加価値をつける。私は「植民地プランテーション農業からの脱却」と言っていますがね（笑）。マレーシアがゴムをつくって英国に送ったでしょう。今までのわが国の農業はそのビジネスモデルと似たりよったりなんですよ。

ほかの第2次産業なんかも全部そうです。本社は東京にあり、地方には工場を移転しよう。支店をつくろうという支店経済でした。何が問題かというと、例えば知的財産に属することや付加価値の高いもの、そういう分野は全部東京に残し、付加価値のつかない生産性の低い部分だけ地方に移そう。まるで中国や東南アジアに製造拠点を移すのと同じような発想なんです。

自動車産業でよくスマイルカーブと言われますが、企業の一つの工程を川上から川中、川下と時間軸を横にとって、縦に生産性の高い・低いをとると、川上は総じて生産性が高い。自動車であれば、設計、デザイン、重要部品製造など、アパレルならデザイン、商品企画など。川中部門は生産性がすごく低くなります。自動車であればアセンブリー、アパレルだったら縫製の部分です。川下はまた高くなります。マーケティング、広告宣伝などでおカネ払いますよね、それから大都市の一等地などで売りますから。

この流れが描くのが、スマイルカーブという一種のUカーブですが、これまでの日本で地方の振興というときは、川中の生産性の低いところばかりを地方に出し、外国に行くよりましだろうとしてきました。この政策は変えないといけません。地方で付加価値の高い仕事をする。そうすると、試験研究機能とか高等教育機能が必要になります。そうすると、それを支える国立大学や道府県の試験研究機関がありますから、そこにもっと光を当てる、こういうことをやらねばならないと思います。

いま地方の国立大学は、真綿で首を締めるように、運営交付金を減らされています。そこで何を削るかというと、図書費と研究費ということになる。そうではなくて、むしろそういうところにおカネをつけて、地方で試験研究機能、研究開発機能、高等教育機能とかにさらに活気が出るような手を打つことが、ベーシックな部分での一極集中を防ぐことにつながるのではと思います。

小林　企業の立場から見て、地方に行くというのは難しいのでしょうか。

◎場所を問わない働き方も検討課題　フクシマ

フクシマ　企業のオペレーションを考えれば、理論上は1カ所に全機能が集中しているほうが効率が良いように思いますが、実際には、各バリュー・チェーンのどの機能を最適配置すれば、一番効率が良く、収益を上げられるかを考えます。製造業であれば、工場は原材料の調達に近いところが良いのか、最終製品を売る市場に近いほうが良いのか等を考え、配置をします。部門の性格、例えば知識集約型の職域である研究開発部門と、労働力集約型の顧客に対面サービスを提供する部門では、どの地域に置くのが良いかが異なります。

グローバル企業であれば、この最適配置をグローバルに考えることになります。日本では、政治も経済も東京に集約化しているため、本社機能は東京のほうが、情報収集や行政との対応を考えても効率が良い。その現実は確かにあると思います。一方、コンサルティングのような知識集約型の職種では、工場等がありませんので、社長のいる国に本社を移すことも簡単にできます。実際にアメリカ企業で、フランス人が社長になったので、パリに本社を移したという企業もあります。

これからは日本国内でも、東京以外に本社やオフィスを移す企業が増えてくると思います。それを可能にするのは、ICT（情報通信技術）の活用です。この間もテレビ番組でやっていましたが、あるＩＴのプログラミングの会社は山奥に古民家を借り、そこに社員が行く。そこだと家賃は安いですし、遊ぶ場所も少ないので仕事に集中して、生産性を上げているという例が出ていました。そういった企業の部門や機能の分散、場所を問わない新しい働き方が出てきています。

小林　効率の部分がＩＣＴで代替されるのなら、東京にとどまる必要はないということでしょうか。

フクシマ　なくなってくるという方向ですね。具体的に今すぐ大企業が、本社を地方に移そうという動きが多く出ているかというと、そうではないと思います。ただ、災害時のリスク分散の観点からも、そういう可能性を検討している企業もあると聞いています。

小林　松田先生の著書（『少子化論』勁草書房）の中で、地方の活性化と一口に言っても、それぞれ特色があり、違うんだとお書きになっています。その点を踏まえ、東京一極集中に歯止めをかけ地方が活性化するために、どのようなことが必要でしょう。

◎家族形成に価値を置く地域文化が必要　松田

松田　地域差の前に、まず全体的な話をしたいと思います。若年層の東京への過度の流入が止められれば、それにこしたことはないと思います。そのためには二つの課題があります。

　若者が東京に出てくるのは進学と就職のためです。第一に進学は、先ほどの片山先生のお話にかかわりますが、地方の国立大を中心に地元の教育機能を強化するべきです。人口減少の中で予算を減らして淘汰ということになると、余計東京に集中しますから、それはやめる必要があると思います。いま国はグローバルに闘う大学を育成する方向ですが、もう一方で地方に残せる大学機能を維持し、強化するべきです。

　二つ目の就職は、企業が地方に移転するか、地元企業を活性化させるかですが、少子化の事例を見ると、両方とも出生率にはプラスです。

　地元の企業が強く、出生率も高い事例が愛知です。愛知県に行って研究していますが、トヨタを中心に幅広い製造業が強くて、ある程度良質な雇用が生み出され、結婚・出産も地元でできる。また愛知は大学が比較的多いですから、地元の人が地元の大学に行き、地元で就職するという循環があります。もちろんチャレンジングな人は片山先生のいらっしゃる慶應大学に行ったりしますが（笑）。

もう一つは企業誘致があると思います。熊本の事例を調べましたが、九州は雇用状況が比較的良好です。シリコンアイランドと言われたり、自動車産業が移転、集積したりということで。熊本市北部の事例ですが、企業を誘致し、出生率が高いです。企業を育てるか、誘致して移転を受け入れるか、そこがポイントだと思います。

出生率の地域差の要因をみると、一つは雇用で差が出ます。これは先ほども出た話ですので省略します。二つ目は、親が近くにいて支えてくれるかどうか。同居・近居のある地域は出生率が高いです。三つ目は結婚・出産に関する規範の存在です。そこに価値を置く文化ですが、そうしたところは出生率が高い。西方の九州、沖縄では特に、そうした面が出生率の高さを支えることになります。

こういう地域差がありますから、出生率の観点からどの地域で雇用が一番必要とされるか考えると、東日本、特に東北だと思います。同居や近居に関しては、北陸や東北が比較的強く、中部も強いです。弱いのは首都圏、近畿圏で、地方から来ている若い世代が多いからですが、2世代目、3世代目となれば親も近くにいますから、そういう人には近居支援という対策がありうるように思います。規範意識に関してはなかなか難しいので、最後に言及しようと思っていましたが、もう少し家族形成に価値を置くような地域文化が必要だろうと思います。

「自治体消滅」が意味する将来

小林　地方行政の在り方ですが、「増田ショック」の何がショックだったかというと、前から分かっていた少子化の進行で、自治体がなくなってしまうということを具体的な数字を挙げ示したことにあります。ただ、自治体がなくなるというだけであれば、平成の大合併でずいぶんなくなっています。片山先生はずっと地方行政に携わってこられましたが、「自治体消滅」で地方自治体がなぜこんなにショックを受けたのでしょうか。

◎国の政策を丸のみする慣習をやめるべき　片山

片山　合併はいろんなタイプの合併があります。確かに町とか村の名称は消えますが、一つの大きな新しい自治体の一部になるから、消滅したわけではない。残るわけです。ところが今度は、なんとか村という自治体の形骸はとどめても、どんどん人口がなくなって空洞化し、ゴーストタウンになるかもしれないということですから、その意味でショックを受けたのでしょう。いろいろな自治体の町長さんとか議員さんと会うと、皆さん動揺して浮足立っているように感じますが、そんなに深刻に浮足立つことはないですよと申し上げています。

多少うがった見方かもしれませんが、このレポートには一種の意図があります。人口の行方を客観的に示した面ももちろんありますが、実はこれを示しておいて、その後に続く政策が出てくるわけです。待ってましたとばかりに、コンパクトシティーとか、地方中枢都市圏構想とか、選択と集中とか、いずれも霞が関の各省がやりたいことなんですよ。

レポートにはその前さばきというか、露払いみたいなところがあって、そういった眼で見れば、国交省、総務省、財務省など霞が関の政策をやりたい人たちがいて、スムーズに進めるためには、まずガツーンとやって地方を浮足立たせ、政治にもインパクトを与える、そんな効果を期待したと思います。まさにその通りになりました。

だから、打ちひしがれて、気力もなくしてしまうということではなくて、自治体はこれまでの政策を点検し、今後どうすればいいかということを積極的に、これを好機として考えたらいいと思いますね。

さらに言いますと、これまで自治体は国の政策を丸のみして、地域のニーズとか地域の将来構想とすり合わせしないまま、そのままもらい受けてきた。そんな従来の悪しき慣習をやめるきっかけにしたらいいと思います。でも、さあ地方創生だというときに、「国からどんな政策が出てくるのかなあ」と、また口をあんぐり開けて待っていて、それからパン食い競争に走り出すような面も見られます。こういうことは、もうやめなければいけないと思います。

コンパクトシティーという選択肢

小林　おそらくいろんなメニューが並ぶでしょうね。交付金、補助金、有利な起債だとか。

片山　手を挙げて認めてもらえれば、そこにパッケージ化された政策商品があって、それをこなしていく従来型になるのですね。例えばコンパクトシティーにしても、周縁地域との連携にしても、ちょっと大げさに言えば地域の在り方としては百年の計ですから、もっと真剣に考えなければならない。これまでのいろんな局面、例えば合併などが典型的ですが、一番肝心な住民の意見集約や合意形成など、そういう手続をできるだけはしょってきているんです。国からビッグプロジェクトがくると、それをそのまま通してしまう。議会のチェック機能もほとんど働かない。こういう悪しき生活習慣を切り替えなければいけないですね。

私は地域によってはコンパクトシティーという選択肢もあっていいと思います。しかしそれは、ほんとに住民が「そうしよう。そういう住まい方にしよう」という合意を形成したうえで選び取る政策だと思います。

小林　地域の文化や習俗を無視するようなやり方ではいけないということですね。

片山　いけないです。一人ひとり住まい方に対する希望があるじゃないですか。そういうことを何も聞かないで、自治体が手を挙げて申請したら、「認可された」。それだけを金科玉条にして始める。あと議会はなんにも言わない。こういうことだと、地方創生ではなくて、地方はさらに消滅に向かうことになります。

小林　かえって加速させてしまう。

片山　合併だって、バラ色だバラ色だと言われていた一方で、あのときも国から脅されていたんです。「このままいくと財政破綻する。さあどうする。合併したらバラ色。しかも有利でお得だよ」と言われ、それを真に受けて合併したところが、ずいぶんあの「消滅可能性自治体」のリストに載ってるじゃないですか（笑）。

フクシマ　ますます人がいなくなってしまう（笑）。

片山　ここはじっくり考えて英知を結集し、住民の皆さんの意見を聞いて、時間をかけることが必要です。それなのに「来年度予算をもらいたければ、いついつまでに手を挙げなさい」という、またこれまでと同じいつものパターンですよ。考えるいとまもないまま流れていって、ますます事態は悪くなるということを私は確信しています（笑）。

小林　都道府県知事や市町村長さんの責任重大ですね。

片山　重大です。あと議会です。アメリカでしたら、議会が歯止めというか政策形成の中心になります。そこが市民の広場で、市民がいろいろ自分たちの課題を持ち寄る。自治体が何か政策を実施しようとすると、そこに異論反論とか対案とかが市民から出てくる。ところが、日本の地方議会は執行部から根回しされたらもうほとんどフリーズしてしまいますから（笑）、あれこれ言うのは共産党だけ。市民の視点で政策を評価する機能はまずないですね。これを変えなければいけない。だから、地方創生するには地方議会を改める、今までの居眠り議会から市民の広場に改めるということも絶対やらなければならないと思いますね。

小林　例えば、そのための芽出しとしてどんなことがあるとお考えですか。

片山　一番簡単なのは、アメリカの小さな自治体の市議会を見に行って、そこで議会のビジネスモデルを学んだらいいと思います。感銘を受けますよ。「あ、アメリカはとかく言われても、やっぱり草の根民主主義の国だな」と気づかされます。

小林　夕方に議会を開いて、誰でも来て意見を言っていいとか。

片山　一番の基本は、議会に対して市民が主権者としてものを言えることとです。議会が政策決定機関ですから、そこに対し直接一人ひとりの市民がものを言う機会を与えられる。これがアメリカの草の根民主主義の基本です。でも決めるのは代表民主制ですから、それらを聞いたうえで代表たちが表決するわけです。

◎地方は自分たちから提案する力が不足　フクシマ

フクシマ　いま片山先生が話されたことは、現在の日本が抱えているさまざまな問題の根本的課題ではないかと思います。親方日の丸で「もらってあたりまえ、来たものはそのまま受け入れる」というようなマインドセットが長過ぎたという気がします。市民レベルでも、参加したい人が結構いると思います。それをきちっと行政が組み込むような、本当の意味での自立した地方行政というマインドセットに変えないと、自主性、自己責任で自分が責任を果たす感覚はなかなか出てこないと心配しています。

せっかく地方創生といって国が動き始めているわけですから、このときに「よし、やろうじゃないか。自分たちでやるんだ」という地方自治体が多く出てきてほしい。確かに村起こしとか、街起こしを一生懸命頑張っている自治体もあり、講演等で地方に伺うと、東京では考えられないくらい、その地域に愛情を持って、熱心に活動されている方々がいます。一方で、国に対しては「来るものは拒まず」という地域もあるようです。自分たちから提案して自分たちからつかみ取っていくという自治体が増えてほしいと思っています。

そういうマインドセットは、先ほどの若者の結婚問題にも関係があると思います。みんながシャイだといっても、「結婚したかったらちゃんと動いてほしい、結婚するのはあなたでしょ。なんで他人にやってもらうの」というのが私の心境です（笑）。

小林　コンパクトシティー、ちょっと旗色が悪いですけど、松田先生は推進すべきだとお考えですよね。

◎出生率回復にはコンパクトシティーも有効　松田

松田　あくまで出生率回復という視点から見ると、コンパクトシティーという選択肢はあると思います。私の分析ですが、人口規模を横軸にとり、縦軸に出生率をとって市区町村にあてはめると、横浜ですとか東京23区とか、大都市ほど出生率が低い。一方、人口規模があまりに少ない村、町の出生率もまた低い傾向があります。このような分析は従来なされていませんが、よく見ると、これが出てくる。

なぜかと考えると、いま結婚は見合いではなく自由恋愛で、出会わなきゃいけない。子育てについても分析すると、いま子育ての支え手となっているのは、親族もそうですけど、子育て仲間なんですね。一緒に子育てする親同士が預け合ったり一緒に世話したり遊んだり、支え合って楽しくなり、より意識も高まる。ところが、あまりに人口規模が小さいと、そもそも結婚相手の候補や子育て仲間も近くにいないし、支え手不在ということになりかねないのではと思います。

これはあくまでも市区町村単位での分析ですが、地域レベルに落としても同じことが言えると思います。そうすると、あまりに人口が分散しているような地方では、ある程度中心部に集約してもらうことが、出生率回復という点からは有効だと思います。

少子化対策についてさらに具体的に言うと、一つはデータをとることです。自分の自治体のデータがあるんですから、それをしっかりとって状況を把握する。そうすれば、待機児童対策が足りないのか、若者が出ていくからなのか、あるいは出会いがないのか、すぐに分かります。自治体も大小いろいろあって、市区町村単位では少子化対策はなかなか難しい。そう考えると、隣町、あるいは県単位、場合によっては県を越えて連携して、勉強会や情報交換しながら政策をつくっていくことが必要です。

小林 仮にコンパクトシティーを進めたときに、周辺部ではインフラがそのまま野ざらしになってしまい、危険ではないでしょうか。

片山 みんなでよく議論して合意形成して、やろうということになるのなら、私はそれでいいと思います。その際は、いま話されたようにインフラが延びきっていますから、これをどうするのかが重要な課題になりますね。ヨーロッパでは「都市の縮退」というのを進めているところがあって、ニュータウンをつくって延びきったライフラインをコンパクトに始末していくということをやっています。道路などは放っておけばいいかもしれませんが、ガス、電気、水道などは、コンパクトシティー化するときには当然同じように縮退させます。

小林 それは山に戻してしまうということですか。

片山 そういうケースもあるかもしれませんね。同じ道路でも、生活道路から、非常用の迂回道路とか観光道路とか、目的が変わることもあるでしょう。当座、インフラを始末するときにカネはかかりますが、延び切ったインフラを、その後も維持管理するコストと比べれば安くなるはずです。

地方都市で空洞化、ドーナツ現象が起きましたが、ニュータウンができ、郊外店ができて、真ん中の旧商店街が空いてしまったわけです。そこが虫食い的にどんどん駐車場になる。考えてみたらすごく不経済で、ガス、電気、水道完備の駐車場なんです（笑）。そういう資本の使い方をしてるわけですね。これを変えることは、ある意味で経済合理性もあると思います。インフラが集約できますから。

小林　安倍政権は「女性が輝く社会の実現」を標榜していますけれども、人口が減少する中での女性の活躍の在り方、これについてはフクシマ先生、いろいろご意見があろうかと思います。

フクシマ　以前は「女性が働きに出ると、子どもを産まなくなり、人口減少を加速する」という議論をよく聞きましたが、最近あまり聞きません。人口減少の現実を見ると、国としても企業としても、女性の労働力が必要との認識が浸透してきたからかもしれません。冒頭にこの課題は、「政府」「企業」「個人」に加えて教育機関も含めた「社会」のそれぞれが自分の課題として何をするかを考える必要があると言いましたが、一番重要なのは意識改革です。その人が、さまざまなキャリアのステージで、健康的に生産性の高い仕事ができ、家庭生活も充実させることもできる、人生として自己実現ができる働き方をすることで業績向上に貢献する。そういう仕組みをつくることが理想です。「政府」の責任としては当然ながらインフラと環境づくりですよね。保育所をつくったり、さまざまな就労を可能にし、家庭と仕事を本当の意味で両立できるような税制や労働規制を整備する。例えば、女性が働くためのインセンティブとして、配偶者特別控除の１０３万円や、１３０万円の壁を見直し、女性が働くインセンティブになるような制度を導入する必要があります。企業としては、生産性の高い働き方という観点から、男女共に長時間労働の改善が喫緊の課題となっています。在宅勤務であったり、場所と時間を選ばない働き方、それを可能にする評価や給与制度などを考えなければなりません。「個人」としては、キャリア形成の考え方を柔軟にして、さまざまな課題の発生する長い一生でキャリアを含め、どういう人生を送るかを、夫婦で考え、計画することも役に立つと思います。何よりも、次世代を育てるという重要な仕事を男女で「共育」するということをぜひ考えていただきたいと思っています。

加えて、人口減少の対策として、養子縁組をもう少し増やすことを考えたほうがいいと思っています。というのは、いま子どもの虐待は7万3000件（2013年度厚労省調査）に達しています。産めよ増やせよと言われても、せっかく生まれたのにまともに育ててもらえない、中には殺されてしまう子どももいる。もう少し養子縁組という仕組みを広く使えるようにしなければいけないと思います。

いま不妊治療を受けている人たちで特定不妊治療費助成制度を受けた人は2012年までの累積で13万4943件に達します。不妊治療の支援が国から出るのが13回までですから、13回を全員が受けたという仮定で割ると、1万380組の夫婦が子どもを欲しいと思っているわけです。不妊治療の成功率は2割から4割ぐらいですから、それを計算に入れて考えると、多分6000人から8000人ぐらいの子どもに家族ができることになります。もしその人たちが全員「養子でもいいです」と言った場合ですので、まったく仮定の話ですが、6万6000人の虐待されている子どものうち、1割ぐらいは救えるんですね。せっかく授かった命を虐待にさらしてしまうこと自体、ほんとにもったいないことで、養子縁組のシステムも政府がもう少しプロモーションしても良いのではと思います。

「女性が輝く社会」は実現するか

小林　子どもを慈《いつく》しむ社会にしなければいけないということですね。

フクシマ　そうですね。子どもを慈しんで、虐待して死なせることなどないように、それを許さない社会にしなければいけないと思います。

小林　生産年齢人口が減る中で、労働市場に参加していない女性をもっと本格的に活用すべきだという考え方もありますが、松田先生、その点何かご意見ございますか。

◎「ゆるキャリ」の継続就業も支援を　松田

松田　私はフクシマ先生のご意見を聞いて、経営者の方として非常に柔軟なお考えだと思って、驚いておりました。

従来はバリキャリ（バリバリのキャリア）として継続就業する人向けの対策だったと思います。朝から晩までバンバン働きます。育児休業はありますが、短く取って復職して、ゼロ歳児保育に入れて働く。こういう人も世の中には必要です。「女性活躍推進」というのは、多分こういう人に最も適合していることでしょう。

しかし、日本の場合、もう少しいろんな女性がいる。私の考えとしては、継続就業バリキャリ支援のほかに、「ゆるキャリ」の継続就業もその対象とする。昨年安倍政権が打ち出したけれどつぶれてしまった3年育休ではありませんが、もう少し柔軟な、休みも取れてゆるく継続就業できますという人もいていいと思います。

三つ目は従来なかったもので、辞めてしまう女性がいるという前提でのワーク・ライフ・バランスもあっていいのではと思います。その一つは復職支援で、3年育休もひょっとしたらそれにあたるかもしれない。子育て期には子どものために、という人はおそらくいるでしょう。アメリカでも専業主婦世帯が3割ぐらいですから、日本はもうちょっと多い。その人たちも、子育てしてくださっていますから、社会としてはありがたいわけです。

そして、今の専業主婦には一生専業主婦ということはなかなかないと思います。調査すると、確信的にずっと専業主婦という方が1~2割いると思いますが、ほかの人はたぶん違う。そうすると、ある程度のところで復職してもらうには、ジョブトレーニングであったり、復職の職業紹介だったり、最初は非正規かもしれないが正社員に転職する機会とか、女性の活躍に関しいろんな道筋をつくってあげるのがいいのではないかと思います。

すごく気になるのは、女性雇用を難しくしている問題として、わが国の終身雇用制度があることです。これは男性も苦しめている問題です。そして、ジョブ型・メンバーシップ型、これをもう少しゆるくしていく方向性が必要だと思います。

フクシマ　現在、経済同友会の「新しい働き方委員会」で松田先生が言われた三つを可能にすることを検討中です。それぞれのライフ・ステージに合った働き方が可能になる、それがワーク・ライフ・マネジメントですが、現時点では企業のほうも、まだその方法を模索中です。例えば、正規雇用が良い働き方で、非正規は悪いという考え方が一般的ですが、厚生労働省の調査では、「非正規社員を選択した理由」の中で一番多いのが、「自分の都合の良い時間に働けるから」という結果が出ており、自発的に非正規という働き方を選択している人もいます。もちろん非正規雇用によって雇用される側が不利益を被らないように、「同一労働、同一賃金」を提供する必要がありますが、こうしたニーズがあるため、新しいビジネスが生まれています。

例えば非常に優秀なマーケターで、子育てに集中したいといって仕事を辞めた人がいた場合、いずれ復職をするというその人を、ベンチャーで「まだ正社員としてパーマネント（継続雇用）では雇う資金的余裕がないけれど、このプロジェクトには必要なので、6カ月だけ働いてほしい」という起業家と結びつけるサービスが生まれています。その人も「正社員として入ってしまいたくないけれど、その仕事をやりたい」ということで双方にとってウインウインの関係をつくっています。そういう働き方も含めて、現在検討中です。

小林　片山先生、地方では女性にとって魅力的な働き方ができる職場をつくれますか。

◎地方では女性の魅力的な職場が減少　片山

片山　むしろ逆に、いま地方自らが女性の魅力的な職場をことさら少なくしているという面があり、それが気になっています。と言いますのは、最近、自治体が指定管理者制度というものを導入し始めました。例えば観光施設ですが、民間のノウハウを入れた指定管理者ということで、公の施設を民間の経営者に委託する。お役所的でない経営をしてくださいという、選択肢です。それはそれでいいと思います。

ところが、それにとどまらず、図書館なども指定管理者に出してアウトソースする自治体が最近増えてきました。でも、私は図書館のようなベーシックな自治体の仕事は指定管理者にはなじまないと思います。というのは、指定管理期間が3年とかの細切れの契約になりますから、そこで働く人も、どうしても非正規になるわけです。しかも、雇用は3年ではなく1年契約になってしまう。実際1年でくるくる代わったりします。そうすると、図書館の司書の仕事は本来は魅力的なんですが、どうしてもその魅力がなくなり、ワーキングプア化してきます。司書の多くは女性です。結果的に、自治体が図書館経営のコストパフォーマンスをよくしようと表面的に合理的な選択をしたら、そこで女性の魅力ある職場が減ってしまう。

また、最近教員の非正規化が進んでいます。小・中学校の教員の人件費は国がちゃんと定数分を工面してくれます。ところが、地方が独自に、正規の教員が辞めたときに非正規で補充する。そういうことを多くの府県でやり始めました。正規を非正規に代えると、１人当たり４００万円ぐらいが府県に残るんだそうです。

小林　浮くわけですね。

片山　教員は女性だけの職場ではありませんが、女性が比較的多い職場です。特に小学校は。こういうことを人為的、政策的にやって、若い人とりわけ若い女性の職場を狭めている。

なぜこんなことをするのかというと、煎じ詰めれば「財政難」。なぜ財政難になったのかといえば、かつてハード事業、公共事業をやり過ぎたから。なぜやり過ぎたのかといえば、国から景気対策で公共事業をやれやれと言われたから。後で面倒見てあげるから、借金してやりなさいと言われたんですね。ところが国は全然面倒見てくれなくて、かえって地方交付税を減らされてしまった。その挙句に、「財政を緊縮しろ。職員定数を減らして人件費を落とせ」と国から言われて、「はいはい」といってその格好の対象となったのが教員とか司書などということになる。国の言うことに忠実に従ってきた自治体が、回り回って、いま女性の職場を自ら奪っている――いささか単純化して言えば、そういうことです。

であればこそ、さっき私が言ったように、もっとちゃんと考えなさい。国から言われて、素直にはいはいと従う。「右と言われれば右向いて、それで幸せ」というような、奥村チヨの「恋の奴隷」型自治体にならないでほしい、というのが私の結論であります（笑）。

小林　片山先生の結論が出たところで、そろそろ時間となりました。本日は皆さん、お忙しい中をありがとうございました。

◆写真撮影　本間裕貴（時事通信社写真部）

●執筆者一覧（50音順）

青山　佾　明治大学教授・元東京都副知事
安里和晃　京都大学大学院文学研究科特定准教授
大庫直樹　ルートエフ株式会社代表取締役・元マッキンゼー共同経営者
大森　彌　東京大学名誉教授
小塩隆士　一橋大学教授
柏木　恵　キヤノングローバル戦略研究所主任研究員・税理士
川崎一泰　東洋大学経済学部教授
鬼頭　宏　上智大学経済学部教授
小浜逸郎　評論家
小林美希　労働経済ジャーナリスト
小峰隆夫　法政大学大学院政策創造研究科教授
白河桃子　少子化ジャーナリスト
神野直彦　東京大学名誉教授
髙橋重郷　明治大学政経学部客員教授
出口治明　ライフネット生命保険代表取締役会長
西田亮介　立命館大学大学院先端総合学術研究科特別招聘准教授
根本祐二　東洋大学経済学部教授
八田達夫　アジア成長研究所所長
葉養正明　文教大学教育学部教授
原田曜平　博報堂ブランドデザイン若者研究所リーダー
廣井良典　千葉大学法政経学部教授
藤山　浩　島根県中山間地域研究センター研究統括監
舩橋惠子　静岡大学名誉教授
穂坂邦夫　NPO法人地方自立政策研究所理事長・元志木市長
真壁昭夫　信州大学経済学部教授
増田寛也　野村総合研究所顧問・東京大学公共政策大学院客員教授
牧瀬　稔　一般財団法人地域開発研究所主任研究員
水無田気流　詩人・社会学者
宮家邦彦　キヤノングローバル戦略研究所研究主幹
村田泰夫　ジャーナリスト
役重眞喜子　花巻市コミュニティーアドバイザー・元農林水産省職員
湯澤直美　立教大学コミュニティ福祉学部教授
米山秀隆　富士通総研経済研究所上席主任研究員

【時事通信社（50音順）】

石田恵吾　佐賀支局
石松　研　福井支局
岩尾哲大　金沢支局
浦岡教之　宮崎支局
大町直永　札幌支社
大水祐介　青森支局
奥　真希子　大阪支社
越智小牧　神戸総局
笠原孝治　高松支局
神田稔生　熊本支局長
小嶋紀行　前橋支局

小林 伸年　編集委員
榊原 俊介　富山支局
佐々木 栄二郎　奈良支局
佐々木 崇之　山形支局
笹澤 麻衣　新潟支局
沢田 昌樹　横浜総局
武司 智美　和歌山支局
竹田 亮　岐阜支局
中川 華凜　松江支局
中平 晶子　内政部
野口 あゆ　さいたま支局
野尻 麻実　岡山支局
濱田 理央　千葉支局
濱中 砂穂里　仙台支社
日高 広樹　長崎支局長
平野 実季　鳥取支局

藤野 清光　高知支局長
舟木 靖　北九州支局長
堀川 弘文　秋田支局長
本間 一義　札幌支社
本間 賢彦　長野支局
真城 愛弓　宇都宮支局
真島 裕　津支局
松野 万里子　大分支局
森 裕紀子　仙台支社
山口 亮子　秋田支局
山田 惠資　仙台支社長
山本 拓也　徳島支局
吉田 忠展　広島支社
若林 哲治　京都総局長
渡部 裕子　内政部

●インタビュー取材（50音順）

飯泉　嘉門　徳島県知事
入山　欣郎　広島県大竹市長
岩﨑　憲郎　高知県大豊町長
北橋　健治　福岡県北九州市長
黒木　定蔵　宮崎県西米良村長
佐竹　敬久　秋田県知事
篠田　昭　新潟県新潟市長
鈴木　英敬　三重県知事
高橋　はるみ　北海道知事
髙橋　浩人　秋田県大潟村長
財部　能成　長崎県対馬市長
津久井　富雄　栃木県大田原市長
中村　五木　熊本県天草市長
西川　一誠　福井県知事
萩原　誠司　岡山県美作市長
東坂　浩一　大阪府大東市長
平井　伸治　鳥取県知事
藤原　忠彦　長野県川上村長
古川　康　前佐賀県知事・衆議院議員
牧野　光朗　長野県飯田市長
三河　明史　大分県国東市長
村井　嘉浩　宮城県知事
山田　啓二　京都府知事・全国知事会会長
吉村　美栄子　山形県知事

●座談会出席者

片山　善博　慶應義塾大学法学部教授
橘・フクシマ　咲江　G&S Global Advisors Inc. 代表取締役社長
松田　茂樹　中京大学現代社会学部教授
小林　伸年　時事通信社編集委員

全論点《ぜんろんてん》　人口急減《じんこうきゅうげん》と自治体消滅《じちたいしょうめつ》

2015年２月20日　初版発行
2015年３月５日　第２刷発行

編　者：時事通信社
発行者：北原斗紀彦
発行所：株式会社時事通信出版局
発　売：株式会社時事通信社
〒104-8178　東京都中央区銀座 5-15-8
電話03(5565)2155　http://book.jiji.com

STAFF
編　　集：舟川修一・沢田石登・永田一周・
植松美穂・新井晶子（時事通信出版局）
編集協力：矢野英樹・光石連太郎（時事通信社）
森賢（内外情勢調査会事務局）

印刷／製本　株式会社太平印刷社

ISBN978-4-7887-1394-9　C0031　Printed in Japan